suhrkamp taschenbuch
wissenschaft 363

W0064851

In der zweiten Hälfte des 18. Jahrhunderts kam es in Deutschland zur Konkurrenz und Überlagerung einer Vielzahl sich entfaltender politisch-sozialer Theoriebildungen, deren Gesamtheit die politische Öffentlichkeit konstituiert. Die politische Aufklärung spaltete sich in ständische, absolutistische, liberale und demokratische Systemvarianten, evozierte gegenaufklärerische Standes- und Staatstheorien und geriet mit der Verwirklichung aufklärerischer Theoriepotentiale in Frankreich ab 1789 in den Sog einer sich revolutionär verschärfenden Theorie-Praxis-Problematik.

Die mit diesem Band vorgelegte Analyse und Dokumentation versucht, die Vielschichtigkeit von deskriptiven und normativen theoretischen Strukturangeboten im Vor- und Einflußfeld eines gesellschaftlichen Paradigmenwechsels vorzustellen.

Von der ständischen zur bürgerlichen Gesellschaft

*Politisch-soziale Theorien im Deutschland
der zweiten Hälfte des 18. Jahrhunderts*

Herausgegeben von
Zwi Batscha und Jörn Garber

Suhrkamp

suhrkamp taschenbuch wissenschaft 363
Erste Auflage 1981
© Suhrkamp Verlag Frankfurt am Main 1981
Suhrkamp Taschenbuch Verlag
Alle Rechte vorbehalten, insbesondere das
des öffentlichen Vortrags, der Übertragung
durch Rundfunk und Fernsehen
sowie der Übersetzung, auch einzelner Teile
Satz: IBV Lichtsatz KG, Berlin
Druck: Georg Wagner, Nördlingen
Printed in Germany
Umschlag nach Entwürfen von
Willy Fleckhaus und Rolf Staudt

————

CIP-Kurztitelaufnahme der Deutschen Bibliothek
Von der ständischen zur bürgerlichen Gesellschaft
polit.-soziale Theorien im Deutschland d. 2.
Hälfte d. 18. Jh. / hrsg. von Zwi Batscha u. Jörn
Garber. – 1. Aufl. – Frankfurt am Main:
Suhrkamp, 1981.
(Suhrkamp-Taschenbuch Wissenschaft; 363)
ISBN 3-518-07963-8
NE: Batscha, Zwi [Hrsg.]; GT

Inhalt

Einleitung

Die hier zusammengestellten Texte und Textgruppen aus der zweiten Hälfte des 18. Jahrhunderts indizieren einen Bedeutungswandel zentraler politiktheoretischer, rechtlicher und ökonomischer Kategorien; mit Reinhard Koselleck könnte man von einer »Sattelzeit«[1] sprechen, in der Traditionsüberhang und Begriffsinnovation mehr oder minder spannungsreich nebeneinanderstehen. Dies gilt nicht zuletzt für die im Titel dieses Buches gebrauchten Begriffe »ständische Gesellschaft« und »bürgerliche Gesellschaft«.[2] Der Terminus »ständische Gesellschaft«[3] soll auf eine korporative, hierarchisch strukturierte Sozial- und Herrschaftsordnung verweisen, »bürgerliche Gesellschaft« auf die moderne Privatrechtsgesellschaft, die vom Staat als Rechtsgaranten abgehoben ist. Daß nun »bürgerliche Gesellschaft« im 18. Jahrhundert keineswegs ausschließlich oder auch nur überwiegend semantisch auf diesen modernen Gesellschaftsbegriff bezogen wird, zeigt ein Blick auf die zentralen gesellschaftstheoretischen Systemtheorien der Zeit. Christian Thomasius, den man mit nicht immer überzeugenden Argumenten als einen der Inauguratoren der »bürgerlichen« Aufklärung in Deutschland bezeichnet hat, ist in seinem Sprachgebrauch von »bürgerlicher Gesellschaft« noch der älteren Begriffstradition der »societas civilis sive respublica« verhaftet, wenn er schreibt: »Die Gesellschaft der Menschen an sich selbst aber ist entweder bürgerlich oder häuslich. Diese ist der Grund von jener, weil bürgerliche Gesellschaft hier nichts anderes bedeutet, als eine Verbindung vieler häuslicher Gesellschaften und deren darinnen lebenden Personen, sofern sie unter einem allgemeinen Regiment stehen.«[4]

Die Entgegensetzung von »bürgerlich« und »häuslich« bezeichnet kein Ausschließlichkeitsverhältnis, sondern ein Zuordnungsverhältnis von Teil und Ganzem, das zudem ergänzt wird durch die Institutionalisierung von »Herrschaft« über den Gesamtbereich der »Häuser«. Das »Haus« (oikos) ist die primäre, naturwüchsige Vergesellschaftungsform von Individuen[5]; die Gesamtheit der »Häuser« bildet die »bürgerliche Gesellschaft«. »Bürgerliche Gesellschaft« (»societas civilis«) ist darüber hinaus bezogen auf ihren Gegensatz die »societas naturalis« (»societas aequalis«), indem sie dieser gegenüber ausgezeichnet ist durch »Herrschaft« (»imperium«)[6], die sich (gemäß naturrechtlicher Vorstellung) konstituiert durch einen Herrschaftsvertrag (»pactum subjectionis«) und einen vorausgehenden Vergesellschaftungsvertrag (»pactum unionis«).[7] Die »bürgerliche Gesellschaft« ist herrschaftlich geprägt durch die »souveräne« Machtausübung des Fürsten. Ein solcher mit naturrechtlicher Vertragslehre ergänzter politischer Aristotelismus ist bis hin zu Christian Wolff das normative und materiale Fundament der Sozial- und Herrschaftslehre der »bürgerlichen Gesellschaft«.

Ständische Gesellschaft und bürgerliche Gesellschaft schließen sich diesem Konzept zufolge nicht aus, wenngleich »bürgerliche Gesellschaft« mehr ist als nur ständische Gesellschaft. Die herrschaftliche Komponente dieses Begriffs kann erst getilgt werden, wenn die alte korporativ geprägte Privilegiengesellschaft abgelöst wird von einer individualistischen Privatrechtsgesellschaft, wenn die Gesellschaft das »System der Bedürfnisse« (Hegel) bezeichnet, das aus dem – es rechtlich garantierenden – Staat entlassen wird.[8]

Die deutsche politische Aufklärung nach 1750 verweist auf die fließenden Übergänge vom Standesbegriff »Bürger« (»Stadtbürger«) zum modernen »Drittstandsbegriff«[9] (Bluntschli) mit seinen Varianten »Wirtschaftsbürger« (»bourgeois«) und »Staatsbürger« (»citoyen«). Durch die Kombination von Standes- und Statusbegriffen, von politischer, verfassungsrechtlicher und ökonomischer System- und Semantikebene, entsteht eine Bedeutungsvielfalt, die eine Scheidung von ständischem und modernem Begriffsinhalt als grobe Vereinfachung erscheinen läßt. In der Konfrontation von alter Privilegiengesellschaft und moderner Privatrechtsgesellschaft erscheint der »Bürger« als Gegenfigur zu den Prärogativen der Geburt verkörpernden »Stände«. »Verdienst«, »Wissen«, »Moral« (»Tugend«) erweisen den »Bürger« als Angehörigen eines Leistungsstandes, der durch individuellen Qualifikationserwerb die hereditären Standesvorzüge in Frage stellt. Gegenüber dieser zwischenständischen Bürgerschicht, die als »gelehrtes Bürgertum« in fürstlichen und städtischen Diensten Anteil am »Regiment« gewinnt[10], verblaßt der ältere Standesbegriff des »Stadtbürgers«. Der durch Fürstendienst und gelehrte Qualifikation ausgewiesene »Bürger« konnte in den alten Standeskonnex nur durch persönliche Nobilitierung (»Amtsadel«) integriert werden. Diese soziale und (bedingt) rechtliche Angleichung des »gelehrten« Bürgertums an die privilegierten Geburtsstände sowie seine sozialen Querverbindungen zur Großkaufmannschaft integrieren langfristig die »bürgerliche« Gelehrsamkeit vollauf in die altständische Gesellschaft. Die in der zweiten Hälfte des 18. Jahrhunderts ausgetragenen ideologischen Positionskämpfe zwischen Adel und Bürgertum[11] überdecken diesen sozialgeschichtlichen Sachverhalt: Hier wird bereits unter den Bedingungen der entstehenden »politischen Öffentlichkeit«[12] eine Polarisierung deutlich, die eher auf eine relativ abgehobene Sphäre des intellektuellen Mentalitätswandels denn auf eine Sozialkrise der alten Privilegienstände hinweist. Der »Drittstandsbegriff« wird zum kategorialen Integral der Forderung nach Rechtssicherheit und Rechtsuniversalität und folglich zum Gegenmodell des ständischen Partikularismus.

Die mit einem solchen Bürgerbegriff implizierte Allgemeingültigkeit von Aussagen über Stand, Gesellschaft und Staat eigneten sich vorzüglich für eine strategische Diskussion über die Vor- und Nachteile ständischer Stufung, »bürgerlicher Nützlichkeit«, rechtlicher Hierarchisierung und egalitärer Staatszweckbestimmungen. In Verlängerung älterer, gelehrter (römisch-rechtlich argumentierender) Ständediskussionen formuliert eine sich als Repräsentant der »Menschheit« auslegende »Klasse« von freien Schriftstellern, Professoren, Beamten und Freiberuflern ihre Gegenposition und ihr Ungenügen an bestehenden hierarchisierten Sozialchancen. Daß die Richtigkeit der eigenen Position nur im Rekurs auf die vermeintlich strukturelle Krisenhaftigkeit der gesellschaftlichen Geltung des Gegners (z. B. des Adels) zu erweisen war, zeigt die Verselbständigung der »öffentlichen« Diskussion von ihrem sozialgeschichtlichen Diskussionsfeld.

Die Verbreiterung des Bürgerbegriffs von einer Standesbezeichnung zu einem verfassungsrechtlichen Allgemeinbegriff darf nicht als endogene Begriffsgenese gelesen und gedeutet werden. Einerseits erweist sich der ausgebildete Territorialstaat des 18. Jahrhunderts als Adressat bürgerlicher Reformhoffnungen[13], andererseits hängt die Qualifizierung des Bürgerbegriffs ab vom erreichten Diskussionsstand der »bürgerlichen Öffentlichkeit« in der zweiten Hälfte des 18. Jahrhunderts. Eine dualistisch verfahrende Klassifikation mit den beiden Zuordnungspolen »altständische Gesellschaft« (Spätfeudalismus) und »bürgerliche Gesellschaft«, wie sie der begriffsgeschichtlichen Konstruktion der »Sattelzeit« zu-

grunde liegt[14], verkennt in der Analogisierung von Begriffsent-
wicklung und Sozialprozeß das Spannungsmoment von Theorie-
und Sozialhistorie und die Integration des »Bürgertums« in den
sich tendenziell vereinheitlichenden Untertanenverband des späten Territorialabsolutismus. Da für die universitär ausgebildete
Gelehrtenschicht in der zweiten Hälfte des 18. Jahrhunderts nur
eine kleine Anzahl von Stellen in der staatlichen Bürokratie und im
Erziehungswesen zur Verfügung stand[15], bot die Entfaltung eines
freien, privatwirtschaftlich organisierten Medienmarktes eine
willkommene Beschäftigungsmöglichkeit für die »freie« Intelligenz. Die Ausweitung des Büchermarktes, die von der aufklärerischen Kulturfortschrittstheorie als Zivilisationsausweitung be-
grüßt und von den Aufklärungskritikern als schädliche Lesewut
gebrandmarkt wurde, läßt sich quantitativ belegen: Der Biblio-
graph Johann Georg Meusel schätzt die Anzahl der deutschen
Schriftsteller in den 60er Jahren des 18. Jahrhunderts auf ca. 2000
bis 3000 und errechnet für die Jahrhundertwende die Zahl von
10648. In gleichem Maße wuchs die Buchproduktion in Deutschland.[16] Auch wenn man unterstellen muß, daß die Schriftsteller
durchweg in »bürgerlichen« Berufen arbeiteten und nur ein kleiner
Kreis von dem Ertrag seiner Publikationen leben konnte, bewirkt
die Ausweitung von Buch- und Zeitschriftenproduktion einen
tiefgreifenden Wandel in der Organisation, im Selbstverständnis
und in den publizierten Inhalten der schreibenden Intelligenz. Die
Entstehung literarischer Moden, der künstlich produzierte politische Antagonismus, die Auseinandersetzung mit den Zensurbe-
hörden, innerliterarische Gruppenbildungen sowie Versuche von
Autorenverlagen und Subskriptionsverfahren schufen die Voraussetzungen zur Schaffung einer literarischen und politischen Kultur, die im Selbstauslegungshorizont der Aufklärung als Bedingung der Dispersion von Aufklärung und Fortschritt gedeutet
wurde. Zugleich entfaltete sich ein Kommunikationsnetz jenseits
ständischer Normen, das sich zunächst und vor allem an der persönlichen Leistung der beteiligten Individuen orientierte. Die
individuelle Partizipationschance am literarischen Markt bewirkt
innertheoretisch die Auflösung des Vernunftmonismus des früh-
aufklärerischen Systemdenkens. Pluralität der Meinungen, das
individuelle Recht auf »Publizität« (Freiheit des Gedankens und
der Publikation) sind die Forderungen der Intelligenz an den gouvernementalen Absolutismus.[17] Der »Selbstdenker« wird zum

Subjekt einer geschichtsphilosophischen Projektion, die Aufklärungsausbreitung und allgemeine Kultur- und Zivilisationsentfaltung analogisiert. Erkenntniskritik, popularphilosophische Verbreitung, instrumentell-wissenschaftliche Aufklärung, Publizität und staatliche Reformbewegung sollen zu einer Bewegung zusammengeschlossen werden, die den Ausgang des Menschen aus seiner Unmündigkeit durchsetzen soll.

So sehr eine solche Selbstauslegung der politischen Aufklärung abstrahiert von den altständischen Widerständen gegen eine solche »Kulturrevolution« und zugleich das absolutistische Reformpotential überschätzt, so aktivierend wirkt dieses Bewußtsein des Kulturfortschritts zurück auf die Entfaltung aufklärerischer Gruppenaktivitäten. Man wird die theoretische Harmonisierung von sozialen Antagonismen und politischen Widerständen als Ausdruck des aufklärerischen Selbstverständnisses zu deuten haben: Aufklärung hebt gesellschaftsgeschichtliche Widersprüche (theoretisch) auf, bewirkt praktische Reformbereitschaft und verheißt ein Selbstlaufmodell von Geschichte, in dessen Bewegungszentrum die Aufklärung den Subjektstatus beansprucht.[18] Der in dieser Konstruktion eingeschlossene Bildungselitarismus wird gemindert durch didaktisch-pädagogische Vermittlungsversuche, die die Reformpraxis dem »Pöbel« nahebringen soll. Aber auch dieser pädagogische Impuls der Spätaufklärung kann die Kluft zwischen dem theoretischen Anspruch des gebildeten dritten Standes und dessen sozialgeschichtlicher Stellung innerhalb des ausgehenden Ancien régime nicht überbrücken. Die zur literarischen und politischen Öffentlichkeit sich ausweitende »Gelehrtenrepublik« bleibt ein kultureller Faktor, der sich nicht mit sozialkritischen Protestbewegungen der Zeit vereinte, um Reformen auch gegen Adel und Absolutismus durchzusetzen.[19] Der gebildete »Mittelstand« konnte die Rolle, die er sich im historischen Übergangsprozeß zum Rechtsstaat und zur Privatrechtsgesellschaft in den emphatischen Kategorien des Menschenrechts zumaß, nur im Rahmen seiner literarischen Selbstprojektionen spielen, realiter blieb er statusmäßig eingebunden in den universitären, schulischen und bürokratischen Einflußbereich des deutschen territorialen Absolutismus. Nicht einmal die beiden Hauptelemente des »bürgerlichen Mittelstandes«, »Besitz« und »Bildung«, fanden in der zweiten Hälfte des 18. Jahrhunderts zusammen.

Selbst im Bereich der Theorie läßt sich keine Einheitlichkeit

»bürgerlicher« Denkformen nachweisen. Wie der Terminus »dritter Stand« zeigt, ist »bürgerlich« und »Bürger« zumeist charakterisiert durch die Standesabgrenzung gegen den Bauernstand und die privilegierten Stände (insbesondere den Adel). Die Kritik der Privilegiengesellschaft konzentrierte sich zunächst auf die Ablehnung der höfischen Repräsentationssphäre. In den 20er Jahren des 18. Jahrhunderts wird – z. T. in der Rezeption bereits im Humanismus ausgebildeter Tugendschemata, unter Verwendung moralischer und utilitaristischer Leitvorstellungen – ein spezifisch bürgerliches Tugendideal der »inneren Ökonomie«[20] entwickelt, das dem luxuriösen Statuskonsum der höheren »sterilen« Stände entgegengesetzt wird. Die Standesehre des Adels wird durch einen »innerweltlichen Asketismus« negiert. In der Negation des altständischen Standesbegriffs, der »Freiheit« mit Privileg gleichsetzt[21], wird nunmehr das individuelle Leistungsvermögen zur Grundlage von gesellschaftlicher Nützlichkeit und staatlicher Eudämonie. Diese bürgerlichen Nützlichkeitstheoreme ließen sich dem spätabsolutistischen Eudämoniekonzept amalgieren und über das ältere Naturrecht metarechtlich begründen. Die Vorstellung des Staates als funktionsteiliger Maschine ist Ausdruck einer die Geburtsstände übergreifenden Funktionsständekonzeption, die im Rückgriff auf bürgerliche Leistungsideologie unschwer gegen den Adel als Konsumstand gerichtet werden konnte. Diese Identität in der Formulierung gesellschaftlicher Zielkategorien zwischen gewerblichem Bürgertum und absolutistischem Staat wird von der utilitaristischen Aufklärung systemtheoretisch verdichtet und verallgemeinert.[22] So identisch die Kritik des adligen Konsumverhaltens und die Abwendung von höfischen Repräsentationsvorstellungen in den Theorien des bürgerlichen Leistungsethos und des staatlichen Effizienzprogramms ist, so wenig sagt diese gleichgerichtete Zielbestimmung aus über die vermeintliche ständeaufhebende Funktion des Spätabsolutismus. Lediglich in der Theorie läßt sich diese Affinität zwischen dem staatlichen (rationalen) Amtsgedanken einer entsakralisierten Fürstenherrschaft und bürgerlicher Arbeits- und Sozialethik nachweisen.[23] »Fleiß« und »Talent« sowie »Verdienst« werden zu Gegenbegriffen der Standesehre der herkunftslegitimierten traditionellen Herrschaftswelt: »Persönliche Vortrefflichkeit, beruhend auf ungewöhnlichen intellektuellen und künstlerischen Anstrengungen und schöpferischen Leistungen, stellte den Primat der jahrhundertealten Stufeneinteilung der Gesellschaft in vorwiegend juristisch definierte, kastenähnliche Stände mit gruppenspezifischer Standesehre in Frage (...).«[24] Obwohl das 18. Jahrhundert keineswegs verallgemeinernd als »Manufakturepoche«[25] zu bezeichnen ist, hat sich eine Denktradition in der Kombination von Arbeitstheorie, Arbeitsteilungsmodell und funktionsständischer Gesellschaftskonzeption ausgebildet, die den »Maschinenstaat« zur eudämonistischen Vernunftnorm gesellschaftlicher Teilprozesse und diese übergreifender Staatssteuerung erklärt. Die parallele Verwendung von »Stand« und »Klasse« (als logischem Ordnungsbegriff!) verweist auf die Zwischenstellung dieser funktionsständischen Gesellschaft zwischen »ständischer« und (moderner) »bürgerlicher Gesellschaft«. In ihr fungiert der Staat als sozialer Statuszuweiser, indem er vereinheitlichte Qualifikationsmerkmale definiert, diese durch Prüfung institutionalisiert, den Bedarf an sozialen und beruflichen Qualifikationen feststellt und durch Ausbildung zu dekken versucht.

Die Spannung zwischen geburtsständischer Abschottung und gesellschaftsbezogener Qualifikation des Individuums wird tendenziell durch den Staat überwunden, der neben den Geburtsständen neue Funktionsstände lizenziert und damit ein spezifisch aufklärerisches Postulat erfüllt, ohne der von der Spätaufklärung geforderten Privatisierung des Ökonomiesektors Rechnung zu tragen.[26] Der moderne Berufsgedanke (»individuelle Qualifikation«) wird eingepaßt in die nur sektoral erweiterte ständische Traditionsgesellschaft. Fichtes Postulat: »Es ist Pflicht, einen Stand zu wählen«[27] koppelt in Überschreitung solcher absolutistischer Kompromißkonstruktionen den Status von Personen an deren freien Willen zur (richtigen) Berufswahl. Der Nutzen für das Gemeinwesen wird sich dann selbsttätig herstellen. Über die Berufswahl konkretisiert sich der »abstrakte Mensch« zum »Bürger« und paßt zugleich seine spezifisch individuellen Fähigkeiten dem gesellschaftlichen Telos ein. Der Spätabsolutismus versuchte diese Konsequenz der Entlassung der Individuen aus der staatlichen Verfügungsgewalt zu umgehen, indem die alten Herrschaftsstände im Akt der Kodifizierung bestehender Rechte privatrechtlich geschützt, damit aber zugleich auch staatlich mediatisiert wurden. Stände werden so zu »staatlich genehmigten Berufsverbänden«[28], deren Funktionsbereich sich nach dem Staatszweck bemißt. Die emphatische Forderung der bürgerlichen Theorie seit 1770, die

Prinzipien der »Rechte des Menschen« sollten staatlich zu solchen des »Bürgers« mittels staatlicher Rechtssicherung transformiert werden, ist vom vorrevolutionären Staat im kontinentalen Europa nicht verwirklicht worden. Gleichwohl antwortet bereits vor der Ausbildung moderner Produktions- und Tauschbeziehungen eine zumeist auf vorbürgerliche Gesellschaftsmuster zurückgehende Entfremdungskritik auf die bürgerliche Theorie des »bourgeois«, indem auf die Gefahren von Spezialisierung, Partikularisierung und Entfremdung durch Arbeitsteilung hingewiesen wird. Als idealisierte Alternative zur bürgerlichen Arbeitstheorie erscheinen Adel und Hof (Christian Garve), die alte Ständeordnung (August Wilhelm Rehberg), Ästhetik (Friedrich Schiller) oder aber freimaurerische Gesellschaftsideale (Lessing und Fichte). Der Universalismus der bürgerlichen Rechtstheorie wird als ein lediglich formaler Egalisierungsprozeß von Individuen entlarvt, der bezüglich der materiellen Gütersicherung eher die Ungleichheit (bezüglich des Besitzes) verstärkt, denn zur Sicherung der materiellen Ressourcen breiter Schichten beiträgt.[29] Den Beweis ihrer Thesen von der faktischen Überlegenheit des eigenen Modells mußten beide Seiten schuldig bleiben, da der Vorkonservativismus einen gesellschaftsgeschichtlich nur unpräzise ausgewiesenen Idealzustand der Gegenwart und Vergangenheit gegen ein futurisches »bürgerliches« Organisationsmodell stellte, das sich allenfalls durch logische Stimmigkeit, keinesfalls aber durch vollzogene Anwendbarkeit auszeichnete.

Der Entwurfscharakter des bürgerlichen Denkens schlug sich organisationsgeschichtlich nieder in der Gründung von gelehrten Sozietäten, Sprachgesellschaften, geheimen Gesellschaften, landwirtschaftlichen und ökonomischen sowie »patriotischen« Gesellschaften, innerhalb derer die Ständehierarchien außer Kraft gesetzt waren und die zumeist auch ständeübergreifende, auf den »Menschen« als »nützlichen Bürger« abzielende Programmatiken entfalteten.[30] Als »Inseln« innerhalb der altständischen Gesellschaft und der Absolutismusgesellschaft fand die Aufklärung in ihnen eine Organisation vor, die die Programmdiskussion im Kreise der Gleichgesinnten ermöglichte, dieser zugleich aber auch enge Wirkungsgrenzen setzte.

Der Entfaltungsspielraum von Individuen, Ständen und »Klassen von Einwohnern« war rechtlich sehr unterschiedlich, je nachdem, ob Reich, Territorien, Stadt, Kirche und Stand den Sozialstatus prägten.[31]

Die politische Diskussion orientierte sich kritisch oder affirmativ an diesen vorgegebenen historischen Kristallisationsformen. Vom Standpunkt des Reichsrechts, aber auch vom Demokratismus der 90er Jahre wurde der territoriale Absolutismus bekämpft, umgekehrt verwarfen die absolutistischen Theoretiker den Rechtspluralismus des Reiches und den Partikularismus der alten Stände. Während die liberale Publizistik ebenfalls ständekritisch den Kampf gegen den »Feudalismus« führte, suchte sie im Bündnis mit staatlichen Reformkräften innerhalb der Bürokratie ihre Vorstellungen von formaler Rechtssicherheit und individuellem Rechtsschutz evolutionär durchzusetzen.[32] Die immanenten Theorienormvorgaben, die Einschätzung der Reformierbarkeit von altständischer Gesellschaft und Territorialabsolutismus, der Adressat der Schriften, publizistische Erwägungen, aber auch der Ehrgeiz einzelner Autoren prägten den Inhalt der »politischen Öffentlichkeit« der 2. Hälfte des 18. Jahrhunderts. Bedenkt man die Konstanz ständischer Privilegienvorzüge sowie die innere Stabilität des deutschen Spätabsolutismus, dann muten die Reformhoffnungen der deutschen Intelligenz utopisch an. Vielleicht erklärt sich aus der Kluft zwischen politischer Theorie und rechtlichsozialer Praxis der geschichtsphilosophische Impuls zur Erklärung sozialer und politischer Prozesse bzw. der radikale naturrechtliche Voluntarismus der »Jakobiner«[33], durch die verworfene Gegenwart und intendierte Zukunftsordnung gegeneinander abgegrenzt werden konnten. Das durch geschichtsphilosophische Entwürfe und durch Gesellschaftsvertrag abgesicherte Autonomiepostulat des »mündigen« Bürgers wird zur Kritikfolie der fortbestehenden Leibeigenschaft, der Rechtsusurpation von Adel und Absolutismus, der Besitzvorzüge der Privilegienträger, des Verbots von sozialer und eigentumsbezogener Mobilität, der Einschränkung von Denk- und Druckfreiheit und des Fehlens von politischer Partizipation der Bürger am Staat. Das aufklärerische Rechtsdenken entfaltet in seiner Endphase Normvorgaben für den erwarteten staatlichen Reformprozeß bzw. Normhypothesen für einen postabsolutistischen Staat mit konstitutionalisierter Rechtssphäre. Die Gleichzeitigkeit dieser Theorieentwürfe mit der liberalen und jakobinischen Praxis der Revolution in Frankreich wertete diese Theorieentfaltung in einem Maße auf, die – bezogen auf die deutschen Verhältnisse – zu überspannten Erwartungen führen mußte, die spätestens mit dem Machtantritt Napoleons in sich zusammenstürzten. Selbst die »Reform von oben«, die man als Anpassungsakt der deutschen Verhältnisse an die fortgeschrittenen des revolutionierten Frankreich erhoffte, vollzog sich erst in der ersten Hälfte des 19. Jahrhunderts unter politischen Konstellationen der Antwort auf die napoleonische Herausforderung, die mit dem einfachen Modell der Positivierung naturrechtlicher Normen durch den Staat nicht mehr vereinbar waren.[34] Die Volksrevolution als Mittel dieser Transformation war ohnehin nur von einer sehr kleinen Gruppe radikaldemokratischer Theoretiker als Programm formuliert worden. Bezeichnenderweise lieferte dieser radikalisierte politische Strang der Aufklärung dem altständischen und absolutistischen Frühkonservativismus den Beweis für den lange gehegten Verdacht, Aufklärung und Revolution stünden zueinander im Verhältnis von anleitender Theorie und ausführender Praxis. Wie unsere Textsammlung erkennen läßt, ist dieser Vorwurf nicht berechtigt, da auch die Spätaufklärung keineswegs nur eine bürgerliche Bewußtseinsform des Politischen und Sozialen gewesen ist, sondern in gleichem Maße Theorie von Funktionsständen und staatlich-absolutistischer Rationalität.

Die vorliegende Textdokumentation versucht den Ausdifferenzierungsprozeß der politischen Öffentlichkeit im Übergang der politischen Aufklärung von der Epoche gelehrter Systembildung (älteres Naturrecht) zur Entstehung des »freien literarischen Marktes« aufzuzeigen. Inhaltlich präsentiert sich dieser Umschwung als Umschlag vom Absolutismus zum modernen Rechtsstaat, als Wandlungsprozeß des Standesmitgliedes zum Untertanen und des Untertanen (»subditus«) zum »Bürger« (»civis«). Es gibt gleichwohl keine Teleologie der Entwicklungsstrukturen des politischen Denkens vom Absolutismus zur modernen bürgerlichen Gesellschaft. Vielmehr wird die Diskussion bestimmt von der Gleichzeitigkeit durchaus ungleichzeitiger Denkschemata und Inhaltsbestimmungen. Insbesondere der Standesbegriff verweist auf das Bei- und Nebeneinander unterschiedlichster gesellschaftstheoretischer Entwicklungsstufen, die zunächst altständisch-herrschaftsständische Prinzipien reflektieren, diese aufheben in Berufs- und Funktionsstandsmodellen (»Maschinenstaat«), um dann unter Einwirkung privatrechtlicher Gesellschaftsvorstellungen einzumünden in Konzepte des vertragsautonomen »Bürgers«. Mit der Forderung nach politischer Partizipation des »Bürgers« am Staat ist die Endstufe modern-bürgerlicher Politiktheorie im ausgehenden 18. Jahrhundert erreicht.[35]

Das ältere Naturrecht als Systemdenken von ständischer Gesellschaft und aufgeklärt-absolutistischem Staat wird repräsentiert durch die drei Texte von Christian Wolff (1679-1754), Karl Anton von Martini (1726-1800) und Johann Heinrich Gottlob von Justi (1720-1771) (Texte I, 1-3). Der Staat erscheint in diesen Systementwürfen als Gesamtvernunft seiner Mitglieder, der mittels Rechtssicherung und institutioneller Dauerregelungen die Koordinierung der Gesellschaftsaktivitäten überwacht und plant. Die staatliche Kompetenz in Verwaltung und Recht wird begründet durch eine »statische« Naturrechtskonstruktion, die den »status naturalis« der »societas aequalis« aufhebt in die Verfügungsgewalt des Inhabers der »maiestas«. Der »Untertan« wird zum Objekt gouvernementalen Handelns. Zumeist wird die Hauskonstruktion als Zentrum der »societates«-Lehre beibehalten und der Staat durch den zweistufigen Vertrag der »Hausväter« konstituiert. Die Konstanz und Variationsmöglichkeiten dieses naturrechtlichen Rationalismus, die Überlagerung des politischen Aristotelismus durch Elemente der Grotius-, Pufendorf- und Thomasiusschule sowie die Assimilationsfähigkeit dieser metarechtlichen Naturrechtstradition für empirische Staatsdisziplinen (Staatsklugheitslehre, Polizei- und Kameraltheorie) prägt das Systemdenken Wolffs und seiner Schule. In den 50er Jahren des 18. Jahrhunderts erfährt dieses ältere Naturrechtsmodell einschneidende Veränderungen durch die Rezeption westeuropäischer Rechts- und Staatstheorien (Gewaltenteilungsmodell, Gesetzesstaatstheorie), die in den Wolffianismus mit gegenstaatlichen Vorzeichen integriert werden, ohne die Staatszweckbestimmungen »securitas« und »commune bonum« aufzuheben.[36] Die Spannung zwischen natürlichem und positivem Recht und die Dominanz des Staates gegenüber dem Rechtsbereich des »subditus« gehen nicht verloren. Gleichwohl lassen sich neue Wissenschaftsgliederungen und neue Zuordnungen der Disziplinen Recht, Politik, Polizei, Kameralwissenschaften etc. nachweisen, die auf eine Ressorttrennung im Spätabsolutismus verweisen, ohne auf eine Trennung von »Staat« und »Gesellschaft« abzuzielen.

Der Rechtsrationalismus des Wolffianismus trifft auf eine traditionsreiche, synchrone empirische Reichsrechts- und Ständelehre, die in der Mitte des 18. Jahrhunderts als deskriptive Rechtshistorie eine neue Blüte erlebt. Die Autoren dieses verfassungsrechtlichen Positivismus spielen den Empirismus ihrer Wissenschaftsauffassung bewußt aus gegen den naturrechtlichen Zweckrationalismus und kritisieren den Zentralismus des territorialen Anstaltsstaates des 18. Jahrhunderts als »Despotismus«. Justus Möser (1720-1794), Johann Jakob Moser (1701-1785) und Johann Stephan Pütter (1725-1807) sind durch Stellung (Möser, Moser) oder durch wissenschaftliche Traditionsvorgabe (Pütter) Vertreter der »ständischen Libertät« als Gegenpol der (vermeintlichen) politischen Entmündigung des »Untertanen« durch den absolutistischen Institutionenstaat (Texte II, 4-6). Obwohl ihre Wissenschaftssystematik zweifellos auch normative Elemente enthält und sie sogar in einzelnen Begründungshypothesen auf vernunftrechtliche Axiome zurückgreifen müssen, erscheint diesen Autoren der ständische Regionalismus (»Lokalvernunft«, wie Möser formuliert) und der traditionelle Rahmen des Reichsrechts als Bollwerk der Freiheit gegen die Übergriffe des »Fürsten« gegenüber seinen Untertanen. Die Verherrlichung der Vergangenheit (Möser) und das Festhalten an reichsrechtlichen und ständerechtlichen Gesellschafts- und Herrschaftsstrukturen (Möser, Pütter) stellt dem seit 1770 sich entfaltenden deutschen Frühkonservativismus den ideologischen Kristallisationskern seiner Kritik der »Metaphysik« des Naturrechts zur Verfügung[37]; andererseits ist die hier formulierte Absolutismuskritik als Topos (mit radikal veränderter Begründungshypothese) später von den liberalen und demokratischen Kritikern der staatlichen Omnipotenz rezipiert worden. Bis heute sind die Schriften dieses Rechtspositivismus eine Fundgrube für die Deutung der deutschen Verfassungsstrukturen vor ihrer Umformung und Aufhebung durch die napoleonische Herausforderung.

Die Vermittlung und der Übergang von der alten Ständegesellschaft zum berufsständischen Funktionsmodell von Spätabsolutismus und bürgerlichem Utilitarismus vollzieht sich fließend (Texte III, 7-11). Allen Texten des Abschnitts »Von der herrschaftsständischen zur berufsständischen Gesellschaft« ist gemeinsam, daß sie ihrem Selbstanspruch nach mehr sein wollen als reine Standesbeschreibungen. Die Ausrichtung von Standesdefinitionen auf die diese übergreifenden Staatszweckkategorien erfordert die Entfaltung mehr oder minder geschlossener Systemtheorien, die positiv oder negativ auf den territorialen Absolutismus bezogen sind. Während Johann Georg Schlosser (1739-1799) durch Verallgemeinerung altständischer Repräsentationsmodi den Legitimationsmonismus des Absolutismus bekämpft, argumentiert Christian Wilhelm Dohm (1751-1820) vom Standpunkt einer rein funktionalen Ständetrias, die gleichwohl durchaus traditionelle Standesbestimmungen assimiliert. In welchem Maße die Durchsetzung von bürgerlicher »Ökonomie« verflochten ist mit der Durchsetzung moralischer Strategien (»innere Ökonomie«), so daß »Aufklärung« verkürzt wird auf einen das Individuum disziplinierenden Utilitarismus, zeigt der Textauszug von Carl Friedrich Bahrdt (1741-1792). Bahrdt, der Hauptvertreter des theologischen Naturalismus im 18. Jahrhundert, der Organisator der »Deutschen Union«, der Vertreter philanthropischer Erziehungsgrundsätze und professorale Abenteurer paßt sich mit seinem Nützlichkeitsdenken staatlichen Eudämoniekonzepten ein, er erweitert diese aber durch gegenstaatliche Menschenrechtskataloge, die nicht nur »liberale« Freiheitsrechte bündeln, sondern zugleich individuelle »soziale« Anspruchsrechte an den »Staat« formulieren. Durchaus im Sinne des »innerweltlichen Asketismus« (Max Weber) bleibt der Bürgerbegriff bei ihm bezogen auf Effizienz und Arbeitsamkeit. Die Erweiterung des Bürgerbegriffs zum Drittstandsbegriff wird bei Bahrdt erst nach 1789 erkennbar. Die damit gesetzte Spannung zwischen traditioneller Bürgersemantik (Stadtbürger), neuem Ökonomiebegriff (»bourgeois«) und revolutionärem Partizipationsbegriff (»citoyen«) findet in dem Lexikonartikel von Joachim Heinrich Campe (1746-1818) ihren Niederschlag. Campe, der führende Organisator der Braunschweiger Schulversuche und Herausgeber des »Allgemeinen Revisionswerks«, versucht mit dieser Begriffsbestimmung zugleich die historischen Begriffsinhalte mit dem zukunftsbezogenen bürgerlichen Entwurfsdenken der Revolutionszeit semasiologisch zu verknüpfen. Geschieht dies bei dem Aufklärer Campe durchaus additiv, so wird diese Relationsbestimmung von traditioneller Ständetrias und ihrer revolutionären Aufhebung im Weltbürgerbegriff von dem Kantianer Karl Leonhard Reinhold (1758-1825) geschichtsphilosophisch begründet. Anders als bei den revolutionsbezogenen Geschichtstheorien der radikalen Spätaufklärung gibt Reinhold die alte Ständelehre nicht zugunsten eines revolutionären Bürgerbegriffs preis. Anders formuliert: Zwischen den normativen (naturrechtlichen) Begriff des »Menschen« und jenen des innerstaatlichen »Bürgers« schiebt sich die Ständewelt von Adel, Bürger und Bauer. Der »Realismus« dieser Ständetheorie führt konsequenterweise – trotz Anleihen aus der idealistischen Geschichtstheorie – zu einer Absage an revolutionäre Strategien der Verwirklichung der modernen bürgerlichen Gesellschaft.

Der Durchbruch zu einer »liberalen« Gesellschaftslehre mit gegenständischen Vorzeichen vollzieht sich in Deutschland seit den 60er Jahren des 18. Jahrhunderts über die Ausarbeitung einer Konzeption der »bürgerlichen Freiheit« (Texte IV, 12-14). Erstmals wird die Gesellschaftssphäre als Kontraktfeld von Privatleuten gefaßt, die nunmehr ohne staatliche Einflußnahme über ihre physischen und geistigen Kräfte verfügen sollen. Der Staat sichert die »natürliche« Freiheit des Bürgers, d. h. er positiviert rechtlich den »Naturzustand«, er enthält sich aber des Eingriffs in dessen Struktur. Der Naturzustand wird zur regulativen Idee des Gesellschaftszustandes, der wiederum befreit ist von staatlicher Intervention. Zunächst kann diese gegenstaatliche und antiständische Rechts- und Sozialtheorie nur im Rückgang auf die westeuropäischen Theoriemodelle des Physiokratismus (Texte IV, 12-13) und des englischen Smithianismus (Text IV, 14) entwickelt werden. Die naturrechtliche Variante des Gesellschaftsbegriffs tritt bei diesen Autoren gegenüber der ökonomischen Fundierung der Sozialverhältnisse zurück.

Explizit argumentieren Isaac Iselin (1728-1782), Johann August Schlettwein (1731-1802) und August Hennings (1746-1826) gegen den staatlichen Wirtschaftsdirigismus des Merkantilismus (Kameralismus) sowie gegen die Fiskalpolitik (Thesaurierungspolitik) des Spätabsolutismus. Im Rahmen der gesetzesstaatlichen Regelungen kann der Bürger frei über Produktion und Distribution entscheiden. Gleichheit des Bürgers ist lediglich bezüglich der Gleichheit vor dem Gesetz (»bürgerliche Freiheit«), nicht aber im Sinne der politischen Partizipation (»politische Freiheit«) vorgesehen.

Die Theorie von der »natürlichen Freiheit« als Norm der »bürgerlichen Freiheit« bewirkt einen Systemumbau der deutschen Naturrechtstheorien seit den späten 60er Jahren. Insbesondere die Funktion des Naturzustandskonzepts wandelt sich von einer herrschaftsbegründenden zu einer rechtsbegründenden Rechtsfigur (Texte V, 15-18, Kritik hieran V, 19). Im Einflußbereich der Konzipierung des »Allgemeinen Landrechts für die Preußischen Staaten« (1794) polarisierten sich aufgeklärt-absolutistische und vorliberale Naturrechtsentwürfe. Im Maße der Positivierung der Theorie der »bürgerlichen Freiheit« gerät der absolutistische Staat in die Kritiklinie der Vertreter autoharmonischer Steuerungsmodelle der Gesellschaft. Die Konzeption des »Menschen« als »Bürger« trifft auf eine ständisch geprägte Gesellschaft, die in der menschenrechtlich fermentierten Absolutismustheorie mit Kategorien des Privatrechts gedeutet wird und insbesondere in der Relationsbestimmung von »Freiheit« und »Eigentum« zu einem Theorieamalgam führt, das ständische, absolutistische und bürgerliche Legitimationskonzepte zu harmonisieren sucht. Die beamtete Intelligenz, insbesondere die an der preußischen Kodifikation beteiligten Juristen, haben sich an dieser Diskussion beteiligt. Carl Gottlieb Svarez (1746-1798) und Ernst Ferdinand Klein (1743-1810) repräsentieren die auf die Monarchie konzentrierte (Svarez) und die stärker zu rechtsstaatlichen Bindungen des Spätabsolutismus (Klein) bezogenen Gruppen der preußischen Beamtenschaft. Beide versuchen zwischen menschenrechtlichem Reservatrecht und staatlichem Souveränitätsrecht einen Kompromiß zu formulieren, der – nicht zuletzt bedingt durch die staatlicherseits negativ beantwortete Herausforderung durch die Französische Revolution – im Allgemeinen Landrecht für die Preußischen Staaten nicht durchgehalten wurde. Hier wird unter Zurücknahme des eigentlichen Staatsrechts Ständerecht kodifikatorisch festgeschrieben.

Die Spannung zwischen Natur- und Staatszustand wird unter Beibehaltung naturrechtlicher Systembestandteile im späten 18. Jahrhundert aufgehoben in geschichtsphilosophische Konstruktionen eines allgemeinen Zivilisationsfortschritts, der die Kluft zwischen dem Zustand der »Wildheit« und dem in der Gegenwart erreichten »Kulturzustand« überbrückt. Diese, in Gestalt einer »Geschichte der Menschheit« gefaßten Kulturfortschrittshypothesen werden in das Systemgehäuse des Naturrechts eingelagert und führen entweder zu einer Historisierung und Dynamisierung des Naturzustandskonzepts oder aber zu einer historisch ausgefüllten, normativ gefaßten Zyklen- und Kreislauftheorie, innerhalb derer der Naturzustand als idealisierter Ausgangspunkt der Geschichtsentwicklung erscheint, dem ein negativ gedeuteter Epochenzyklus des Antagonismus (Entfremdung, Unterdrückung der Menschheit) folgt, der dann dialektisch einmündet in den restaurierten Naturzustand als Kulturzustand. Der Buchhändler Saul Ascher (1767-1822) hat dieses Modell erstmals auf die Revolution bezogen, um die Totalumwälzung als naturgeschichtliches Mittel der Fortschrittsrealisation erweisen zu können. Innernaturrechtlich führten solche auf Revolutionslegitimation ausgerichteten Theorien zu einer Neufassung des Gesellschaftsvertragsbegriffs (Text V, 18), der nun als Rechtssicherungsvertrag gedeutet wird. Durch ihn wird (mit Kant zu sprechen) »provisorisches« zu »peremtorischem« Recht.

Die »rein rechtliche« Fassung des Verhältnisses von Staat und Bürger sowie die affirmative Deutung der Revolution als Vehikel der Rechtsverwirklichung provozierte den Widerstand der Verteidiger der altständischen Gesellschaft und des Absolutismus. August Wilhelm Rehberg (1757-1836) hat vom Standpunkt einer moderat zu modernisierenden Adels- und Privilegiengesellschaft das logisch-normative Naturzustandsmodell durch eine historische Geschichtskonzeption kritisiert, durch die die »Metaphysik« des Rechts und die Genese des (bestehenden!) Rechts als inkompatibel erwiesen werden sollen. Die dadurch implizierte Tilgung von universalistischen Rechtskategorien (Menschenrecht, Konstitutionalismus) geschieht durch eine evolutionäre Geschichtstheorie, durch die der Bruch von vorrevolutionärem Gesellschaftszustand und revolutionärer Aufhebung von altständischen Rechten kritisiert werden soll. Die Einbindung des »Menschen« in sein lokales und regionales historisches Bezugsfeld, das sich endogen-evolutionär wandelt, erweist die revolutionären Politikbegriffe (nach Rehberg) als Ausdruck einer für die Praxis untaugliche »Metaphysik« von Staat und Gesellschaft. Zielt Aschers naturrechtliches und geschichtsphilosophisches Zyklenmodell ab auf Rechtfertigung der Revolution als Gegenpol der verworfenen Ständegesellschaft, so sieht Rehberg die Entfaltungsmöglichkeit von Geschichte in dem Augenblick als zerstört an, als die Traditionsgesellschaft durch die Revolution beseitigt wurde. Inbegriff des verfehlten Rechtsuniversalismus der bürgerlichen Revolution sind die philosophischen Begründungstheorien der »Menschen- und Bürgerrechte«, wie sie die Spätaufklärung entwickelt und die Revolution verfassungsrechtlich sanktioniert hatte.

In den spätaufklärerischen Menschenrechtskatalogen (Texte VI, 20-22) sind die Begründungsaxiome jenes bürgerlichen Freiheitskonzepts zusammengezogen, das gegen den gesellschaftsbezogenen Gestaltungsanspruch des absolutistischen Zentralismus und gegen korporative Ordnungsmodelle in Ökonomie, Politik und

Öffentlichkeit entfaltet wurde. Die Ausgliederung der menschenrechtlich formulierten Bürgerrechte aus dem Zugriffsbereich des Staates macht diese individuellen Freiheitsrechte vorerst zu einem Katalog »negativer« (reservatrechtlicher) Anspruchsformen, die materialiter durch die Privatkontrakte der Bürger zu verwirklichen sind. Während der Pädagoge Johann Stuve (1752-1793) und der Hallische Spätaufklärer Johann August Eberhard (1739-1809) lediglich Freiheit vom Staat für den privatisierten Bürger fordern, zugleich aber eine Koexistenz von »bürgerlicher Freiheit« und (reformorientiertem) Absolutismus befürworten, überschreitet der Radikaldemokrat Georg Friedrich Rebmann (1768-1824) dieses Konzept des innerstaatlichen (absolutistischen) Reformprozesses und verknüpft (in den Jahren 1796/97) Revolutionsbejahung und Menschenrechtsrealisation. Nicht die Ausgliederung bestimmter Reservatrechte aus dem Staatszugriff, sondern die Normierung staatlichen Handelns durch Menschenrechte erscheint als Politisierung des sonst vornehmlich privatrechtlich orientierten Menschenrechtsdenkens der deutschen Spätaufklärung. Die Revolution wird zum Grenzfall des menschenrechtlich garantierten Autonomiepostulats des »Bürgers«, der im Falle staatlicher Rechtsverweigerung oder Rechtsverletzung seine ihm angeborenen Menschenrechte »revolutionär« wiederherstellt. Die Identität von angeborener Rechtskompetenz und deren staatlicher Verwirklichung durch Rechtsschutz erscheint als idealisierte Norm eines »Republikanismus«, der den Rechtssicherheitsstaat insofern überschreitet, als er politische Partizipation als Bedingung dieser Identität von Volks- und Staatswillen proklamiert.

Mit dem Aufkommen konkurrierender »politischer Strömungen« im Rahmen einer »politischen Öffentlichkeit« der deutschen Aufklärungsgesellschaft verdichtet und polarisiert sich die Diskussion zentraler politischer Richtungsbegriffe, deren Wandel und semantische Diffusion Indiz dieses politischen Aufspaltungsprozesses ist. Im begriffsgeschichtlichen Zentrum der drei großen historischen Kristallisationskerne des späten 18. Jahrhunderts, altständische Gesellschaft, Absolutismus und Rechtsstaat/Konstitutionalismus, ist die Debatte um Inhalt und Funktion des »Patriotismus« anzusiedeln (Texte VII, 23-26). Diese auch unter dem Namen des »Nationalgeistes« geführte Diskussion gestaltet sich angesichts des territorialen Partikularismus Deutschlands zur zentralen Frage, inwieweit Deutschland eine kulturelle und politische Identität trotz seiner ausgeprägten Regionalismen besitzt. Während Friedrich Carl von Moser (der »jüngere Moser«) (1723-1798) Reich und Stände als politische Trägerschaft des deutschen Freiheits- und Gemeinsinns verherrlicht, plädiert der österreichische Kameralist und bedeutende Administrator Josephs II., Josef von Sonnenfels (1733-1817), für die gesetzlich gebundene Monarchie als Garant der Freiheitsrechte des »Bürgers«. Dieser aufgeklärt-absolutistische Patriotismusbegriff tilgt das Moment der politischen Partizipation, die bei Moser unter ständisch-reichsrechtlichen und bei den »bürgerlichen« Aufklärern unter menschenrechtlichen und konstitutionellen Vorzeichen zur Vorbedingung der Ausbildung von »Gemeingeist« erklärt wird. Patriotismus und Mitwirkung des Bürgers am Staat werden Synonyma. Im Unterschied zu den beiden abstrakt-rechtlichen Kategorien »Freiheit« und »Gleichheit« ließ sich der Patriotismusbegriff emotional-affektiv aufladen und agitatorisch verwerten. Angesichts der Französischen Revolution und dem Werben von Konservativismus und Bewegungskräften um die Unterschichten (Bauern, Gesellen etc.) kam solchen nicht-logischen Begriffen eine zunehmende Bedeutung zu. Die Frage nach der regionalen und »nationalen« Verortung des Patriotismusbegriffs wurde im Maße der Universalierung des aufklärerischen Rechtssystems virulent. Der logische Endpunkt dieses Rechtsuniversalismus ist die Konzeption eines globalen Weltbürgerrechts. Drost von Müller hat den möglichen Widerspruch von nationaler politischer Identitätssuche und weltbürgerlicher Geltung von Rechten des Menschen und Bürgers untersucht und ihre Verträglichkeit nachzuweisen gesucht. Erst bei dem Pädagogen Peter Villaume (1746-1806) findet eine Einlagerung der Patriotismuskonzeption in den ihn übergreifenden Konstitutionalismus eine schlüssige Begründung. Die politische Verfassung eines Staates und ihre verfassungsmäßig-demokratische Festlegung garantiert dem »Patrioten« die tatsächliche Freiheit und Gleichheit des »Bürgers«. Damit ist theoretisch der Anschluß der Patriotismusdiskussion an die fortschrittliche Revolutionsrezeption in Deutschland hergestellt.

Die Überbrückung der Kluft zwischen spätabsolutistischer Bevormundung sowie der Unmündigkeit des »Pöbels« einerseits und der durch die Revolution verwirklichten Vernunftpostulate andererseits ist nach spätaufklärerischer Ansicht durch die literarische und politische »Öffentlichkeit« zu leisten. Die diskursive Selbstaufklärung soll mittels Gesellschaftsgründungen, freier Literatur-produktion und -distribution sowie durch Erziehung sukzessive von der Intelligenz bis zum »Pöbel« durchdringen. Die durch die Ausbildung des »freien« literarischen Marktes provozierten literarischen und politischen Moden, die fortwährende Hervorbringung neuer Stoffe und neuer Medien, die Ausweitung des Kommunikationsnetzes und die Popularisierung gehobener literarischer Stoffe für breite Leserkreise lassen die Illusion der allgemeinen Verbreitung von Kultur für alle lesenden Schichten zum Antriebsmoment der Entstehung von Kulturprogressionstheorien der Aufklärung werden. »Publizität« wird zum Bestandteil sowohl der rechtlichen Konzeption der »bürgerlichen Freiheit«, als auch zum Mittel zu deren Realisation (vgl. Texte VIII, 27-29). »Öffentlichkeit« ist somit Mittel und Ziel der allmählichen Selbstaufklärung. Wilhelm Ludwig Wekhrlin (1739-1792) und Heinrich Christoph Albrecht (1763-1800) sind dieser emphatischen Verherrlichung des Publizitätsbegriffs im Sinne der Selbstaufklärungskonzeption verhaftet. Demgegenüber hat der Popularphilosoph und Übersetzer Christian Garve (1742-1798) erstmals auf die sozialgeschichtlichen Voraussetzungen und gesellschaftsbezogenen Funktionsformen von »Öffentlichkeit« aufmerksam gemacht. Der psychologisierende Empirismus Garves weist den Öffentlichkeitstypen unterschiedliche Funktionsmodi im Rahmen der nationalen Entwicklungen (England, Frankreich, Deutschland) zu. Gegenüber der überschwenglichen Überschätzung dieses Begriffs zeigt Garve, der von Anbeginn der Revolution gegen deren allgemeinen Emanzipationsanspruch argumentiert hatte, daß das Klubwesen im revolutionären Frankreich (insbesondere die Jakobinerklubs) parteiliche und partikulare Interessen vertreten und verstärkt und damit zur Durchbrechung der Wirksamkeit des allgemeinen Volkssouveränitätsprinzips beigetragen hatte. Diese Historisierung der Zentralkategorien der europäischen Aufklärung kann die soziale Funktionszuweisung nur um den Preis der Aufhebung des regulativen Normcharakters der »Öffentlichkeit« erreichen. Garves Werk zeigt dementsprechend einen politisch beharrenden, einen ökonomisch vorausweisenden Zug sowie einen methodisch an der englischen Sozialphilosophie der »schottischen Schule« ausgerichteten Realismus.

Im gleichen Maße wichtig für die politische Bestimmung des Bürgerbegriffs wie für die Relationsabgrenzung von »Staat« und »Gesellschaft« erweist sich die Fixierung des Eigentumsbegriffs im späten 18. Jahrhundert (Texte IX, 30-31). Zwei in ihrer Begründungsstruktur und politischen Auswirkung unterschiedliche Legitimationsformen sind zu unterscheiden: die Primärokkupationsthese, wie sie von Immanuel Kant (1724-1804) vertreten wird und die Arbeits- und Formgebungshypothese, wie sie von Johann Gottlieb Fichte (1762-1814) begründet wird. Bewußt wurden zwei Systemtexte des deutschen Idealismus ausgewählt, da in der deutschen Spätaufklärung die entscheidende Differenz beider Ansätze zunächst nicht hinreichend scharf reflektiert wird. Seit der Positivierung der 91er Verfassung, in der der aktive Staatsbürgerstatus abhängig gemacht wird von Besitz, Bildung und Beruf, wurde auch in Deutschland die Verknüpfung der Eigentumslehre mit Kategorien der politischen Partizipation diskutiert. Während die liberalen Systemdenker und Publizisten Eigentümerstatus und aktive Staatsbürgerschaft verklammern (Kant), findet im demokratischen Flügel von Aufklärung und Idealismus eine Entkoppelung beider zugunsten der durch empirische Statusformen nicht aufzuhebenden Vernunftnatur des »Menschen« als »Bürger« statt. Nach der Arbeitshypothese ist jede Form von Arbeit mehrwertschaffend und infolgedessen jeder Mensch, der arbeitet, zugleich »Eigentümer«.[38] Insofern können privatrechtliche Besitztitel per se nicht ausschließend beim politischen Statuserwerb wirken. Zudem ist der »Mensch« kraft Vernunftveranlagung (»von Natur aus«) »Bürger«. Der Vor- und Frühliberalismus hat dieser Verallgemeinerung des Bürgerstatus dadurch entgegenzuwirken versucht, indem er die formale Chancengleichheit bezüglich des Rechts auf Eigentum betonte und damit die Standesschranken bezüglich der aktiven Staatsbürgerschaft aufhob, zugleich aber den besitzlosen »Pöbel« von den staatsbezogenen Mitspracherechten ausschloß. Eigentum wird zum Qualifikationsmerkmal des »citoyen«, der zuvor »bourgeois« geworden sein muß, um aktives Mitglied des Staates (Staatsbürger) werden zu können.

In vorkonstitutioneller Zeit reklamierten die Theoretiker des Naturrechts für ihre Systemaussagen eine Art ersatzkonstitutioneller Funktion. Rechtsbereiche, die noch nicht staatlich oder ständisch reguliert waren, sollten gemäß der »Natur der Sache« rechtlich fixiert werden. Diese »Natur der Sache« in bezug auf Personen- und Sachenrecht bestimmte die Naturrechtssysteme. Wurde die Diskussion zwischen 1770 und 1790 zunächst noch beherrscht durch die Forderung nach Anerkennung gegenstaatlicher Menschenrechte, so verkehrt sich diese Forderung nach 1790 zu dem Postulat einer Rechtsfestlegung durch Verfassung, in der die Menschenrechte *innerstaatlich* realisiert und konkretisiert werden (Texte X, 32-35). Die damit notwendig werdende Homogenisierung unterschiedlichster Gegenstandsbereiche und Methoden in diesen Privatrecht und öffentliches Recht zusammenschließenden Konstitutionsentwürfen führte zur Neugliederung der Begründungs- und Materialbestimmungsformen des Naturrechts. Die Vorbildfunktion der französischen Verfassungen von 1791, 1793 und 1795 ist unübersehbar. Der norddeutsche Liberale Heinrich Würzer (1751-1835) faßt sein Naturrecht als Revolutionskatechismus und verweist damit explizit auf die Anwendungsfunktion seiner Rechtstheorie. Trotz der aufregend formulierten Nomenklatur seines Naturrechts verbleibt er (mit Ausnahme der Revolutionskategorie) im Rahmen des besitzbürgerlichen politischen Liberalismus, wie Kant ihn beispielhaft formuliert hatte.

Schwankungen bezüglich der Amplitude der politischen Menschenrechte als Verfassungsbestandteile sowie der Notwendigkeit von Revolution bzw. deren Ersatz durch staatliche Reform sind bei Adolph Freiherr von Knigge (1752-1796) nachweisbar. Wenn Knigge an der Institution Monarchie festhält, dann in Form einer strikten Gewaltenteilung zwischen Legislative (Nationalversammlung) und Exekutive (Monarchie). Adel und sakral legitimierte Erbmonarchie wurden von Knigge aufs schärfste durch Satire und Pamphlet bekämpft. Die vollkommene Abwendung vom Institutionensystem des Ancien régime und von dessen Rechtssystem im Sinne einer Totalisierung bürgerlicher Drittstandsforderungen ist erst im Konzept der »demokratischen Republik« erreicht, das der Schriftsteller Johann Adam Bergk (1769-1834) erstmals 1796 und dann in der Kritik der Kantischen »Metaphysik der Sitten« (1797) naturrechtlich begründete. Volkssouveränität und repräsentative Demokratie, verbunden mit fortwährender Elitenzirkulation, allgemeinem Wahlrecht (Aufhebung des Zensusprinzips) sowie dem Verbot der Erblichkeit von politischen Ämtern, bezeichnen die Strukturen dieses nach dem Vorbild der 93er Revolutionsverfassung ausgestalteten Konstitutionalismus. Dieser für das Deutschland des späten 18. Jahrhunderts utopisch anmutende Ausgriff auf postrevolutionäre Verfassungsstrukturen konnte kurzzeitig in den von französischen Revolutionstruppen besetzten Rheinlanden verwirklicht werden. Insbesondere die kurzlebige »Mainzer Republik« brachte ein inhaltlich und methodisch breit gefächertes Revolutionsschrifttum hervor, das sich auf die Verständnishorizonte des »Volkes« einstellte, um die Handwerker und Bauern für die revolutionären Forderungen gewinnen zu können. Bei Friedrich Cotta (1758-1838) erscheint die revolutionäre Verwirklichung einer Verfassung als der einzig gangbare Weg, um die berechtigten Forderungen des Volkes gegen Adel und Absolutismus durchsetzen zu können. Revolution und Konstitutionalismus bilden im Sinne der Bezogenheit von Weg und Ergebnis eine Einheit.

Erst nach dem Revolutionsausbruch (1789) stellte sich die Frage »Reform oder Revolution«, um liberale und demokratische Verfassungspostulate gegen Adel und Absolutismus durchzusetzen (Texte XI, 36-42). In ihrer Mehrzahl entschieden sich die deutschen Spätaufklärer für den Weg der Evolution bestehender Verfassungen. Diese Evolutionstheorien der Revolution sind entweder eingefaßt in sie übergreifende Zivilisationstheorien (Christoph Martin Wieland: 1733-1813) oder aber in Form des »reinen Rechts« als »evolutio iuris«-Theorie im Sinne des Kantianismus gefaßt (Johann Heinrich Tieftrunk: 1759–1837). Beide Konzepte stehen einem abrupten, revolutionsvermittelten Rechtserneuerungsprozeß ablehnend gegenüber. Zur Legitimation des Revolutionsprozesses bedient man sich in der Publizistik historischer Analogiekonstruktionen, indem man auf deutsche »revolutionäre« Traditionen zurückgreift. So parallelisieren Franz Josias von Hendrich (1752-1819) und Johannes Weitzel (1771-1837) die deutsche Reformation als Revolution des Geistes der französischen Revolution der Gesellschaft. Die Französische Revolution vollendet auf politischer Ebene jenen revolutionären Prozeß, den Luther auf die Revolution des Glaubens eingegrenzt hatte. Durch die Französische Revolution werden die durch das lutherische Landeskirchentum verschütteten freiheitlichen Energien der Reformation allererst freigelegt und eingelöst. Eine andere »historische« Betrachtungsform der Revolution entfaltet der bedeutendste deutsche Revolutionstheoretiker Georg Forster (1754-1794), wenn er die Revolution in seinem Spätwerk einbindet in eine Theorie der Naturgeschichte gesellschaftlicher Prozesse. Durch die noch gewaltsam-naturgeschichtlich determinierte Revolution vollzieht sich der allgemeine Freiheits- und Moralisierungsprozeß der Menschheit. Das Auseinanderklaffen von Gewalt und Moral im revolutionären Akt der Volkserhebung darf nicht darüber hinwegtäuschen, daß die Revolution in ihrer Gesamtheit die Schwungkraft der Realisation des »sittlichen« Menschen in politischer Selbstdetermination ist. Forster gehört zu jener kleinen deutschen Intelligenzschicht, die sich trotz vielfacher Zweifel an der Notwendigkeit des Jakobinerterrors zur Notwendigkeit der Totalumwälzung im Übergang vom Ancien régime zur bürgerlichen Gesellschaft bekennt.

Den Umschlag von der Revolutionstheorie zur Revolutionspraxis bereiten einige sich in Zirkeln und Geheimgesellschaften organisierende Spätaufklärer vor, die den im revolutionären Frankreich erreichten politischen Emanzipationsfortschritt auf Deutschland übertragen wollten. Die Zentralfigur der »Wiener Jakobiner« war Andreas Riedel (1748-1837), der seinen Umsturzplan gegen die österreichische Monarchie mit jahrelanger Haft bezahlen mußte. Der Wandel seiner politischen Anschauungen läßt exemplarisch erkennen, wie sich die gescheiterten Reformversuche des deutschen Spätabsolutismus (hier: Josephs II. und Leopolds II.) radikalisierend auf die aufklärerische Intelligenz auswirkten. Mit dem endgültigen Nachlassen der absolutistischen Reformbereitschaft und der Verschärfung des staatlichen Vorgehens gegen die Intelligenz sah ein Teil der politischen Spätaufklärer nur noch im Umsturzversuch den Ausweg aus dem Dilemma, zwischen ihrem politischen Autonomiepostulat und der restriktiven Überwachungspraxis des Staates einen Ausweg zu finden. Lediglich unter dem Schutz der französischen Revolutionstruppen ließen sich die bürgerlichen Verfassungsentwürfe realisieren. Hier verkehrte sich die »Revolution der Denkungsart« (Kant) in konstitutionelle Praxis. In welcher Form die deutschen »Jakobiner« ihre gegenabsolutistischen und antikorporativen Freiheits- und Gleichheitsforderungen konkretisieren wollten, indiziert die »Souveränitätserklärung des Volkes zwischen Maas, Rhein und Mosel«. Die dort katalogisierten Rechtsvorstellungen sind niemals eingelöst worden. Mit dem Machtantritt Napoleons wurden auch in Deutschland die Hoffnungen auf eine »demokratische Republik« bzw. auf einen »Volksstaat« (J. A. Bergk) zerstört. Demokratischer Patriotismus verkehrte sich breitenwirksam zu einem Nationalismus, der den französischen Weg zum Verfassungsstaat als unvereinbar mit den deutschen geschichtlichen Überlieferungen zu erweisen suchte.

Der abrupte Traditionsabbruch der liberalen und demokratischen Politiktheorie in Deutschland um 1800 konnte auch durch vereinzelte dokumentarische Rettungsversuche des 19. Jahrhunderts nicht kompensiert werden.[39] Die bürgerliche »Revolution« blieb in Deutschland in einem solchen Maße Theorie, daß man selbst die vielfältigen deutschen Revolutions- und Verfassungstheorien des späten 18. Jahrhunderts in den sechziger Jahren unseres Jahrhunderts als verschüttete Tradition neu entdecken mußte. Mit dem Verdikt über diese rebellische Tradition der Aufklärung ignorierte man zugleich die ungleich größere, auf moderate endogene Reformen des Absolutismus abzielende aufklärerische Theorie in Politik, Recht, Ökonomie und Pädagogik. Die Antizipationskraft, aber auch die Zeitbedingtheit dieser »Aufklärungsgesellschaft«, ihre Binnendifferenzierungen und programmatischen Widersprüche, der Nachweis der an ihr beteiligten Personenkreise, ihre regionalen Ausformungen sowie ihre Gegenstandsbereiche geraten erst neuerdings wieder ins Blickfeld der Forschung.

Die vorliegende Dokumentation fügt sich ein in diese Versuche zur Aufhellung der inhaltlichen und methodischen Amplitude der politischen Theorien der zweiten Hälfte des 18. Jahrhunderts. Der anläßlich solcher Dokumentationen obligate Hinweis auf die Begrenztheit des Vorhabens bedarf bei der inhaltlichen Breite der vorgestellten Positionen der besonderen Betonung. Die Auswahl der in die Dokumentation aufgenommenen Quellentexte findet in dem Maße eine Verbreiterung, wie die politische Öffentlichkeit sich ausdifferenziert. Dementsprechend sind die Systementwürfe des älteren, rationalistischen Naturrechts (relativ) unterrepräsentiert, die Positionen des modernen bürgerlichen Politikdenkens aber bevorzugt berücksichtigt worden. Ein solches Verfahren ist nicht unproblematisch, da es die tatsächliche Vorkommensquantität von Textsorten ausblendet und sich an der Präsentation der inhaltlichen Amplitude von Politiktraditionen orientiert. Die Berücksichtigung der genuin modernen »bürgerlichen« Vorstellungen drängt zudem die empirisch-positivistischen Textgattungen (Reichs- und Ständerecht, historisierendes Rechts- und Verfassungsdenken) (Texte II, 4-6) zugunsten normativer Gesellschafts- und Staatstheorien zurück. Um die Spannung zwischen den methodischen Begründungstheorien von Stand, Staat und Gesellschaft und ihrer Ausdifferenzierung im 18. Jahrhundert faßbar zu machen, wurden die einzelnen Textgruppen so angeordnet, daß jeweils der (seiner Entstehung nach) »ältere« Theoriezusammenhang eingangs dokumentiert wird, um anschließend die Ablösung von ständischen und absolutistischen Vorstellungskreisen durch funktionsständische und »bürgerliche« Kategorienausformungen sichtbar zu machen (vgl. z. B. die Textgruppe zum Patriotismusbegriff VII, 23-26). Dieses Präsentationsschema wiederholt in den einzelnen Textgruppen das Gesamtschema der Dokumentation: Ausgangspunkt der vorgestellten Diskussionszusammenhänge ist die ältere »societas civilis« und der territoriale Fürstenstaat in Deutschland. In welcher Form sich deren Auflösung und Öffnung zu modernen »bürgerlichen« Denkformen vollzieht, ist unter Berücksichtigung von Übergangstheorien (z. B. des Berufs- und Funktionsständeschemas des absolutistischen und bürgerlichen Utilitarismus) mit besonderem Nachdruck akzentuiert worden.

Da seit den 60er Jahren des 18. Jahrhunderts eine Polarisierung unterschiedlichster Politiktraditionen nachweisbar ist, die ab 1789 einmünden in die Ausformung abgrenzbarer »politischer Strömungen«, sollte die Textsammlung nicht allein unter dem Aspekt der teleologischen Entfaltung bürgerlicher Bewußtseinsformen gelesen werden (wie dies die Gliederungsanordnung der Texte auf den ersten Blick nahelegt), sondern unter dem Blickwinkel der Synchronie durchaus ungleichzeitiger politisch-sozialer Vorstellungshorizonte.

Wichtige Textgattungen, denen für die Rekonstruktion der Theoriediskussion von Funktion und Struktur des Absolutismus eine Achsenstellung zukommt, konnten nicht berücksichtigt werden. Der Gesamtbereich der Auflösung der »philosophia practica«-Tradition ist nur implizit in den naturrechtlichen Texten der Sammlung erkennbar. Ebenso fehlen die »instrumentellen« Disziplinen der Aufklärung und der Staatslehre wie Kameralismus (Lehre von der Struktur und Organisation der staatlichen Finanzen sowie der Ökonomie des »Landes«), Polizeiwissenschaft (Lehre von der staatlichen Administration und der »inneren Ordnung«), die Statistik (numerische oder deskriptive »Landesaufnahme«), statistische Reisebeschreibungen, die moralisierende Theoriebegründung des »Bürgers« (wie sie in den moralischen Wochenschriften geleistet wird), aber auch die historische Literatur der Zeit, enzyklopädische Texte, spezielle Gattungen der nichtnormativen Rechtslehre, die »politischen Testamente« der Herrscher oder das politische Tagesschrifttum (Aufrufe, Flugschriften,

Vorreden von Zeitschriften, Gespräche, Rezensionen, die politischen Gattungen der Poesie etc.). Auch die Regionalismen als bestimmende Momente der Theoriefunktion treten nicht hinreichend deutlich hervor. Der Rückgriff auf normative Textgattungen wurde bevorzugt, weil die hier explizit vollzogenen Begründungstheorien ihre axiomatischen Ableitungshypothesen benennen und sich damit gegen konkurrierende Deutungen scharf abgrenzen. Der indikatorische Wert für das Verständnis von Übergangs- und Ablösungsprozessen theoriegeschichtlicher Wandlungsformen ist hier besonders prägnant erfaßbar. Daß diese Theorieansätze zugleich eine Harmonisierung und Homogenisierung der ungleich komplizierteren »Praxis« in Recht, Ökonomie, Sozialverfassung und Staatsstruktur vornehmen, ist im methodischen Ansatz solcher Metatheorien von Gesellschaft begründet.

Alle Texte wurden den heutigen Schreibformen und Interpunktionsregelungen behutsam angepaßt. Die Überschriften wurden zum Teil von den Herausgebern formuliert, zum Teil sind sie Originaltitel. Hinweise darauf finden sich im Quellenverzeichnis.

Zwi Batscha   Jörn Garber
Göttingen/Haifa (Israel)   Marburg a. d. Lahn

Anmerkungen

Die folgende Einleitung verzichtet weitgehend auf bibliographische Nachweise und beschränkt sich auf eine allgemeine Problemeinweisung sowie auf die konzeptionelle Vorstellung der Textzusammenstellung. Einzelanalysen und Forschungsdiskussion folgen in einem gesonderten Band »Analysen« von Jörn Garber. Als Einführung in die Thematik dieses Bandes seien folgende Werke empfohlen:

Karl Otmar Freiherr von Aretin (Hrsg.): Der Aufgeklärte Absolutismus. Köln 1974 (= Neue Wissenschaftliche Bibliothek Bd. 67);

Peter Pütz: Die deutsche Aufklärung. Darmstadt 1978 (= Erträge der Forschung Bd. 81);

Klaus Epstein: Die Ursprünge des Konservativismus in Deutschland. Der Ausgangspunkt: Die Herausforderung durch die Revolution 1770-1806. Aus dem Englischen von Johann Zischler. Frankfurt, Berlin und Wien 1973;

Helmut Reinalter (Hrsg.): Jakobiner in Mitteleuropa. Innsbruck 1977.

Wichtige Hinweise finden sich in dem Lexikon »Geschichtliche Grundbegriffe« (vgl. Anm. 1) und bei Franklin Kopitzsch (vgl. Anm. 18). Alle genannten Bände enthalten umfassende Forschungsberichte und Literatur-
nachweise.

1 Vgl. die Einleitung von Reinhart Koselleck zu: Otto Brunner, Werner
   Conze, Reinhart Koselleck (Hrsg.): Geschichtliche Grundbegriffe. Hi-
   storisches Lexikon zur politisch-sozialen Sprache in Deutschland.
   Bd. 1. Stuttgart 1972. S. XIII ff.
2 Vgl. hierzu den Artikel von Manfred Riedel: Gesellschaft, bürgerliche.
   In: Geschichtliche Grundbegriffe (wie Anm. 1). Bd. 2 (1975). S. 719 ff.,
   insbesondere S. 729 ff.
3 Zu Strukturprinzipien der ständischen Gesellschaft vgl. Otto Brunner:
   Die Freiheitsrechte in der altständischen Gesellschaft. In: ders.: Neue
   Wege der Verfassungs- und Sozialgeschichte. Zweite, vermehrte Auflage. Göttingen 1968. S. 187 ff.
4 Christian Thomasius: Kurzer Entwurf der politischen Klugheit. Leipzig 1725. S. 204 f.
5 Zur Funktion des alteuropäischen Hauses vgl. Otto Brunner: Das
   »ganze Haus« und die alteuropäische »Ökonomik«. In: ders.: Neue
   Wege (wie Anm. 3) S. 103 ff.
6 Diese Differenz von vorstaatlichem Naturzustand als »societas sine im-
   perio« und innerstaatlichem Herrschaftszustand als »societas cum im-
   perio« ist begrifflich in der Spätaufklärung fixiert worden von August
   Ludwig Schlözer. Vgl. hierzu Brunner: Freiheitsrechte (wie Anm. 3).
   S. 187.
7 Zu dieser Vertragskonstruktion vgl. Wilfried Röhrich: Sozialvertrag
   und bürgerliche Emanzipation von Hobbes bis Hegel. Darmstadt
   1972.
8 Vgl. Manfred Riedel: Der Begriff der »Bürgerlichen Gesellschaft« und
   das Problem seines geschichtlichen Ursprungs. In: ders.: Studien zu
   Hegels Rechtsphilosophie. Frankfurt a. M. 1969. S. 135 ff., insbesondere S. 151 ff.
9 Dieser Prozeß ist erst mit der Rezeption französischer Sozial- und
   Staatstheorien der Revolutionszeit in Deutschland abgeschlossen. Die
   Verallgemeinerung des Bürgerbegriffs im Rückbezug auf den naturrechtlichen Begriff des »Menschen« (homo) überwindet zugleich die
   Entgegensetzung des Bürgerbegriffs zu den konkurrierenden Standes-
   begriffen von »Adel« und »Bauerntum«. Bürger ist innergesellschaft-
   lich die privatrechtlich kontraktfähige Person und staatsrechtlich der
   partizipationsberechtigte »Staatsbürger«.
10 Vgl. hierzu Bernd Wunder: Die Sozialstruktur der Geheimratskolle-
   gien in den süddeutschen, protestantischen Fürstentümern (1660-
   1720). Zum Verhältnis von sozialer Mobilität und Briefadel im Absolu-

tismus. In: Vierteljahrsschrift für Sozial- und Wirtschaftsgeschichte Bd. 58 (1971). S. 145 ff.

11 Vgl. Johanna Schulze: Die Auseinandersetzungen zwischen Adel und Bürgertum in den deutschen Zeitschriften der letzten drei Jahrzehnte des 18. Jahrhunderts (1773-1806). Berlin 1925 (= Historische Studien Heft 163).

12 Vgl. hierzu jetzt zusammenfassend Lucian Hölscher: Öffentlichkeit und Geheimnis. Eine begriffsgeschichtliche Untersuchung zur Entstehung der Öffentlichkeit in der frühen Neuzeit. Stuttgart 1979 (= Sprache und Geschichte Bd. 4).

13 Dies ist exemplarisch nachweisbar bei Kant, dessen »evolutio iuris«-Konstruktion die Spannung zwischen empirischem und noumenalem Staatsbegriff aufheben soll. Der empirische Staat des Absolutismus wird mit provisorischer Rechtsqualität ausgestattet, um die Entwicklung zu einem ihn aufhebenden »rein rechtlichen« Staat durch Reform von »oben« initiieren zu können.

14 Vgl. die Argumentation Kosellecks (wie Anm. 1).

15 In der zweiten Hälfte des 18. Jahrhunderts kommt es zu einer breiten Akademikerarbeitslosigkeit durch eine zu große Frequenzausweitung der Universitäten. Vgl. Hans Georg Herrlitz: Studium als Standesprivileg. Die Entstehung des Maturitätsproblems im 18. Jahrhundert. Lehrplan- und gesellschaftsgeschichtliche Untersuchungen. Frankfurt a. M. 1973. S. 32 ff.

16 Zusammenfassend hierzu vgl. Helmuth Kiesel und Paul Münch: Gesellschaft und Literatur im 18. Jahrhundert. Voraussetzungen und Entstehung des literarischen Markts in Deutschland. München 1977, insbesondere S. 180 ff. (Statistik der Buchproduktion).

17 Diese Forderungen werden zumeist in Form reservatrechtlich konzipierter Menschenrechtskataloge formuliert.

18 Die Forschungslage zur Programmatik und Funktion der deutschen Aufklärung ist umfassend dokumentiert bei Franklin Kopitzsch: Einleitung: Die Sozialgeschichte der deutschen Aufklärung als Forschungsaufgabe. In: ders. (Hrsg.): Aufklärung, Absolutismus und Bürgertum in Deutschland. Zwölf Aufsätze. München 1976 (= nymphenburger texte zur wissenschaft. modelluniversität Bd. 24). S. 11 ff.

19 Dies ist gegen die Überschätzung des sog. deutschen »Jakobinismus« in der Forschung zu betonen. Die radikaldemokratische Protestbewegung und ihre Argumentationsformen sind gleichwohl integraler Bestandteil der politischen Spätaufklärung, die erst nach 1789 ihre volle Ausdifferenzierung erfährt.

20 Vgl. hierzu Wolfgang Martens: Die Botschaft der Tugend. Die Aufklärung im Spiegel der deutschen Moralischen Wochenschriften. Stuttgart 1971. S. 285 ff. Der Begriff »innere Ökonomie« wurde von dem Aufklärer Carl Friedrich Bahrdt (vgl. Text III, 9) geprägt.

21 Vgl. Brunner (wie Anm. 3).

22 Vgl. die Diskussion zwischen Campe und Villaume bei Herwig Blankertz (Hrsg.): Bildung und Brauchbarkeit. Texte von Joachim Heinrich Campe und Peter Villaume zur Theorie utilitärer Erziehung. Braunschweig 1965.

23 Die Überbetonung der inneren Rationalität des Absolutismus, wie sie in der staatszentrierten Absolutismusforschung der »Berliner Schule« (Gustav Schmoller, Otto Hintze, Fritz Hartung) nachweisbar ist, übersieht die Redundanz innerhalb der absolutistischen Staatsorganisation ebenso wie die fortexistierende Ständeherrschaft (Adelsherrschaft) auf der regionalen und provinzialen Ebene.

24 So Hans Rosenberg: Die Überwindung der monarchischen Autokratie (Preußen). In: Aretin (Hrsg.): Aufgeklärter Absolutismus (wie einleitende Anm.). S. 183 ff., hier S. 187.

25 Dies machen neuere sozialhistorische Untersuchungen deutlich. Vgl. z.B. Karl Heinrich Kaufhold: Das Gewerbe in Preußen um 1800. Göttingen 1978 (= Göttinger Beiträge zur Wirtschafts- und Sozialgeschichte Bd. 2).

26 Reinhart Koselleck hat diese Zwischenlage im Übergang von der ständischen zur bürgerlichen Gesellschaft im Spätabsolutismus meisterhaft am Beispiel des Allgemeinen Landrechts für die Preußischen Staaten von 1794 herausgearbeitet. Vgl. ders.: Preußen zwischen Reform und Revolution. Allgemeines Landrecht, Verwaltung und soziale Bewegung von 1791 bis 1848. 2., berichtigte Auflage. Stuttgart 1975 (= Industrielle Welt Bd. 7). S. 23 ff.

27 Johann Gottlieb Fichte: Das System der Sittenlehre nach den Prinzipien der Wissenschaftslehre (1798). Hamburg 1963. S. 296.

28 Vgl. Koselleck (wie Anm. 26) S. 52 ff.

29 Über das Ineinandergreifen von konservativen und prospektiven Momenten einer solchen Entfremdungskritik informiert die Rehberg-Studie von Ursula Vogel: Konservative Kritik an der bürgerlichen Revolution. August Wilhelm Rehberg. Darmstadt und Neuwied 1972 (= Politica Bd. 35).

30 Zusammenfassend hierzu Otto Dann: Die Anfänge politischer Vereinsbildung in Deutschland. In: Ulrich Engelhardt, Volker Sellin und Horst Stuke (Hrsg.): Soziale Bewegung und politische Verfassung. Beiträge zur Geschichte der modernen Welt. Stuttgart (1976) (= Industrielle Welt. Sonderband). S. 197 ff.

31 Vgl. hierzu die interessante Verklammerung von Stände- und Staatsgeschichte bei Rudolf Vierhaus: Deutschland im Zeitalter des Absolutismus. Göttingen 1978 (= Deutsche Geschichte Bd. 6), insbesondere S. 116 ff.

32 Grundlegend für die Entfaltung des Ensembles »politischer Strömungen« zwischen 1760 und 1800 ist immer noch Fritz Valjavec: Die Ent-

stehung der politischen Strömungen in Deutschland. Mit einem Nachwort von Jörn Garber. 2. Auflage. Kronberg/Ts. und Düsseldorf 1978.

33 Umgekehrt haben die demokratischen Kritiker des Absolutismus in Deutschland wohl als einzige intellektuelle Gruppe richtig erkannt, daß vom Spätabsolutismus keine Aufhebung der alten Ständestrukturen zu erwarten war. Diese kritische Haltung bildete sich aber erst im unmittelbaren Vorfeld der Französischen Revolution aus.

34 Vgl. hierzu die Studie von Elisabeth Fehrenbach: Traditionelle Gesellschaft und revolutionäres Recht. Die Einführung des Code Napoléon in den Rheinbundstaaten. 2. Auflage. Göttingen 1978 (= Kritische Studien zur Geschichtswissenschaft Bd. 13). S. 146 ff. (Zusammenfassung).

35 Die folgenden Passagen fassen die abgedruckten Texte unter problemgeschichtlichem Aspekt zusammen. Auf bio-bibliographische Nachweise wurde durchgehend verzichtet.

36 Dies gilt insbesondere für Johann Heinrich Gottlob von Justi (Text I, 3), der moderne Gesetzesstaatshypothesen in Anlehnung an Montesquieu vertrat und zugleich eine neue Systemzuordnung der staatswissenschaftlichen Disziplinen erarbeitete.

37 Vgl. die Studie von Vogel zu Rehberg (wie Anm. 29).

38 Diese These ist erstmals mit ihren politischen Implikationen von Johann Adam Bergk (vgl. Text X, 34) gegen Kant entfaltet worden.

39 Verwiesen sei auf die interessante Wiederentdeckung demokratischer Traditionen durch Emil Weller: Die Freiheitsbestrebungen der Deutschen im 18. und 19. Jahrhundert, dargestellt in Zeugnissen ihrer Literatur. Leipzig 1847 (Ndr. Kronberg/Ts. 1975).

Der Staats- und Gesellschaftsbegriff des naturrechtlichen Hochrationalismus

I

Christian Wolff
Einleitung in das Natur- und Völkerrecht

Nachdem ich das wichtige Werk des Natur- und Völkerrechts gänzlich zu Ende gebracht habe; so fasse ich nunmehr, damit ich vieler Nutzen befördern möchte, dasjenige, was in jenem weitläufig abgehandelt worden, in einer füglichen Kürze zusammen, und stelle es unter dem Titel der Grundsätze des Natur- und Völkerrechts an das Licht. Doch muß ich von diesem Vorhaben Rechenschaft geben. Da mir die Liebe zur Wahrheit gleichsam von Natur eingepflanzt ist, und ich deswegen schon oft erinnert habe, daß ich mich aus keiner andern Absicht auf die Erlernung der Mathesis beflissen, als die Ursach von der so großen Gewißheit in der Geometrie auf das genaueste zu erkennen; so hat mir, als ich diese erkannt hatte, nichts so sehr am Herzen gelegen, als daß ich die Wahrheit offenbar machte und ihr nicht aus einer Überredung, sondern aus Überzeugung meinen Beifall erteilte. Mit eben diesem Gemüte bin ich zu der Auswicklung der Rechte geschritten und habe die Quelle alles Rechts in der menschlichen Natur gefunden, welches von den Alten schon lange eingeschärft, von den Neuern wiederholt, keineswegs aber erwiesen worden; ich aber habe mich nicht durch Meinungen überredet, sondern vielmehr bis zur Wahrheit überzeugt. Auf solche Weise ist mir nicht nur die Art, nach welcher uns die Natur selbst zur Ausübung und Unterlassung gewisser Handlungen verbindet, sondern auch der ganze weitläufige Umfang des Rechts der Natur, nach welchem es sich auf alle menschlichen Handlungen, welche es auch immer sind, erstreckt, bekannt worden; und ich habe endlich verstanden, wie die positiven Rechte aus dem Rechte der Natur entstehen müssen, damit sie frei von allem Tadel vor dem Richterstuhle der Vernunft nicht besorgen dürfen, daß man wider sie sprechen möchte. Daraus folgt nun gleichsam von selbst, daß nicht weniger bei allem positiven Rechte als bei dem natürlichen Wahrheit sei, und diese durch den Weg des Beweises eingesehen, und mithin was für Recht gehalten wird, oder gehalten werden soll, von dem, was es wirklich ist, gewiß und genau unterschieden werde. Denn gleichwie das Naturrecht den Willen aller Menschen in einzelnen Handlungen lenkt; also lenkt es auch den Willen des Gesetzgebers, dessen natürliche Freiheit ebensowenig als bei einzelnen Menschen die Verbindlichkeit aufhebt. Alles dieses nun konnte auf keine andere Weise ans Licht kommen, als wenn man den Fußstapfen des Euclidis, welcher die Gesetze einer wahren Vernunftlehre gar strenge in Obacht genommen, folgte, und demnach alle Wörter mit einer vollständigen Erklärung belegte, alle und jede Sätze genugsam bestimmte, und beides, die Erklärungen als auch die Sätze, dergestalt ordnete, daß sich die folgenden aus den vorhergehenden gänzlich verstehen ließen und die Wahrheit der letztern aus den vorausgesetzten erhellen mußte. Damit ich diese mir vorgesteckte Absicht erhalten möchte, so habe ich in dem weitläuftigen Werke das Natur- und Völkerrecht zu beweisen unternommen und es vor nicht gar zu langer Zeit zum Ende gebracht; ich zweifle auch keinesweges, ohne mich einer Ruhmrätigkeit schuldig zu machen, daß ich dadurch der ganzen Rechtsgelehrsamkeit ein Licht angezündet habe, und es nun endlich klar sei, was Cicero sehr geschicklich gesagt, daß die Rechtswissenschaft nicht aus den zwölf Tafeln, noch aus den Befehlen der Prätoren, sondern allerdings aus dem innersten der Philosophie herzuholen sei. Denn ich habe nicht nur die Naturgesetze, welche sich sowohl auf alle privat-, als auch öffentliche und Völkerrechte erstrecken, in eine Übereinstimmung gebracht; sondern es ist auch von mir gewiesen worden, daß, wenn man die positiven Gesetze, in den Fällen, worin sie von den natürlichen abweichen, nach der Richtschnur der natürlichen, vermöge der natürlichen Theorie der bürgerlichen oder positivischen Gesetze, welches gewiß auch keinen geringen Teil des Rechts der Natur ausmacht, ob er gleich bisher gänzlich verlassen und unbearbeitet geblieben ist, prüft, sich zwischen der natürlichen und bürgerlichen Rechtsgelehrsamkeit die schönste Übereinstimmung erzeuge, und mithin in allen eine beständige Eintracht und Übereinkommen sei. Diejenigen, welche sich auf die Rechte legen, sind gemeiniglich derjenigen Methode, welche allein zur Wissenschaft führt, unkundig und übersehen das weite Feld des Rechts der Natur nicht. Derentwegen scheint es wohl nicht, daß mein Werk nach ihrem Geschmack sein werde; noch viel weniger aber reimt sich es zu der Fähigkeit der Anfänger, welchen auch die Weitläufigkeit im Wege stehet. Da mir nun das Amt, das Natur- und Völkerrecht zu lehren, aufgetragen ist, so mußte ich mich bemühen, daß ich die zur Erkenntnis der Gesetze begierige Jugend zu einer gründlichen und gewissen Wissenschaft des Rechts anführte und den wahrhaften Priestern der Gerechtigkeit einen gebahnten Weg zu dem Innern des Rechts verschaffte, damit ihnen die Reise nicht mehr zu langwierig zu sein deuchtete, wie ich sie in dem Werke des Natur- und Völkerrechts angetreten hatte. Auf daß ich nun diese mir vorgesetzte Absicht erreichen möchte, so habe ich in diesen Grundsätzen alle Erklärungen und Sätze, welche in dem größern Werk enthalten sind, wenige ausgenommen, die sich durch jene leicht verstehen lassen, zusammengefaßt, damit nicht das geringste vermißt würde, was zu dem ganzen privaten, allgemeinen öffentlichen und eigentlichen Völkerrecht gehört. Überdem, welches das vornehmste ist, habe ich besonders gesorgt, daß man die Gründe aller Sätze einsehen könnte und in den Erklärungen nichts annehmen dürfte, was noch einige Dunkelheit in dem Gemüte zurückließe, daß man es nicht völlig verstehen könnte. Und darum habe ich alles in eine solche Ordnung gebracht, daß das folgende mit dem vorhergehenden beständig zusammenhängt, und dieses vermittelst jenes ein durchgängiges Licht gewährt. Es ist zwar nicht möglich gewesen, in der Auswickelung der Gründe, so wie es die Strenge des Beweises erfordert und wie ich es in dem größern Werke geleistet habe, ausführliche Beweise zu geben, welches mein gegenwärtiges Vorhaben nicht verstattet hat; allein dies hindert nicht, daß man nicht von allen und jedem die echten Gründe, welche für die hinlänglich sind, deren Augen das hellste Licht noch nicht vertragen können, zu erkennen imstande wäre. Denn es ist nicht allen, ja gar keinem gleich vom ersten Anfang an gegeben, das Sonnenlicht nach Adler Art anzusehen; sondern vorerst tappt ein jeder bei dem hellen Mittage im Dunkeln. Nach und nach aber, wenn das Licht der Seele zunimmt, wie es also die Gewohnheit der Natur mit sich bringt, verlangen diejenigen noch ein größeres, welche vorher meinten gänzlich im Hellen zu wandeln, und so geschieht es endlich, daß sie sich nach dem, wovor ihnen vorhin ekelte, nun begierig sehnen und ihnen nichts anderes Genüge tut als Beweise, welche Nachahmungen der Euclidischen sind. Daraus wird aber am Ende vollständig erhellen, daß ich in dem weitläuftigen Werke des Natur- und Völkerrechts keine unnütze Umschweife gesucht, sondern auf keinem kürzern Wege zum Ziel kommen können. Im übrigen, damit ich es gleichsam auf einmal vorstelle, wie alle Verbindlichkeiten und alle Rechte der Menschen aus der menschlichen Natur selbst, als aus ihrer Quelle, fließen; so muß ich noch eines und das andere melden. Der Mensch besteht aus Seele und Leib; und wie dieser aus verschiedenen Werkzeugen zusammengesetzt ist, deren Verrichtungen zusammengenommen auf einen gemeinsamen Endzweck losgehen, z. Ex. wie die Verrichtungen der Werkzeuge, wodurch das Leben besteht, auf die Erhaltung des ganzen Körpers oder des Lebens und dessen Gesundheit abzwecken; so wohnen auch der Seele verschiedene Vermögen bei, durch deren vereinigten Gebrauch der einer Vernunft teilhaftige Mensch, welche ihn eben von den übrigen Tieren unterscheidet, geschickt gemacht wird, ein der Vernunft gemäßes Leben zu führen. Diese Geschicklichkeit der Werkzeuge, ihre Verrichtungen abzuwarten, und des Vermögens zu ihrem Gebrauch, welches sie bei der Betreibung des Lebens eines Menschen haben, machen die wesentliche Vollkommenheit eines Menschen aus. Da die Natur, welche niemals ein Haarbreit von dem Pfade der Wahrheit abweicht, nicht den geringsten Widerspruch, der ein beständiger Hauptfeind der Wahrheit ist, leidet, so kommt derselben keine andere Lenkung der menschlichen Handlungen zu, als daß sie durch ebendieselben Endursachen bestimmt werden, wodurch sie die natürlichen Handlungen bestimmt und sie folglich mit den natürlichen zu einerlei Ziel eilen. Und die Geschicklichkeit, die freien Handlungen so und nicht anders zu bestimmen, macht eben die zufällige Vollkommenheit des Menschen aus. Kommt diese nun zu der wesentlichen Vollkommenheit, so stellt sie die ganze Vollkommenheit des Menschen dar. Daher aber rührt es, daß die freien Handlungen der Menschen sich durch eine innere Güte und Schändlichkeit unterscheiden lassen. Da aber der Mensch vermöge der Natur überhaupt bestimmt ist, das Gute zu begehren und das Böse zu verabscheuen, so ist die innere Güte ein Bewegungsgrund, gewisse Handlungen auszuüben, und die innerliche Häßlichkeit ein Bewegungsgrund, gewisse Handlungen zu unterlassen. Daraus erzeugt sich nun die natürliche Verbindlichkeit, und die Lenkung der Handlungen, wovon ich geredet habe, nimmt die Gestalt eines Gesetzes an, so von der Natur selbst gegeben worden. Damit aber dieser Verbindlichkeit Genüge geschehen möge, so muß auch den Menschen ein Vermögen beigelegt sein, dasjenige zu tun, ohne welches kein Genüge geleistet werden kann; und also entsteht aus jener, als aus einer Quelle, ein Recht sowohl zum Gebrauch der Sachen als auch zu gewissen Handlungen. Es befinden sich aber die Menschen von Natur, daß sie bloß mit vereinigten Kräften und mit einer wechselweise einander geleisteten Hilfe auf diese Vollkommenheit losgehen können, welches die einzige Quelle der Glückseligkeit ist. Und derentwegen hat die Natur selbst die Pflichten gegen uns mit den Pflichten gegen andere durch ein freundschaftliches Liebesband verknüpft, daß zu beiden einerlei notwendige und an sich unveränderliche Verbindlichkeit ist. Unterdessen, da die Kräfte des Menschen nicht unerschöpflich sind und deswegen nicht ohne Grund verschwendet werden müssen, so ist man andern keine Pflichten mit der Hintansetzung seiner selbst, und überdem nicht mehr, als in unserer Gewalt stehet, endlich auch nicht denen, welche selbst in ihrer Gewalt haben, was sie von andern verlangen, schuldig. Weil aber keinem Menschen von Natur ein Recht über die Handlungen eines andern zukommt, so muß man, wie dem um seines Mangels willen Bittenden, also auch dem, der es leisten soll, über die Verabsäumung seiner selbst und von dem, was in seiner Gewalt ist, das Urteil lassen. Es ist aber nicht selten einem fremder Hilfe Bedürftigen daran gelegen, daß er von dem, was er von einem andern bittet, gewiß sei. Derentwegen kommt ihm selbst von Natur ein Recht zu, sich andere zu gewissen Gewährungen verbindlich zu machen, so daß dieselben, wo sie nicht wollen, zur Ausrichtung ihrer Schuldigkeit können gezwungen werden. Daraus erwächst in Absicht auf die Dinge, wozu man andern verpflichtet ist, ein Unterschied zwischen der vollkommenen und unvollkommenen Verbindlichkeit; und eben daher entsteht zu dem, was uns andere entrichten sollen, entweder ein vollkommenes, oder ein unvollkommenes Recht. Es verschwindet aber der Grund dieses Unterschiedes bei denjenigen Dingen, welche verboten werden, daß man sie andern nicht tun solle, dieweil es allzeit gewiß ist, daß man solche unterlassen müsse. Derentwegen ist in Absicht auf die verneinenden Handlungen die natürliche Verbindlichkeit vollkommen, so, daß der andere ein vollkommenes Recht hat, nicht zu leiden, daß dies und jenes geschehe, und denjenigen, welcher etwas tut, zu zwingen, daß er es nicht tue, oder künftig auf das neue zu tun sich nicht unterfange. Weil endlich keinem von Natur ein eigentümliches Recht zu einer

Sache im einzelnen betrachtet zusteht, so sind von Natur alle Sachen, was ihren notwendigen Gebrauch anlangt, gemein. Aus dem, was bisher gesagt worden, erhellt, welches denn der natürliche, und zwar ursprüngliche, Zustand der Menschen, welchen sie von Natur haben, sei. Allein es war nicht etwa nur ein einziger Grund, welcher die Menschen nötigte, daß sie, welches auch das Naturgesetz gar wohl leiden kann, ja selbst erfordert, von der ursprünglichen Gemeinschaft abwichen und die vorher gemein gewesenen Dinge einem eigentümlichen Recht unterwarfen. Und daher ist das Eigentum entstanden, welches das Recht, sich andere zu gewissen Leistungen verbindlich zu machen, noch weiter ausgedehnt, die Arbeiten den eigentümlichen Sachen gleich geschätzt und die Verbindlichkeit, Sachen und Arbeiten einander mitzuteilen, noch den Pflichten hinzugesetzt hat. Daraus fließen alle Rechte der Sachen, sowohl in als zu einer Sache, sie mögen Namen haben, wie sie wollen, von freien Stücken, und das Verteidigungsrecht erhält auch noch weitere Grenzen. Die Verbindlichkeit, das menschliche Geschlecht fortzupflanzen, verknüpft mit der Zeugung die Auferziehung auf das allergenaueste, und legt deswegen den Eltern ein gewisses Recht über die Handlungen der Kinder bei. Und weil die Ehen dieses Endzwecks halber vollzogen werden, so erlangt ein Ehegatte vermöge der Einwilligung ein gewisses Recht über die Handlungen des andern. Weil auch die Leistung beständiger Arbeiten für einen beständigen Unterhalt, worin natürlicherweise die Knechtschaft besteht, mit dem Recht der Natur übereinstimmt, so tritt aus der Unterwerfung ein Recht des Herrn über die Handlungen des Knechts hervor. Derentwegen, weil das Recht über die Handlungen des andern die Herrschaft heißt, so erhellt nunmehro der Ursprung der Privatherrschaft, worin das Recht über die Personen, wie man es gemeiniglich nennt, enthalten ist. Da nun aber einzelne ihre Rechte nicht genug verteidigen, auch dieselben von andern, die dazu keine Lust bezeigen würden, ohne Gewalt und sehr zweifelhaften Ausgang nicht erhalten, und nicht füglich für dasjenige sorgen konnten, was zum hinlänglichen Unterhalt des Lebens gehört und zur Glückseligkeit dienet, so sind die bürgerlichen Gesellschaften dem Gesetz der Natur gemäß zuwege gebracht worden, und so ist aus der Unterwerfung die bürgerliche oder öffentliche Herrschaft, aus welcher alles öffentliche oder allgemeine Staatsrecht hergeleitet wird, entstanden. Endlich, da die Staaten nunmehro als einzelne Personen, welche im natürlichen

Zustande leben, angesehen werden müssen, so treffen sie alle Verbindlichkeiten und Rechte, welche alle und jeden, die im natürlichen Zustande leben, angehen. Weil nun unter diese Rechte auch das Recht, sich einen andern zu gewissen Leistungen zu verbinden, gerechnet wird, so fließen daraus die Rechte der Bündnisse und anderer Verträge der Völker. Und weil dadurch, daß sich einzelne Personen in bürgerliche Gesellschaften begeben haben, die Verbindlichkeit, das gemeinsame Wohl mit vereinigten Kräften zu befördern, nicht aufgehoben werden konnte, so hat, gleichwie selbst die Natur alle und jeden Menschen vermöge derselben in eine Gesellschaft versetzt hat, auch eben diese Natur unter den Völkern eine Gesellschaft gestiftet, aus deren Beobachtung nach Anleitung der natürlichen Theorie der bürgerlichen Gesetze ein gewisses Recht, so mit dem bürgerlichen verwandt ist und welches, daß ich mit dem Ulpiano rede, weder ganz von dem natürlichen abweicht, noch auch sich aller Orten nach demselben richtet, hergeleitet wird. Aus dem, was erst kürzlich gesagt worden, kann, wie ich meine, nicht undeutlich erhellen, daß alle Rechte, welche untereinander in beständigem Zusammenhange sind, aus der menschlichen Natur selbst hergeleitet werden, und daß hiermit klar sei, was die Alten gesagt haben, daß das Recht selbst durch die Natur aufgerichtet worden sei. Man wird diesen Zusammenhang vollständiger einsehen, wenn man diese Grundsätze selbst mit aufmerksamen Gemüt durchzulesen beliebt. Im übrigen werde ich kein eitler Prophet sein, wenn ich vorhersage, daß, wenn sich jemand diese Grundsätze fein bekannt gemacht hat, er eine gründliche und wahre Rechtswissenschaft erhalten werde, da er denn das vollständigste Licht, sobald es seine Schärfe des Gesichtes nicht mehr verletzt, aus dem größern Werk erwarten muß; und wenn er sich auf das bürgerliche Recht befleißigt, so wird er sich fast ohne Mühe eine Erkenntnis desselben zuwege bringen. Eines ist noch zurück, was ich zu erinnern für nötig erachtet habe, daß ich nämlich in diesen Grundsätzen nichts angenommen, was man anderswo herholen müsse, gleichwie hingegen das Natur- und Völkerrecht in dem größern Werk mit den übrigen Teilen der Weltweisheit zusammengehängt ist, damit man ohne Anstoß in denselben fortgehen könne, wenn auch gleich ein Leser in meinen philosophischen Werken nicht sollte bewandert oder auch sogar in der Weltweisheit noch im höchsten Grade ein Fremdling und Ankömmling sein. Denn wenn einige Begriffe anderswoher zu entlehnen waren, so habe ich dieselben zugleich erklärt. Gleichwie ich aber hiermit dem mir aufgetragenen Amte ein Genügen geleistet habe, so wünsche ich nichts mehr, als daß alle, welche das Vertrauen haben, daß ihnen meine Arbeit zustatten kommen könne, diejenigen Früchte, welche ich verheiße, daraus genießen mögen. Es gebe Gott, welcher selbst der Urheber alles Rechtes, welches ich erklärt habe, ist, daß Recht und Gerechtigkeit auf der ganzen Erde blühen mögen!

2
Karl Anton von Martini
Von der Gesellschaft überhaupt

§ 660. Von Natur hat niemand ein vollkommenes Recht auf die positiven Handlungen eines andern.

Weil in dem angebornen Stande der Natur ein jeder seinen vollkommenen Pflichten durch verneinende Handlungen, das ist, dadurch schon erfüllt, wenn er sich nur von anderer Verletzung enthält, so ist es einleuchtend, daß, solange die ursprüngliche Gleichheit und Freiheit, in welcher alle die nämlichen Rechte und Verbindlichkeiten hatten, fortwährt, niemand auf die positiven Handlungen eines andern, die ein tätiges Bestreben erfordern, ein vollkommenes Recht habe. Folglich sind solche Rechte, wenn wir dergleichen haben, bedingt und zufällig.

§ 661. Mittel, es zu erlangen.

Nichts erlangt man ohne Rechtsgrund und ohne eine hinreichende Erwerbungsart, also auch kein vollkommenes und bejahendes Recht über andere Personen. Die ursprüngliche Erwerbungsart aber hat nur bei Sachen, welche niemandem zugehören, statt. Daher können Menschen, welche nach den Naturgesetzen gleiche Rechte haben, kein vollkommenes und bejahendes Recht über andere Menschen anders als durch abgeleitete Erwerbungsarten, nämlich durch einen Vertrag oder durch ein Gesetz, erlangen, als durch welche das Seinige des einen in das Seinige des andern übergeht, und die ursprüngliche natürliche Freiheit, oder die Unabhängigkeit, und die Gleichheit beschränkt werden.

§ 662. Wesentliche Bestimmungen einer Gesellschaft.

Eine Gesellschaft überhaupt ist ein Zustand, in welchem sich zwei oder mehrere einen gemeinschaftlichen Endzweck zu erreichen bestreben. Daraus folgt, daß es in jeder Gesellschaft a) einen gemeinschaftlichen Endzweck, b) eine Vereinigung der Willen, welche auf diesen abzielen, c) eine Vereinigung der Kräfte, oder wechselseitige Hilfe, und d) gesellschaftliche Angelegenheiten geben müsse, deren sich die Gesellschafter als Mittel zum vorgesetzten Endzwecke bedienen.

§ 663. Einteilung derselben.

Weil eine besondere und bedingte Gesellschaft ein Zustand ist, in welchem ein Mensch auf den andern ein vollkommenes und bejahendes Recht hat, um mit vereinigten Kräften einen gemeinschaftlichen Endzweck zu erreichen; bejahende Rechte aber auf Menschen nur durch einen Vertrag oder ein Gesetz erlangt werden können, so sieht man leicht ein, warum die Gesellschaften in vertragmäßige oder freiwillige und gesetzmäßige oder notwendige eingeteilt werden.

§ 664. Welche Verbindungen wahre Gesellschaften sind.

Gleichwie die Rechte und Endzwecke der Gesellschafter unendlich verschieden sein können, ebenso gibt es unzählige Arten von Gesellschaften. Weil aber das Gesetz nur das, was gut ist, befiehlt, und Verträge ohne sittliches Vermögen, sich zu verbinden, ungültig sind, so folgt: daß nur gerechte und erlaubte Verbindungen, nicht aber unerlaubte, ungerechte den Namen wahrer Gesellschaften verdienen.

§ 665. Eine Gesellschaft ist eine sittliche Person.

In jeder Gesellschaft sind die Mitglieder verbunden, einen gemeinschaftlichen Willen zu haben und mit vereinigten Kräften nach dem nämlichen Endzwecke zu streben. Bei jeder Gesellschaft lassen sich folglich einige ihr eigenen Rechte und Verbindlichkeiten gedenken. Aus diesem Grunde wird jede Gesellschaft als eine sittliche Person betrachtet, welche in Ansehung anderer, die keine

Mitglieder derselben sind, ihre natürlichen Rechte der Freiheit und Gleichheit unverletzt behält.

§ 666. *Von der Wohlfahrt der Gesellschaft.*

Das Wohl, die Wohlfahrt der Gesellschaft ist der ungestörte Fortschritt zur Erlangung des Endzweckes; das gemeine Beste aber ist der Endzweck selbst, insoweit er erreicht wird. Jeder Gesellschafter ist daher verbunden, das allgemeine Beste, welches nach dem Endzwecke der Gesellschaft und dem Vertrage, durch welchen selbiger errichtet worden ist, beurteilt werden muß, zu befördern; so zwar, daß man in einer freiwilligen Gesellschaft, in welcher die gesellschaftlichen Rechte und Verbindlichkeiten durch den Vertrag ausgedehnt oder eingeschränkt werden können, zuerst auf den Vertrag, und dann erst zur Aushilfe auf den Endzweck der Gesellschaft zu sehen hat.

§ 667. *Grundgesetz aller Gesellschaften.*

Aus diesem nimmt man ab, daß der Endzweck der Gesellschaft jener Grundsatz sei, aus welchem die gesellschaftlichen Rechte und Verbindlichkeiten hergeleitet werden können, und daß alle gesellschaftlichen Gesetze in diesem Hauptsatze enthalten seien: Lebe dem Endzwecke der Gesellschaft gemäß.

§ 668. *Wie ein Mitglied verletzt werde.*

Wer sich über einen anderen Rechte anmaßt, welche ihm nicht zukommen, oder welcher einen andern in der Ausübung seiner auch nur erworbenen Rechte stört, beleidigt denselben. So beleidigen auch Gesellschafter einander auf eine zweifache Art: 1.) Wenn einer größere Rechte fordert, als ihm vermöge des Endzweckes und des Gesellschaftsvertrages zukommen; 2.) Wenn einer den anderen in dem Gebrauche der ihm zugestandenen Rechte hindert und dergestalt seiner Pflicht nicht genug tut.

§ 669. *Mittel dawider.*

In beiden Fällen hat ordentlicherweise der Verletzte das Recht, die Beleidigung durch Zwangsmittel zu heben, oder wohl auch sich von der Gesellschaft zu trennen; doch kann etwa durch den Vertrag oder vermöge des Endzweckes der Gesellschaft eine andere Art, sich Gerechtigkeit zu verschaffen, bestimmt sein, und diese muß alsdann befolgt werden.

§ 670. Von der Freiheit in der Gesellschaft.

Die Freiheit der Gesellschafter wird nur in Ansehung jener Handlungen beschränkt, zu welchen sie sich bei Errichtung der Gesellschaft verpflichtet haben; in Rücksicht jener Handlungen hingegen, in welchen sie nicht als Gesellschafter betrachtet werden können, haben sie ihren natürlichen Zustand, ihre Freiheit beibehalten. Folglich haben sie sich in solchen Handlungen, in welchen sie nicht als Gesellschafter können angesehen werden, bloß nach dem Naturrechte zu richten und können auch ihr eigenes Privatwohl besorgen.

§ 671. Kollision der gesellschaftlichen Pflichten mit jenen gegen sich selbst.

Wenn aber die Pflichten eines Gesellschafters gegen sich mit den Pflichten gegen die Gesellschaft in Kollision kommen, so müssen diese letztern vorgezogen werden, weil ein größeres Gut das kleinere, das Wohl des Ganzen das Wohl eines Teiles überwiegt und der Urheber der Natur will, daß wir immer nach der größern Vollkommenheit trachten sollen.

§ 672. Fortsetzung.

In der Tat haben auch jene, welche die Gesellschaft errichtet haben, sich dazu verpflichtet. Denn auf diese Art haben sie ein gewisses Übel, nämlich das Unvermögen, den Endzweck zu erreichen, gegen ein ungewisses und entferntes vertauscht. Würde nun ein Gesellschafter sein eigenes Wohl dem allgemeinen vorziehen, so verletzte er eine vollkommene Gesellschaftspflicht, gäbe ihren Mitgliedern das Recht zum Kriege und setzte sich der Gefahr aus, in noch größere Übel zu geraten.

§ 673. *Kollision derselben mit den Pflichten gegen Gott.*

Die Gesetze der Gesellschaft erstrecken sich aber nicht so weit, daß sie etwas wider die Pflichten gegen Gott gebieten könnten. In diesem Falle also würden die Pflichten gegen die Gesellschaft nachstehen müssen.

§ 674. *Von zusammengesetzten Gesellschaften.*

Eine Gesellschaft, die aus anderen Gesellschaften, als Teilen besteht, ist eine zusammengesetzte, sonst aber eine einfache. Wie sich also einzelne Gesellschafter zu ihrer einfachen Gesellschaft verhalten, ebenso verhalten sich die einfachen Gesellschaften zu der zusammengesetzten. Daher sind die Mitglieder der einfachen Gesellschaft verbunden, 1.) ihre Handlungen nach dem allgemeinen Besten der zusammengesetzten einzurichten; 2.) und wenn das Beste der einfachen Gesellschaft mit dem Besten der zusammengesetzten in Streit gerät, das erstere dem letztern, wie die Mittel dem Endzwecke, nachzusetzen.

§ 675. *Fernere Einteilung der Gesellschaften.*

Eine Gesellschaft, bei welcher keine Oberherrschaft vorhanden ist, ist eine gleiche, sonst aber eine ungleiche. In einer ungleichen Gesellschaft ist daher immer eine Abhängigkeit von eines anderen Willkür eine Unterwürfigkeit und ein Untergebener oder Untertan anzutreffen.

§ 676. *Wie in der gleichen die Geschäfte auszumachen.*

Weil es in einer gleichen Gesellschaft keine Oberherrschaft gibt, so müssen die gesellschaftlichen Angelegenheiten aus der Natur der Gesellschaft und durch den allgemeinen Willen bestimmt werden. Da nun dieser bei jeder einzelnen Angelegenheit sehr schwer zu erhalten ist, so folgt, daß gleich bei Errichtung der Gesellschaft sowohl die Mittel, die zum Endzwecke der Gesellschaft immer auf die nämliche Art erforderlich sind, als auch die Art, nach welcher die Gesellschafter in den übrigen Angelegenheiten, welche noch nicht bestimmt sind, ihre Einwilligung gültig geben sollen, durch den allgemeinen Willen festgesetzt werden müssen.

§ 677. Fortsetzung.

Alle künftigen Umstände vorzusehen, ist nicht möglich. Kommen nun neue Fälle vor, welche für das Beste der Gesellschaft entschieden werden sollen, so muß dieses durch eine allgemeine, auf die vorher festgesetzte Art erklärte Einwilligung geschehen.

§ 678. Vom Stimmrechte der Gesellschafter.

Die Erklärung des Willens, die ein Gesellschafter der Gesellschaft über jene Angelegenheiten, welche mit gemeinschaftlicher Einwilligung abgetan werden müssen, gibt, heißt eine Stimme. Diese ist entweder 1.) eine bejahende oder verneinende, 2.) eine bedingte oder unbedingte, 3.) ausdrückliche oder stillschweigende, 4.) eine bloß anratende oder entscheidende. Und je nachdem entweder alle Mitglieder von einer oder verschiedenen Meinungen sind, sind auch 5.) die Stimmen einhellig oder verschieden, und diese entweder 6.) die mehreren, die wenigeren, oder gleiche.

§ 679. Wie die Schlüsse geschehen.

Wenn die Gesellschafter die Stimmen gegeneinanderhalten und bestimmen, was geschehen oder nicht geschehen soll, so beschließen sie: daher beschließen einhellige Stimmen allzeit, die gleichen aber niemals, wenn nicht vorher ausgemacht worden, daß die Stimme einer gewissen Person den Ausschlag gebe, oder die Stimme Minervens gelte. Sonst würde man die Sache durch das Los entscheiden, oder wenn selbe einen Aufschub leidet, eine neue Beratschlagung unternehmen müssen.

§ 680. Ob die Mehrheit entscheide.

Die Gesellschaft hat nur einen Willen; da nun der Wille durch die mehreren Beweggründe bestimmt wird, so müssen in zweifelhaften Fällen, damit die Angelegenheit einen Ausgang gewinne, die mehrern Stimmen entscheiden, wenn nicht gleich anfangs etwas anderes ist beliebt worden, z. B. daß zwei Drittel der Stimmen zu einem Schlusse erfordert werden. Weil ferner jeder sein Urteil für das beste und richtigste hält, so müssen die Stimmen nicht nach ihrem Wert, sondern nach der Anzahl geschätzt werden.

§ 681. *Wie, wenn drei verschiedene Meinungen?*

Wenn die Gesellschafter drei oder noch mehrere verschiedene Meinungen haben und das Geschäft dennoch geendet werden soll, so müssen jene Stimmen überwiegen, denen wenigere entgegen sind: man muß, da man das nicht befolgen kann, was den meisten gefällt, dasjenige, welches den wenigsten mißfällt, ergreifen. Wenn aber nicht alle an der Sache, auf welche sich die Gesellschaft gründet, gleichen Anteil haben, so müssen die Stimmen nach Verhältnis des Anteils, welchen ein jeder daran hat, abgewägt werden; denn da wird ein Gesellschafter für mehrere angesehen.

§ 682. *Wie, wenn Glieder abwesend?*

Wer seine Stimme nicht geben kann, ist für diesen Fall nicht befugt, sein Stimmrecht auszuüben; und wer sie nicht geben will, entsagt seinem Rechte ausdrücklich, wenn er zugegen ist, stillschweigend aber, wenn er abwesend ist und seine Stimme keinem andern aufträgt; folglich wächst das Recht der Abwesenden dem Anwesenden zu.

§ 683. *Gesellschaftliche Gesetze.*

Durch die gesellschaftlichen Gesetze werden die zum Endzwecke tauglichen Mittel vorgeschrieben; daher kann 1.) keine Gesellschaft ohne Gesetze bestehen und ohne Beobachtung der Gesetze in keiner das allgemeine Wohl erhalten werden; 2.) muß jeder einzelne Gesellschafter allen Gesetzen der Gesellschaft gehorchen; 3.) wer immer in die Gesellschaft aufgenommen wird, unterwirft sich ausdrücklich oder stillschweigend ihren Gesetzen.

§ 684. *Wie sie aufhören.*

Die Gültigkeit der Verträge hängt von dem Willen der kontrahierenden Teile ab; wenn also die Gesellschaft ihren Grund bloß in einem Vertrage hat, so kann sie vermöge ihrer natürlichen Freiheit die gesellschaftlichen Gesetze aufheben, abändern, andere an deren Stelle geben, und so sind zwar die einzelnen Gesellschafter an die Gesetze gebunden, aber die ganze Gesellschaft nicht. Daher können auch die Mitglieder einer solchen Gesellschaft, sie mag auf eine gewisse Zeit, oder auf lebenslang errichtet worden sein, mit gemeinschaftlicher Einwilligung auseinandergehen.

§ 685. *Von ungleichen Gesellschaften.*

Soviel von der gleichen Gesellschaft. Die Rechte und Verbindlichkeiten der ungleichen sind in diesen Sätzen enthalten: 1.) Der Beherrscher hat ein vollkommnes Recht, die erlaubten Handlungen der Untergebenen zu bestimmen, oder eine Macht, eine Oberherrschaft, welche jedoch nach dem Endzwecke und Vertrage abgemessen werden muß.

§ 686. *Rechte der Oberherrschaft.*

2.) Dieser Oberherrschaft entspricht die Verbindlichkeit zu gehorchen; sonst wäre sie ohne Wirkung. Deswegen hört auch die natürliche Freiheit in Ansehung jener Handlungen auf, über welche der Regent, als solcher, ein Recht hat. 3.) Dieser kann also seinen Untertanen Gesetze geben, alle zum Endzwecke nötigen Mittel anwenden und daher die Gesetze durch verhängte Strafen befestigen. 4.) Weil aber diese Gesetze von seinem Gutdünken abhängen, so kann er sie auch verändern, aufheben, und ist demnach an dieselben selbst nicht gebunden.

§ 687. *Wesentliche Einschränkung der Oberherrschaft.*

Doch ist er nicht berechtigt, andere Gesetze zu geben als solche, die das Wohl der Gesellschaft befördern, noch auch die durch Verträge errichteten Gesetze zu überschreiten. 5.) Der sich nur auf eine Zeit unterwirft, dessen Freiheit ist nur indessen gehemmt; der sich aber auf immer unterwirft, veräußert selbe gänzlich. 6.) Weil die Verträge gehalten werden müssen, so kann weder der Regent ohne Unterschied wider den Willen des anderen Teils seine Oberherrschaft niederlegen noch der Untertan sich derselben entziehen.

§ 688. *Zufällige Einschränkungen.*

Wenn die Obergewalt bloß durch die Natur und Wesenheit der Gesellschaft beschränkt wird, so ist sie eine uneingeschränkte; bekommt sie aber durch zufällige und willkürliche Verträge gewisse

Grenzen, so ist sie eine eingeschränkte oder gemäßigte; hat endlich der Regent ein Recht über alle freien Handlungen, über alle Güter der Untertanen, so ist sie eine despotische Oberherrschaft.

§ 689. Despotische Oberherrschaft.

Eine despotische Oberherrschaft ist von der anderen der Art nach nicht unterschieden; denn in dieser können die Untertanen nichts für ihr besonderes Beste tun. Die eingeschränkten hingegen sind voneinander sehr unterschieden, weil es unendlich viele Verträge gibt, welche der Übertragung der Obergewalt beigefügt werden können. Und da die Untertanen bei einer eingeschränkten Oberherrschaft nicht gänzlich ihrer Freiheit entsagen, so muß zwar eine solche Gesellschaft in Ansehung der Handlungen, über welche der Regent kein Recht hat, als eine gleiche betrachtet werden, doch darf diese besondere Gesellschaft die Art, sich Recht zu verschaffen, welche anfangs festgesetzt worden ist, nicht überschreiten.

§ 690. Unterschied zwischen Oberherrschaft und Eigentum.

Physisch oder sittlich unmögliche Handlungen sind kein Gegenstand der Verbindlichkeit, folglich auch nicht der Oberherrschaft; hierher gehören auch die bloß innern Handlungen, wenn von einer menschlichen Oberherrschaft die Rede ist. Ferner äußert sich die Oberherrschaft nur über erlaubte Handlungen und enthält keineswegs das Recht, mit den ihm unterworfenen Personen und ihrem Leben nach Willkür zu schalten. Zwischen Oberherrschaft und Eigentum bleibt also immer noch ein großer Unterschied.

§ 691. Strafrecht.

Wenn der Untertan seiner Verbindlichkeit nicht genugtut, so verletzt er den Regenten, er gibt folglich demselben das Recht, ihn zu zwingen und mit seiner ungerechten Handlung ein Übel, eine Strafe im engen Verstande, zu verknüpfen. Dieser unterliegen alle Verletzungen, sie mögen vorsetzlich oder aus Verschulden unternommen sein, nicht aber solche, die nicht zugerechnet werden können.

§ 692. *Rechte der Gesellschaft in Rücksicht auf andere.*

Die Gesellschaft ist eine sittliche Person, welche in Ansehung jener, die keine Mitglieder derselben sind, in dem ursprünglichen Naturstande lebt. Daher hat sie nicht nur die allgemeinen Rechte, z. B. sich zu erhalten, das Recht der Gleichheit und der Unabhängigkeit, sondern sie hat auch besondere und erworbene Rechte und kann sich wie andere Menschen durch angemessene Mittel in dem Besitze derselben schützen.

§ 693. *Auflösung der Gesellschaft.*

Gleichwie sich eine Gesellschaft entweder auf ein Gesetz oder einen Vertrag gründet, so hört sie auch auf die nämlichen Arten auf, wenn nämlich die Ursache des Gesetzes und der Verbindlichkeit aufhört oder das durch Verträge errichtete Band aufgelöst wird.

3
Johann Heinrich Gottlob von Justi

Abhandlung von der Anordnung und dem Gleichgewichte der Hauptzweige der obersten Gewalt, worauf die Glückseligkeit und Freiheit das Staats hauptsächlich ankommt.

Diese Abhandlung enthält eine der wichtigsten Betrachtungen in der Politik in sich; und in der Tat verdient dieser Gegenstand eine große Aufmerksamkeit vernünftiger Völker. Die Glückseligkeit des Staats und die Freiheit der Bürger beruhen hauptsächlich auf der vernünftigen Anordnung und dem Gleichgewichte der Hauptzweige der obersten Gewalt in der Grundverfassung des Staats. Wir wollen nur die allgemeinen Grundsätze und Betrachtungen über diesen Gegenstand mitteilen und es den Lesern überlassen, die wirklichen Staatsverfassungen der Reiche dagegen zu halten.

Der Herr von Montesquieu drückt sich in dem Werke von den

Gesetzen über die Einteilung dieser Hauptzweige der obersten Gewalt folgendergestalt aus:

»Es gibt in jedem Staate drei Arten von Macht: Die Macht, Gesetze zu geben, die vollführende Macht der Dinge, welche von dem Völkerrechte abhängen, und die Macht, diejenigen Dinge zu vollbringen, welche dem bürgerlichen Rechte zugehörig sind. Vermöge der ersten, gibt der Fürst oder die Obrigkeit Gesetze auf eine gewisse Zeit, oder auf beständig, und verbessert diejenigen, welche gegeben sind, oder schafft sie gar ab. Vermöge der zweiten, schließt er Frieden oder führt Krieg, schickt Gesandtschaften ab oder nimmt sie an, setzt die Sicherheit auf festen Fuß und kommt den feindlichen Einfällen zuvor. Vermöge der dritten, bestraft er die Verbrechen oder tut die Streitigkeiten der Privatpersonen ab. Man kann diese letztere, die Macht, richterliche Aussprüche zu tun, und die andere, nur schlechthin die vollziehende Macht des Staats nennen.«

Meines Erachtens ist diese Einteilung nicht vollkommen der Natur der Sache gemäß. Der Herr von Montesquieu, dessen schöner Geist an großen und edlen Vorstellungen sehr fruchtbar war, hatte nicht die Eigenschaft, seine allgemeinen Vorstellungen wohl auseinanderzusetzen. Diesen Mangel bemerkt man an der ganzen Einrichtung und dem Zusammenhange seines Buches.

Eigentlich gibt es nur zwei Hauptzweige der obersten Gewalt, die auf die Natur der Sache gegründet sind, nämlich 1.) die notwendigen Verhältnisse und Bestimmungen, die aus der Natur und dem Endzwecke aller Republiken, und eines jeden Staates insbesondere, entstehen, festzusetzen, das ist, Gesetze zu geben; und sodann 2.) diese Gesetze zu vollstrecken und auszuführen. Die gesetzgebende und die vollziehende Macht sind also die zwei Hauptzweige, in welche sich die oberste Gewalt ihrer Natur nach einteilt.

Die Macht, Rechtssprüche zu tun, ist nur ein geringer Teil desjenigen, was zu dem bürgerlichen Rechte gehört. Die Macht, die Polizeigesetze zu vollstrecken, ist ebenso wichtig. Beide aber sind nur untergeartete Gewalten von der vollziehenden Macht.

Und so ist es auch in allen Staaten in der Welt beschaffen. Die gesetzgebende und die vollziehende Macht, wenn sie sich wirklich voneinander abgesondert befinden, sind souveräne Gewalten, die keiner andern unterworfen sind. Allein niemals ist die Macht, Rechtssprüche zu tun, eine souveräne Gewalt. Diese Macht ist, was die Annehmung der Gesetze betrifft, allemal der gesetzgebenden Gewalt, und was die Ausübung oder Vollstreckung der bürgerlichen Gesetze anbelangt, der vollziehenden Macht unterworfen. So ist es auch wirklich in England beschaffen, dessen Grundverfassung sich der Herr von Montesquieu in dem Kapitel, woraus obige Stelle genommen ist, zum Muster vorgesetzt hatte.

Wenn man die verschiedenen Zweige der obersten Gewalt gründlich auseinandersetzen will, so muß man sich die Sache folgendergestalt vorstellen. Es gibt nur zwei Hauptzweige der obersten Gewalt, die gesetzgebende Macht und die vollziehende Macht. Die gesetzgebende Macht hat das Ganze von der Glückseligkeit des Staats, sowohl in Ansehung der Hauptendzwecke als der Nebenzwecke, zum Augenmerke. Die vollziehende Macht, welche diese Glückseligkeit nach Maßgebung der Gesetze gleichfalls vor Augen haben muß, teilet sich wieder in zwei untergeartete Gewalten: in die vollziehende Gewalt, welche alles besorgt, was zur äußerlichen Sicherheit gehört, und in die vollziehende Gewalt, welche alles vollstreckt, was zu der innerlichen Sicherheit und Wohlfahrt erfordert wird.

Die vollziehende Macht in den Angelegenheiten der äußerlichen Sicherheit, die man die vollziehende Macht der Staatssachen nennen kann, ist ihrer Natur nach unteilbar; und wenn die gesetzgebende und die vollziehende Macht wirklich in einem Staate voneinander abgesondert sind, so behält sie die oberste vollziehende Macht allemal für sich, durch welche sie auch am besten besorgt werden kann. Hingegen leidet die vollziehende Macht in Dingen, die zur innerlichen Sicherheit und Wohlfahrt gehören, drei Untereinteilungen. Sie kann in die Vollziehung der Dinge, die insonderheit zur Kultur und Aufnahme des Landes veranstaltet werden und die nur in weitläufigstem Verstande zur Polizei gehören, in die Vollziehung der eigentlichen Polizeigesetze und in die Verwaltung der Gerechtigkeit, sowohl in peinlichen Fällen als in bürgerlichen Streitigkeiten, eingeteilt werden.

Ob nun zwar solchergestalt die richterliche Gewalt nur ein geringer, und zwar subordinierter Teil der vollziehenden Macht ist, so beruht doch die Freiheit des Bürgers gar sehr auf der Art und Weise, wie die Gerechtigkeit verwaltet wird; und in Staaten, deren Grundverfassung weislich eingerichtet ist, hat man daher für nötig erachtet, in die Grundgesetze des Staats deshalb Vorsehung und Anordnung zu tun, die weder allein von der gesetzgebenden Macht noch allein von der vollziehenden Macht wieder aufgehoben und abgeändert werden können.

Dieses hat ohne Zweifel den Herrn Montesquieu bewogen, diesen beiden höchsten Mächten, worin sich die oberste Gewalt des Staats einteilt, die Macht, Rechtssprüche zu tun, an die Seite zu setzen. Allein, da die Vollziehung der Polizeigesetze gleichfalls auf die Freiheit des Bürgers einen gar großen Einfluß hat, so muß man auch diese darunter verstehen und voraussetzen, daß sie mit der richterlichen Macht vereinigt ist; und in diesem Verstande wollen wir auch in gegenwärtiger Abhandlung auf die richterliche Gewalt Betracht nehmen.

Auf die Einteilung und Anordnung dieser zwei Hauptzweige der obersten Gewalt und der richterlichen Macht kommt es nun hauptsächlich an, daß eine wahre Glückseligkeit und Freiheit in einem Staate herrscht. Wenn die gesetzgebende und vollziehende Macht und die subordinierte richterliche Gewalt in den Händen einer einzigen Person, einer einzigen Gesellschaft oder eines gewissen Körpers im Staate miteinander vereinigt sind, so steht die Freiheit der Bürger allemal in der höchsten Gefahr. Sobald diese einzige Person, diese Gesellschaft, dieser Körper nicht vollkommen tugendhaft, weise und gerecht ist, so hat er alle Mittel in Händen, die abscheulichste Tyrannei über die Einwohner auszuüben und ihnen die allerhärtesten Fesseln der Knechtschaft anzulegen.

Dieser Fall aber, daß die eigenwillige Gewalt und die höchste Tugend, Weisheit und Gerechtigkeit beieinanderstehen, ist gar selten; und eben die in Händen habende Gewalt ist gar öfters die Verführerin, die ihre Besitzer von der Tugend und Gerechtigkeit entfernt. Die Despoterei kommt hauptsächlich darauf an, daß der Despote alle diese drei Gewalten in seiner Person miteinander vereinigt; und die Despoterei und Tyrannei sind Begriffe, die sehr wenig voneinander unterschieden sind. Wenigstens sind sie fast allemal miteinander vergesellschaftet.

Wenn in der Aristokratie diese drei Mächte bei einem einzigen Collegio oder besondern Körper des Volkes miteinander vereinigt sind, so hat der Staat gewiß so viel Tyrannen, als er aristokratische Herren hat; und wenn in der Demokratie das Volk zugleich Gesetzgeber, Vollzieher der Staatsangelegenheiten und Richter sein will, so wird es nicht allein allemal über sich selbst, nämlich über den geringsten Teil, tyrannisieren; es wird in peinlichen Sachen zugleich Ankläger und Richter, das ist, ein Tyrann, sein; und diese

Tyrannei wird es, sooft es ihm gefällt, durch neue Gesetze unterstützen; sondern indem es zugleich Gesetzgeber und Vollzieher sein will, so werden alle seine Angelegenheiten in der größten Unordnung und Verwirrung geschehen; und es wird nichts weniger als seine Glückseligkeit befördert werden.

Überhaupt aber ist es ein ganz allgemeiner Satz, daß, wo die Tyrannei herrscht und die wahre Freiheit ermangelt, da kann auch keine wahre Glückseligkeit des Staats vorhanden sein. Diese beiden Dinge sind ganz unzertrennlich. Wir haben die Grundsätze davon in dem Wesen und der Natur der Staaten, in dem Abschnitte von dem engen Bande zwischen den Regenten und den Untertanen, berührt.

Die Grundverfassung des Staates, und mithin die Glückseligkeit desselben, und die Freiheit des Bürgers stehen auf keinem bessern Fuße, wenn zwei von diesen Gewalten in einer einzigen Person oder in einem gewissen Körper miteinander vereinigt sind. Sobald sich die gesetzgebende und die richterliche Gewalt in einerlei Händen befinden, so wird in diesen Händen allemal die Macht zur Tyrannei vorhanden sein. Wenn die alten Gesetze seinen Absichten kein Genüge leisten, so wird der Richter neue Gesetze geben, um seiner Tyrannei einen Schein zu verschaffen.

Wenn aber die vollziehende Macht die Rechtssprüche zugleich in ihren Händen hat, so wird sie unter dem Scheine der Verwaltung der Gerechtigkeit alle diejenigen verfolgen und unterdrücken können, die sich ihren Absichten in der Vollziehung und in Vergrößerung ihrer Macht entgegensetzen.

Die erträglichste Vereinigung ist noch, wenn die gesetzgebende und die vollziehende Macht in einerlei Händen stehen. Diese alsdann uneingeschränkte Gewalt, die keine Ursachen und Absichten haben kann, ihre Gewalt, die keinen weitern Zusatz leidet, zu vergrößern, und deshalb zu unterdrücken, darf nur die Mäßigung haben, daß sie ihre Hände nicht in die Rechtssprüche einschlägt; so wird die Freiheit zwar nicht in vollkommenem, jedoch in einem erleidlichen Zustande sein.

Es wird aber nicht allein die Freiheit des Bürgers allemal in Gefahr stehen, wenn zwei von diesen Gewalten miteinander vereinigt sind, sondern die Grundverfassung des Staats selbst wird einen so schlüpfrigen und seichten Grund haben, daß sie alle Augenblicke Gefahr laufen wird, über den Haufen geworfen und in eine ganz andere Regierungsform verändert zu werden. Sobald die gesetzgebende und die richterliche Macht sich in einerlei Händen befinden, so wird die gesetzgebende Macht allzu großes Übergewicht gegen die vollziehende Macht haben, und diese letztere wird entweder wider die Grundverfassung und Wohlfahrt des Staats vollkommen abhängig von der ersten oder gar von ihr unterdrückt werden.

Wenn hingegen die vollziehende und die richterliche Macht in einerlei Händen stehen, so wird die vollziehende Macht vermöge der Rechtssprüche genugsame Mittel in ihrer Gewalt haben, zur Tyrannei zu neigen und die Glieder der gesetzgebenden Macht zu unterdrücken. Der Staat wird sich demnach entweder in eine uneingeschränkte Alleinherrschaft verwandeln, oder wenn die Tyrannei der vollziehenden Macht zu groß wird und die Glieder der gesetzgebenden Gewalt endlich aufwachen und sich mit gutem Erfolge widersetzen, so wird man die vollziehende Gewalt verjagen, und der Staat wird sich in eine Demokratie verändern.

Auf diese Art sind fast alle Demokratien in den ältesten Zeiten entstanden. Die Könige in Rom besaßen die vollziehende und die richterliche Macht. Servius Tullius begab sich zwar der Rechtssprüche in Geldsachen, er behielt sich aber die peinlichen Sachen vor, die am meisten mißbraucht werden können. Tarquin maßte sich aber aller und jeder Rechtssprüche wieder an. Er tyrannisierte und unterdrückte vermittelst derselben den Rat und fing an, Eingriffe in die gesetzgebende Gewalt des Volkes zu tun. Allein das Volk, wie der Herr von Montesquieu sagt, erinnerte sich endlich auf einmal, daß es Gesetzgeber war, und verjagte den Tarquin.

Eben diese Beschaffenheit hat es mit dem Ursprunge fast aller griechischen Republiken. Der größte Teil dieser Republiken hatte in den ältesten Zeiten Könige, welche die vollziehende und die richterliche Macht besaßen; das Volk aber hatte die gesetzgebende Gewalt. Eine dergleichen Staatsverfassung beruhte auf einem sehr schlüpfrigen Grunde. Die Könige mißbrauchten ihre Gewalt, Recht zu sprechen, um das Volk zu unterdrücken. Das Volk, welches Gesetzgeber war, konnte die königliche Gewalt abschaffen. Folglich mußten sich alle diese Staaten entweder in Demokratien oder in unumschränkte Alleinherrschaften verwandeln, nach dem Maße, wie das Volk in seiner Widersetzung oder die Könige in ihrer Unterdrückung den glücklichsten Erfolg hatten.

Auf eben einem solchen schlüpfrigen Grunde wird die ganze Staatsverfassung beruhen, wenn zwar die zwei höchsten Mächte voneinander selbst und von der richterlichen Gewalt genugsam abgesondert, die Gerechtsame aber entweder der einen oder der andern so uneingeschränkt sind, daß sie von der andern ganz unabhängig ist und ihre Mitwirkung gar nicht nötig hat.

Wenn die vollziehende Gewalt von der gesetzgebenden Macht ganz unabhängig ist, wenn sie alle und jedes Hilfsmittel der Vollziehung in ihrer freien uneingeschränkten Disposition hat: so wird ihr eben diese vollziehende Macht eine solch überwiegende Stärke geben, daß sie die gesetzgebende Macht bald unterdrücken wird. Diese letztere wird nur dem Namen nach vorhanden sein. Man wird ihr entweder gar nicht mehr gestatten, sich zu versammeln und sich tätig zu erweisen, oder man wird sie nur mit eitlen und nichtsbedeutenden Sachen beschäftigen.

Hierin haben es alle deutschen Völker versehen, sowohl, die in ihrem Vaterlande geblieben, als die ausgewandert sind und auswärtige Reiche gestiftet haben. Bei allen diesen Nationen beruhte ehedem die Gesetzgebung größtenteils auf dem Volke. Allein, weil sie der vollziehenden Macht, oder ihren Königen und Fürsten, die Mittel der Vollziehung, nämlich die Einkünfte des Staats, auf beständig in die Hände gaben, so, daß folglich die vollziehende Macht ihre Mitwirkung gar nicht mehr nötig hatte, so ist in Spanien und Frankreich von der gesetzgebenden Gewalt des Volkes gar nichts, in den meisten deutschen Staaten aber ein bloßer Schatten übriggeblieben.

Wenn hingegen die gesetzgebende Gewalt ganz uneingeschränkt und von der vollziehenden Macht gar nicht abhängig ist, so wird sie bald ihre Macht zur Unterdrückung der vollziehenden Gewalt mißbrauchen. Sie wird durch neue Gesetze die vollziehende Macht dergestalt einschränken, daß es ebensoviel sein wird, als wäre sie gar nicht vorhanden, oder sie wird die vollziehende Macht gar abschaffen und entweder die Demokratie oder die Aristokratie einführen.

Dieses ist der hauptsächlichste Fehler in der neuen Grundverfassung von Schweden. Die Reichsstände, welche sich die gesetzgebende Macht ganz uneingeschränkt zugeeignet haben, können die vollziehende Macht des Königs durch neue Gesetze immer mehr einschränken, so daß ihm nichts als der bloße Name übrigbleibt; und eben Schweden gibt ein überzeugendes Beispiel an die Hand, daß wir hier keine zu weit getriebene Folgen machen, die sich gar selten ereignen, sondern daß die Menschen allemal geneigt sind, ihre Macht zu vergrößern, wenn es in ihrem Vermögen steht und wenn ihnen eine weislich eingerichtete Grundverfassung nicht die Hände bindet.

Hieraus folgt, deucht mich, unbezweifelt, daß eine weislich eingerichtete Grundverfassung des Staats dergestalt beschaffen sein müsse, daß beide höchsten Gewalten beständig in einer gewissen Abhängigkeit voneinander oder in einem Gleichgewichte miteinander stehen. Dieses Gleichgewicht kommt lediglich darauf an, daß sie das Recht haben, einander zu verhindern, wenn der eine Teil zu weit gehen und die Wohlfahrt des Staats außer Augen setzen oder die Grundverfassung über den Haufen werfen will.

Die Vollziehung hat schon von Natur ihre gewissen Grenzen, und die vollziehende Macht kann daher niemals zu weit gehen, wenn die Grundverfassung weislich eingerichtet ist. Wenn nämlich die vollziehende Macht die Mittel zur Vollziehung, oder die Einkünfte des Staats, nicht auf beständig in Händen hat, sondern wenn sie die gesetzgebende Macht nach den Zeitumständen alle Jahre bewilligt, so ist die vollziehende Macht ohnedem genug von der gesetzgebenden Macht abhängig, und sie kann weder auswärtige unnötige Kriege noch innerliche, dem Staate schädliche Unternehmungen anfangen. Die Staatsgeschäfte selbst aber sind ihrer Natur nach sowohl in Ansehung des Geheimnisses als der Geschwindigkeit in der Ausführung dergestalt beschaffen, daß eine eigentliche Mitwirkung der gesetzgebenden Gewalt dabei mehr schädlich als nützlich sein würde.

Die gesetzgebende Gewalt aber muß von der vollziehenden Macht auf diese Art abhängen, oder im Gleichgewichte mit ihr stehen, daß alle neuen Gesetze, welche die gesetzgebende Gewalt errichten will, so lange von keiner Gültigkeit sind, bis die vollziehende Macht ihre Einwilligung dazu gegeben hat. Dieses Recht der vollziehenden Macht, den neuen Gesetzen durch ihre versagte Einwilligung die Gültigkeit zu benehmen, ist zur Glückseligkeit und Freiheit des Staats unumgänglich notwendig. Die gesetzgebende Gewalt kann außerdem alle Augenblicke durch neue Gesetze die Grundverfassung des Staates über den Haufen stürzen; und eine jede Faktion, die sich der meisten Stimmen unter den zur gesetzgebenden Gewalt bestimmten Gliedern bemeistert, kann sowohl über die Nation nach Gefallen tyrannisieren, als auch dem Staate viele schädliche auswärtige Kriege und andere nachteilige Unternehmungen zuziehen.

In Ansehung der richterlichen Gewalt, die allemal subordiniert ist, ist kein Gleichgewicht mit den übrigen beiden höchsten Mächten nötig; es ist nur erforderlich, daß ihre Subordination und Abhängigkeit von beiden Mächten wohl eingerichtet ist. So wie sie von der gesetzgebenden Macht, in Ansehung neuer Gesetze und der Aufsicht zur Aufrechterhaltung der alten, abhängt, so muß sie der vollziehenden Macht, in Ansehung der Form und der Rechtmäßigkeit ihres Verfahrens, unterworfen sein; und wenn die gesetzgebende Macht die richterliche Gewalt durch ein gewisses Einverständnis wider die Bedienten der vollziehenden Macht zu der letzteren Nachteile gebrauchen wollte, so muß die vollziehende Macht, durch das Recht der Begnadigung, allemal imstande sein zu verhindern, daß die Sache zu ihrem Nachteile nicht zu weit geht.

Die schwedische, durchaus fehlerhafte Grundverfassung hat auch ihren Königen das Vorrecht der Begnadigung nicht eingeräumt; und daher haben wir gesehen, daß der Graf Löwenhaupt, Blackwell und andere, neuere unschuldige Schlachtopfer von entgegengesetzten überwiegenden Faktionen aufgeopfert worden sind. In einer weisen Grundverfassung muß der König allenthalben eingeschränkt sein, daß er nichts Böses unternehmen kann, so dem Staate einen wichtigen Nachteil zu verursachen vermögend ist; allein Gutes zu tun, worunter die Begnadigungen allerdings gehören, muß er ganz ungebundene Hände haben.

Wenn diese drei Gewalten in der Grundverfassung des Staats also eingerichtet sind, daß sie in einem gerechten Gleichgewichte und Verhältnisse miteinander stehen, so wird nicht allein der Bürger eine wahre Freiheit genießen, sondern der Staat wird auch mehr als andere imstande sein, seine Glückseligkeit zu befördern.

Dieses Gleichgewicht und dieses Verhältnis sind gleichsam die Triebfedern, wodurch das Uhrwerk des Staats gespannt wird. Ein Staat ist ein einfacher, in allen seinen Teilen auf das genaueste zusammenhängender Körper. Er muß also entweder nur eine einzige Triebfeder haben, und das ist die uneingeschränkte Alleinherrschaft; oder wenn er mehrere Triebfedern hat, wenn verschiedene an der obersten Gewalt teilnehmen, so müssen diese verschiedenen Triebfedern in dem genauesten Gleichgewichte und Verhältnisse miteinander stehen, daß sie einander aufspannen. Außerdem ist die Zerteilung der obersten Gewalt allemal äußerst schädlich.

Wenn verschiedene Personen, oder besondere Körper, ohne ein solches gerechtes Gleichgewicht an der obersten Gewalt teilnehmen, so wird ein jeder Teil nur an der Vergrößerung seiner eigenen

Macht und an der Unterdrückung der übrigen Teilnehmer arbeiten, und die wahre Wohlfahrt des Staats wird dabei gänzlich vernachlässigt werden. Allein wenn immer ein Teil das Recht hat, den andern zu verhindern, sobald er die Grundverfassung und Wohlfahrt des Staats außer Augen setzen will, so sind die Federn gespannt und die Kräfte richten sich auf das Ganze der Maschine.

Laßt uns nunmehr nach diesen Grundsätzen von der Anordnung der dreierlei Gewalten die verschiedenen Regierungsformen untersuchen. Der Despotismus ist weiter nichts als der Mißbrauch der uneingeschränkten Alleinherrschaft; und wir haben mithin nicht nötig, denselben als eine besondere Regierungsform zu betrachten. In der uneingeschränkten Monarchie besitzt der Monarch nicht allein die vollziehende Macht vollkommen, sondern die zeitige Gesetzgebung steht auch gänzlich in seinen Händen. Allein wenn er sich herausnimmt, seine gesetzgebende Macht auch über die Grundgesetze des Staats zu erstrecken, die festgesetzte Erbfolge zu verändern und die verschiedenen Ordnungen und Stände des Staats umzukehren, so übt er die Handlungen nicht eines Monarchen, sondern eines Despoten aus.

Als Ludwig der Vierzehnte seine natürlichen Söhne der Erbfolge an der Krone fähig erklärte und das Parlament nötigte, das darüber erlassene Edikt zu registrieren, so war dieses eine der deutlichsten Handlungen, wodurch er die Despoterei, die ihm seine ganze Regierung über im Herzen gesteckt hatte, zu erkennen gab; und nichts wurde von dem Herzoge von Orleans, als Regenten, so billig und gerecht wieder aufgehoben als diese Verordnung.

Peter der Erste von Rußland, als er die Regierungsnachfolge in die willkürliche Wahl eines jeden russischen Beherrschers stellte und diese willkürliche Gewalt nicht allein selbst ausübte, sondern sie auch gleichsam zu einem Grundgesetze des Reichs machen wollte, verrichtete dadurch die alleräußerste Handlung eines Despoten, deren sich alle seine Vorfahren bei aller ihrer Despoterei und Tyrannei nie unterfangen hatten; und die gerechte Strafe und natürliche Folge davon war, daß seine eignen Kinder eine lange Zeit von der Krone ausgeschlossen waren.

So wie aber ein uneingeschränkter Monarch über die Reichsgrundgesetze keine Macht hat, so soll er sich auch enthalten, die Rechtssprüche an sich und seine Minister zu ziehen. Sobald er dieses tut, so ist keine Freiheit mehr vor den Bürgern vorhanden, und es ist zwischen ihm und dem Despoten weiter kein Unterschied.

Die Gewalt der Rechtssprüche, wenn sie zu den übrigen beiden höchsten Mächten hinzukommt, macht die oberste Gewalt allemal erschrecklich; und wenn der Monarch selbst die richterliche Gewalt nicht mißbraucht, so werden es gewiß seine Minister tun. Alle Römischen Kaiser, von Claudius an bis zum Untergange der Monarchie, welche die Rechtssprüche an sich und ihren Hof gezogen haben, sind dadurch die Veranlassung zu erschrecklichen Tyranneien geworden. Der Monarch soll die Richter einsetzen und Aufsicht über sie haben, allein er soll in die Rechtssprüche weder durch Kommissarien, wenn sie nicht beide Parteien selbst verlangen, noch durch Machtsprüche Eingriffe tun. Noch besser aber ist es, wenn das höchste Gericht, wie in Frankreich, durch die Grundverfassung des Staats festgesetzt ist.

Die wahre Freiheit aber des Bürgers in den Monarchien würde hauptsächlich durch zwei Umstände dargestellt werden, wenn nämlich die Gesetze so klar und deutlich wären, daß die Rechtssprüche vielmehr Aussprüche der Gesetze als des Richters wären; und wenn der Beklagte, besonders in peinlichen Sachen, sich selbst seine Richter erwählen oder wenigstens so viele davon verwerfen könnte, daß die übrigen von ihm selbst gewählte Richter zu sein schienen. Dieses letztere findet in England wirklich statt; und in Norwegen, welches Reich viel gelinder regiert wird als die übrigen Dänischen Staaten, kann eine jede Partei einen Commissarius vorschlagen, welcher auch hierzu von dem höchsten Gerichte ernannt wird. Ein jeder Commissarius aber untersucht und bearbeitet die Sache auf das bestmöglichste zum Vorteile der Partei, die ihn erwählt hat.

In den eigentlich so genannten Republiken könnten und sollten diese drei Gewalten am allerweislichsten eingerichtet sein, und zwar könnte in den Aristokratien die gesetzgebende Macht bei dem Volke, die vollziehende Macht bei dem Adel und die richterliche Gewalt bei einem vermischten Collegium aus dem Volke und dem Adel beruhen, dessen Mitglieder alle Jahre von neuem erwählt werden, und weder an der gesetzgebenden noch an der vollziehenden Macht teilnehmen müßten.

Allein, es ist weit gefehlt, daß unsere heutigen Aristokratien eine so vernünftige Einrichtung haben sollten. In Venedig sind zwar diese drei Gewalten voneinander abgesondert. Sie beruhen auf verschiedenen Collegien. Allein die Mitglieder aller dieser verschiedenen Kollegien werden aus einem und ebendemselben Körper, nämlich aus dem Adel, erwählt. Daher auch der Bürger in den venezianischen Staaten nichts weniger als Freiheit genießt. Mit Genua und andern italienischen und dalmatischen Republiken hat es keine bessere Beschaffenheit. Jedoch ist in Genua die Aristokratie etwas gemäßigter, welches aber bloß der Umstand verursacht, daß der Staat Schulden hat, und daß man daher die St. Georgenbank errichtet hat, woran die Bürger den größten Anteil haben. Diese Bank aber hat einen gar großen Einfluß auf die Regierung.

Unter allen Regierungsformen taugt die Regierung des Adels am allerwenigsten etwas, die Wohlfahrt des Staates zu befördern. Das sind allemal soviel kleine Despoten, als Edelleute vorhanden sind, die an der Regierung teilnehmen. Was aber das sonderbarste ist, diese Edelleute müssen die Despoten wider sich selbst erstrecken, wenn sie bestehen wollen. Die Staatsinquisitoren zu Venedig gebrauchen ihre tyrannische Macht am meisten wider die Edelleute. Dieses würde man gewiß nicht nötig haben, wenn die Anordnung und das Gleichgewicht der drei Gewalten in der Grundverfassung wohl eingerichtet wären.

Die Grundverfassung der Demokratien, in Ansehung dieser drei Gewalten, ist die allerschwerste. Das Volk besitzt hier, wie der Monarch in den uneingeschränkten Monarchien, die ganze oberste Gewalt allein. Es kommt also nur darauf an, inwieweit es die Weisheit und das gemeinschaftliche Beste der Republik erfordern, seine eigne Macht zu mäßigen und gewisse Teile davon andern anzuvertrauen. Dieses ist die Klippe, woran fast alle Demokratien des Altertums gescheitert sind; indem sich das Volk bald zuviel, bald zuwenig Macht beigelegt hat.

Meines Erachtens muß sich das Volk die gesetzgebende Macht vorbehalten, die es in den allerwichtigsten Fällen durch die einzelnen Bürger, in den wichtigen Fällen durch seine Repräsentanten und in geringen Fällen durch einen Ausschuß aus den Repräsentanten ausüben lassen kann.

Gleichwie aber dem Volke, als wahrem Oberherrn, auch die vollziehende Macht zusteht, so muß es, wie der Monarch seine Minister, hierzu erwählen, die am besten nur eine zeitliche Verwaltung der vollziehenden Macht haben, die sich schwerlich über ein Jahr erstrecken soll. Der entgegengesetzte Fehler, daß das Volk zu Rom dem Pompejus, Julius Cäsar und andern eine vieljährige Macht anvertraute, verursachte den Untergang der Römischen Republik. Unterdessen muß das Volk als Oberherr auch eine gewisse Oberaufsicht über den wichtigsten Teil der vollziehenden Macht und vornehmlich über Krieg, Frieden und Bündnisse sich vorbehalten.

Hier aber ist es hauptsächlich nötig, daß sich das Volk am meisten mäßigen muß. Die Griechischen Republiken, die sich von den Rednern wie die Meereswellen bewegen und öfters zu nachteiligen Unternehmungen verleiten ließen, haben es zu ihrem Schaden erfahren, daß sie sich hierin zu viel Gewalt beigelegt hatten. Rom hatte hier ein vortreffliches Mittel. Die Zensoren bildeten und schufen selbst den Körper der Souveräns und Gesetzgeber. Kurz, das Volk muß ein Mittel haben, sich selbst und der aufgebrachten Menge Einhalt zu tun.

Gleichwie aber auch das Volk schwerlich vermeiden kann, den Obrigkeiten, als seinen Ministern, einen gewissen Anteil an der gesetzgebenden Gewalt zu überlassen, so muß es auch diesen Einhalt tun können, wenn sie zu weit gehen, die Wohlfahrt der Republik außer Augen setzen und die Grenzen ihrer Macht überschreiten wollen. Rom hatte hier ein vortreffliches Mittel an seinen Tribunen, die den schädlichen Unternehmungen des Rates und einer jeden obrigkeitlichen Person sofort Einhalt tun konnten.

Man sieht leicht, daß dieser Tribunen nur wenige sein dürfen; und am besten kann der Ausschuß aus den Repräsentanten des Volkes die Macht der Tribunen ausüben. Polen geht demnach unstreitig zu weit, wenn es einem jeden Landboten die Macht eines Tribuns beilegt, so daß ein jeder einzelne Landbote die weisesten und heilsamsten Entschlüsse aller übrigen über den Haufen werfen kann; wie denn überhaupt dieser Staat die allerschlechteste Grundverfassung hat.

Der Mangel an Tribunen ist hingegen ein Gebrechen der Republik der Vereinigten Niederlande. Diese Republik, die sehr wenig Edle hat, sollte keine Aristokratie, sondern ihrer Natur nach eine Demokratie sein. Allein, sie ist weder eins noch das andere, indem man die nämliche Beschaffenheit in Versammlung der Stände beibehalten hat, die eine jede von diesen Provinzen unter der Spanischen Monarchie hatte. Unterdessen empfindet das Volk gar wohl, daß die Macht hauptsächlich bei ihm beruhen sollte. Wenn es also mit dem Betragen und den Maßregeln seiner Obrigkeiten nicht zufrieden ist, so hat es aus Mangel an Tribunen kein anderes Mittel, als den Weg der Rebellion, den sie auch bei Ermordung der Gebrüder van Witten, bei Einsetzung des vorigen Statthalters, bei Abschaffung der Akzisepächter und bei andern Gelegenheiten gebraucht haben, ein Weg, der aber sehr unordentlich ist.

Übrigens muß das Volk auch die Richter erwählen, und zwar am besten nur auf ein Jahr. Die Griechischen Republiken, und insonderheit Athen, hatten hierin eine sehr gute Grundverfassung: Dahingegen war die schlechte Einrichtung der richterlichen Macht ein großes Gebrechen in der Römischen Republik. Diese Macht war daselbst in den Händen eines gewissen Standes, welches allemal ein großer Fehler ist. Erst war sie dem Körper des Rats anvertraut. Das Volk entriß sie ihm und gab die richterliche Macht den Rittern, wo sie am übelsten verwaltet wurde, weil die Ritter die Generalpächter oder die Blutegel des Staates waren, die selbst am nötigsten hatten, beständig unter richterlicher Aufsicht zu stehen; daher auch die greulichsten Unordnungen und sogar eine gänzliche Unsicherheit der Landstraßen daraus entstand.

Das allervollkommenste Gleichgewicht und Verhältnis unter den verschiedenen Gewalten kann in den eingeschränkten Monarchien oder vermischten Regierungsformen stattfinden. Die Repräsentanten des Volkes, bei deren Erwählung alle und jeder Bürger Anteil haben müssen, wenn sie nicht so arm sind, daß man vermuten muß, sie haben gar keinen Willen in Ansehung der Beschaffenheit des Staats – diese Repräsentanten, sage ich, üben am besten die gesetzgebende Macht aus; weil ein jeder den Zustand, oder die Bedürfnisse seiner Stadt oder Bezirkes, am besten kennt. Die vollziehende Macht befindet sich am besten in den Händen eines Königs oder Fürsten, der sie allemal zur wahren Wohlfahrt des Staats am weisesten, geschwindesten und nachdrücklichsten verwalten kann. Die richterliche Macht aber wird am besten von dem Adel ausgeübt, jedoch dergestalt, daß ein jeder Richter eine große Anzahl Beisitzer zu sich nehmen muß, von welchen der Beklagte alle diejenigen zu verwerfen befugt ist, wider welche er gegründete Einwendungen hat.

So ist die Grundverfassung von England beschaffen; und sie ist gewiß die weiseste und vortrefflichste, die auf dem ganzen Erdboden stattfindet, und welche daher alle eingeschränkten Monarchien zu ihrem Muster erwählen sollten. Der Herr von Montesquieu, in der oben angeführten Stelle, hat von dem ganzen Zusammenhange und allen besondern Umständen der englischen Grundverfassung, z. B. daß der gesetzgebende Körper sich nicht selbst zusammenberufen, daß er nicht beständig versammelt sein muß, daß es gut ist, daß der gesetzgebende Körper von Zeit zu Zeit verändert wird, und daß er sich in zwei Teile einteilt, davon der eine Teil in gewissen Fällen die richterliche Macht ausübt, wenn der andere klagender Teil ist, und was dergleichen besondere Umstände mehr sind –, von allen diesen, sage ich, hat der Herr von Montesquieu ausführlich gezeigt, daß sie aus der Natur der Sache fließen und vernünftigen Grundsätzen und Schlüssen gemäß sind. Ich will mich also hierbei nicht aufhalten. Meine Absicht ist hier nicht, dasjenige zu wiederholen, was der Herr von Montesquieu gesagt hat, sondern nur dasjenige auszuführen, was dieser Verfasser nur kurz oder gar nicht berührt hatte, besonders aber die Grundsätze von den Hauptzweigen der obersten Gewalt allgemein und bei allen Regierungsformen festzusetzen, die der Herr von Montesquieu nur auf England und Rom angewendet hatte.

Wir müssen noch ein paar Worte von vielen vereinigten freien Staaten reden, die eine gemeinschaftliche Grundverfassung zu haben scheinen. Das Wesen einer solchen Vereinigung beruht auf einem ewigen Bündnisse. Es kann also der Natur der Sache nach keine oberste Gewalt unter ihnen stattfinden, ob sie gleich zuweilen nach den Überbleibseln aller längst abgeänderter Zeiten noch den Schein einer obersten Gewalt unter sich haben.

Hier kann man also keine gesetzgebende Gewalt zugeben; denn wenn sie gemeinschaftliche Gesetze machen, so geschieht solches nach der Natur der Verträge, vermöge deren sie sich verbinden, etwas zu tun oder zu lassen, oder dieses und jenes in ihren besondern Staaten einzuführen.

Die einmütigen Stimmen sind demnach hier der Natur der Sache gemäß, so wie sie hingegen in allen einfachen Republiken eine sehr ausschweifende Grundverfassung ausmachen, die offenbar wider das Wesen eines Staates streitet. Wenn auch in Kleinigkeiten die meisten Stimmen gelten können, so ist es doch offenbar wider das Wesen freier vereinigter Republiken, in Kriegs- und andern höchstwichtigsten und gefährlichen Unternehmungen es auf die meisten Stimmen ankommen zu lassen.

Die Vollziehung der gemeinschaftlichen Angelegenheiten beruht gleichfalls auf den Verträgen, oder auf dem alten Herkommen. Allein da hier keine besondere vollziehende Macht zugegeben werden kann, so muß der gesamte Bund alle Augenblicke befugt sein, den Personen Einhalt zu tun, welchen er die Vollziehung aufgetragen hat; so wie eine gegebene Vollmacht alle Augenblicke zurückgenommen werden kann, insofern der Bevollmächtigte schadlos gehalten wird.

Strafen können unter solchen vereinigten Staaten gar nicht stattfinden. Wenn ein Staat die Gesetze des Bundes auf das höchste verletzt, so ist alles, was die übrigen tun können, daß sie einen solchen aus dem Bunde ausstoßen und den Krieg wider denselben erklären. Alle andere Strafen sind lächerliche Chimären, welche dem Wesen der Sache widerstreiten; und ungeachtet sie durch das Altertum bestätigt sind, bei Leuten von Vernunft und Einsicht nicht mehr Aufmerksamkeit erlangen als die alten Kragen unserer Vorfahren, die zu ihrer Zeit sehr gut waren, die aber nach gänzlich geänderten Zeiten und Moden bloß in einem Kasten von Raritäten und Altertümern ihren Platz finden.

Da der Hauptendzweck eines solchen Bundes vieler freier Staaten die gemeinschaftliche Verteidigung ist, und mithin der Bund Kriege führt, so kommt alles auf eine weise Anordnung des Oberbefehles in solchen Kriegen an; und das ist die Klippe, woran die meisten Bündnisse solcher freien Staaten gescheitert sind. Sobald sie zulassen, daß einer unter ihnen beständiger Feldherr ist, so setzen sie sich dadurch in der Tat nichts anderes als einen Beherrscher; weil derjenige, welcher die vereinigte Macht des Bündnisses in seinen Händen hat, allemal der Herr desselben ist.

Dieses haben die vereinigten freien Griechischen Republiken genugsam erfahren. Sparta und Athen, die sich wechselweise von dem Oberbefehle in gemeinschaftlichen Kriegen der Griechen verdrängten, begegneten ihren mitverbundenen Republiken nicht anders als ihren Untertanen; und der Feldherrntitel der Macedonischen Könige über ganz Griechenland war der Mantel, worunter sie die Ketten verbargen, welche sie der griechischen Freiheit anlegten. Holland mag den beständigen Anführer der Kriegsheere des Bundes immerhin Statthalter nennen. Es wird im Grunde allemal einen wirklichen Souverän an diesem Statthalter haben.

Es würde uns hier zu weit führen, wenn wir die beste und weiseste Einrichtung solcher freien verbundenen Staaten in Ansehung des Oberbefehls im Kriege vorstellig machen wollten. Vielleicht entschließe ich mich dereinst, in einem besondern Traktat von den besten Einrichtungen eines solchen Bündnisses zu handeln; welches zu unsern Zeiten nicht unnütz sein wird, da wir an Deutschland, den Vereinigten Niederlanden und der Schweiz drei dergleichen Bündnisse vieler freien Staaten haben.

Theorien der altständischen Gesellschaft

4

Justus Möser

Der Staat mit einer Pyramide verglichen.

Eine erbauliche Betrachtung.

Ein Staat läßt sich am besten mit einer Pyramide vergleichen, die alsdann schön ist, wenn sie ihr gehöriges Verhältnis hat, unten auf einem guten Grunde ruht und nach der Spitze zu immer dergestalt abnimmt, daß das Unterste das Oberste völlig, aber auch mit der mindesten Beschwerde trägt. Um solches recht deutlich zu machen, wollen wir jetzt miteinander betrachten: erstlich die Spitze, hernach die Mitte und zuletzt den Grund.

Die Spitze ist besonders fehlerhaft, wenn sie oben zu dick ist; oder um sogleich die Anwendung hiervon zu machen, wenn die landesherrliche Familie sich zu sehr vermehrt, wenn alle Prinzen heiraten und alle Prinzessinnen Aussteuern erfordern und solchergestalt die Bevölkerung oben stärker geht als unten. Sie ist fehlerhaft, wenn sich alle Kräfte nach dem Kopfe ziehen und den untern Teil machtlos lassen; sie ist endlich fehlerhaft, wenn der Kopf zittert und die Kräfte, die sich hinaufziehen sollten, in der Mitte stocken.

Nach diesem Grundsatze sollte man meinen, daß ein geistlicher Staat, dessen Fürst nicht heiraten darf, allemal der beste sein müßte, weil hier der Kopf durch keine Aussteuern, Witwensitze und Apanagen zu sehr vergrößert werden kann. Allein, da leider dergleichen Köpfe sehr oft mit gefährlichen Kröpfen heimgesucht werden, die sich bisweilen so sehr ausdehnen, daß sie die ganze Pyramide durch ihre Schwere umstürzen: so läßt sich solches nicht mit Gewißheit behaupten.

Wir wollen uns also nur zur Mitte wenden. Nach dem stärksten pyramidalischen Verhältnis folgt auf eins zwei, und so bekommt der Schaft eine Unförmlichkeit, wenn oben dieses Verhältnis überschritten wird und die hohe Dienerschaft sich oben am Halskragen zu sehr vermehrt; der Schaft bekommt einen Bauch, wenn zuviel neue Edelleute gemacht werden oder der unbegüterte Adel sich zu stark in die Bedienungen drängt, darauf heiratet und eine Menge Kinder zeugt, die niemals wieder zum Pfluge zurückkehren, sondern, wo sie nicht totgeschossen werden, lauter Auswüchse werden, die von der Wurzel leben, ohne dem Stamme wiederum einigen Saft mitzuteilen; sie bekommt zuletzt unten einen Bruch, und leider ist dieses jetzt das allgemeine Staatsübel, wenn der Wehrstand, er sei nun vom Leder oder von der Feder, besonders wo demselben das Heiraten erlaubt wird, mit Weibern und Kindern den Nährstand überwiegt und eine Menge kleiner und mittelmäßiger Bediente sich wie das Ungeziefer anhangen.

Auch hierin, sollte man sagen, hätte der geistliche Staat einen Vorzug, wo der neue Adel verachtet, die jüngern Söhne und Töchter des alten mit Präbenden versorgt und vom Heiraten abgehalten, die höchsten Bedienungen mit Geistlichen besetzt und alle Maßregeln genommen werden, daß der dem Pfluge entzogene Stand sich, wie billig, nicht zu sehr zur Last des Staats vermehre und jeder fürstliche Rat wiederum sechs andre Räte und sechs künftige Rätinnen zeuge. Allein, auch hier müssen wir mit jenem alten heidnischen Sittenlehrer ausrufen: *Ubique naufragium*, überall zerbrochene Töpfe!

Von dem Grunde brauchen wir weiter nichts zu sagen, als daß solcher nicht leicht zu zahlreich, nicht zu stark und nicht leicht zu gut gefügt sein könne; und daß, wo es hieran ermangelt, wo sich hier eine Lücke bei der andern zeigt und der eine Stein geborsten, der andere verwittert und der dritte gestohlen ist, die ganze Pyramide notwendig zusammenfallen müsse. Das Merkwürdigste bei dieser Vergleichung ist, daß die Natur gerade nach den Regeln arbeitet, welche diese pyramidalische Einrichtung erfordert. Denn man wird wahrnehmen, daß im großen Durchschnitt die menschliche Pyramide immer nach der Spitze zu am ersten abnehme und verdorre. Je höher hinauf, je mehr schwächliche Gesundheiten und Übel; die fürstlichen Söhne verderben sich früh, damit ihre Kinder dem Staate nicht zur Last fallen; die jungen Edelleute folgen einem so großen Exempel, und man sagt überhaupt: Große Männer erziehen schlechte Kinder. Mit Macht drängen sich Gesundheit, Fleiß und Stärke immer von unten auf gegen die Höhe; diese eisernen Tugenden des untern Teils der Pyramide schieben täglich eine Menge zum Schafte hinaus, welche dort absterben und wie verdorrte Zweige herunterfallen; die Hauptstädte werden immer von dem dauerhaften Pflugstande bevölkert, in der Handlung zählt man immer mehr gewordene als erzeugte Reiche; und selbst von den Gelehrten will man angemerkt haben, daß die vom geringsten Herkommen in ihrer Jugend den mehrsten Fleiß, als Männer die wahre Dauer zur Arbeit und am seltensten den Fehler der Hypochondrie haben.

Diejenigen haben der Natur gemäß gearbeitet, die dem Menschen erlaubt haben, dem Heiraten durch ein Gelübde zu entsagen; vorausgesetzt, daß keiner zu diesem Gelübde gelassen werde, der zum Grunde der Pyramide gehört oder billig zu dessen Verstärkung gebraucht werden kann; und das ist auch mehrmalen heilsamlich verordnet worden. Man mag dagegen so vieles einwenden, wie man will: so ist doch offenbar, daß, wenn die fürstlichen, gräflichen, adligen und andrer guter Leute Kinder sich wie die geringen vermehrten, die Pyramide oben so dick wie unten werden und der Schaft seinen Grund tief in die Erde drücken würde; oder wir müßten eine andre politische Einrichtung haben, nach welcher die jüngern Kinder Stand und Wappen ablegen und sich dem Gewerbe oder Ackerbau ergeben könnten.

Der Militärstand ist zwar freilich ein großer Abnehmer dieser Kinder. Allein, da auch dieser immer mehr und mehr heiratet und ein Offizier wie billig nur Offiziere zeugt: so wird die Aussicht immer schlimmer; und der unterste Teil der Pyramide, der jener weichen muß, wird gar ausgehn, wenn ihm der Soldat, der Weib und Kinder hat, heimlich oder öffentlich die Nahrung zu entziehen gezwungen wird. Dieser letzte Bruchschaden ist unheilbar; und doch wird er so wenig erkannt, daß man sogar hie und da dem Soldaten ein Handwerk frei zu treiben erlaubt.

In den Morgenländern, wo man nur Verschnittene zu den höchsten Posten zieht, hat man ebenfalls gefühlt, daß die Pyramide ihr Verhältnis verlieren und der Kopf oder Kropf zu groß werden würde, wofern man nicht der gar zu starken Vermehrung des unfruchtbaren oder unsteuerbaren Standes der Menschen vorbeugte. Man ist aber in der Wahl der Mittel unstreitig unglücklicher gewesen. Nur der Deutsche, der heute aus dem Bäcker einen Ratsherrn und übers Jahr aus dem Ratsherrn wiederum einen Bäcker macht, hat den vernünftigsten Weg erwählt, die vielen Auswüchse des Schafts zu verhindern und den Grund seiner Pyramide durch Ehre und Arbeit zu verstärken. [...]

Johann Jakob Moser
Die deutschen Reichsstände

§ 1.

Ein Stand des Reichs ist eine Person oder *Commun,* welche nicht nur, entweder in Ansehung ihrer Person oder gewisser Güter, oder beider, unmittelbar unter dem Kaiser steht, sondern auch auf den Reichs-Tagen des Deutschen Reichs entweder ganz eigenen Sitz und Stimme, oder doch an der Stimme entweder eines ganzen *Collegii,* z. Ex. der Reichs-Grafen, oder nur auch eines einzelnen Standes, folglich an des Reichs Regierung, teilhat. Andere haben diejenige für Stände halten wollen, welche in der Reichs-*Matricul* eingeschrieben stünden, oder welche unmittelbar zu dem Reich die schuldige Reichs-*Praestationen* erlegten, u. dgl., es ist aber von vielen schon oft gezeigt worden, daß dieses keine ganz richtige Merkmale eines Standes des Reichs seien, indem die *Matricul* nur dazu errichtet worden ist, daraus zu ersehen, wer und was jeder zu dem Reich unmittelbar beizusteuern habe; nun gibt es aber einesteils Stände, welche doch nicht verbunden sind, einige Reichs-Beschwerde zu tragen, anderenteils hingegen gibt es Fürsten, Prälaten, etc. welche unmittelbar zu dem Reich steuern und doch keine Stände sind.

§ 2.

Das Wort Stände wird öfters auch *abusive* nur von den niedrigeren Ständen des Reichs genommen und gesetzt: Kur-Fürsten, Fürsten und Stände, wo alsdann das Wort Stände die Prälaten, Grafen und Reichs-Städte begreift, ja es wird auch zuweilen die Formel gebraucht: Kur-Fürsten und Stände, da alsdann unter diesem letzten Wort auch die Fürsten mit gemeint sind, doch haben diese solche Formel nicht gerne, haben sich auch schon eine Versicherung darüber ausstellen lassen, daß es soviel sei, als Kur-Fürsten, Fürsten und Stände.

§ 3.

Die Reichs-Standschaft verbleibet ordentlicherweise denen, welche solche einmal erhalten haben, beständig, daher, sobald einer durch Erbschaft oder Wahl zu der Regierung eines Landes, etc. gelangt, welchem das Sitz- und Stimm-Recht auf Reichs-Tagen anklebt, so bald ist er auch ein Stand des Reichs und kann dieses seines Rechts sich ohne weiteren Anstand bedienen. Wenn aber jemand unter gewissen Bedingungen angenommen worden, wird vor deren Erfüllung sein Sitz- und Stimm-Recht nicht auf die Erben fortgepflanzt, wie dann wegen der A. 1654. und seither aufgenommenen eine *Comitial*-Untersuchung vorgehen solle. Und so solle auch, wenn nur eine Linie eines Hauses Sitz und Stimme erhalten, der Kaiser solches nicht für sich auf andere Linien erstrecken. Bei den Reichs-Städten aber, weil solche kein Haupt haben, welches absterben könnte, geht diesfalls gar keine Veränderung vor, sondern es wird deren Stimme eben einmal wie das andere fortgeführt, es wäre denn, daß eine in die Acht erklärt oder von dem Feind erobert, demselben aber über kurz oder lang wieder mit Gewalt abgenommen würde, als welchen Falls sie durch den Kaiser und Stände wieder förmlich in den vorigen Stand gesetzt und ihr das Sitz- und Stimm-Recht von neuem zugestanden zu werden pflegt, welches auch geschieht, wenn eine Reichs-Stadt zur Landsässigen-Stadt gemacht wird, nachmals aber wiederum die Unmittelbarkeit erhält. Daß endlich verpfändete Reichs-Städte doch Sitz- und Stimm-Recht behalten können, davon hat man an Gelnhausen ein (wiewohl rares) Exempel.

§ 4.

Ganz von neuem aber wird die Reichs-Standhaft überhaupt mit Bewilligung des Kaisers und Reichs erlangt; doch hat es nach dem Unterschied der Klassen der Stände auch eine verschiedentliche Beschaffenheit sowohl mit der Bewilligung des Reichs, als auch mit den Eigenschaften, welche erfordert werden, wenn einer ein Stand des Reichs werden will. Von den Kur-Fürsten zwar ist nichts in den Reichs-Gesetzen versehen; indessen da nach langem Streiten zur Einführung der Kur Braunschweig und Wieder-Zulassung in das Kur-Fürstliche *Collegium* der Kron Böhmen die Einwilligung aller drei Reichs-*Collegien* erfordert worden ist, so wird ohne solchen allgemeinen Konsens des Reichs auch in das künftige keine neue Kur eingeführt werden können, gleichwie auch keiner dazu gelangen wird, der nicht von besonderer Macht und Ansehen ist.

Ein Fürst solle in das Fürstliche *Collegium* nicht an- oder aufgenommen werden, er habe sich denn vorher dazu mit einem immediaten Fürstentum genugsam qualifiziert und mit einem Standeswürdigen Reichs-Anschlag (dessentwegen *in Comitiis* das Nöthige fordersamst zu regulieren) in einen gewissen Kreis eingelassen und verbunden und über solches alles, neben dem Kur-Fürstlichen, auch das Fürstliche *Collegium* und die Bank, darin er aufgenommen werden solle, in die Admission ordentlich gewilligt. Ob aber 1. ein solcher Kandidat notwendig standesmäßige unmittelbare Güter haben müsse oder ob es genug sei, wenn er nur von seinen sowohl un- als mittelbaren Gütern zusammen sich standesmäßig aufführen kann? 2. ob die *Majora* des ganzen Fürsten-Rats genug seien oder ob notwendig die mehreren Stimmen der Bank, worauf einer kommen soll, vorhanden sein müssen? Ingleichen 3. ob die mehreren Stimmen der Bank, wenn schon nicht die mehreren des gesamten Fürsten-Rats da sind, genug seien, ist so ausgemacht nicht, doch redet in dem ersten Fall das Herkommen der letzteren Meinung fast das Wort und den letzteren Fall wird schwerlich jemand bejahen. Für einen standesmäßigen Anschlag pflegt man jetzt insgemein zu nehmen, wenn ein Fürst bei allen bewilligenden Reichs-Hilfen für einen einfachen Römer-Monat 3 zu Pferd und 10 zu Fuß, oder an Geld 76. fl. und für jedes Ziel zum Kammer-Gericht 16. fl. übernimmt, nämlich einer, der mit keinen unmittelbaren Gütern versehen ist; wer aber dergleichen Güter hat, muß einen nach deren Ertrag proportionierten Anschlag erlegen, doch daß er nicht geringer sei als ermeldeter sogenannter Lobkowitzischer Anschlag. Die alten Reichs-Fürsten hingegen verlangen, daß ein Fürst, außer seinen Kameral-Einkünften wenigstens jährlich 50000 fl. von kollektablen etc. Untertanen zu erheben habe.

§ 6.

Der Prälaten und was bei Aufnahme eines solchen erfordert werde, gedenken die Reichs-Gesetze nicht; wie aber dieser Fall eben auch nicht gar unmöglich ist, also kann man *ex analogia* sicher schließen, daß ein solcher mit einer unmittelbaren Reichs-Prälatur versehen sei, sodann auch die bei den Fürsten angemerkten übrigen

Requisita werde haben müssen, soweit sie auf ihn applikabel sind.

§ 7.

Ein Graf oder Herr, so auf dem Reichs-Tag zugelassen zu werden verlangt, muß ebenfalls Besitzer einer unmittelbaren Reichs-Graf- oder wenigstens Herrschaft sein, sodann das übrige befolgt werden, was von den Fürsten gesagt worden. Zwar nimmt manchmal ein Reichs-Gräfliches *Collegium* einseitig einen Grafen in ihre Anzahl auf, dispensiert auch wohl mit ihm wegen der unmittelbaren Güter; allein diese werden zwar also wohl Glieder eines solchen Reichs-Gräflichen *Collegii*, genießen auch wohl zuweilen *per indirectum* etwas an ihres *Collegii voto curiato*, wenn nämlich Sachen, welche auf dem Reichs-Tag vorkommen oder vorkommen sollen, vor ihrem *Collegio* verhandelt werden, ingleichen sind sie derer ihrem oder allen Reichs-Gräflichen *Collegiis* verliehenen Freiheiten fähig, z. Ex. in Wien der Sperr-Freiheit, alleine werden weder sie noch ihre Abgeordneten auf dem Reichs-Tag zugelassen, solange sie obige Erfordernisse nicht erfüllt und darauf auf oben gemeldete Art zu einem Reichs-Stand sind aufgenommen worden; folglich sind sie auch bis dahin keine Reichs-Stände und genießen also auch deren Rechte und Freiheiten nicht; wiewohl doch vor kurzem dergleichen Grafen sogar schriftliche *Collegial-Vota* als *Directores* zu den Reichs-Akten eingeschickt haben.

§ 8.

Es verlangen zwar die Reichs-Städte aus verschiedenen Gründen, sonderlich, weil sie, vermöge Westfälischen Friedens-Schlusses, *in omnibus deliberationibus super negotiis Imperii Jus liberi suffragii* haben sollen, daß bei Zulassung neuer Fürsten, Grafen und Herren in den Fürsten-Rat auch des Reichs-Städtischen *Collegii* Konkurrenz jedesmal billig zu erfordern und dasselbe also von dergleichen Beratschlagungen nicht auszuschließen sei; sie haben aber damit bisher noch kein Gehör gefunden, vielmehr ist auf deren Gründe mit spitziger Feder geantwortet worden.

§ 9.

Sollte aber endlich eine Stadt zur Reichs-Standschaft gelangen wollen, müßte sie, nach der Analogie der Reichs-Gesetze, unmittelbar sein, sich vorher mit einem standesmäßigen Anschlag in einen gewissen Kreis eingelassen und verbunden und, neben des Kur-Fürstlichen, auch des Reichs-Städtischen *Collegii* und der Bank desselben, worauf sie kommen sollte, Bewilligung hierzu haben.

§ 10.

Heutzutage wird schwerlich so bald von einer neuen Kur-Einführung zu hören sein; so kommt auch keine Annahme eines Geistlichen in den Reichs-Fürsten-Rat, es sei nun als Fürst oder als Abt, und ebensowenig einer neuen Reichs-Stadt vor: sondern die, so die Aufnahme zur Reichs-Standschaft suchen oder in vorherigem und diesem Jahrhundert erhalten haben, sind fast alle Kandidaten auf die weltliche Fürsten-Bank oder Grafen und Herren gewesen.

§ 11.

Wenn die Aufnahme eines neuen Reichs-Standes von dem Kaiser und den Ständen beliebt worden ist, muß derselbe zwei Reverse von sich stellen, in deren einem er sich verbindet, des Kaisers und des Reichs Ehre, Nutzen und Wohlfahrt nach seinem besten Vermögen treulich zu befördern, deren Schaden aber abzuwenden und zu warnen, sodann einen vorher verglichenen Reichs-Anschlag zu übernehmen und (wenn dieses nicht schon geschehen ist) sich mit standmäßigen unmittelbaren Gütern zu versehen. In dem anderen Revers aber erklärt er sich, daß, gleichwie er sich des von dem Kaiser erlangten Standes zu anderer Mit-Stände Präjudiz oder Schaden zu gebrauchen keines Weges gemeint sei, also auch seine Aufnehmung in das *N. Collegium* denjenigen resp. Fürsten, Grafen, etc. so ein älteres Recht als er, durch Kaiserliche Dekrete, Reichs-*Conclusa* oder sonst zur Introduktion hätten und doch dazu noch nicht haben gelangen können, weder an ihrem Rang, Stelle oder Stimme jemals nachteilig sein, noch sonst zu ihrer Beschwerung auf einige Weise gedeutet werden solle.

§ 12.

Hierauf befiehlt der Kaiser oder dessen *Principal-Commissarius*, wann ein Fürst introduziert werden soll, dem ältesten Reichs-Erb-Marschallen, sich an den Ort des Reichs-Tages zu verfügen, dem neuen Stand oder dessen Bevollmächtigten zur Introduktion ansagen zu lassen, auch solche selbst zu verrichten; welches dann, auf des *Directorii* Geheiß, mittelst Abholung des neuen Standes oder dessen Bevollmächtigten aus einem Neben-Zimmer, Einführung in das *Collegium* und Anweisung des Platzes (darin, vermöge Fürstlichen *Conclusi* vom Jahr 1641. auf das Alter der Standes-Erhebung gesehen werden sollte, welches jedoch, wenigstens zuweilen, nicht beobachtet wird), sodann die darauffolgende Danksage- und Glückwünschung verrichtet wird. Daß bei eines Grafens Introduktion was weiteres vorgehe, als daß, wenn die Rezeption vorher in Richtigkeit gestellt worden, der Gesandte desjenigen Reichs-Gräflichen *Collegii*, worin der neue Graf aufgenommen worden, die Anzeige der Rezeption auf die Grafen-Bank öffentlich in dem Reichs-Fürsten-Rat zu Protokoll gibt, habe ich nicht gelesen.

§ 13.

Es ist aber bei dieser Materie noch weiteres zu erinnern: 1. Daß schon mehrmals darin mit einem neuen Reichs-Stand dispensiert worden ist, daß man ihn zu Sitz und Stimme zugelassen hat, unerachtet er keine unmittelbare oder doch lauter bereits schon einem anderen *Corpori* z. Ex. dem Grafen-Stand oder der unmittelbaren Reichs-Ritterschaft, verhaftete Reichs-Güter besessen, jedoch pflegt allemal dabei vorbehalten zu werden, daß dieses künftig von niemand zu einiger Folge oder *Präjudiz* angezogen werden, der neue Stand sich, so bald möglich, mit unmittelbaren Gütern versehen, oder dieses Sitz- und Stimm-Recht seinen Erben nicht zugute kommen solle, sie haben sich dann vorher mit unmittelbaren Fürsten-mäßigen Reichs-Gütern versehen und dann, daß inskünftig, ohne vorgehende Real-Erfüllung aller notwendigen und bestimmten Requisiten, und insonderheit erstgemeldeter Begüterung, keiner zugelassen werden solle, doch wird zuweilen auch unter eben diesen Bedingnissen dieses Sitz- und Stimm-Recht dennoch wieder auf einen oder anderen Erben prorogiert. Man hat auch Exempel, daß ein solcher mit keinen unmittelbaren Gütern versehener Stand, diesen Anstand zu heben und seine Annahm zu befördern, bei einem Kreis ein so starkes Kapital angelegt hat, daß von den Zinsen allenfalls des Jahrs 200. Römer-Monate, nach dem Lobkowitzischen Anschlag gerechnet, hätten bestritten werden können.

$ 14.

2. Es ist ganz richtig, daß nicht eben Reichs-Lehen erfordert werden, sondern auch *Allodia* oder eigentümliche Güter genugsam sind, wenn sie nur unmittelbar und standesmäßig sind. Hingegen wird 3. notwendig requiriert, daß der, so wegen eines Fürstentums (ohne Zweifel so auch wegen einer Grafschaft etc.) Sitz und Stimme verlangt, dieselbe *jure proprio & pleno Territoriali* besitzen muß, daher es nicht angeht, wann etwa zwei, sie seien nun aus einem Haus oder Fremde, sich miteinander vergleichen wollten, daß der eine das Land besitzen, der andere aber Sitz und Stimme davonführen sollte, wiewohl doch auch hier sich ein, allein mit besonderen Umständen begleitetes Exempel an dem Braunschweig-Grubenhagischen *Voto* eine Zeitlang gefunden hat.

$ 15.

4. Wird eben nicht notwendig erfordert, daß der, so ein unmittelbares Reichs-Lehenbares Fürstentum, etc. besitzt, selbiges auch unmittelbar von dem Kaiser und Reich zu Lehen nehmen müsse, wenn er in Ansehung desselben suchet, ein Reichs-Stand zu werden, sondern es kann auch wohl ein Reichs-After-Lehen sein, das ist, es geht wohl an, daß es ein anderer Stand des Reichs unmittelbar von dem Kaiser und Reich, er, *Candidatus,* aber von jenem Stand zu Lehen empfange, wenn er es nur anders mit der völligen Landes-Hoheit besitzt und nicht als ein Vasall zugleich des anderen Landsaß und Untertan wird.

$ 16.

5. Wenn die Familie eines alten Reichs-Standes, der sowohl viele Reichs-Lehen als auch viele eigentümliche Güter besessen hat, ausstirbt und ungewiß ist, ob er Sitz und Stimme in Ansehung der ersten oder der anderen gehabt habe, so fragt es sich, wie es mit

diesem Reichs-*Voto* gehe und ob selbiges den Lehens-Nachfolgern oder Eigentums-Erben, oder beiden zugleich, zufalle? Alle drei Meinungen haben ihre Anhänger und Gründe, der Fränkische Kreis und das Reichs-Gräflich-Fränkische *Collegium* haben indessen in dem Limburgischen Fall sich für die Eigentums-Erben erklärt, dagegen sich aber der König in Preußen, als Lehens-Nachfolger beschwert hat.

§ 17.

6. Daß das Recht, Sitz und Stimme auf Reichs- und Kreis-Tagen zu führen, dem Land und nicht der Person (außer bei denen, welche *per dispensationem* ohne unmittelbare Güter zugelassen werden) anklebe, obwohl es freilich durch den Besitzer des Landes geführt und verwaltet, auch *regulariter* ein *Votum* zu dem *Corpore* gerechnet wird, dessen Religion der Landes-Herr beipflichtet, unerachtet das Land anderer Religion ist, ist daraus klar, weil solches Recht bei Absterben einer Familie oder durch Kauf auch auf deren Erben, so sonst dem Stand und ihrer Person nach nicht fähig dazu sind (daher auch nur Güter-Inhaber genannt werden), fällt und von ihnen ausgeübt wird, z. Ex. wenn ein Fürstentum an einen Grafen, eine Graf- oder Herrschaft an einen Prälaten erwächst, ferner, weil oft seine Person in Ansehung mehrerer Länder auch das Recht verschiedene Stimmen zu führen hat und weil das Sitz- und Stimm-Recht nur von den regierenden Herren, nicht aber auch ihren anderen Geschwistrigen oder Vettern, ausgeübt wird, hingegen *sede vacante* die Dom-Kapitel das *Votum* dennoch fortführen, nicht zu gedenken, daß, wie wir schon gehört, heutzutage niemand ohne unmittelbare Güter zu der Reichs-Standschaft gelangen solle.

§ 18.

7. Nicht ein jeder Kreis-Stand ist deswegen auch ein Reichs-Stand, sondern es gibt Fürsten, z. Ex. Pfalz-Sultzbach, *in specie* aber viele Grafen, welche zwar auf Kreis-Tagen Sitz und Stimme haben, nicht aber auch auf dem Reichs-Tag; ingleichen hat etwa ein Fürst auf Kreis-Tagen Sitz und Stimme auf der Reichs-Fürsten-, auf dem Reichs-Tag aber nur auf der Grafen-Bank.

Zum Beschluß ist hierbei noch zu erinnern, daß es in Deutschland auch Fürsten gibt, welche wirklich auf dem Reichs-Tag weder eigenen Sitz noch Stimme, noch auch an einem *Voto curiato* teilhaben und doch unfehlbar der übrigen Gerechtsamen der Stände des Reiches genießen, z. Ex. die die Herzöge zu Jülich, Cleve, etc. vorstellenden Stände, ehemals der Fürst zu Öttingen etc. dieses pflegt zu geschehen, entweder wenn ein solcher Fürst noch keinen eigenen Sitz und Stimme in dem Reichs-Fürsten-Rat erhalten kann und doch auch mit dem Reichs-Gräflichen *Collegio,* worin er vorher gestanden, nichts mehr zu tun haben will, dergleichen Fürst, weil, wenn er nur wollte, er an einem Reichs-Gräflichen *Voto curiato* teilhaben könnte und also wenigstens *potentia* ein wirklicher Reichs-Stand ist, ohne Zweifel der Freiheiten eines Reichs-Standes fähig ist; oder es kann sich oben bemerkter Fall auch zutragen, wenn über der Erbschaft eines solchen Standes gestritten wird, wem sie gebühre, und indessen, bis zu der Sache Ausgang, der oft nicht nur 100 Jahre ansteht, allerhand Ungelegenheit vorzukommen, die strittige Stimme suspendiert wird.

6

Johann Stephan Pütter
Die Stände

Wenn man nur nach ganz allgemeinen, aus der Natur der Sache geschöpften Begriffen und Grundsätzen darüber nachdenkt, was im bloßen Naturstande ohne alle positive Verbindung zwischen mehreren Menschen für ein Verhältnis von Gleichheit oder Ungleichheit stattfinde, so werden allemal dem männlichen Geschlechte, sowohl in Ansehung körperlicher Stärke als in Entschlossenheit, Tapferkeit und anderen Geisteskräften oder Gemütseigenschaften, ordentlicherweise gewisse Vorzüge vor dem weiblichen Geschlechte nicht versagt werden können, obgleich einzelne Ausnahmen umgekehrt möglich sind. Am wenigsten läßt sich eine natürliche Abhängigkeit verkennen, worin Kinder unter Eltern oder Pflegeltern stehen, ohne deren Schutz und Fürsorge selbst ihr Leben keiner Dauer gesichert wäre. Außerdem würde freilich zwischen mehreren Menschen, die ohne alle gesellschaftliche Verbindung im bloß natürlichen Zustande ganz einzeln lebten, keine gegenseitige Ungleichheit oder Abhängigkeit von Natur behauptet werden können. Wenn zufälligerweise mehrere einander nichts angehende Robinsons Crusoe auf einer Insel zusammenträfen, so würde keiner zugeben dürfen, vom andern abhängig zu sein. Ein jeder würde mit jedem andern völlig gleiche Rechte zu haben mit Grunde behaupten können.

Wie bald werden aber mehrere solche Robinsons oder auch noch eher mehrere Nachkommen eines Stammes durch gegenseitige Bedürfnisse und zu ihrer gemeinschaftlichen Sicherheit sich bewogen finden, eine gesellschaftliche Vereinigung untereinander einzugehen? Und dann mag die ganze Gesellschaft sich vorbehalten, durch Einstimmigkeit oder Mehrheit ihrer Mitglieder gewisse Schlüsse zu fassen, oder sie mag einem Oberhaupte oder einer gewissen Anzahl ihrer Mitglieder die Bestimmung ihrer gemeinschaftlichen Angelegenheiten überlassen; so entsteht schon eine Ungleichheit eines jeden einzelnen Mitgliedes im Verhältnisse gegen die ganze Gesellschaft oder gegen diejenigen, welche in deren Namen Schlüsse zu fassen und zu vollziehen berechtigt sind. – So wird schon nicht leicht eine zur gemeinsamen Sicherheit und Wohlfahrt vereinigte Volksmenge ihren Zweck erreichen können, ohne zwischen denen, die zu befehlen, und denen, die zu gehorchen haben, eine gewisse Ungleichheit und Abhängigkeit eintreten zu lassen.

Selbst Völker, die noch ohne alles abgesonderte Eigentum nur mit Jagd und Fischerei ihren Unterhalt suchen, werden kaum der Ungleichheit entgehen können, die dem Stärkeren, Behenderen, Erfahrneren, Klügeren usw. ein Übergewicht über andere geben wird. Aber noch weit weniger wird eine allgemeine Gleichheit möglich bleiben, sobald ein abgeteiltes Eigentum eintritt. Ein Volk mag auch nur mit Viehherden nomadisch herumziehen, so wird das Eigentum einer zahlreicheren Herde bald andere, die wenig oder gar keines solchen Eigentums sich rühmen können, in den Fall setzen, jenen Reicheren gern zu nützlichen Diensten sich verbindlich zu machen, wenn sie auf ihrer Seite wieder Vorteile für sich und die ihrigen zur Erhaltung oder mehreren Bequemlichkeit ihres Lebens davon erwarten können. Bei Völkern, die sich anbauen und Landeigentum einführen, wird der Fall noch ungleich häufiger eintreten. Gesetzt auch, daß in der ersten ursprünglichen Einrichtung eines solchen Volkes unter allen seinen Mitgliedern eine völlig gleiche Abteilung aller Ländereien gut gefunden und bewerkstelligt würde; wie sollte sich dann doch in der Folge verhindern lassen, daß unter den Nachkommen jetziger Gutsbesitzer ein Gut ungeteilt bliebe, ein anderes unter einer zahlreicheren Nachkommenschaft zuletzt in kleine Teile zerfiele oder auch einer vor dem andern besser oder übler wirtschaftete, einer reich, der andere arm würde? Und wie, wenn dann der letztere sich gefallen lassen müßte, dem ersteren sich zu gewissen Diensten zu verpflichten, um dadurch nur seines Lebensunterhalts gesichert zu sein? Oder warum sollte nicht ein Begüterter alle Gelegenheit benutzen, wenn er Fremdlinge oder Gefangene im Kriege dazu vermöchte, zu seiner größeren Bequemlichkeit ihm gewisse Dienstleistungen zu versprechen und dagegen um ihren eignen Unterhalt unbesorgt sein zu dürfen?

Solche Dienstbarkeit läßt sich von Personen beiderlei Geschlechts denken. Und wenn dann Knechten und Mägden nicht verwehrt wird, ehelich miteinander zu leben, oder wenn ein Knecht mit seiner Gattin sich in Dienst begibt; so wird von Kindern, die in diesem Zustande ihrer Eltern auf die Welt kommen, kaum anders zu erwarten sein, als daß sie von ihrer Kindheit an darnach erzogen werden, um in eben der Lage zu bleiben, worin ihre Eltern waren. So mag leicht eine Dienstbarkeit von Eltern auf Kinder vererbt werden. Oder wenn sich auch noch so vielerlei mehr oder mindere Einschränkungen dabei denken lassen, so wird doch nicht leicht eine beträchtliche Volksmenge sich irgendwo vereinigt finden, wo nicht der Unterschied zwischen Freien und Dienstbaren eine völlige Gleichheit unter allen Mitgliedern des Volks schon an sich untunlich machte. Unter beiden Gattungen wird sich dann bald ein solcher Vorzug der ersteren vor den letzteren zeigen, der auf Rechte und Verbindlichkeiten einen Einfluß hat; und so entsteht schon der erste Keim von dem, was wir überhaupt *Verschiedenheit der Stände* nennen. Insofern, als Dienstbarkeit von Eltern auf Kinder und weitere Nachkommen vererbt wird, freier Eltern Kinder hingegen auch frei geboren werden, so gibt es dann schon zweierlei Geburtsstände, wo der Grund der Verschiedenheit auf eines jeden Nachkommenschaft erblich fortgeht; anstatt daß sich eine *bloß persönliche Verschiedenheit der Stände* denken läßt, wo weder Vorzüge noch Nachteile eines Standes über eines jeden Leben hinausgehen und nicht auf Nachkommen forterben.

Da Fälle eintreten können, daß Knechte oder Mägde ihrer Dienstbarkeit entlassen werden, so kann daraus zwischen Freigebornen und Eigenbehörigen noch ein Mittelstand von Freigelassenen entstehen, die vielleicht mit Freigebornen noch nicht alle Rechte gemein haben.

Aber auch ohne Rücksicht auf Freiheit und Knechtschaft kann zwischen Landeigentümern und unbegüterten Mitgliedern eines Volkes ein Unterschied erwachsen, wenn jene durch freie Verabredungen sich untereinander zu gewissen gegenseitigen Hilfeleistungen verbindlich machen, woran andere, die nicht in eben der Lage und Genossenschaft sind, von selbst keinen Teil nehmen können. So ist z. B. noch jetzt im Osnabrückischen der Fall, daß ein jeder Landeigentümer, der einzeln auf seinem Hofe wohnt, wenn dieser abbrennt, von seinen Mitgenossen einen Eichbaum zum Hausbalken erwarten kann. Ähnliche gegenseitige Beiträge konnten bei Schiffbruch, Wasserschäden, Hagelschlag, Viehsterben oder auch bei freudigen Begebenheiten wie Töchterausstattungen u. dgl. durch Verträge oder Gewohnheiten eingeführt sein, die zwischen Begüterten oder bloßen Beisassen, die von Tagelohn und Handarbeit leben, eine Verschiedenheit des Standes sehr merklich machen konnten, ohne noch Begriffe von Obrigkeit und Untertanen dabei vorauszusehen.

So kann ferner unter den vielerlei Mitgliedern eines Volkes in der Art, wie sie sich ihre Bedürfnisse verschaffen, wie sie sich sonst beschäftigen, wie sie einander Handreichung leisten, eine solche Mannigfaltigkeit eintreten, daß auch danach z. B. diejenigen, die sich bloß mit Jagd, Fischerei, Landwirtschaft oder Krieg beschäftigen, von anderen, die sich etwa als Handwerker, Kaufleute, Seefahrer ernähren oder die sich auch als Künstler oder Gelehrte hervortun, wenigstens ebenso viele Gattungen einer persönlichen Standesverschiedenheit ausmachen.

Setzt man insonderheit voraus, daß Menschen auch im bloß natürlichen Stande über ihren Zustand nach dem Tode und über den Einfluß, den sowohl alsdann als in ihrem jetzigen Leben die Abhängigkeit von einem höheren Wesen auf ihr Wohl oder Wehe haben könne, nachdenken und also auf das, was wir Religion nennen, geleitet werden, so können auch mehrere Menschen oder Familien von gleichen Gesinnungen sich über gewisse davon abhängende gemeinschaftlich auszuübende Handlungen vereinigen, die alsdann ihre Religionsübung oder ihren Gottesdienst ausmachen.

Und wenn darin wieder gewissen Personen ganz eigne Verrichtungen mit besonderen Vorzügen anvertraut werden, so kann der daraus entstehende Unterschied, wodurch solche Personen als Priester von anderen ausgezeichnet werden, auch schon im natürlichen Zustande zweierlei Stände von Geistlichen und Weltlichen (Pfaffen oder Laien) begründen. Ein Unterschied, der desto erheblicher werden kann, je mehr der geistliche Stand durch Vorstellung übler oder seliger Folgen in diesem oder in einem andern Leben auf Gesinnungen und Handlungen anderer Menschen zu wirken leicht vermögend sein wird.

Noch können endlich bloß persönliche Vorzüge körperlicher Stärke und ausgezeichneter Geistesgaben allenfalls auch schon im Naturstande Anlaß geben, daß mancher durch Tapferkeit und Klugheit um einen ganzen Stamm oder um ein ganzes Volk sich verdient macht. So können selbst mehrere, die sich in solchem Falle finden, als edlere Mitglieder eines solchen Stamms oder Volkes vor andern in Ehren gehalten, auch leicht vorzüglich mit Glücksgütern belohnt werden. In solcher Voraussetzung läßt sich auch bei Völkern, die sonst noch in ihrer natürlichen Gleichheit und Unabhängigkeit leben, ein Adel denken. Wenn man dann die Verdienste solcher Personen auch in ihren Nachkommen schätzt, und wenn überdies, wie gemeiniglich der Fall sein wird, diesen auch der Besitz größerer Glücksgüter und eine bessere Erziehung zu Teil wird, so kann der Adel selbst erblich werden und alsdann durch weitere Vererbungen sich leicht dergestalt ausbreiten, daß der Unterschied zwischen Edlen und Nichtedlen den ersteren auch gewisse Vorzüge in Rechten und Verbindlichkeiten, wie im Range, in Kriegszügen, in Volksberatschlagungen usw. zuwege bringen kann.

Zwar scheint es beinahe unbillig zu sein, wenn bloß die Abstammung von verdienstvollen Stammeltern den Adel derselben auf ihre Nachkommen sich ohne alle Rücksicht auf deren eigne Verdienste fortpflanzen soll. Denn wie leicht kann alsdann der Unwürdige zu den mit dem Adel verknüpften Vorzügen gelangen, die billig nur durch eigne Verdienste errungen werden sollten? Selbst die Erwerbung eigner Verdienste wird sich mancher vielleicht nicht einmal sehr angelegen sein lassen, wenn angeerbte Vorzüge schon von selbst ihm gleiche Vorteile sichern? Wie unerträglich muß es nicht hingegen anderen Männern von Talenten und Verdiensten alsdann vorkommen, wenn unwürdige Nachkommen ehemaliger Edlen des Volks, über ihren angeerbten, von eignen

Verdiensten entblößten Adel stolz und übermütig, über andere sich zu erheben suchen? Solche Betrachtungen scheinen allerdings dem bloß persönlichen Adel vor allem Erbadel bei weitem den Vorzug zu gewähren.

Dennoch treten auf der andern Seite wieder manche Umstände zusammen, die es kaum vermeidlich machen, daß nicht gewisse Vorzüge des Adels auch auf Söhne und weitere Nachkommen ehemaliger Edlen des Volkes sich fortpflanzen sollten, um, vielleicht ohne daran zu denken, einen Erbadel zu begründen. – Gemeiniglich wird der Edle, der sich zuerst durch eigne Vorzüge um sein Volk verdient macht, auch durch billige Belohnung seiner Verdienste oder durch andere Mittel ein größeres Vermögen bekommen, das ihn in Stand setzt, seinen Söhnen durch bessere Erziehung und durch Hinterlassung größerer Glücksgüter Vorzüge zu verschaffen, die sich bei der fernern Nachkommenschaft leicht fortpflanzen und vermehren lassen, um sie schon dadurch vor anderen, die keine so vorteilhafte Erziehung genießen und nicht so begütert sind, mit fortwährenden Vorzügen auszuzeichnen. Selbst physische Fortpflanzung vorzüglicher Leibesstärke und Seelenkräfte läßt sich vielleicht manchem mit unedlem Geblüte unvermischt gebliebenen Geschlechte nicht absprechen, das selbst zur ersten Begründung der Vererbung des Adels das seinige beitragen kann. – Nimmt man noch hinzu, daß erhabene Beispiele edler Voreltern doch auch eine edle Ehrbegierde anfeuern können, um den weiteren Nachkommen durch gleiche Verdienste ebenso ruhmvolle Beispiele zu hinterlassen, so kann selbst der Erbadel zu einem Antriebe dienen, noch mehr, als sonst vielleicht geschehen würde, durch eigne Verdienste sich hervorzutun.

So läßt sich ungefähr der erste Urstoff der Verschiedenheit der Stände entwickeln, nachdem der Freie vor Knechten, der Edle vor Nichtedlen seine bestimmten Vorrechte hat. Es ergibt sich aber aus dieser ersten Entwicklung auch schon der Satz, daß bloße Freiheit, sie mag von Geburt oder von Dienstbarkeits-Entlassung herrühren, keinen Adel ausmacht. Denn Freiheit beruht nur auf der verneinenden Eigenschaft, nicht Sklave, nicht Knecht, nicht dienstbar zu sein. Bloße Freiheit gibt also keinen bejahenden Vorzug, sondern bleibt in den Schranken der allgemeinen natürlichen Gleichheit und Unabhängigkeit. Adel hingegen gibt über diese Grenzen hinaus ganz bestimmte Vorzüge, die nicht bloß in der Freigeborenheit liegen. Frei können alle Mitglieder eines Volks sein, die keine Knechtschaft drückt; aber nicht alle sind deswegen edel. Wenn auch gleich Edle und Freie in den Verhältnissen gegen ihre Knechte, in ihrer Lebensart, in ihren Trachten, in manchen anderen Rücksichten vieles miteinander gemein haben, so bewirkt das doch nicht, daß deswegen auch die eigentümlichen Vorzüge des Adels den Freien zuteil werden; die Verschiedenheit beider Stände kann darum doch in ihrem Wesen bleiben.

Was ich oben von Vorzügen des geistlichen Standes erwähnt habe, kann leicht soweit führen, daß selbst Edlere im Volke denselben nicht unter ihrer Würde halten, obgleich sonst die Verschiedenheit des Geburtsranges auf diesen Stand an sich keinen Einfluß hat. Überhaupt läßt sich also die Verschiedenheit der Stände auf zweierlei Hauptgattungen zurückbringen, nachdem entweder ein jeder schon von seiner Geburt wegen zu diesem oder jenem Stande gehört oder erst durch eigne Wahl einer gewissen Lebensart sich von anderen unterscheidet. Jener Geburtsstand ist es, den man unter der allgemeinen Benennung der verschiedenen Stände am meisten versteht.

Eine völlige Gleichheit und Unabhängigkeit läßt sich schon im bloßen Naturstande weder in Familien noch in einer größeren Volksmenge denken. Es lassen sich aber auch von jeder Ungleichheit und Abhängigkeit zwischen denen, die den Vorteil davon auf ihrer Seite haben, und denen, die sich jenen nicht gleichstellen können oder abhängig von ihnen sind, teils aus dem, was selbst die Natur der Sache an die Hand gibt, teils aus dem, was etwa durch ausdrückliche oder stillschweigende Verträge ausgemacht wird, solche Bestimmungen gegenseitiger Rechte und Verbindlichkeiten festsetzen, daß, wenn diese nur nicht überschritten werden, kein Unheil davon zu besorgen ist. Wie aber alles Überspannte leicht üble Folgen haben und bis zum Unerträglichen ausarten kann, so ist nur dann die Verschiedenheit der Stände üblen Folgen ausgesetzt, wenn die, welche Vorzüge vor anderen haben, sich deren überheben, sie über ihre Grenzen ausdehnen, anderen mit Verachtung begegnen, gewisse Vorteile, die auch anderen mit gleichem Rechte zugute kommen könnten, sich ausschließlich zu eigen machen. – So können schon über einzelne Personen gerechte Beschwerden entstehen; so kann auch ein ganzer Stand über andere Stände zu einem solchen Übergewichte gelangen, daß dieses allen anderen Ständen, die dadurch unter das Verhältnis der Achtung, die einem jeden Stande in seiner Art gebührt, zurückgesetzt werden, nicht anders als zur Last fallen kann. Dann mag es aber leicht auch nur auf günstige Zeitumstände ankommen, ob es sich tun läßt, dergleichen übertriebene Vorzüge in das richtige Gleichgewicht ihres gehörigen Verhältnisses zurückzubringen.

Soweit, denke ich – aber auch nicht weiter –, lassen sich allgemeine Begriffe und Grundsätze von Verschiedenheit der Stände entwickeln, wie sie schon unter Menschen und ganzen Völkern auch noch in ihrem bloß natürlichen Zustande stattfinden können, ohne daß noch solche bürgerlichen Gesellschaften, wie unsere Staaten sind, dabei vorausgesetzt werden.

II.
Von Verschiedenheit der Stände nach allgemeinen Begriffen und Grundsätzen in der bürgerlichen Gesellschaft.

I. In bürgerlichen Gesellschaften oder Staaten entsteht Ungleichheit zwischen Obrigkeiten und bloßen Untertanen; doch darum noch nicht notwendig eine Verschiedenheit der Geburtsstände. – II. III. In erblichen Monarchien pflanzt sich eine gewisse Erhabenheit der ganzen regierenden Familie fort. – IV. Der Vorzug obrigkeitlicher Personen kann sowohl in Monarchien als Republiken in den Schranken eines bloß persönlichen Adels bleiben. – V. Erbadel ist in Monarchien weniger bedenklich als in Republiken. – VI. Für jede Staatsverfassung ist es nur sehr erheblich, dafür zu wachen, daß kein Stand vor dem andern darin ein unverhältnismäßiges Übergewicht gewinne; – VII. insonderheit weder der geistliche Stand noch ein Erbadel. – VIII. Auch ein Erbadel kann wieder mehrere Abstufungen haben, – IX. X. so daß aus hohem und niederem Adel zweierlei Stände werden können – XI. Mit einer allgemeinen Gleichheit würde kein Staat, keine bürgerliche Gesellschaft bestehen können.

Beim Übergange eines Volkes aus seinem natürlichen Zustande in eine bürgerliche Gesellschaft zeigt sich gleich eine wesentliche Ungleichheit zwischen denen, welchen die Ausübung der höchsten Gewalt anvertraut ist, als regierenden oder obrigkeitlichen Personen, und allen übrigen, die bloß als Untertanen und Privatpersonen nur gehorsam zu befolgen haben, was von wegen der höchsten Gewalt befohlen wird. Doch auch diese Ungleichheit läßt sich noch denken, ohne daß eine Verschiedenheit der Geburtsstände notwendig damit verbunden ist. Wenn ein Volk, das aus lauter freien Leuten besteht, sich vorbehält, die höchste Gewalt in einer allgemeinen Volksversammlung auszuüben, so bleibt jeder einzelner Bürger so gut und ebensoviel bedeutend wie der andere. Wenn auch ein oder anderes Stück der höchsten Gewalt einzelnen Personen oder einer vereinigten geringeren Anzahl derselben auszuüben anvertraut wird, aber ohne daraus ein erbliches Vorrecht für ihre Nachkommen zu machen, so kann das zwar solchen obrigkeitlichen Personen, solange sie ihre Stellen bekleiden, persönliche Vorzüge geben, aber ihr Geburtstand wird dadurch nicht über andere erhoben. So können Demokratien und Aristokratien sein, ohne daß von Geburt jemand einen Vorzug vor anderen behaupten kann; ohne daß also noch ein Erbadel daraus erwächst.

Die monarchische Regierungsform hat das eigne, daß die einzige Person des Regenten über alle anderen Mitglieder des Volks erhaben ist, indem die ihm allein zukommende persönliche Unabhängigkeit ihn von allen anderen unnachahmlich auszeichnet. Diese Erhabenheit macht in allen monarchischen Staaten, sie mögen von großem oder geringem Umfange sein, Königreiche oder Fürstentümer heißen, nicht nur eine unvermeidliche Ausnahme von der Gleichheit, die sonst zwischen allen Mitbürgern eines Staats stattfindet, sondern auch Edlere eines Volkes müssen dieser Erhabenheit nachstehen. Sie ist mehr als Adel. Doch zeigt sich auch hierbei noch ein merklicher Unterschied in zweierlei Gattungen von Monarchien.

Wenn bei jeder Thronfolge eine freie Wahl des neuen monarchischen Oberhaupts vorgeht, ohne an ein gewisses Haus gebunden zu sein, so ist in solchen Wahlreichen die Erhabenheit eines jeden erwählten Königs oder Fürsten nur persönlich. Seine Nachkommen oder Verwandten bleiben dann mit anderen von ursprünglich gleicher Herkunft in gleichem Verhältnisse; sie machen keinen eignen Geburtsstand aus. So konnte z. B. nach der bisherigen Polnischen Verfassung jeder polnische Edelmann König werden. Seine Nachkommen oder Verwandten veränderten ihren Stand darum nicht. So kann in unseren geistlichen Ländern ein Edelmann Fürst werden; seine Verwandten und deren Nachkommen bleiben Edelleute. Sobald hingegen ein regierender Stamm ein ausschließliches Recht zur Thronfolge hat, so ist damit eine solche erbliche Teilnehmung an der Erhabenheit des Monarchen verbunden, daß alle Nachkommen desselben und alle, die zum regierenden Stamme gehören, als Prinzen und Prinzessinnen von Geblüt, einen über alle anderen erhabenen Geburtsstand ausmachen, dessen Vorzüge in der Erziehung, Versorgung, Lebensart, Bedienung, kurz beinahe in allen Verhältnissen bald ebensowenig zu verkennen als von anderen zu erreichen sein werden.

Für diejenigen, die dazu bestimmt sind, die Person des Monarchen zu bedienen, zu beraten oder seine Stelle zu vertreten und seine Aufträge auszurichten, ist ebenfalls natürlich zu erwarten, daß sie so, wie überhaupt in jedem Staate alle obrigkeitlichen Personen, vor anderen, die bloß Untertanen sind, gewisse Vorzüge zu genießen haben werden, die ihnen vor anderen Mitbürgern und Untertanen eine höhere Stufe der Achtung, eine Art von Adel, zuwege bringen werden. Sofern aber die damit verbundenen Vorzüge mit der Person dessen, der sie hat, aufhören, ohne auf die Nachkommen vererbt zu werden, und sofern nachher wieder jeder andere zu eben diesen Ehrenstellen und Vorzügen gelangen kann, so ist es nur ein persönlicher Adel, der die sonstige Gleichheit der Geburtsstände nicht aufhebt. Nur dann entspringt daraus ein eigner Geburtsstand, wenn jene Vorzüge nicht bloß durch eigne Verdienste erlangt werden, sondern auch denen zugute kommen, die nur von Edlen abstammen, oder wenn zu gewissen Ehrenstellen keine anderen als von edler Herkunft gelangen können.

So kann selbst in Republiken ein Erbadel entstehen, wenn obrigkeitliche Stellen oder andere Vorzüge im Staate nur gewissen Geschlechtern eigen gemacht werden. Das kann auf die ganze Regierungsform den Einfluß haben, daß eine völlig oder doch zum Teil erbliche Aristokratie daraus erwächst, die unter allen Regierungsformen die am wenigsten beliebte zu sein pflegt, weil da der Vorzug, welchen einige Mitbürger, die doch einzeln betrachtet nur Untertanen wie andere sind und bleiben, bloß ihrer Herkunft aus gewissen Geschlechtern zu danken haben, anderen desto unerträglicher fällt, je weniger sie durch eigene Verdienste zu eben den Vorzügen sich emporschwingen können. In Monarchien bewirkt die Erhabenheit, welche die Unabhängigkeit der einzigen Person des Monarchen mit sich bringt, zwischen ihm und allen Untertanen einen solchen Abstand, daß es für diese weniger bedenklich ist, wenn unter ihnen zwischen dem Throne und dem übrigen Volke ein gewisser Mittelstand auch wohl angeerbter Vorzüge sich zu erfreuen hat.

Nur darin besteht auch in jeder Staatsverfassung für alle Gattungen der verschiedenen Stände noch ein wichtiger gemeinsamer Grundsatz, auf dessen Beobachtung für die Wohlfahrt eines jeden Staates nicht genug gesehen werden kann, daß bei noch so großer Mannigfaltigkeit, die in solchen Volksmengen, wie die sind, woraus unsere Staaten bestehen, die Verschiedenheit der Glücksumstände, der Geburt, der Lebensart und anderer zufälliger Bestimmungen mit sich bringt, doch einem jeden die ihm verhältnismäßig zukommende Achtung nur nicht entzogen werde, und daß keiner größere Vorzüge, als die ihm verhältnismäßig gebühren, sich zuzueignen suche.

So kann insonderheit nicht genug darüber gewacht werden, daß der geistliche Stand im Staate nicht ein unverhältnismäßiges Übergewicht bekomme, das leicht selbst der höchsten Gewalt nachteilig werden kann, wenn einem Volke eine solche Anhänglichkeit beigebracht wird, daß es zur Unzeit glauben kann, Gott mehr als Menschen gehorchen zu müssen, obgleich oft nur eigennützige Absichten des geistlichen Standes dabei zugrunde liegen. Und so verdient es ebenfalls alle mögliche Vorsicht, auch dafür zu sorgen, daß ein Erbadel sich nicht über die ihm zukommenden Grenzen erhebe, daß er seine Vorzüge auf Unkosten anderer Stände nicht zu erweitern suche, und daß insonderheit weder der Zutritt zu Ämtern und Ehrenstellen, wozu mehr erworbene als angeborne Vorzüge gehören, noch auch der Genuß solcher Vorrechte, wozu keine eigne, erst mit Mühe zu erlangende Geschicklichkeit gehört, nicht einem bloß angeerbten Adel, ohne Rücksicht auf eigne persönliche Verdienste, ausschließlich zugeeignet und anderen versperrt werde.

Selbst beim Erbadel läßt sich noch eine Stufenleiter denken, sofern damit verbundene persönliche Vorzüge höherer Ehrenstellen, größerer Güterbesitzungen oder anderer Verdienste die damit begabten Personen oder Geschlechter noch über andere, die sonst auch zum Erbadel gehören, zur höheren Würde erheben. Dergleichen Vorzüge können oft so ineinander fließen, daß in Ermangelung eines gewissen Maßstabs, wonach z. B. die Größe der Güter zu beurteilen wäre, sich kaum eine sichere, ganz genau zu bestimmende Grenzlinie ziehen läßt. Oder es können auch solche bloß persönlichen Vorzüge mit jeder veränderten Person sich abändern, so daß in der Tat alsdann nur ein persönlicher Adel mit dem Erbadel verbunden ist, und wieder aufhört, sobald der Grund desselben wegfällt.

Es lassen sich aber auch zweierlei ganz verschiedene Stände des Adels denken, deren keiner den andern bloß durch seine Geburt zu erreichen vermag. Ein Beispiel eines auf solche Art unterschiedenen hohen und niedern Adels unter den Calmucken beschreibt *Meiners* im Göttingischen historischen Magazine B. 1. St. 3. S. 411. So kann ein *hoher Adel* einen vom *niedern Adel* ganz unterschiedenen Geburtsstand ausmachen, wenn auch jener gleich wiederum verschiedene Abstufungen hat, zu deren letzteren vielleicht mancher gehören kann, dem ein oder anderes angesehenes Mitglied des niedern Adels an Glücksgütern und Ansehen wenig nachgibt. In Rang und Würde können Personen von einerlei Stande auf verschiedenen Stufen stehen, ohne daß die Einheit des Standes sich damit verliert. Bloß persönliche und nur zufällig erlangte Vorzüge, welche ein geringerer Stand über andere, die noch eine Stufe niedriger sind, erlangt hat, reichen bei weitem nicht hin, um sich dem noch höheren Stande anschließen zu dürfen. So kann der niedere Adel Vorzüge vor Bürgern und Bauern haben, ohne deswegen mit dem hohen Adel einerlei Stand auszumachen oder sich nur als eine Abstufung davon ansehen zu dürfen.

Bei einer solchen Abteilung des hohen und niedern Adels hindert auch die beiden gemeinsame Benennung des Adels nicht, daß dennoch beide ganz verschiedene Stände ausmachen können. Nach einer schon von anderen bemerkten analogischen Ähnlichkeit ist eben der Fall im Militärstande mit Ober- und Unter-Offizieren, da der von beiden gebrauchte Offizier-Namen letztere doch nicht mit den ersteren in gleichen Stand versetzt; hingegen hindern die verschiedenen Stufen unter Stabsoffizieren und anderen nicht, daß deswegen doch alle Offiziere im Gegensatze von Unteroffizieren sich zu einerlei Stande rechnen. Wenn auch gleich manchmal ein Unteroffizier zu einer Oberoffiziersstelle gelangt, so sind doch das nur Ausnahmen von der Regel, wodurch die Verschiedenheit beider Stände nicht aufgehoben wird.

So wichtig es aber für einen jeden Staat ist, daß auch höhere Stände ihre Vorzüge nicht übertreiben, so wesentlich nötig bleibt doch allemal eine gewisse Ungleichheit der Stände, ohne welche kein Staat bestehen kann. Und wenn dieselbe ganz natürlich mit sich bringt, daß der ungleich größere Teil der Volksmenge an den Vorzügen der höheren Klassen nicht gleichen Teil haben kann, so ist doch noch weit wesentlicher für jeden Staat, auch dafür zu sorgen, daß diese zahlreichere Volksklasse sich nicht bestreben möge, über ihre verhältnismäßige Lage sich anderen Ständen gleich zu erheben oder eine allgemeine Gleichheit einführen zu wollen, mit der überhaupt keine bürgerliche Gesellschaft bestehen kann.

(Ein neuer englischer Schriftsteller [John Bull in politischen Zweifeln und Bemerkungen 1792.] macht hierüber folgende sehr gründliche Bemerkung: »Grundsätze der Gleichheit in der weitesten Ausdehnung müssen notwendig alle gesellschaftliche Einrichtungen zernichten. In dieser Theorie findet der allgemeine Vergleichungspunkt sich nur in der untersten Volksklasse. Alles muß bis da hinab, denn sonst ist noch nicht alles gleich. Nur dieser untern Klasse muß dann ausschließlich die Freiheit und die Souveränetät zuerkannt werden. Die höhern Klassen können keinen Anteil daran haben, so lange sie noch etwas besitzen, welches sie von dieser niedrigsten Klasse absondert. Eigentum also, Sitten, moralische und religiöse Bildung, Talente, Unterricht, kurz alles, was von der Plumpheit, der Unwissenheit, der Besitzlosigkeit des Pöbels absticht, muß, da es demselben nicht weiter gleicht, für dessen Feind erklärt werden, und darf nicht bloß an der Souveränetät, sondern auch an den Rechten der Freiheit und der Gleichheit, keinen Anteil nehmen. Dieses System hat also zum letzten Endzweck, alle Eigentümer zu plündern oder zu Sklaven zu machen; und so lange dieser Kampf dauert, kann unmöglich eine Regierungsform sich bilden. Denn, ehe die Nicht-Eigentümer, deren immer die größte Zahl ist, sich alles Eigentums bemächtigt haben, können sie die Gleichheit nur durch Gesetzlosigkeit und Raub erhalten; und sie brauchen die Gesetze bloß, um ihre durch Gewalt eroberte Beute sich zu sichern, und die Beraubten im Zaum zu halten. Ein solches System nun, worin bloß die Nicht-Eigentümer in jedem Lande die Nation heißen, ein System, welches alle Regierungen als despotisch, und alle Wohlhabende als unrechtmäßige Besitzer anklagt, muß notwendig, da es sogar Verbindungen und eine allgemeine Brüderschaft unter dem Pöbel auf dem gesammten Erdboden eröffnet, zahlreiche Proselyten bekommen; muß machen, daß der Pflug und die Werkstätten von allen denen verlassen werden, welche nicht für eigne Rechnung arbeiten können, aber nun Hoffnung haben, wenn sie die Waffen ergreifen, Sold und einen Teil der Beute zu erhalten.« Berlinische Monatsschrift 1793. Febr. S. 188. u.f.)

III

Von der herrschaftsständischen zur berufsständischen Gesellschaft

7
Johann Georg Schlosser
Die Staats-, Geburts- und Berufsstände

Fürsten und Könige.

Etliche unerfahrne Jünglinge, und mit ihnen der unerfahrne, kurzsichtige Pöbel, schreien schon lang über die Könige und Fürsten. Warum schreit ihr nicht lieber über ihre Räte und Diener?

Wer einen Blick in die Regierung getan hat, sieht, daß alles Ganze aus einem unendlichen Detail zusammenfließt, und daß aus dem Ganzen wieder ein unendliches Detail ausströmt. Allwissend müßte der Fürst sein, wenn er das Detail kennen sollte. Dazu hat er seine Räte und Diener. Ist es seine Schuld, wenn die weder Aug' noch Kopf haben, das Detail zu sehen und darzustellen?

Fürsten und Könige müssen in ewigen Zerstreuungen leben. Die edelsten können's nicht vermeiden. Wie sollen sie alles bis ins kleinste verfolgen können? Sie können, sie sollen nur große Schritte tun; des Rats, des Dieners Pflicht ist, den Weg aufzuräumen, daß sie nichts zertreten.

Eins, ihr Fürsten!, flehn eure Bürger: Lernt eure Bedienten kennen; wählt nur würdige, und lohnt die, daß Nacheiferung die Jugend auf ihre Bahn führe, ehrt sie, daß sie da auch Lohn empfangen, wo der edle Mann allein belohnt werden kann; hört sie mit Geduld, dann vertraut ihnen, aber straft, wer euer Vertrauen mißbraucht, als wer euer Leben angreift!

Weh dem Fürsten, der ins Detail greift! Wehe der Regierung, wo nicht jede Stufe der Bedienten etwas eignes Unabhängiges hat!

Wo der Fürst ins Detail greift, muß er allein tausend Augen und tausend Hände haben, oder es stockt alles; wo der Bediente nicht in seinem Kreis bis auf einen Grad unabhängig ist, wird er untätig. Ihr menschenfreundlichen Fürstenstürmer, seht ihr nicht Gottes

Eiche zersplittern von Gottes Blitz? Wie fordert ihr von den Fürsten, daß kein Untertan leiden soll?

Es hat Regenten gegeben, die wähnten, sie wollten keine Ungleichheit, keine Unbilligkeit gestatten, niemand weh tun. Seht, welche weibische Gesetze sie uns gegeben haben. Justinian nahm sein Gesetzbuch aus den Händen der Sachwalter und Richter und Konsulenten. Die sahen immer jeden Fall besonders, entschieden jeden besonders. Da habt ihr denn nun einen Haufen Gesetze, und jeder Fall, bis ins sechste Jahrhundert, hat seins, und wenn ihr eins sucht, so findet ihr keins, und was nachkam, hat keins.

Billigkeit ist Tugend des Privatmanns, oft Tugend des Richters, immer Schwachheit des Gesetzgebers.

Billigkeit wird aus unendlichen Bestimmungen abgezogen; der Gesetzgeber darf wenig bestimmen.

Heute tat Billigkeit mir wohl; morgen macht sie alle meine Rechte unsicher.

Das Recht sei eine Mauer! Wer daran stößt, zerschmettre; wer darauf wohnt, wohnt gut. Billigkeit macht's zum Sandhügel; jeder Wurm kann durch, aber es wohnt sich übel darauf.

Wo strenges Recht ist, sind wenige Gesetze; wo wenige Gesetze, sind gute Sitten! – Gnade zerschneidet den Nerv der Gesetze, wo wenige Gesetze sind.

Tadelt ihr einen Fürsten, der ein Mann ist?

Sie tun Unrecht, sie drücken um ihres Vorteils willen. Warum lehren die Räte sie nicht, daß Rechttun und nicht Drücken ihr Vorteil ist? Aber, wenn sie nicht hören wollen? – Aber, wenn die Räte und Diener nicht reden wollen, wie sollen sie hören?

Wenn der Rat und der Diener die Geschäfte schwer macht; wenn er nicht durch unbestechliche Ehrlichkeit dem Fürsten Vertrauen auf ihn einflößt; wenn der Schmeichler immer des Fürsten und seiner Günstlinge Meinung ist; wenn der Rat und der Diener immer nur sein Schicksal verbessern will; wenn er nie fürs Volk reden will; immer die Wahrheit schminkt; immer lieber verbirgt, als sich entdecken läßt; immer nicht antwortet, bis man fragt; nie den Mut hat, seinen Dienst hinzulegen, wenn er Werkzeug der Unterdrückung und des Unrechts werden soll – wie kann da der Fürst anders als eigenmächtig und willkürlich werden?

Die Regierungen sind an der Stelle der Landstände. Sie sollen Organ des Volks zum Herrn sein. Wie werfen sie sich weg, um Organ des Herrn zum Volke zu sein!

Heilig ist die Majestät des Regenten, eingedrückt von Gott in der Zeit; heilig und eingedrückt von Gott von Ewigkeit her ist die Majestät des ehrlichen Mannes! Wenn der die Knie vor dem Könige beugt, so beugt der König vor dem sein Herz. – Habt ihr die Majestät verloren, Räte und Diener der Fürsten, was ist's Wunder, daß das ganze Gleichgewicht sinken mußte. – Ermannt euch wieder, und alle Fürsten werden Landesväter sein, alle Untertanen werden fühlen, daß sie's sind!

Fürstenerziehung.

Die Schule der Fürsten ist die Welt. Warum wird die dem Fürsten verschlossen?

Immer im Glanz des Hofs, was sieht da der künftige Landesherr von ihr? Der Adel macht immer einen Kreis um das Fürstenkind, und wird es Mann, so bleibt's in dem Zirkel eingezaubert.

O welch ein Unterschied des Menschen in der Ferne und in der Nähe! Des Menschen im Buch und des Menschen in der Natur!

Wer Menschen beherrschen will, soll der nicht Menschen kennen? Ihr Wünschen, ihr Streben, ihr Leiden, ihr Wohl?

Wohl dem Lande, dessen Fürst gehorchen mußte, eh er befiehlt, der litt, eh er genießt!

Menschenkenntnis ist die einzige Wissenschaft, die der Fürst braucht. Ohne sie wird er mißtrauisch, oder er steht allen offen.

Selten wird sich einer beim Fürsten nötig machen, ohne andre zu verkleinern.

Die Menschen sind besser und schlimmer, als man glaubt. In allen ist ein Nerv zum Guten. Den greifen zu können, ist des Regenten erste Weisheit. – Die Hofleute haben alle einerlei Nerv; die andern Menschen tausenderlei. Nur wer mit ihnen lebt, findet sie; nur wer sie braucht, lernt sie greifen.

Weh dem Hofe, wo alles gebraucht wird! Früh lerne der Fürst, wen er nicht loswerden kann, untätig zu beschäftigen.

Früh lerne der Fürst, den steifen Ernst des Mannes von Geschäften tragen; früh hör' er gerne Wahrheit; früh lern' er, daß es auch Stufen unter den Fürsten gibt.

Der Fürst sollte mit allen seinen Dienern leben; mit dem untätiggeschäftigen mach' er's, wie er will.

Vertraulicher Umgang schließt das Herz auf; im fürstlichen Hofumgang sieht man nur das Gesicht.

Wehe dem Lande, dessen Fürst geizig ist; wehe dem, der mit seinen Bedienten marktet!

Nie zwinge der Fürst seinen Bedienten, ein ehrlicher Mann zu sein. Der wird nie was Böses, aber auch nie etwas Gutes tun.

Wohl dem Lande, dessen Fürst Verleugnung gelernt hat!

Wenn der Fürst seine Diener kennt, so lern' er seine Gesetze kennen, und kennt er die, so lern' er sein Land kennen. Wird je ein feiler, ein unbesonnener, ein verwegener, ein eitler Projektmacher dem Fürsten nahen, der das kennt? Wird je ein kluger Rat dann vergebens erteilt werden? Wird dem je eine ungerechte Klage nahen? Wird vor dem je die Treu und der Eifer des niedersten Bedienten verborgen bleiben? Wird dessen Hof nicht ein Sammelplatz der Patrioten und der Weisen sein?

Der beste Fürst wird kein *Usong* sein; denn er soll Mensch bleiben.

Das ist der größte Fürst, dem der ehrliche Mann mit Freuden dient.

Fürstendiener.

Es ist schwer, aber nicht unmöglich, treu zu dienen, wenn man um den Dienst bezahlt wird.

Was soll ich von dir fordern, armer Mann, der du mit dem Dienste kaum, ohne den Dienst gar nicht leben kannst?

Was soll ich von dir fordern, armer Mann, der du einem Fürsten dienst, der dich nicht kennt?

Von dir, Geschäftiguntätiger, fordre ich nichts, als daß du untätig bleibst.

Ihr andern, von euch fordre ich, daß ihr nicht dem Fürsten, nicht dem Volke, daß ihr dem Lande dient. Euch sei Fürst und Volk immer eins!

Je einfacher die Geschäfte, je kürzer die Gesetze sind, desto mehr Gutes, desto weniger Böses könnt ihr tun.

Die Regierung muß, nur wenig Fälle ausgenommen, vor der Haustüre des Bürgers stillstehen. Da höre das Befehlen auf und fange das Überreden an.

Sitten sind das Werk der Anstalten, nicht der Gesetze.

Wehe dem Lande, wo das Gesetz befiehlt, was die Sitten schon tun!

Gerechtigkeit ist der sicherste Pfeiler des Staats; Mitleid kann zehn Bürger retten, aber es zernagt das Band des Staats.

Wer unten steht, lerne schweigen; wer oben steht, lerne hören.

Der ist des Fürsten treuster Diener, der immer Wahrheit sagt.

Warum sitzen die am Herzen des Fürsten, die nur das Äußre regieren, das Äußre erhalten? Die das Innre regieren, sollten näher daran sitzen.

Ein wohlregiertes Land ist besser als ein vergrößertes Land. Wohlregieren ist schwerer als vergrößern.

Ihr fleißigen Arbeiter, seht euch dann und wann um, daß euer Geist sich erweitre!

Warum immer bei den Zahlen, ihr Rechner? Wißt ihr, was die Zahlen bedeuten?

Warum sammelt ihr immer die Eier, ihr Finanziers, und laßt nie welche ausbrüten?

Wohl dem Lande, dessen Reichtum nicht alle Jahre berechnet wird!

Eh ihr befehlen wollt, lernt, was es kostet, auszuführen!

Es ist eine wohlbelohnte Arbeit, dem Lande dienen; dem Fürsten dienen bringt oft Fluch; dem Volke dienen lohnt nie.

Adel.

Anhänglichkeit an Liegenschaft, und Recht und Gewalt, die Liegenschaft selbst zu schützen, gab vordem dem Adel seinen Wert. Der Landfriede stürzte den deutschen Adel. – O, wenn er noch seine Vorzüge fühlte, wie wichtig könnte dem Volke der Überrest seines verlornen Glanzes werden!

So nah am Fürsten, so nötig dem Ansehn des Fürsten, würde er allein sagen können, was nun niemand sagt, oder Tausende vergebens sagen.

Die Politik des Bürgers war, die Geschäfte zu verwickeln, um den Adel von ihnen auszuschließen oder abhängig vom Bürger zu machen; die Politik des Adels wäre, sie wieder einfach zu machen, um der Bürger entbehren zu können. – O, verstünden sie die, was würde das Volk gewinnen!

Den Bürger treibt Not oder Stolz, die mühsame Bahn der Geschäfte zu betreten. Der Adel hat durch Geburt, was seinem Stolze schmeichelt, und Not drückt ihn selten, oder sie wird um des Stolzes willen abgewendet; er geht also die Bahn selten.

Es war eine Zeit, da nur der Adel richtete, nur der Adel regierte.

Nun regiert, wer kann. Hat das Volk dabei gewonnen?

Unabhängig von der Gnade des Fürsten, hielt der Adel sich selber; jeder Bürger geht allein, und jeder ist abhängig.

Die ersten demütigen Schritte, die der Bürger gehn mußte, sparte die Geburt dem Adel. Jener muß oft nur als Freigelassener regieren, und war Sklave, eh er soweit kam. Roms erste Kaiser wußten wohl, wie fest der Baum steht, der Jahrhunderte lang um Throne gewachsen war, wie biegsam der ist, den sie hingepflanzt.

Wollt ihr ohne Land und Macht das Übergewicht über den Bürger haben, so macht, daß ihr der Bürger entbehren könnt. Jetzt nennt auch das Volk gnädige Herren und lebt von des Bürgers Gnade.

Jetzt muß der Adel seine Vorrechte dadurch vermehren, daß er sie drückender macht. Wie leicht könnt' er sie machen, wenn sein Wert im Staate sie heiligte!

Gar anders müßte der Adel werden, wenn er der Nation sein sollte, was er könnte; und dann auch nicht alles.

Verehrung des Volks ist ein großes Vorrecht; aber niemand, niemand hoffe sie, als wer dem Volke wohltut!

Der Landfriede hat Deutschland eine ganz andre Form gegeben. Wenn der Adel vor Maximilian seine jetzigen Urenkel sähe, würd' er sie erkennen?

Furcht und Ohnmacht des Bürgers gab dem Adel und dem Landfrieden sein Ansehn; wohltun kann's ihm nun allein geben. Wie kommt's, daß er Ansprüche auf Ansehn macht, ohne Furcht und Schutz geben zu können, und ohne wohlzutun?

Der englische Adel lebt vom Geist der Nation; der französische und deutsche vom Hofblick; dem polnischen ist der Landfriede nahe.

Landstände.

Lykurg wollte keinen Geldreichtum aufkommen lassen, damit jeder sehe, wie der andre reicher oder ärmer wird. Wo Geldreichtum ist und wo der stehende Soldat unterhalten wird, sind Landstände selten, was sie sein könnten und sollten.

Und doch ist ohne Landstände keine dauerhafte Glückseligkeit des Landes möglich.

Der ungebundene Fürst kann schnell gute Anstalten machen; aber eine dunkle Nacht folgt oft auf den raschen Blitz, und oft brennt er mehr, als er befruchtet oder leuchtet. Wer wollte nicht lieber in dem sanftern Mondschein wohnen?

Ist der Fürst mehr abhängig von den Landständen als von den Kollegien? Die sagen freilich nie, ich will!, aber sie drehen die Geschäfte so, verwickeln sie so, daß der Fürst wollen muß.

Wo kann der gute Fürst eher Wahrheit hören als von den Landständen?

Nur der schlimme Fürst erkauft sie oder spielt seine Kreaturen hinein, oder schreckt sie, oder lockt sie, oder überlistet sie.

Was wurde Frankreich, seitdem das Parlament ein Schatten wurde? Was wär' mit England worden, wenn's keines gehabt hätte?

Die Anlegung der Abgaben, die Gesetzgebung, mehr wünschte ich nicht in den Händen der Landstände zu sehen – da ruhn sie gewiß sicherer als in den Händen der Fürstendiener.

Wo der Adel allein die Landstände ausmacht, ist die Last des Volks zehnfach gegen den Staat, wo gar keine sind.

Wo jeder Stand beim Landtage seinen Fürsprecher hat, da ist allein dauerhaftes Wohl und Patriotismus möglich.

Wo keine Landstände sind, ist Gutes und Böses zufällig, ist oft das Gute bös.

Wo wählen wir sie nun? – Es führe sie niemand ein als ein minder mächtiger, aber unter diesen der beste Fürst; und wähle sie niemand als der treuste, klügste Rat des Landes.

Der Patriot.

Frei muß der Staat sein, jeder Bürger sich Teil des Staats fühlen, wo Patrioten möglich sind. – Was reden wir nun davon?

Der Kosmopolit.

Wem alles zu Hause wohlsteht oder wem's zu Hause nicht mehr gefällt, oder wer keine Heimat hat, der werde ein Kosmopolit! – Wer's ist, nahe nie meinem Vaterlande!

Der Jedermannsbürger ist wie der Jedermannsfreund.

Patriotismus hebt die Menschenliebe nicht auf; aber Menschenliebe und Vaterlandsliebe müssen untergeordnet sein.

Stolz auf seine Nation sein ist besser, als keine haben; und die andern Nationen, im Gefühl seiner Freiheit und seines Werts, verachten, ist besser, als den andern dienen oder den andern nachäffen.

Die Perser, sagt Herodot, schätzen und lieben die am meisten, die ihnen am nächsten sind, die entferntern nach ihnen, und so immer die weiter entferntern weniger; denn sie halten sich für die besten, und je weiter einer von ihnen wohnt, für desto schlimmer halten sie ihn.

Wohl dem Volke, das sich bei seinen Sitten und seiner Regierungsform so wohlbefindet, daß es sich für das beste hält!

Der Bürger.

Wehe dem Lande, wo der Bürgerstand verachtet ist! Ist seine Geldbegierde befriedigt, so wird er ein Narr.

Wo der Adel wert ist zu regieren und der Bürger Anteil an der Gesetzgebung und der Impostenanlage hat, wird er nie verachtet werden. Wo der Adel nicht eignen Wert in der Nation hat, muß der Bürger von ihm gefürchtet, gehaßt und verachtet werden.

Ehrbegierde ohne Wert und Kraft gebiert Stolz; Stolz Verachtung.

Handlung und Gewerbe ist des Bürgers Seele. Er wird gern dabei bleiben, wo der Adel nichts sein will, und nichts ist, als sein älterer Bruder. Wehe dem Lande, wo der Adel sich seiner Verwandtschaft schämt!

Häuslicher Wohlstand ist des Bürgers und des Bauern Los. Wohl dem Staate, wo der geschätzt und versichert ist!

Der Bauer.

Wer hat mehr Recht, an der Gesetzgebung und Anlegung der Imposten teilzunehmen, als der Bauer? Er ist allein ans Land gefesselt, macht allein die Nation!

Wo viele, wo künstliche Gesetze sind, ist der Bauer der Sklaverei nahe.

Wo gute Sitten sind, macht der Bauer die Nation reich; wo sie nicht sind, füttert er sie wenigstens.

Der Bauer muß Patriarchenrecht haben. Sehr verdorben ist der Staat, wo die Obrigkeit dem Bauer nicht Herrschaft und Gericht über sein Weib, seine Kinder, sein Gesinde lassen kann.

Die väterliche Gewalt war vortrefflich im unverdorbenen Rom; auf Cäsars Rom und auf unsere Zeiten paßt sie nicht. – Darum wird

der schlechte Fürst ein Despot, sein Untertan Sklave; der Beste,
Vater, der Untertan ein Kind; Männer weder hier noch da!

Der Bauer, der mehr weiß und mehr tun kann, als sein Stand erfordert, ist immer unglücklich. – O Seligkeit, nicht größer und
nicht kleiner zu sein als sein Haus!

Der Soldat.

Wo der stehende Soldat ist, ist dauerhafte Bürgerfreiheit unmöglich. – Jener ist nicht zu entbehren; also diese nicht zu hoffen.

»Man muß ihn halten«, sagt Sully, »wie den Hofhund, zum
Schutz an der Kette.« – Und wer hält die Kette?

Es war vor dem Landfrieden nicht besser mit dem Untertan. Nur
da wär's gut, wo der Soldat vom Lande abhinge; und wie kann das
der stehende Soldat?

Es muß ein kleines, von der Natur verwahrtes Land, ein tapfres
Volk sein, wo man den stehenden Soldaten entbehren soll; und
ringsum müssen lauter kleine Länder sein.

Da ist's nun am besten, wo der Soldat Bürger war, eh er Soldat
wurde, und wieder Bürger wird, wenn er aufhört, Soldat zu
sein.

Der Gelehrte.

Seitdem Gelehrsamkeit nötig war zu den Geschäften, seitdem
war's getan um Gelehrsamkeit und Geschäfte.

Der Junge lernt nicht mehr, um gelehrt zu werden, sondern um
sich in Geschäften brauchbar zu machen. Gelingt's ihm, so werden
unter zehn gewiß neun nur einseitige Gelehrte; gelingt's ihm nicht,
was soll man mit ihm tun? Sein halbes Leben, sein ganzes Vermögen ist hin; man braucht ihn aus Mitleid.

Gelehrtenstand – Stand? Pfui!

Weise Männer sind nötig; gelehrte zieren nur. Gelehrte wollten
sich nötig machen; sie machten Weisheit untätig.

Das italienische Recht und die italienische Religion haben das
Unheil gemacht; ihm ist nicht abzuhelfen.

Himmel, was für Stände! – Der Gelehrtenstand, der Juristen-
stand, der Predigerstand, der Autorstand, der Poetenstand – überall Stände und nirgends Menschen!

Viele schreiben aus Ehrfurcht, viele aus Geldbegierde, viele aus

Dummheit, viele zum Zeitvertreib; wenigen drängt die volle Seele ein Paar Bogen ab.

Der Gelehrte sagt wenig und schreibt wenig.

Auch die besten müssen nun viel und oft schreiben; über dem Schwall vergißt man sie sonst.

Tätigere Sitten würden des Schreibens und Lesens weniger machen. Im fruchtbaren Sitzer gärt jeder Einfall; was Wunder, daß er herausprudelt? Im unfruchtbaren ist alles öde; was Wunder, daß er alles aufnimmt?

Warum ist Weisheit, Erfahrung, Menschenkenntnis so selten bei euern Männern von Geschäften? Weil sie so viel studieren müssen, so wenig leben. Warum ist so wenig bei euern Gelehrten? Weil sie einen Stand ausmachen. –

Sobald ein menschlich Verhältnis ein Stand wird, ist's, als ob wir nur beiher Menschen wären.

Die Prediger.

Also ist auch die Religion zur Gelehrsamkeit worden!

Ägypten und Griechenland hatten ihre Geheimnisse; Judäa sein Allerheiligstes; Christus nicht also!

Es muß doch mehr als *Compendium Theologiae* gewesen sein, das den Petrus von seinen Netzen und den Nathanael von seinem Feigenbaum rief.

Ich weiß nicht, ob Christus je das Volk zusammenberief, um zu predigen. Es kam immer von selbst und brachte sein offnes Herz mit.

Auch ein Predigerstand und nur beiher Mensch!

Wenn ihr das Volk zusammenberuft, so segnet's; wenn es von sich selbst kommt, so predigt; seht ihr einzelne, so sprecht freundlich mit ihnen.

Wie warm wird der gute Mann geworden sein, den sein Teppichmacher den Weg zum Himmel lehrte!

Es ist etwas Mißliches um ein Lehramt.

Wer Mensch ist und nur beiher lehrt, schweigt, wenn er nichts zu lehren hat oder wenn man ihn nicht hören will; wer Lehrer ist und nur beiher Mensch, muß immer lehren, auch wenn er nichts hat.

Es ist mit dem Lehren nicht wie mit dem Teppichmachen. Wer einen Teppich braucht, wird ihn bestellen, und kann sagen, wie er ihn braucht. Wer Lehre braucht, weiß oft selbst nicht, daß er sie braucht, und kann weder ihre Farbe noch ihre Länge, noch ihre Breite angeben; das muß der Lehrer alles selbst finden.

An der Türschwelle soll des Lehrers, des Überreders Amt anfangen. Wie selten sehn die Prediger über die Türschwelle! Wie selten wissen sie, wie's dem zu Mut ist, der dahinter wohnt! Wie selten wissen sie, wie sie über diese Schwelle steigen sollen!

Christus sagt: seid allen alles; nicht: seid allen Lehrer!

Der Überreder ist die erste Stütze des Staats und der Sitten. – Ihr Prediger steht auf einem schlüpfrigen Posten. Den Überreder schätzt man wie das Herzblut; den Lehrer behält man nur des Wohlstands wegen; und Wohlstand ist ephemerisch.

Der wirksamste Nerv des Staats ist zerschnitten, wo der Überreder mehr tun muß als überreden.

Der Überreder muß ein großer Mann sein. Wo die Religion Gelehrsamkeit ist, ist die Wahl eingeschränkt. – Wohl uns, daß wir doch Prediger haben! Sie halten wenigstens zusammen, was sonst ganz zerfiele.

Regierungskunst.

Wo nur Sicherheit der Zweck des Staats ist, ist die Regierungskunst einfach und leicht.

Was fordert man nicht alles von der Regierungskunst! Der Staat soll reich und doch die Sitten gut sein; die Gesetze sollen alle Ungerechtigkeit und Unbilligkeit unmöglich machen, und doch sollen sie kurz, nicht häufig, doch soll die Gerechtigkeit prompt sein; es soll alles auf einen Zweck laufen und doch alles frei sein; es soll alles mit Mut, mit Eifer, mit Verstand dienen, und doch wenig kosten; es soll überall Ordnung herrschen, und doch alles geschwind gehn; es soll überall sicher sein und nirgends Druck; es soll überall Freude sein und nirgends Ausschweifung; überall Toleranz und nirgends Streit; überall Subordination und überall gleicher Wert; überall, was der Staat braucht, oder der Fürst, und immer bleiben, was der Untertan braucht; überall Mut, Verstand, Vaterlandsliebe, Eifer, und überall stupider Gehorsam. –

Von wem verlangt ihr das alles, ihr Fürsten! Von wem schreibt ihr das alles, ihr Philosophen!

Eh der Geldreichtum aufkam, war der Ackerbaustaat der blühendste; nun scheint's der Handelsstaat zu sein, und ist's – nach dem, was wir nun blühend nennen.

Eh der Geldreichtum aufkam, war der Staat blühend, wo viele Menschen sich satt essen können. Der Ackerbau ist erschöpflich; wenn der Preis erschöpflich ist, ist's auch die Ware. Alles, was die Natur gibt, ist erschöpflich. – Die Werke der Einbildungskraft sind nicht erschöpflich. Geldreichtum ist ein Werk der Einbildung. Durch ihn wurde der Preis erschöpflich; und nun auch die Ware.

Wie der Reichtum der Natur erschöpflich ist, so sind es auch ihre Bedürfnisse. Sie hätte den Bedürfnissen der Einbildungskraft nicht genug tun können. Der imaginäre Reichtum des Geldes tat diesen genug.

Wie eingebildete Bedürfnisse entstanden, entstanden eingebildete Unterschiede unter den Menschen. Arm war vordem, wer sich nicht satt essen konnte: nun, wer keinen feinen Rock tragen, keinen Bedienten halten, kein möbliertes Zimmer haben kann.

Jetzt ist blühend der Staat, wo wenige solche Arme sind. Mit den Bedürfnissen der Einbildungskraft wurden die Bedürfnisse der Natur nicht größer. Das alte Verhältnis des Ackerbaustaats blieb; er blieb also nach dem neuen Verhältnis arm.

Was der Kaufmann, der Künstler für seine Ware nimmt, bekommt der Ackerbaustaat kaum zum Drittel. Die zwei andern Drittel gehn wieder zum andern Kaufmann und Künstler für andre imaginäre Waren.

Dem Bauer kehrt der Preis, für den er Ware kauft, nie wieder zurück; er muß alle Jahre neuen schaffen. Der Ackerbaustaat wird also alle Jahre erschöpft. Der Handelsstaat wird nie erschöpft; sein Reichtum geht nie unter. – Aber der Reichtum ist imaginär? – Allerdings! So ist's auch die Ware.

Der Gewerber und der Handelsmann schaffen ihre Waren schnell; der Bauer langsam. Jener kann zwei Drittel Profit nehmen, eh dieser eins nimmt. Die Bedürfnisse der Einbildungskraft sind tausendfach; die Bedürfnisse der Natur sind nur einfach. Wer ist unter uns, der nicht im Jahre fünf Sechstel mehr Dinge kauft, als die Natur im größten Wohlstand fordert?

Der Handelsstaat entzieht sich zwei Drittel der natürlichen Bedürfnisse um der eingebildeten willen. Tausend heiraten nicht, um einen Lakai zu halten, und zweitausend essen sich halb satt, um eine schöne Weste zu tragen.

Es muß ein großer, freier Staat sein, der Handel und Ackerbau zugleich treiben kann. Groß, damit jeder besonders wohne; frei, daß der Ackerbau nicht das Glück des Händlers beneide. England und Frankreich sind Beispiele.

Was ist vorzuziehen? Keins. Weise ist die Regierung, die das unfruchtbare Land mit Früchten der Einbildung übersät und den fruchtbaren Nachbar ansteckt, die Früchte der Natur dafür zu geben. Weise ist die Regierung, die ihre fruchtbare Kraft gegen die Ansteckung verteidigt und nur Vorteil aus des Nachbarn Krankheit zieht.

Wer ein fruchtbares Land hat, wehe dem, wenn er's zum handelnden Lande macht! Wenn Europa so fortfährt, wird bald das Spiel der Einbildungskraft aufhören. Wohl dann dem, der bei dem allgemeinen Bankrott der Phantasie in Zeiten zur Natur zurückkehren kann! – Aber sie hört nicht immer den Rufenden. – Wenn unter dem Reiche der Einbildungskraft der dauerhafte Bürger ein Weichling worden ist; wenn unter ihm die fruchtbare Ebene zum Palast, der Weinhügel zum Park, die Wiese zum Garten, das Dorf zur Stadt worden ist; wenn unter ihm die Stadt das halbe Land entvölkert und an sich gerissen hat; wenn der Handelsgeist in Gesetze, Gewohnheiten, Anstalten, die ganze Lebensart und Denkungsart der Nation geflochten worden ist; wer will da die große Umschaffung des neuen Jerusalems vornehmen?

Laßt der Natur ihren Gang. Geschenk des Himmels, Phantasie! Wie übergoldest du den Sandhügel! – Wer auf dem Sandhügel wohnt, opfere der Göttin. Beßres Geschenk des Himmels, Menschengefühl! Wer dich hat, braucht die Gauklerin nicht.

Der Ackerbaustaat muß gute Sitten, Eingeschränktheit, Sparsamkeit eifersüchtig schützen; der Handelsstaat verhüte nur Hauptlaster. Dort muß der Vater, der Hausherr Despot sein; hier keins, höchstens das Weib; dort muß die Regierung den Zügel festhalten, hier nachlassen, so weit sie kann; dort muß das Nutzbare dem Schönen immer nachstehn, hier das Schöne dem Nutzbaren; dort muß der Staat weniger nehmen, als man geben kann, um das Kapital zu mehren, hier mehr, um es herumzutreiben; dort müssen Zunftgesetze sein, um den zerstreuten Bauer der nötigsten Handwerker zu versichern, hier Marktgesetze, um dem Handwerker die Lebensmittel zu schaffen, ohne den Bauer zu erdrücken; dort muß die Nation zerstreut wohnen, hier beisammen; dort muß bedächtige Justiz das Kapital in der Erde schonen, bis es herauskommt, hier die schnellste das immer in der Hand liegende Kapital dem Eigentümer ohne Verschub zuscheiden; dort ist die Faulheit durch Gesetze zu spornen, hier durch Eitelkeit; dort muß Armut ehrwürdig sein, hier verachtet – Sicherheit und Gerechtigkeit sind bei der Grundfeste.

Die Bauernation muß aus lauter Männern bestehen, die handelnde mehr aus Jünglingen; dort muß keine Bürgerschaft ohne Liegenschaft denkbar sein, hier ist Bürger, wer Geld hat und arbeiten kann; dort müssen die Gesetze leicht, kurz und beständig sein, hier ändern sie sich mit jeder Revolution des Handels; dort müssen viele Arme sein, hier viele Reiche; dort ist das Recht der Erstgeburt, die Ausschließung der Weiber von Vorsitzungen, alles, was die Güter zusammenhält, nötig, hier alles, was die Erbschaften zerteilt; dort muß die Religion rein und einfach, hier mag sie künstlicher sein. – Je mehr neue Felder der Phantasie eröffnet werden, desto besser.

Dort muß der Hof bescheiden glänzen, hier so gaukelnd als möglich; dort müssen feste Klüfte zwischen den Ständen sein, hier das Geld alle vermischen.

Wahr und männlich sei der Geist des Ackerbaustaats; phantastischer und weibischer der Geist des Handelnden.

Die Nachbarschaft ist beiden am vorteilhaftesten.

Der Ackerbaustaat steigt, wenn das jährliche Kapital sich jährlich höher verzinst, der Handelnde, wenn's schneller umläuft. Dort muß die bedächtigste Regierung es nur ausbrüten, hier die lebhafte immer spornen.

Finanzen.

Man sagt, der Staat soll vom Bauern nehmen, was er geben kann; ich glaube, er soll nehmen, was er nur notwendig braucht.

Doppelt ist die Operation der Imposten: Überschlag des Ertrags, Überschlag der Ausgaben. Ist diese minder, so bleibt dabei; ist sie größer oder gleich, so schneidet ab. – Darum lerne der Fürst früh, daß es Stufen unter den Fürsten gibt.

Die Klasse der Künstler, Handwerker und Kaufleute ist nicht unfruchtbar; sie produziert imaginäre Waren für imaginäre Bedürfnisse.

Wie der Bauer seine natürliche Ware dem Staate zum Teil als Impost abgeben muß, so muß die sogenannte unfruchtbare Klasse auch ihre zum Teil umsonst geben.

Auch der Staat hat wahre und imaginierte Bedürfnisse; jene hilft ihm der Bauer tragen, diese die sogenannte unfruchtbare Klasse.

Die ökonomische Tafel verteilt den Ertrag unrichtig; das ist die Ursache ihrer Fehlschlüsse.

Wo kein imaginärer Reichtum ist, kommt alles wieder zum Bauer, was der Staat empfängt. Da liege alles auf dem Bauer! Wo imaginäre Ware und Reichtum ist, kommt ein großer Teil wieder zur unfruchtbaren Klasse, und der Teil zirkuliert nur.

Im Reiche der imaginären Waren ist die Bauernklasse steril.

Ich wollte eine andre ökonomische Tafel erfinden, oder vielmehr die französische berichtigen. Nach dieser würde

1) der Bauer produzieren 5. Von diesen behielt er 3 für seinen Vorschuß und gäbe dem Eigentümer und dem Herrn 2; dieser gäbe 1 wieder zurück für wirkliche Waren, die er dem Bauer abkauft, und die andre gäbe ihm die Klasse der Handwerker zurück für Dinge, die ihm diese Klasse abkauft.

Von imaginären Waren produziert er nichts, bekommt aber $^1/_2$ von dem Eigentümer und Landesherrn, die er um seiner imaginären Bedürfnisse willen auf seine wirkliche Ware schlagen muß. Diese Hälfte gibt er der unfruchtbaren Klasse zurück, weil diese auf das, was der Bauer von ihr einkauft oder eintauscht, um ihrer imaginären Bedürfnisse willen so viel schlägt.

2) Der Eigentümer und der Staat empfangen vom Bauer 2 in wirklichen Waren, und 2 von der unfruchtbaren Klasse in imaginierten Waren.

a) Von den wirklichen geben sie dem Bauer 1 wieder zurück, um seine Waren zu kaufen, oder, was auf eins hinauskommt, eins verzehren sie. $^1/_2$ von den imaginierten Waren geben sie ihm zu seinen imaginären Bedürfnissen.

b) Von den wirklichen Waren geben sie eins der unfruchtbaren Klasse für ihren wirklichen Aufwand, und für ihren imaginären $1^1/_2$ von den imaginären Waren.

3) Die unfruchtbare Klasse produziere 5 in imaginären Waren, das ist so viel, als nach Abzug der wirklichen Waren die ganze zirkulierende Geldmasse bezahlen kann. Sie empfange von dem Eigentümer und dem Staat 1 an wirklichen Waren. Sie gebe dem Eigentümer, d. i. dem Kapitalisten und dem Staat, 2 an imaginären Waren und dem Bauer 1 an wirklichen.

Nach dieser Tafel würde also jährlich in einem Staat 5 an Waren produziert, die am Ende des Jahres nicht mehr da wären; davon verzehrte der Bauer 3, der Eigentümer und Landesherr 1 und die unfruchtbare Klasse 1. Diese fünf wären unabhängig von der

Geldmasse, die im Staate zirkulierte.

An imaginären Waren würde produziert 5. Diese würden auch verzehrt; aber da sie durch die zirkulierende Geldmasse ganz balanziert werden, so sind sie anzusehen, als ob sie immer dauerten. Wie ich also dort sage: verzehrt, so muß ich hier sagen: wirft in den Geldzirkel. Also: die Handwerksklasse nimmt jährlich 3 aus dem Geldzirkel für ihre imaginären Bedürfnisse während der Arbeit; diese zirkulieren also allein in dieser Klasse. $1^{1}/_{2}$ zirkuliert in dieser Klasse und in der Klasse der Eigentümer, den Staat miteingeschlossen; $^{1}/_{2}$ zirkuliert unter allen drei Klassen.

Denkt euch das Geld weg, so wird aller Ertrag jährlich verzehrt; nun, da es da ist, wird er auch verzehrt, aber in der Imagination bleibt ein Teil seines Werts in dem Symbol, dem Gelde.

Soll der Bauer dem Staat und dem Eigentümer, der $^{2}/_{5}$ an wirklichen, und $^{2}/_{5}$ an imaginären Waren braucht, nur $^{2}/_{5}$ zu geben, so müssen der Eigentümer und der Staat aller imaginären Waren entsagen, und der Geldzirkel bleibt größtenteils, oder ganz, bei der sogenannten unfruchtbaren Klasse. Soll der Bauer beide $^{2}/_{5}$ geben, so muß er aus dem Geldzirkel, der eigentlich nur die imaginäre Ware aufwiegt, $^{2}/_{5}$ nehmen; und wo soll er, der mit keinen imaginären Waren handelt, die hernehmen? Soll er sie auf seine wirkliche Ware schlagen, so steigt der Handwerker auch, und der Eigentümer und der Staat brauchen dann noch einmal soviel; soll er ihn von seinen wirklichen Waren nehmen, so muß er seine eignen $^{3}/_{5}$ angreifen. Gibt sie der Handwerksmann nicht, so folgt nichts, als daß er immer bei 5 zwei um den wahren Wert geben und sich also so viel an imaginären Waren versagen muß. Will er nicht, so hört sein Reich der Imagination auf.

Die größte Konkurrenz kann nie mehr tun, als die Waren auf ihren wirklichen Wert heruntersetzen. Geschieht dieses, so hat das imaginäre Reich ein Ende. Muß also, so lang das imaginäre Reich dauert, die Ware der unfruchtbaren Klasse über den wahren Wert steigen, so müssen der Eigentümer und der Staat jährlich etwas aus der Geldmasse nehmen und dieses zahlen. Die Geldmasse hat der Bauer nur zum geringsten Teil in Händen; wo soll er sie also hernehmen?

Wo die Geldmasse die wirkliche Ware allein zahlt, da ist kein imaginäres Reich möglich. Da wird man nicht vergolden, nicht schnitzen, nicht einlegen, nicht fremde Stoffe kommen lassen, nicht unnötige Bediente halten, keinen Friseur, keinen Koch ha-

ben, keine neue Moden erfinden! Jährlich wird die ganze Geldmasse in der Hand des Bauers sein, und jährlich wird er die dem
Eigentümer, dem Staat und dem Handwerksmann zurückgeben,
und alle werden nur von den Produkten der Erde leben. Das tut
der Privatmann, der von der Geldmasse jährlich nicht mehr in die
Hand bekommt, als er braucht, um an Produkten zu kaufen, wovon er leben soll. Wie die Geldmasse diese Balance übersteigt, so
wäre der Überfluß unnütz ohne Imagination. Die schafft ihm aber
neue Waren, um die Balance herzustellen.

In einem Ackerbaustaat ist das Reich der Imagination schwach.
Da kann die sogenannte unfruchtbare Klasse weiter nicht belegt
werden, als so weit das Reich der Imagination geht; und haben der
Eigentümer und der Staat diesem gar entsagt, so muß sie ganz frei
sein; dann müssen aber auch diese beiden Stände nicht mehr brauchen als ihre $^2/_5$. Wie sie mehr brauchen, wächst das Reich der Imagination. Hat der Staat eine Geldmasse, die dieses Übergewicht
trägt, so geht's; hat er sie nicht, so wird das Reich nicht bestehen.

Es ist unendlich schwer, die Schätzung auf die Gewerbe und die
Handlung festzusetzen. Sie sollte dem Überschusse der zirkulie-
renden Geldmasse, von welchem abgezogen wäre, was die Produkte balanziert, proportioniert sein. Wer will aber das bestimmen?

Ich weiß keine bessere Schätzungsanlage für die sogenannte ste-
rile Klasse, als wie in Frankfurt am Main beobachtet wird. Da taxiert sich jeder selbst nach seinem Vermögen. Denn in einem handelnden Staate bestimmt das bare Vermögen die zirkulierende
Geldmasse. Es ist aber da ein Punkt; wer mehr als so viel besitzt,
braucht das übrige nicht anzugeben. Dieses hat vielen hart geschie-
nen, weil auf die Art der Reiche einen großen Teil seines Vermögens gar nicht verschätzt; allein da der Reiche mehr imaginäre
Ware braucht, und im demokratischen Staate es wenig imaginären
Aufwands bedarf, so ist dieser Schätzungsfuß vernünftig und den
Bedürfnissen des Staats gemäß. Er ist auch politisch gut; denn
durch Verdeckung des größten Teils der Geldmasse wird der Kredit ums Dreifache erhöht; und was der Reiche nicht verschätzt,
kann er in den Zirkel werfen, da ein solcher Staat es sonst in seinem
Kasten haben müßte; der Arme und der Mittelmann können es auf
ihre Ware schlagen, und der Reiche bei der großen Konkurrenz
nicht auf seine Prozente. Auch stehn die Prozente auf $3^1/_2$, höchstens 4, und die Produkte der sterilen Klasse sind doch im hohen

Preis. – Vielleicht würde die Geldmasse nach diesen Prozenten am besten bestimmt werden. Also, wo 5 Prozent gegeben werden, müßte die Anlage der sterilen Klasse um $^3/_7$ geringer sein als da, wo $3^1/_2$ Prozent Zins gegeben werden. Ließe man nun in einem Staate, der zwar vornehmlich den Ackerbau treibt, aber doch, wie alle nun, imaginäre Bedürfnisse hat, wenn dort die niederste Klasse der Gewerber 300 etwa sind, hier die niederste etwa 150 sein, und nähme, wenn dort von $100^1/_8$ genommen wird, etwa $^1/_5$, so möchte der Anschlag nicht unbillig sein. Wer dann von der sterilen Klasse wäre, müßte sein Vermögen angeben, und zwar, da einem solchen Staate nicht so viel an Kredit gelegen sein kann, entweder ganz, oder so, daß der höchste jährlich 50 fl. zu geben hätte, wozu schon ein Anteil an der Geldmasse von 50000 fl. erfordert würde, so möchte die Proportion nicht unbillig bestehen.

Es ist ein großer Fehler in einem Ackerbaustaat, der doch imaginäre Bedürfnisse hat, wenn da der Geldreichtum ganz frei durchgeht. Es ist keine Wahl: entweder er muß auch verschätzt werden, oder der Staat muß den imaginären Bedürfnissen entsagen.

Der Staat ist krank, wo der imaginäre Aufwand nur in einem Teil des Staats geschieht und alle Teile daran tragen sollen. Soll der geheilt werden, so muß entweder der imaginäre Aufwand durch alle Teile verteilt oder die sogenannte unfruchtbare Klasse nur da taxiert werden, wo der imaginäre Aufwand geschieht. Ist dann die auf den reinen Ertrag proportionierte Güterschätzung und die so eingeschränkte Gewerbeschätzung nicht genug, so muß der Staat seine imaginären Ausgaben einschränken, bis es genug wird.

Das muß ein verwegener Mann sein, der vor zehn- und zwanzigjähriger Überlegung eine Veränderung der gewöhnlichen Schätzung anrät; ein unbilliger, stolzer Mann, der alle für Schurken und Dummköpfe erklärt, die nicht alles auf einmal tun, sondern in einem so verwickelten Geschäfte zweimal sehen wollen, ehe sie seinen Plan annehmen, und auch dann lieber schleichen als springen.

Christian Wilhelm Dohm
Die drei produktiven Stände

Jede Art von Beschäftigung und Gewerbe bringt ihre eigentümlichen Wirkungen in der Denkungsart und dem sittlichen Charakter hervor. Einer der merkwürdigsten Unterschiede dieser Wirkungen liegt darin, daß manche Arten sich zu nähren einen beständig gleichen und durch den natürlichen Umfang der Beschäftigung bestimmten Gewinn geben, dagegen andere mehr vom Glück abhängig, bald ausnehmende Vorteile anbieten, bald großem Verlust aussetzen. Jene Nahrungswege fordern eine immer gleiche, anhaltende, ruhige Beschäftigung, eine Arbeit, die, wenn sie einmal begriffen ist, den Geist nicht weiter anstrengt und bloß mechanisch wird, und deren Erfolg fast nie ungewiß ist; diese macht unaufhörliche Bemerkung und Benutzung der Umstände, Spekulationen und Pläne in die Zukunft notwendig. Ihr Erfolg ist fast nie mit Gewißheit vorauszusehn. Der Fleiß allein bestimmt ihn wenig, wenn nicht Scharfsinn und Glück hinzukommen, und letzteres tut oft alles allein. Diese Unterschiede nebst ihrem Einfluß in den Charakter zeigen sich sehr deutlich in den verschiednen Beschäftigungen des Handwerkers, des Ackerbauers und des Kaufmanns. Der erste hat die beständig gleiche Beschäftigung, den mäßigen, aber sichern Gewinn, den ich beschrieben habe. Bei den meisten und gemeinsten Handwerken sind die Art und der Umfang der Arbeit sowie des Absatzes gewöhnlich so genau und gleichförmig bestimmt, daß wenig Abänderungen und Erweiterungen in denselben stattfinden. Die meisten Orte haben so viele dieser Werkstätten, als hinreicht, sie mit ihren Bedürfnissen zu versorgen, und der hierdurch bewirkte Absatz bringt gerade soviel ein, als der an eine mäßige Nahrung gewöhnte Handwerker mit seiner Familie bedarf. Dieser Vorteil ist ihm gewiß und bleibend; solange sein Fleiß gleich anhaltend fortdauert, hat er weder Verminderung zu fürchten noch Vergrößerung zu hoffen. Nach dieser Einnahme, die der Handwerker so leicht und gewiß übersieht, macht er den kleinen Etat seiner häuslichen Einrichtung mit einer Bestimmtheit, der fast immer der Erfolg zusagt. Er gelangt, wenn er fleißig und gut arbeitet, gewöhnlich bald dahin, bequem und oft nach Verhältnis seines Standes reichlich und überflüssig zu leben und nach seinem Tode seinen

Kindern ein Vermögen zu hinterlassen, das völlig hinreicht, sich auf gleiche Art zu etablieren wie ihre Väter, und so entstehn wohlhabende und zuweilen reiche Handwerker-Familien, die sich viele Jahrhunderte hindurch erhalten, bis sie endlich, ihr Glück verkennend, sich in einen sogenannten höhern Stand begeben, wo ihr Reichtum nicht mehr Reichtum, ihr Wohlstand nicht modisch ist, dessen Grundsätze sie nicht kennen, und wo oft der Nachkomme so viel reicher Handwerker als ein bankrotter Kaufmann oder ein dürftiger Gelehrter umkommt. In der Tat ist das Leben des geschickten Handwerkers vielleicht der reinste Genuß, der sich in unsrer bürgerlichen Gesellschaft finden mag. Keine täuschende Hoffnungen, keine ängstliche Besorgnisse der Zukunft beunruhigen seine Seele; er genießet nur immer das Heute rein und vollkommen und erwartet ein ihm Gleiches Morgen. Die starke Arbeit macht ihn gesund, und die Gleichförmigkeit derselben bringt eine gewisse stille Ruhe in seinen Geist. Ermüdet erquickt er sich am Abend jedes Tages in dem Kreise seiner Kinder, und eilt bald zur Ruhe, die ihm Kräfte zu gleicher Arbeit gibt. Er beneidet nicht das Glück andrer, weil dieses, wenn er geschickt ist, dem seinigen nie hinderlich wird, nicht den Glanz Höherer, weil er glaubt, daß dieser ihm nicht gebühre, weil er sich glücklich fühlt, und oft ahnt, daß die Vornehmern es weniger sein dürften. Er ist ehrlich und billig in seinen Forderungen, weil dies eine gewisse Würde seines Standes ausmacht, weil sein Gewinn zu bekannt und zu bestimmt ist, und weil er seinen Kredit und seinen Wohlstand nicht erhalten kann, wenn er nicht für jeden Preis eine so gute Arbeit liefert, als Vorschriften und Gebrauch es fordern. So wie diejenigen, welche von festgesetzten Einnahmen für gewisse Arbeit leben, und die Kapitalisten, wenn sie nur nicht Mangel der Beschäftigung drückt, in dieser Betrachtung mit den Handwerkern zu einer Klasse gehören, und nach Verhältnis der Gewißheit und Größe ihrer Einnahme, sowie der Natur ihrer Arbeit, gleich heiteres und beständiges Glück mit dem Handwerker genießen können; so muß dagegen dieses Glück nur auf die gemeinen oder Handwerker im strengern Sinne eingeschränkt werden, deren Arbeit für ein beständiges und notwendiges Bedürfnis sorgt. Diejenigen, welche nur einen vorübergehenden Luxus befriedigen, können nicht auf gleiche gewisse Einnahme rechnen, sie müssen mehr Abwechselungen fürchten und hoffen, und nähern sich also mehr den Fabrikanten und Kaufleuten, von denen ich nachher reden werde.

Die Beschäftigungen des Landmanns unterscheiden sich sehr auffallend von denen des Handwerkers, weil sie keinen so gewissen und sich immer gleichen Lohn des Fleißes darbieten wie diese. Die Verschiedenheit der Witterung, der Erdarten und Bestellung haben eine gleiche Verschiedenheit des Ertrags der Ernten zur Folge und bringen einen bald höhern, bald niedern Preis des Getreides hervor. Der Gewinn des Landmanns ist daher nicht in dem einen Jahr wie in dem andern, er hat größre Vorteile zu hoffen und größern Verlust zu fürchten, und weil dieses zum Teil von der Geschicklichkeit der Arbeit, von der Benutzung der Zeitumstände und dem Glück abhängt, so wird der Landmann dadurch weit mehr zu Spekulationen, zu Projekten für die Zukunft, zu Bestrebungen, sich über den gewöhnlichen Erwerb zu erheben, verleitet. Sein Geist ist daher nicht in der gleichmütigen Fassung des Handwerkers; seine Arbeit ist weniger mechanisch, der gute Kopf hat hier mehr Anlaß, durch höhere Einsichten und Fleiß seine Umstände zu verbessern, so wie der schlechte Projektmacher, sie zu verderben; der Landmann wird bald durch Hoffnungen, bald durch Besorgnisse beunruhigt. Indes werden diese Umstände wieder dadurch gemäßigt und in ihrer Wirkung begrenzt, daß der Ackerbau meistens eine größre Entfernung von den übrigen Klassen der Menschen, einen regelmäßigen und anstrengenden Fleiß erfordert. Die meisten Familien des Bauernstandes bleiben gewöhnlich ihrem väterlichen Erwerb getreu, dieser erhält sie fester bei den alten Sitten, bei einer einfachern Lebensart und in einer glücklichen Unwissenheit der mehrern Bedürfnisse, zu denen die Städter fortgeschritten sind. Eine nicht tadelnswürdige Abneigung gegen neue Sitten und neuen Luxus (von der eine weise Regierung nie abzuleiten versuchen sollte) trägt oft dazu bei, dem Landmann das Glück zu erhalten, das seine Väter ihn zu genießen gelehrt haben. Der größere Teil dieses Standes ist daher meistens unverdorbner, gutmütiger und, wenn seine politischen Verhältnisse ihn nur nicht zu sehr niederdrücken, nach seiner Art edeldenkender und gastfreier als der Handwerker, besonders der, welcher in großen Städten lebt. Diese politischen Verhältnisse sind aber freilich in den meisten europäischen Ländern von der Art, daß sie dem gemeinen Bauern, wenn er seine Abgaben an seinen Landes- und Gutsherrn abgetragen hat, selten mehr als die Befriedigung seiner täglichen notwendigen Bedürfnisse übriglassen, und er sich von dem Handwerker nur dadurch nachteilig unterscheidet, daß sein kümmerlicher Erwerb selten zu einem solchen Wohlstand, wie dieses, sich zu erheben ihm erlaubt. Bei dem glücklichern Landmann in einigen europäischen Staaten, bei dem Adel, der seine Güter selbst bauet und bewohnt, und bei dem wohlhabenden Pächter (wie der englische) zeigen sich sowohl die guten als nachteiligern Einwirkungen der Beschäftigung auf die Bildung des sittlichen Charakters mit auffallendern Zügen.

Mit noch mehr Gleichheit und Deutlichkeit aber zeigt sich diese Einwirkung bei dem Kaufmann und Fabrikanten. Der Gewinn desselben ist ganz von den veränderten Bedürfnissen, von dem wechselnden Verhältnis zwischen Käufern und Verkäufern, von den Zeitumständen sowie von der deutlichsten Kenntnis, der aufmerksamsten Benutzung und der richtigsten Berechnung derselben abhängig. Der Kaufmann ist unaufhörlich beschäftigt, Gewinn zu erhalten, Verlust zu vermeiden, zwischen mehrern Arten des Gewinns und der Anwendung seiner Kapitalien klug zu wählen, die sich durchschlingenden Folgen seiner Unternehmungen zu übersehen und jede in seine Pläne zu passen; mit dem fremden Interesse zu kämpfen und es mit dem eignen in Verbindung zu setzen. Mut mit Klugheit verbunden kann großen Gewinn, ohne dieselbe großen Verlust bewirken, und das Glück bringt oft beide unerwartet. Diese Umstände erhalten den Geist des Kaufmanns beständig in unruhiger Tätigkeit und in angestrengter Aufmerksamkeit. Er lebt immer in der Zukunft, die ihm Hoffnungen und Besorgnisse darbietet, über denen er des gegenwärtigen Genusses oft vergißt. Die beständige Gewohnheit, alles von der Seite des Gewinns und Ertrages anzusehn, muß notwendig seine Gesinnungen einschränken; die Gelegenheiten, durch kleine Übertretungen der strengen Gerechtigkeit seinen Vorteil zu vergrößern, kommen zu oft und sind zu reizend, daß er ihnen nicht, wenigstens zuweilen, unterliegen sollte. Das Gefühl von Billigkeit findet sich daher bei den Kaufleuten gemeiniglich nicht so lebhaft und fein, als bei den Handwerkern. Eine Übersetzung in den Preisen grenzt zu nahe an das, was nur kluge Benutzung der Umstände heißt, als daß auch von dem ehrlichsten Mann nicht oft jene nur für diese angesehn werden sollte. Diese Fälle, wo nur eine feine Empfindung des Rechts und eine Aufopferung des eignen Vorteils richtig leiten können, entstehn zu oft, als daß nicht die Grundsätze der meisten Kaufleute etwas schwankender und nachgebender hierin sein sollten. Weil sie bei den Verbindungen mit andern Menschen immer

zu gewinnen oder zu verlieren haben, so gewöhnen sie sich allmählich sie als Nebenbuhler und Gegner zu betrachten; ihre Gesinnungen werden eingeschrumpfter, mehr in sich gekehrter und weniger gestimmt, sich edelmütig zu zeigen als bei andern Menschen
von sonst gleicher Aufklärung und sittlicher Bildung. Diese Züge
zeichnen sich bei dem kleinen und noch unvermögenden Kaufmann oft mit einem niedrigen Eigennutz, mit Kargheit und einem
Kleinigkeiten-Geist in allen seinen Unternehmungen aus. Wenn
diese bei dem großen und reichen Kaufmann wegfallen, so treten
statt dessen Verschwendung und Luxus ein, die oft in grober Sinnlichkeit, in geschmackloser Darlegung von Pracht und Reichtum,
in übermütiger Verwilderung sich äußern, weil vielen aus dieser
Klasse Kenntnisse, Geschmack und Feinheit der Empfindung fehlen, die sie zu höhern Vergnügungen leiten könnten. Seinen Reichtum zu zeigen ist eine natürliche Leidenschaft des Kaufmanns, weil
sein ganzes Leben nur eine Bestrebung ist, ihn zu erwerben; lebhafter sinnlicher Genuß und laute Freude ist für den Bedürfnis, der
eine gewöhnlich sehr anstrengende Beschäftigung hat; Spielsucht
ist bei ihm ein sehr erklärbarer Fehler, weil der Handel selbst eine
Gattung des Spiels ist, das oft mehr durch Verstand, oft mehr durch
Glück geleitet wird.

9
Carl Friedrich Bahrdt
Der Bürger

415) Ich führe euch, liebe Mitbürger, aus der großen Welt in den
engern Zirkel eines Hauswesens, und betrachte zuerst eure
Ökonomie, welche größtenteils die Quelle eures irdischen Wohlstandes ist. Und hier, dünkt mich, kommt alles, was eure Glückseligkeit von dieser Seite erfordert, auf drei Stück an, über die ich
euch zu belehren gedenke.

416) I. Das erste ist Pünktlichkeit und Ordnung in euren häuslichen Geschäften. Wer daran sich in seiner Haushaltung gewöhnt,
wird es nie bereuen. Es gehört dazu

417) a. daß ihr alles zu rechter Zeit tut. Denn alles, wie Salomo
sagt, hat seine Zeit: essen, schlafen, arbeiten, sich erholen usw. Und

diese Zeit halten, heißt Ordnung halten. Wer unordentlich lebt, d. h. nicht jeder Sache ihre Zeit läßt, die ihr die Natur angewiesen hat, und z. B. des Nachts arbeitet und den Tag mit Spiel und Zeitvertreiben hinbringt, der tut sich tausendfältigen Schaden. Doch der ordentliche Bürger tut nicht nur alles zu gesetzter Zeit, sondern auch

418) b. bald und ohne Aufschub. Er hat immer die Dinge vor Augen, die ihm zunächst obliegen und am nötigsten sind; und er ist nicht eher ruhig, als bis sie getan sind. Er tat die Arbeit lieber voraus, statt sie zu verschieben. Denn er hat es oft schon erfahren, daß zuweilen unvermutete Hindernisse eintreten, welche verursachen, daß die aufgeschobene Arbeit gar liegenbleiben oder hernach schlecht und übereilt getan werden muß.

419) c. Er tut aber auch alles, was er tut, mit ganzer Seele. Es gibt Leute, die immer tausenderlei zugleich im Kopfe haben, die stets zerstreut sind, stets Nebendinge dabei denken oder tun. Da wird aus keiner Arbeit nichts. Was ihr tut, das tut mit Besonnenheit, mit Aufmerksamkeit, so daß ihr bloß dabei eure Gedanken habt, und eher an nichts anderes denkt, bis das vollendet ist.

420) d. Und von dieser Ordnung und Pünktlichkeit laßt euch nichts abhalten: keinen Vorteil, kein Vergnügen euch stören. Der ordentliche Mann opfert lieber die größte Lustbarkeit auf, ehe er ein notwendiges Geschäft liegenläßt oder vernachlässigt.

421) Und diese Tugend muß sich auf all euer Tun und Vornehmen erstrecken – nicht bloß auf eure häuslichen Arbeiten und Berufsgeschäfte, die ihr tun müßt, sondern auch auf alle Verrichtungen, die ihr freiwillig übernehmt, auf alle Versprechungen, wo es aufs Worthalten ankommt, auf Zahlungen, die ihr zu leisten habt, usw. Das wird euch Nutzen bringen. Das wird euren Geschäften Fortgang geben, euren Verdienst vermehren, und euch bei allen Menschen Achtung erwerben.

422) II. Die zweite häusliche Tugend, die ich euch empfehle, ist Sparsamkeit und Wirtschaftlichkeit, welche die glückliche Mittelstraße trifft zwischen Geiz und Verschwendungssucht. Hierzu wird erfordert:

423) 1. Daß ihr Ausgabe und Einnahme nicht aufs Geratewohl ankommen lasset, sondern die Einnahme nach einer Durchschnittssumme berechnet und nun alle Artikel des häuslichen Aufwandes dagegen stellt und festsetzt, wieviel auf jeden verwendet werden soll und, vermöge der Einnahme, verwendet werden kann.

Das heißt, sich einen Etat machen. Und wer das tut und sich alsdann genau danach richtet, der wird gewiß nie in Schulden geraten, wenn nicht besondere Unglücksfälle eintreten.

424) 2. Wenn ihr aber diesen Etat ebenso richtig wie gewissenhaft einrichten wollt, so müßt ihr unter den Artikeln der Ausgabe eine genaue Rangordnung beobachten, um das Wichtige, was vor allen andern bestritten werden muß, von dem Minderwichtigen zu unterscheiden. Die wahre Rangordnung ist diese: Zuerst kommt euer und eurer Hausgenossen Leben und Gesundheit. Das, was nötig ist, um sich in einer gesunden Kost mit den seinigen satt zu essen, geht allen andern vor. Dann folgt die notdürftige Bedeckung durch Kleider, und Schutz vor Wind und Wetter durch Wohnung. Dann, was zur Erziehung der Kinder ganz unentbehrlich ist. Dann der Lohn eurer Arbeiter. Dann die Abgaben an den Staat. Dann die, von denen ihr von Zeit zu Zeit Waren und Geld geborgt habt, eure

425) Schuldner. Dann erst die Armen und Notleidenden in eurem Zirkel. Dann erst die Geldausgaben für euer Vergnügen oder für das minder Notwendige bei den obigen Artikeln. Und ganz zuletzt, wenn alles schon befriedigt ist, die Ausgabe für das, was bloß zur Verschönerung (der Wohnung, der Kleider etc.) dient. Wer diese Rangordnung gewissenhaft beobachtet und nicht eher einen Heller auf die letztern Artikel verwendet, bis er die ersten völlig bestritten hat, heißt ein guter Wirt. Wer bei den letzten leichtsinnig sein Geld aufwendet, heißt ein Verschwender. Wer bei den ersten spart, heißt ein Geiziger.

426) 3. Der vernünftige Bürger wird aber nicht vergessen, bei den vorläufigen Überschlägen seiner Ausgabe und Einnahme auch unvorherzusehende Ausgaben mit in Anschlag zu bringen, z.B. Reparaturen, Ehrenwerke u.dgl.

427) 4. Er wird viertens durch Umgang mit verständigen Wirten die Vorteile zu erlernen suchen, die man sich beim Einkaufe des Benötigten machen kann: z.B., wo und wie man die Dinge am besten, am wohlfeilsten – kauft, zu welcher Zeit der beste Kauf sei, von welchen Artikeln man vorrätig kaufen muß, um sich, durch den Ankauf im ganzen, Vorteil zu schaffen, usw., welches letztere auch dem Unbegüterten möglich wird, wenn mehrere Nachbarn zusammentreten und größere Quantitäten untereinander teilen. Und dieses Zusammentreten kann auch da vorteilhaft werden, wenn man gewisse teure und doch äußerst nutzbare Gerätschaften,

z. B. große Mörser, Blasen, Kessel, Rollen, Maschinen etc. gemeinschaftlich anschafft und benutzt.

428) 5. Dabei wird es hernach Hauptsache des guten Wirts, daß er auf alle Gerätschaften und Vorräte gute Aufsicht hält und sie nicht leichtsinnig dem Gesinde oder den Lehrburschen und Arbeitsleuten preisgebe.

429) 6. Daß er alles, was wichtig ist und leicht vergessen werden könnte, aufschreibe und sich Memoriale halte: daß er über alle Ausgaben, Schulden etc. genaue Rechnung führe; insonderheit aber Kontrakte, Quittungen, wichtige Briefe und alles, womit dereinst Beurkundungen geschehen und Streitigkeiten zu schlichten sind, sorgfältig verwahre und in guter Ordnung aufhebe, daß es leicht genug wiederzufinden ist.

430) 7. Das allerwichtigste, insonderheit für den Bürgerstand, ist Vermeidung des Luxus. Und hier ist der Ort, wo ich euch darüber etwas genauer belehren muß. Luxus heißt ein solcher Aufwand, der keinen der eigentlichen Zwecke des Aufwandes befördert, sondern bloß für Eitelkeit und Veränderlichkeit des Geschmacks geschieht. Nämlich, die eigentlichen Zwecke, warum ich etwas kaufe und anschaffe, sind doch entweder mein wahrer Nutzen, (Unterhalt, Bequemlichkeit, Lebenserleichterung) oder ein reelles Vergnügen, das ich dabei genieße.

431) Und nun wendet dies auf die vier Hauptartikel an, wo der so schädliche Luxus stattzufinden pflegt, so werdet ihr das Charakteristische desselben sehr leicht entdecken können.

432) a. Der erste ist die Kost. Was ist der Zweck eurer Speise und Getränke? Sättigung, Lebenserhaltung, Kraftstärkung und – das Vergnügen des Wohlgeschmacks? Wodurch werden nun wohl diese Zwecke erreicht? Durch Menge, Variation und Kostbarkeit der Speisen? Nimmermehr. Oder werdet ihr mehr satt, wenn ihr an einer Schüssel euch satt esset, als wenn ihr von sechsen genießt? Oder bekommt ihr mehr Kraft davon, wenn die Schüssel Essen einen Speciesthaler kostete oder wenn ihr für einige Groschen sie erzeugtet? Und das Vergnügen? O ihr Toren! Fragt doch den Armen, was seine Speise würzt? Sehet doch, wie herzlich es ihm schmeckt, wie vergnügt er ist, wenn der Hunger ihn einladet und seine Kinder um ihn her fröhlich sind, und sichs mit ihm wohlschmecken läßt? Wahrlich, eine einfache, reinlich und kräftig zubereitete Kost, die der durch Arbeitsamkeit erweckte Hunger würzt und zu welcher man einen gesunden Magen und fröhliches

Herz mitbringt, schafft mehr wahres Vergnügen und Kraftstärkung als die reichbesetzteste Tafel der Schlemmer, die so selten aus Hunger und fast immer nur aus Lüsternheit essen.

433) b. So ist's mit Wohnung und Kleidung. Ihr Zweck ist, neben dem Vergnügen, Schutz vor den Unfällen der Witterung, des Regens, der Hitze und des Frostes etc. Und wisset ihr, was diesen Zweck erreicht? Nichts als guter Geschmack, Reinlichkeit und Bequemlichkeit. Menge und Pracht tragen auch nicht das geringste dazu bei. Selbst der Zweck des Gefallens gewinnt nichts. Denn eine Person, die an sich schön ist, wird bloß und allein dadurch gefallen, wenn ihr Anzug reinlich, nett und mit Geschmack gemacht ist. Die kostbaren Spitzen, das Gold, die Farben u. dgl. helfen gar nichts, als daß etwa eine neidische Frau Nachbarin stehenbleibt und sich darüber ärgert.

434) c. Das gilt auch von der Art, wie wir unsere Gäste bei freundschaftlichen Zusammenkünften bewirten. Denn auch hier wird der Zweck der Fröhlichkeit weder durch Pracht noch Menge der Dinge erreicht. Ich habe Freunde bei einem einfachen Braten herzlich vergnügt und andere bei zehn Schüsseln gähnen gesehn.

435) d. Und das ist endlich auch der Fall bei euren Ergötzlichkeiten. Daß der Bürger da großen Aufwand macht, in einer Kutsche fährt, wo ihm bei seiner sitzenden Lebensart ein Spaziergang zu Fuße dienlicher war; daß er im Wirtshause brav aufgehen läßt, hilft ebensowenig seiner Gesundheit, als es die wahre Fröhlichkeit und Aufheiterung seines Gemüts befördert.

436) Warum wollt ihr also, liebe Mitbürger, so unnützen Aufwand machen, da eure wahren Zwecke und selbst euer Vergnügen nichts dabei gewinnen? Ich weiß wohl, was ihr wollt. Man soll's euch ansehen, daß ihr Geld habt. Aber warum wünscht ihr denn das? Ist denn Geld haben eine Ehre? Gibt euch das einen wahren Wert, daß euch einige Hufen Acker oder ein paar Häuser durch den Tod eurer Eltern zugefallen waren? Ich denke, viel Geld haben ist nur dann eine Ehre, wenn man's gut und lobenswürdig anwendet.

437) Doch ich will eurer Eitelkeit einmal nachgeben. Ich will euch den Wunsch verzeihen, daß man's euch ansehen möge, daß ihr Geld habt. Aber nun laßt mich fragen, warum man's euch denn gerade an euren Kleidern oder an eurer Menge aufgetragener Eßwaren ansehen soll, die man nicht genießen kann, ohne sich zu überladen? Warum wollt ihr euch denn gerade da sehen lassen, wo der

kluge Mann gar nicht hinsieht, sondern vielmehr euch als schwache Toren bemitleidet, und wo nur der Narr oder der Neidische stehenbleibt und euch angafft?

438) Liebe Mitbürger, wenn euch Gott mit einigem Überfluß segnet (und denkt ja, daß ihr nicht eher Überfluß habt, als bis jene ersten Ausgaben in obiger Rangordnung bestritten sind), und ihr wollt euch gern sehen lassen, warum laßt ihr euch denn nicht da sehen, wo kein Neid euch verfolgt, wo alle Tugendhaften euch segnen, wo ihr öffentliches Lob erntet? – bei Ausgaben fürs gemeine Beste – bei Unterstützung der Armenanstalten – bei Rettung der Unglücklichen?

439) Ich kannte einen Bürger, der Jahr aus, Jahr ein in einem simpeln Tuchrock einherging, welcher gut gemacht und stets reinlich war, wovon aber die Elle nur einen Thaler kostete, und wo kein massiver Knopf prahlte; und dessen Weib und Töchter stets nett und sauber gingen, aber keine Brabanter Spitzen, keine seidnen Kleider, keine brokatnen Mützen im Hause hatten. Dieser Bürger hörte, daß ein andrer armer Bürger seit einem halben Jahre Schulden halber im Gefängnisse saß, daß seine Familie dadurch zu Grunde ging, weil nichts verdient wurde, und daß die ganze Summe, womit der arme Mann zu retten und wieder in Brot und Ruhe zu setzen war, 100 Thaler betrug. Er ging ganz kalt an seinen Schrank, nahm hundert Thaler, schlich sich aufs Rathaus und machte seinen Mitbürger damit los, ohne das Geld je wieder zu verlangen. – Was meint ihr, hat der Mann sich's hier nicht ansehen lassen, daß er Geld hatte, und – auf eine edlere und ihm selbst genießbarere Art? Muß der Mann von diesem »sich sehen lassen« nicht Himmelswonne gehabt haben? – Lernet von ihm!

440) Nur diese vernünftige Art von Sparsamkeit und Wirtschaftlichkeit, die ich euch bisher empfohlen habe, wird euch nach und nach zu wohlhabenden Bürgern machen, euch in den Stand setzen, die Freuden der Wohltätigkeit zu genießen, eure Kinder einst desto besser zu versorgen, wird euch die Achtung aller Rechtschaffnen und selbst eurer Obrigkeit erwerben, wird eure Kinder durch euer Beispiel für ihre Lebenszeit belehren – und euch wahre Zufriedenheit verschaffen.

441) III. Und nun ist noch ein drittes Stück übrig, was zu eurem ökonomischen Wohlstande erfordert wird: ich meine den lieben Hausfrieden. Ihr wißt, wie alles in einem Hause den Krebsgang geht, wo keine Eintracht ist. Lernet also, wodurch ihr das köstliche

Kleinod des Friedens und der Eintracht in euren Häusern erhalten müßt.

442) 1. Das erste Erfordernis ist wechselseitige Hochachtung. Die Erfahrung lehrt es zur Genüge, daß Mangel derselben die gemeinste Quelle von Uneinigkeiten ist. Ihr werdet das schon mehrmals gesehen haben, daß Leute z. B. in ihrem Brautstande höchst einig und vergnügt lebten, und daß wenige Wochen nach der Hochzeit Zank und Unfriede begann, bloß, weil sie nun aufgehört hatten, einander mit der Achtung und Delikatesse zu begegnen, welche vorher der Grund ihrer Liebe und Eintracht gewesen war. Sie wurden miteinander zu vertraut, wurden nachlässiger im äußerlichen Wohlstande, rauher in ihrem Tone, unhöflicher bei Forderungen oder Abschlagungen, eigensinniger bei ihren Launen, unbesorgter gegen Schmutz und Kleidung, wenn sie vor einander erschienen, etc. und daher kam's, daß mit der Abnahme der Zeichen der Achtung sehr bald Kleinigkeiten imstande waren, Grobheiten und Zank hervorzubringen. Wollt ihr also jenes Kleinod erhalten, so hütet euch, daß ihr diese Grundlage desselben nie vernachlässigt. Behandelt eure Gatten und selbst eure Kinder und Untergebene immer mit einer gewissen Art von Achtung. Bemüht euch, wie Paulus sagt, einander mit Ehrerbietung zuvorzukommen. Zeigt in Mienen, Ton, Ausdruck – bei Befehlen, Tadel, Verweigerung, Forderungen – überall eine gewisse Schonung und Wertschätzung durch freundliches, liebreiches, höfliches Wesen. Seid, wo es nötig ist, streng, aber nie rauh und grob. Mutet niemandem erniedrigende Dienste zu. Hütet euch vor allen Familiarisierungen usw.

444) 2. Damit verbindet aber ein vernünftiges Betragen bei den Schwachheiten und Fehlern der Eurigen, weil allzugroße Empfindlichkeit gegen dieselben eine ebenso reichhaltige Quelle von Uneinigkeiten wird. Lernet daher

445) a. Kleinigkeiten ganz übersehen, und tut, wo die Sache nicht von Wichtigkeit ist, als merktet ihr's nicht. Kein Mensch ist ohne Fehler. Ihr selbst nicht. Also müssen wir an Gatten, Kindern etc. Fehler dulden lernen. Alle Kleinigkeiten strafen und rügen macht die Menschen scheu und mißmutig. Bei wichtigen Fällen einmal recht ernsthaft durchfegen, wirkt mehr, als bei aller Gelegenheit tadeln und lärmen.

446) b. Am meisten hütet euch vor Härte, Ungestüm und Grobheit. Das benimmt die Hochachtung bei den Fehlerhaften, und wo schon die fehlt, da ist's umsonst, bessern zu wollen. Man wird des

Polterns gewohnt. Und man setzt Fehler gegen Fehler.

447) c. Wenn ihr bestraft, so tut's liebreich – mit Vorhalten vernünftiger Gründe –, auch nicht alle Augenblick, nicht in Gegenwart anderer: zeigt dabei, daß es euch selbst weh tut, wenn ihr einmal strafen müßt: sucht dem Bestraften den Schmerz nach der Strenge wieder zu vergüten durch Freundlichkeit, Zureden: das macht Liebe, Geneigtheit, sich bessern zu lassen; das Gegenteil aber empört, erbittert und gibt Gelegenheit zu vielem Verdruß.

448) d. Sucht mit Klugheit den Fehlerhaften von seinen Fehlern zu entwöhnen, durch Vorstellungen des Nutzens, wenn sie folgen, und des Schadens, wenn sie beharren, durch Benehmung der Gelegenheit, z. B. zum Naschen, zum Trunk, zur Eifersucht usw. Und hütet euch vornehmlich, daß ihr nicht selbst zu Fehlern Gelegenheit gebt.

449) 3. Dazu setzt die wichtige Regel für den Hausfrieden: legt allen Eigensinn ab und lernt einander nachgeben. Eigensinn macht Eigensinn. Also laßt niemanden bei euren Forderungen, Wünschen, Urteilen, Entschließungen auf die Gedanken kommen, daß nur Starrsinn der Grund davon war. Wenn ihr starken Widerwillen wo merkt, und die Sache ist ohne Schaden zu ändern, so gebt nach und sagt mit Abraham: willst du zur Rechten, so will ich zur Linken, etc. Habt ihr überlegte Gründe, etwas durchzusetzen, so laßt es nie an Vorstellungen und Gründen fehlen, tut's dann mit Männlichkeit und Ernst, aber nie mit Härte oder verächtlicher Begegnung, laßt euch nie Wohlgefallen am Schmerz derer merken, die diesmal ihren Willen beugen mußten, vergütet ihnen denselben vielmehr bei erster Gelegenheit durch desto liebreicheres Nachgeben. Das macht Vertrauen und gewinnt auch die unbeugsamen Herzen.

450) Endlich verbindet mit diesen Mitteln zur häuslichen Eintracht – Ausrottung alles Mißtrauens. Solange ihr die Verbindung mit einem Menschen (zum Ehegatten, Freunde, Dienstboten) noch nicht geschlossen habt, könnt ihr nicht mißtrauisch genug sein. Da forscht, prüft, untersucht, soviel ihr nur könnt. Aber wenn ihr einmal eine Person einer Verbindung mit ihr wert gefunden, dann seid standhaft, verhütet das Gift der Zuträgerei, leidet nicht, daß man Böses von ihm sage, glaubt nichts, was ihr nicht seht, argwöhnt nichts, ohne es ihm mit Sanftmut und Offenherzigkeit vorzuhalten. Zuträgereien sind das Unglück ganzer Familien. Das bringt Argwohn, Mißtrauen, Eifersucht hervor, welche oft lebenslang die

Ruhe vergiften und alle Bande der Liebe und Eintracht zerreißen. Hütet euch davor. Lernt offenherzig gegeneinander sein. Trauet in Dingen, welche den guten Namen der Eurigen angehen, kaum euren eignen Augen, geschweige den Reden der Klatscher und Klatscherinnen. Euer Hausfriede ist euer bestes Kleinod. Und das beruht auf wechselseitigem Vertrauen. Argwohn und Eifersucht sind eine Hölle, die kein Mensch auslöschen kann, wenn sie einmal brennt. – Habet Glauben aneinander. Hoffet von allen Menschen, vornehmlich aber von den Eurigen, das Beste.

451) Dann wird der Geist Jesu, welcher der Geist der Vernunft und der Liebe ist, unauflösliche Bande zwischen euch und den Eurigen knüpfen. Dann wird der Friede Gottes in euren Häusern wohnen. Dann werdet ihr mit Lust einer für das Wohl des andern arbeiten, und alles wird vonstatten gehen. Eure Kinder werden sich nach eurem Beispiele bilden. Alle Freuden des Lebens werdet ihr doppelt reizend finden. Alle Leiden werden euch erträglich, alle Lasten gemindert werden.

452) Nächst der innerlichen Ökonomie des Bürgers beruht ein großer Teil seines Wohlstandes und seiner Glückseligkeit auf seinem Metier oder Berufsfach, welches er zum Besten des Staats (394) übernommen hat. Wir betrachten also hier nicht mehr den Ökonom allein, sondern zugleich an ihm den Kaufmann, den Fabrikanten, den Handwerksmann. Und hier habt ihr, liebe Mitbürger, folgende Quellen eures Wohlstandes aufzusuchen und zu benutzen.

453) I. Die erste ist Fleiß und Arbeitsamkeit überhaupt. Denn das seid ihr nicht bloß euch schuldig, daß ihr eure besten Stunden, eure frischesten Kräfte auf Arbeiten verwendet, durch welche ihr euren Anteil zum gemeinen Besten liefert (so wie eure übrigen Mitbürger wiederum für euch arbeiten und eure Bedürfnisse besorgen), weil ihr dadurch Nahrung und Unterhalt für euch und eure Kinder und die Mittel gewinnt, die ihr zum frohen Genuß des Lebens vonnöten habt; sondern ihr seid's auch eurer Ehre schuldig, weil ihr die erwerbende Volksklasse ausmacht, und also gerade die schlechtesten Glieder der Nation sein würdet, wenn ihr nicht die fleißigsten sein wolltet: und endlich seid ihr's auch Gott schuldig, der euch dazu Leben, Gesundheit und Kräfte verlieh, daß ihr sie zur Teilnehmung an den Zwecken Gottes gebrauchen, daß ihr nutzbare Menschen werden und für eure Mitmenschen leben und wirken solltet.

454) II. Aber die Sittenlehre, die euch den Weg zur Glückseligkeit zeigt, fordert nicht nur Fleiß, sondern auch einen solchen Fleiß, der eure Mitmenschen, die bei euch arbeiten lassen oder von euch kaufen, vergnügt und zufrieden mit euch macht. Dazu gehört also,

455) a. Daß ihr so arbeitet, daß eure Kunden gefördert werden und alles zu der Zeit erhalten, wo es bestellt war und wo ihr es versprochen hattet;

456) b. Daß ihr ihrer billigen Erwartung gemäß Arbeit und Ware liefert von der Güte, von der Brauchbarkeit, wie man sie verlangte und wie ihr sie zugesichert hattet. Dies fordert die Heiligkeit des Vertrags. (301)

457) c. Daß ihr in Forderung eures Lohnes und eurer Bezahlung gerecht seid, eure Kunden nicht übersetzt, sie nicht bevorteilt, selbst ihre Unbekanntschaft mit dem Werte der Waren nicht benutzt, sondern von jedem, er verstehe es oder verstehe es nicht, nur soviel nehmet, als jeder andere ehrliche Kaufmann oder Handwerksmann nimmt, der dabei bestehen will.

458) d. Daß ihr gewissenhaft seid in Absicht auf empfangene oder zugebüßte Materialien oder Vorschuß zur Verarbeitung, nicht mehr ansetzt, als ihr wirklich verbraucht habt, nichts zurückbehaltet, nichts austauscht. Diese unbestechliche Ehrlichkeit wird euren Kunden nicht nur Freude machen, sondern auch euch Liebe und Achtung von der Welt und ein gut Gewissen vor Gott zum Lohne geben.

459) e. Daß ihr endlich gegen eure Kunden bescheiden und höflich seid, und besonders denen, die höhern Standes sind, mit Ehrerbietigkeit begegnet. Mancher Bürger sucht etwas darin protzig zu sein (zumal wenn er ein wenig in der Wolle sitzt) und jeden, auch dem vornehmsten, so zu begegnen, als wenn er sagen wollte, wer nicht will, läßt's bleiben. Das bringt weder Ehre noch Nutzen. Man läßt solche Grobiane laufen und wählt sich, und empfiehlt andern, höflichere Leute, die auch der Vornehme schätzt und ihnen mit Achtung begegnet.

460) III. Ebenso fordert die Sittenlehre von euch Güte gegen die, welche euch euer Brot verdienen helfen, welche die Dinge, mit welchen der Kaufmann handelt oder die der Fabrikant und Handwerksmann bearbeitet, ihm roh sammeln, zuschleppen, in die Hand arbeiten: daß ihr solche armen Menschen nicht drückt, sie nicht nötigt, euch wohlfeiler zu arbeiten, als sie dabei bestehen können, sondern ihnen auch ihr Brot gönnt und so mit ihnen um-

geht, daß sie ihres Lebens dabei froh werden können.

461) IV. Hierzu nehmt noch alles das, was wir euch oben von Ordnung und Pünktlichkeit in Geschäften (416ff.), von nötiger Aufsicht über die Vorräte (428), von Memorialien, genauen Rechnungen und Aufbewahrung aller Beurkundungspapiere (429) gesagt haben, und setzt noch besonders dies hinzu, daß ihr sorgfältig und gewissenhaft alle für eure Arbeiten und Waren erhaltenen Bezahlungen sogleich eintragt und abschreibt, damit euch nicht die Schande des Vorwurfs zuwachse, Gelder doppelt gefordert zu haben, oder eure Erben dereinst Forderungen machen und solche aus euren Büchern beweisen, welche ihnen nicht gehören, und dadurch ihre Mitmenschen beschädigen.

462) V. Vergeßt dabei die wichtigen Pflichten gegen eure Lehrburschen, Dienstleute und Untergebnen nicht. Denn auch hier könnt ihr als wahre Menschenfreunde viel Gutes stiften und Glückseligkeit befördern.

463) I. Wenn ihr gegen diese eure Leute menschlich, gerecht und redlich handelt, in Absicht auf alles dasjenige, was sie für ihren Fleiß von euch zu erwarten berechtigt sind: wenn ihr ihnen, was ihr versprochen habt, gewissenhaft bezahlt und den sauer verdienten Lohn unter keinerlei Vorwand ihnen verkümmert; wenn ihr ihnen gesunde und hinreichende Kost reichet; wenn ihr endlich sie freundlich und liebreich behandelt, wenn sie das ihrige tun, und menschlich und mit schonender Güte verfahrt, wenn sie fehlen.

464) 2. Wenn ihr euch als Väter betrachtet und als solche für ihre Glückseligkeit sorgt. Denn Gott hat sie euch nicht bloß darum zugeführt, daß sie bei euch arbeiten und essen sollen, sondern auch darum, daß sie bei euch glücklich leben und zur Glückseligkeit immer fähiger werden sollen. Betrachtet sie also als Menschen, die eurer Pflege und Erziehung übergeben sind, und freut euch, wenn ihr zur Vervollkommnung ihres Lebens oder Geistes etwas beitragen könnt. Denn wer daran Freude findet, ist ein Gott ähnlicher Mensch. Zu dem Ende sorget a. für ihre Gesundheit und erlaubt ihnen nicht nur, daß sie (in Absicht auf Schlaf, Ruhe, Leibesbewegung, etc.) der Gesundheit gemäß leben, sondern haltet sie selbst dazu an, z.B. zur Ordnung, Mäßigkeit, Reinlichkeit etc. b. In Krankheit seid mitleidig und verstoßt sie nicht gleich, wenn sie eine Zeitlang euch nichts verdienen können; c. lehrt sie gute Sitten und ein wohlanständiges Betragen, – bei Tische, bei der Arbeit und im gesellschaftlichen Leben. Quält sie aber dabei nicht mit Pedante-

reien und zunftmäßigen Spielwerken, die keinen wahren Nutzen gewähren; d. tut alles, was euch möglich ist, um sie in allen Arten der Arbeiten und Geschäfte, die zum Metier gehören, aufrichtig zu unterweisen und ihnen alle die Kenntnisse, Geschicklichkeiten und Vorteile beizubringen, die ihr selbst besitzt, welche sie einst in den Stand setzen können, Brot und Ehre zu erwerben und das Andenken ihrer Lehrjahre zu segnen. Führt sie zu allem, was sie zu lernen haben, den leichtesten und kürzesten Weg. Macht ihnen nichts ohne Not sauer. Habt Geduld mit ihnen, wenn die Natur Kopf und Talente sparsam gegeben hatte oder wenn Leichtsinn und Flüchtigkeit der Jugend sich zeigen. Strafet ihr Fehler, aber mit Menschlichkeit und Nachsicht. Und macht es ihnen, so viel an euch ist, möglich, ihres Lebens bei euch froh und dereinst nutzbare Menschen zu werden. e. Unterstützt alle eure Lehren und Ermahnungen zur Gottesfurcht, Mäßigkeit, Sittsamkeit, Höflichkeit etc. durch euer eignes Beispiel; und bedenkt, daß ihr unaussprechlichen Schaden tut, wenn ihr sie, durch ein böses Exempel, auf die Wege des Lasters und der Verdorbenheit leitet. f. Endlich sorgt auch für ihr Vergnügen und gönnt ihnen Zeiten der Ruhe, der Erholung und der Fröhlichkeit, damit sie mit Kraft und Lust für euch arbeiten und damit nicht ihre Seufzer über ein kummervolles und freudenleeres Leben euch vor Gott anklagen mögen.

465) VI. Hiernächst erinnert euch aber auch der Pflichten gegen eure Mitbürger, daß ihr mit denen in steter Eintracht zu leben, ihr wahres Wohl zu wünschen und befördern und euch vornehmlich von jenen schändlichen Gesinnungen zu entfernen sucht, welche man den Handwerksneid nennt. Laßt mich über diese Krankheit, die unter Bürgern so gewöhnlich ist, mit euch einige Betrachtungen anstellen.

466) Der Handwerksneid besteht in einem Mißvergnügen, das ihr über das Gute eurer Mitbürger empfindet, entweder ohne Ursache, da er denn Mißgunst heißt, oder aus der Ursache, weil ihr das Gute, was er besitzt, gern selbst haben möchtet, da denn sein eigentlicher Name Neid ist.

467) Also Mißvergnügen – worüber? Daß euer Mitbürger mehr Kunden und Zulauf hat als ihr, daß er reicher ist, daß er mehr aufgehen läßt, daß seine Frau prächtiger einhergeht als die eurige, etc.?

468) Seht nur, wie ungerecht das ist, gegen die Vorsehung Gottes, welche das gute, was euch verdrießt, ihm zuwandte; wie unbillig es ist gegen eure Mitbürger, die ja nichts dafür können, daß es ihnen

Gott gab, und die euch ja damit nicht schaden, oder wenigstens nicht schaden wollen; wie töricht, daß ihr durch solche Gesinnungen eure eigne Glückseligkeit stört; daß ihr euch selbst einen Verdruß zuzieht, der euch quält und überall begleitet; wie ihr dadurch eure Seele verstimmt und euch die Freude über das viele Gute, das Gott euch zuwandte, dadurch raubt, daß ihr euch über das, was er euren Mitbürgern gab, ärgert; wie ihr euch dadurch so manchen Menschen ungenießbar macht, wie ihr euch in Gefahr setzt, durch den Neid zu Verleumdungen, bösen Nachreden und andern schlechten Handlungen verleitet zu werden; wie ihr euch lächerlich und verächtlich macht und den Beneideten reizt, euch desto mehr zu ärgern, usw.

469) Und wißt ihr wohl, woher diese Krankheit entstand? Wahrhaftig allemal aus einem verdorbenen Herzen: entweder aus Ungenügsamkeit und Habsucht, oder – aus Lieblosigkeit, weil euer Herz nicht gebildet, d. h. fähig ward, sich über das Glück und die Freude der Mitmenschen zu erfreuen. Und ist's nicht verdorbnes Herz, was der Handwerksneid erzeugte, so ist's schwacher Verstand, daß ihr über Menschenwert und Menschencharakter falsch urteilt und meint, daß andere das Gute, was ihnen Gott gab, nicht wert sind; oder daß ihr den Gütern selbst, die sie besitzen, einen allzuhohen Wert beilegt; oder, daß ihr euch einbildet, dadurch selbst geringer gemacht und gedemütigt zu werden, daß andere gewisse Güter besitzen.

470) Und was wirkt nun dieser Handwerksneid? Er bringt erst die entehrenden Zeichen dieser Krankheit in euer Gesicht, daß man euch euren Verdruß überall ansieht; er verleitet euch zu bitterm Tadel des Beneideten, und weiterhin zu Verleumdungen und Lügen; und am Ende kommt's von scheelen Gesichtern und bittern Reden zur Tat: ihr sucht den Beneideten um das, was ihr ihm beneidet, zu bringen, oder es ihm zu verbittern und ungenießbar zu machen, oder – wohl gar ihn anzufeinden und zu verfolgen. Ist das wohl der Geist Jesu? Ist das der gebildete Charakter eines guten und edeldenkenden Bürgers?

471) Aber ich kann mich, sagt ihr, des Verdrusses nicht erwehren, wenn ich Leute im Besitz des Zulaufs, der Ehre und des Reichtums sehe, die es nicht verdienen. Aber ich bitte euch, wißt ihr's gewiß, daß sie es nicht verdienen? Habt ihr ihren moralischen Wert oder Unwert mit Untrüglichkeit beurteilt? Ferner sagt mir: seid ihr Richter, weisere Richter über eure Mitbürger als Gott, der ihnen

das Gute gab, was euch an ihnen ärgert? Oder seht ihr scheel darüber, daß Gott oft, auch ohne und über Verdienst, gütig ist? Wünscht ihr nicht, daß Gott es auch gegen euch sei? Und ist er's nicht?

472) Aber wenn die Leute nur nicht so stolz drauf täten, das ärgert mich. Wahr ist's. Es ist äußerst unklug, wenn Leute mit ein bißchen mehr Kundschaft oder Reichtum so viel prassen und überall damit großtun. Aber entschuldigt das euern Neid? Überlegt nur, sind die Güter, die sie besitzen, solche, die ihr auch haben könntet, wenn ihr ebenso fleißig wärt, ebenso gute Arbeit machtet, ebenso euch bei den Leuten beliebt machen könntet, etc., so müßt ihr jene nicht beneiden, sondern euch selbst Vorwürfe machen. Sind's aber Güter, die ihr nie haben konntet, ei, so ist ja ihr Prassen für euch keine Demütigung: so laßt doch den Toren sich brüsten und freuet euch, da ihr edlere Gesinnungen habt.

473) Aber soll ich mich denn nicht bemühen, auch den Zulauf und die Kundschaft und den Verdienst zu erlangen, den der andere hat? Jawohl. Aber nur nicht ihn darum beneiden und schlechte Wege dazu einschlagen: Z. B. ihn verleumden, die Kunden ihm abspenstig machen, usw. Der rechte Weg, es euren Mitbürgern gleichzutun, steht euch stets offen, und ich habe ihn euch oben (453. 459) bereits angezeigt. Wer fleißig ist, den Leuten zu Danke arbeitet, dabei höflich und bescheiden ist, dem wird's an Zulauf nimmermehr fehlen. Und damit euch dieses edle Mittel zum Erwerb und Vermehrung eures bürgerlichen Wohlstandes desto leichter werde, so merkt euch noch ein Haupterfordernis dazu.

474) VII. Bestrebt euch in eurem Metier beständig fortzulernen und eure Kenntnisse und Geschicklichkeiten täglich zu erweitern und zu vermehren (230). Alle Gelehrten und Künstler streben nach diesem Wachstum. Es wäre also Schande für euch, wenn ihr stillstehen wolltet. Und es muß das notwendig euch Schaden bringen, wenn andere eurer Mitbürger sich immer vervollkommnen und dadurch in den Stand gesetzt werden, bessere und beliebtere Arbeiten und Waren zu liefern und folglich die Kundschaft an sich zu ziehen.

475) Es ist daher ein sehr nützliches Herkommen, daß Handwerksleute auf Wanderschaft gehen müssen. Das ist nicht nur ein herrliches Mittel, professionistische Kenntnisse aus andern Orten und Ländern zu verpflanzen, sie in Umlauf zu bringen und sich selbst in seinem Metier zu vervollkommnen; sondern es hat auch

noch anderweitige gute Folgen. Es verfeinert die Sitten und schleift an dem Menschen das Rohe und Steife ab, was die häusliche Erziehung nicht hatte wegschaffen können. Es befördert die Gesundheit und gibt Abhärtung des Körpers. Und es verschafft die, auch dem Bürger so nötige, Erfahrung, nebst Welt- und Menschenkenntnis.

10
Joachim Heinrich Campe
Der Bürger

Der Bürger, O. D. Burger, des –s, d. Mz. w. d. Ez; die Bürgerin, Mz. die –en, eigentlich die Bewohner einer Burg. Es bezeichnet aber 1) diejenigen Einwohner einer Stadt, welche die Freiheiten und Gerechtsame derselben genießen und welche zugleich an der Verwaltung der Stadt teilhaben und zu Mitgliedern des Rats erwählt werden können. In dieser Bedeutung werden noch in einigen O. D. Städten, besonders aber in der Schweiz die Bürger vorzugsweise den Einwohnern entgegengesetzt. In etwas weiterer und in den freien Reichsstädten gewöhnlicher Bedeutung heißen diejenigen Einwohner einer Stadt Bürger, die in Ansehung ihrer Nahrungsgeschäfte die Freiheiten der Stadt genießen und ihre Lasten mit tragen helfen, die mögen übrigens an der Verwaltung der Stadt teilhaben oder nicht. Sie werden in adelige oder ratsfähige und in ehrbare oder ratsunfähige geteilt, wo dann die ersten die Bürger in der ersten engsten Bedeutung sind (*Patricier*). Oft versteht man auch nur die letzte Klasse dieser Bürger darunter, die bloß die Freiheiten der Stadt in Ansehung ihrer Gewerbe genießen, an der öffentlichen Verwaltung aber keinen Teil haben und die jene Freiheiten durch das Bürgerrecht erlangen. Bürger werden. Bürger sein. Ihnen werden die Schutzverwandten, Beisassen etc. entgegengesetzt, und da sie größtenteils Handwerker sind, und die Handwerker in den Städten Bürger sein müssen, so ist Handwerker und Bürger in den Städten gleichbedeutend. 2) In weiterer Bedeutung heißen oft alle Einwohner einer Stadt, sie mögen das Bürgerrecht haben oder nicht, Bürger, in Gegensatz der Bauern oder Dorfbewohner; und bestimmter Stadtbürger, zum Unterschiede von den Staatsbürgern. Da Burg sonst auch einen Flecken oder auch großes

Dorf bedeutet, so versteht man in Oberschwaben auch noch jetzt unter den Bürgern einen Bauer, und unter Burgemeister den Schultheiß oder Dorfrichter. 3) In weitester Bedeutung bezeichnet man mit Bürger teils den dritten Stand unter den Gliedern eines Staats, wo dann der Bauer miteingeschlossen ist, in Gegensatz des Adels und der Geistlichkeit, teils alle und jede Glieder der Gesellschaft, welche den Staat bilden, die Staatsbürger. Sind Bürger oder Staatsbürger nach Kant diejenigen, »welche das Stimmrecht in der Gesetzgebung für den Staat haben« *(cives, citoyens)*, so können sie eigentlich nur in Freistaaten stattfinden. Doch wird dieser Begriff so streng nicht genommen, und man nennt z. B. jeden einen guten Bürger, der die Pflichten des gesellschaftlichen Vereins erfüllt. Uneigentlich und in noch weiterer Bedeutung wird jedes Mitglied der menschlichen Gesellschaft, jeder Mensch ein Bürger dieser Welt, ein Bürger der Erde, oder Erdenbürger, Weltbürger genannt.

Ich rede hier als Mensch und Bürger dieser Welt.

Hofmannswaldau.

Für Bürgerin wird im gemeinen Leben, sofern die Frau eines Bürgers darunter verstanden wird, gewöhnlich Bürgerfrau, Bürgersfrau gesagt, und die Tochter eines Bürgers, sofern sie nicht als ein Staatsglied betrachtet wird, in welchem Falle sie, wenn sie mündig ist, auch Bürgerin heißt, heißt eine Bürgerstochter oder ein Bürgermädchen.

11

Karl Leonhard Reinhold
Die drei Stände. Ein Dialog.

Horst. Lassen Sie uns von etwas anderm sprechen; das Wort Freiheit hat seit einer geraumen Zeit aufgehört, für mich einen Sinn zu haben, der sich in der wirklichen Welt anwenden ließe.

Frank. Ich dächte, wir hätten seit kurzem die lehrreichsten Veranlassungen gehabt, unsere vorigen Begriffe von Freiheit zu berichtigen – und die dringendsten Aufforderungen, die berichtigten Begriffe anzuwenden.

H. Und doch hat man in Frankreich für und gegen die Freiheit kaum so unvernünftig gehandelt, als unter uns Deutschen bei dieser Veranlassung für und gegen die Freiheit geschrieben wurde.

Aber auch das Beste, was ich darüber gelesen habe, hat mich nur in meiner eigenen Meinung bestärkt, daß jeder anwendbare Begriff von Freiheit unrichtig, und der einzige richtige nicht anwendbar sei. Die bürgerliche und die politische sowohl als die äußere Freiheit des Gewissens und der Denkkraft würden einander voraussetzen, müßten sich gegenseitig hervorbringen, und sind eben darum nie dagewesen, und werden auch nie da sein. Ich finde das Triumphgeschrei und Zeterrufen, das von unsern Schriftstellern für und gegen Freiheit angestimmt wird, wenn irgendeine politische Bedrückung durch was immer für einen Zufall nachläßt, oder ein altes Vorurteil einem neuen neben sich Platz macht, um mich aufs gelindeste auszudrücken, kindisch.

F. Ich nicht weniger. Gleichwohl halt' ich dafür, daß die verschiedenen Arten äußerer Freiheit, die Sie genannt haben, verschiedene Grade zulassen, in deren jedem sie den Namen der Gattung mit Recht führen können; daß ein gewisser Grad politischer Freiheit hinreiche, um einen gewissen Grad der äußeren Freiheit des Gewissens und der Denkkraft zu veranlassen, der alsdann wieder einen höheren Grad der politischen möglich macht; und daß alle jene Arten nichts als die verschiedenen Äußerungen der inneren Freiheit, oder der natürlichen Selbsttätigkeit des menschlichen Geistes, im Zustande der fortschreitenden Kultur sind.

H. Sie lassen also auch politische Freiheit aus Kultur hervorgehen, und sind vielleicht nicht sehr weit von der Meinung unserer Demokraten entfernt, die nichts begreiflicher finden, als daß die kultivierteste unter allen Nationen des Erdbodens auch zuerst frei werden müsse, und wirklich schon frei geworden sei.

F. In Rücksicht auf die Französische Revolution würde ich diese Behauptung nur unter vielen Einschränkungen zugeben.

H. Ich ohne alle Einschränkung leugnen. Wenn von der bisherigen Kultur ganzer Nationen die Rede ist, so kann ich nichts darunter verstehen als diejenige Entwickelung des sinnlichen oder, welches ebensoviel heißt, des eigennützigen Triebes, die durch Vervielfältigung und Verfeinerung der Gegenstände desselben bewirkt wird. Nicht nur die Künste, auch die Wissenschaften selbst haben bisher nur als Sache des Luxus ihr Glück gemacht; die Schriftstellerei wird immer mehr und mehr bloße Handlungsspekulation, und unsre Philosophen empören sich gegen jeden aus ihrem Mittel, der die Sinnlichkeit zum Behuf der Vernunft, und nicht die Vernunft zum Behuf der Sinnlichkeit, kultiviert wissen will.

Die Franzosen haben es hierin unstreitig am weitesten gebracht. Sie haben es unter allen am besten verstanden, den Taumelbecher künstlicher Wollüste zuzubereiten. Daraus mußte nun erfolgen, was in unsern Tagen wirklich erfolgt ist. Diejenige Klasse der Nation, welche den Genuß für ihr ausschließendes Vorrecht, für den einzigen Zweck ihres Daseins ansieht, verlor durch das Übermaß des Genusses nach und nach ihr Übergewicht über die übrigen Klassen, die an dem Taumelbecher fast keinen andern Anteil hatten, als daß sie an der Zubereitung desselben arbeiten mußten, um leben zu können. Die Unbesonnenheit der Vornehmen hat den Stumpfsinn der Gemeinen übertroffen, und die Aristokraten, die nun in ihren erbärmlichen Manifesten die Gewaltsamkeit ihrer ehemaligen Untertanen anklagen, haben in dem kraftlosen Zustande ihrer wollüstigen Trunkenheit den Zügel aus der Hand fallen lassen, an welchem sich, zu ebenderselben Zeit, anderswo mehrere Hunderttausende geduldig aus ihrem Vaterlande wegführen ließen, um durch den Säbel der Türken und durch ansteckende Krankheiten aufgerieben zu werden. Aber was hat Frankreich dadurch gewonnen, daß sein Pöbel ohne Zügel herumläuft und jeder Bürger Souverän sein will? Wenn Sie hier politische Freiheit finden, so begreife ich nicht, was Sie sich bei diesem Ausdrucke denken mögen?

F. Ich glaube mit Ihnen einig zu sein, indem ich mir nichts anderes dabei denke als die durch Gesetze beschränkte Willkür der Regenten sowohl als der Untertanen. Ich gestehe Ihnen, daß ich diese Freiheit in Frankreich zwar *vor* der Revolution, aber nicht *während* derselben vermißt habe, und dies aus dem sehr einfachen Grunde, weil ich mir nicht einfallen lassen konnte, sie in dem noch immer fortdauernden Zustande der Gärung aufzusuchen. Allein ich glaube, daß aus diesem Zustande der Zügellosigkeit ein Grad von politischer Freiheit hervorgehen wird, dessen sich kein anderes großes Volk in Europa rühmen kann; und daß es in fünfzig Jahren keine Frage mehr sein dürfte, ob Frankreich an dieser Freiheit durch die Revolution nicht mehr gewonnen habe als Rußland und Österreich an seinen durch den gleichzeitigen Türkenkrieg gemachten Eroberungen. Wie aber auch der Erfolg dieser großen Weltbegebenheit für Frankreich ausfallen mag, Europa hat durch dieselbe eine Belehrung erhalten, die eben zur rechten Zeit kam, und deren Augenscheinlichkeit und Nachdruck durch die vereinigten Bemühungen seiner größten Schriftsteller nie zu hoffen gewesen wären. Wodurch hätte den Regenten diejenige Freiheit, die sie ihren Untertanen nicht verweigern dürfen, und den Untertanen derjenige Gehorsam, ohne welchen sich keine Freiheit denken läßt, lauter gepredigt, näher ans Herz gelegt werden können, als durch das große und mannigfaltige Unheil, das sie bei diesem die Aufmerksamkeit von ganz Europa so lang und so stark beschäftigenden Schauspiele sowohl aus der Unterdrückung als aus dem Mißbrauch der Freiheit erfolgen sahen?

H. Um diese Lehre aus diesem Beispiele zu ziehen, müßten die Regenten sowohl als die Untertanen im Ganzen genommen weiser sein, als sie es auf der gegenwärtigen Stufe der Kultur des menschlichen Geistes sein können. Für jetzt dürfte es wohl dabei bewenden bleiben, daß die einen ziemlich allgemein behutsamer, die andern hin und wieder mutiger geworden sind.

F. Ich zähle nur auf die eigennützige Klugheit, die Sie unsrem Zeitalter so willig einräumen, wenn ich von eben dieser Behutsamkeit und diesem Mute wohltätige Folgen erwarte. Mir ist die Furchtsamkeit der Fürsten und die Herzhaftigkeit der Untertanen, die dazu gehört, daß beide zu den Landesgesetzen ihre Zuflucht nehmen, sehr willkommen. Ich erwarte für jetzt die Begünstigung der politischen Freiheit nur von den äußeren Umständen, durch welche sowohl die Fürsten als die Untertanen genötigt werden, die Sicherheit gegen Empörung sowohl als Unterdrückung mehr in dem Ansehn der Gesetze als in der Stärke ihrer Arme aufzusuchen. Mögen doch die politischen Maßregeln, welche der verewigte Joseph z. B. in Ungarn befolgte, noch so wohlgemeint gewesen sein, so waren doch durch dieselben die Schranken überschritten, welche die Konstitution des Landes der Willkür des Regenten gesetzt hat; und mag die Widersetzlichkeit der Stände in ihren Triebfedern bei vielen noch so unedel gewesen sein, so hatte sie doch gleichwohl die wichtige und wohltätige Folge, daß sowohl von dem Regenten als den Untertanen dem Gesetz gehuldigt wurde.

H. Wenn Sie in einer Konstitution, wie die ungarische, die Freiheit einer Nation finden können, dann mögen auch die Burke und Calonne recht haben, wenn sie die vorige Regierungsform in Frankreich eine umgestürzte Konstitution und den Sturz derselben ein Verbrechen gegen die Freiheit der Nation nennen! In Frankreich war der König in den letzten Zeiten nur allein durch die Schranken der menschlichen Natur, und in Ungarn ist er durch Verträge genötigt, die höchste Gewalt mit Aristokraten zu teilen.

Dort wurde die Nation im Namen des Königs, hier wird sie im Namen des Gesetzes vom Adel und der höheren Geistlichkeit unterdrückt; und so ist es mehr oder weniger allenthalben. Die meisten europäischen Konstitutionen tragen so sichtbar das Gepräge des Zufalls, der sie während einer noch sehr schwachen Dämmerung der Vernunft gestiftet hat, daß sie sich, so wenig als die übrigen Werke ihres Urhebers, unter Gesichtspunkte der Zweckmäßigkeit bringen lassen. Allein auch der Zufall wirkt nach Naturgesetzen, und seine Werkzeuge bei der Gründung der Staatsverfassung haben wenigstens insofern gleichförmig gehandelt, daß sie sich und ihren Nachkommen die Vorrechte, das heißt, die überwiegende Stärke zusicherten, durch welche bei allen Nationen der kleinere Teil über den größern den Meister spielt. Daß Adel und höhere Geistlichkeit in den meisten Verfassungen ausschließend den Namen der Stände führen; daß man sogar unter dem Namen der Nation nur sie versteht, befremdet nur erst seit kurzem einige philosophische Enthusiasten, gegen welche von unsern berühmten Rechtsgelehrten aus der Geschichte und den Gesetzbüchern erwiesen wird, daß an der ganzen Sache nichts Unrechtmäßiges sei als jene Befremdung. Freilich, seitdem das Recht, seine Besitzungen durch den Degen zu erweitern, wiederum ausschließend von den Regenten in Beschlag genommen ist; seitdem durch den Landfrieden die ritterlichen Gewerbe eingeschränkt und die bürgerlichen begünstigt sind, ist es dem Fleiße und den Talenten der arbeitenden Klassen gelungen, sich in ihren wohlhabenden Gliedern Stellen unter den Gewährten zu erringen; der Name Bürger wurde durch das Prädikat reich nach und nach wieder einer politischen Bedeutung fähig; und die beiden hohen Stände dulden hin und wieder sogar in ihren Versammlungen einen dritten, niedrigen neben sich, der ihren Beschlüssen, durch seine Zustimmung Popularität, durch seine Weigerung aber Gelegenheiten verschafft, sich ihres entscheidenden Übergewichtes zu erfreuen. Bei dem ungarischen Landtag bedeutet eine ganze königliche Freistadt so viel als ein einzelner Magnat, und noch in unsren Tagen haben sich die Stände dieses Königreiches nicht geschämt, ein Gesetz zu machen, welches alle Bürgerlichen zu Staatsbedienungen für unfähig erklärte, und das nur durch die Weisheit des neuen Königs auf die einträglichern und ehrenvollern Posten eingeschränkt worden ist. Hätte Joseph mit dem Adel und der höhern Geistlichkeit gegen die Bürger und Bauern gemeine Sache gemacht, so hätte er zu diesem

Behufe nichts so Willkürliches verfügen können, was nicht diese Repräsentanten der Nation unter die Grundgesetze des Staates aufgenommen, und wofür sie ihn nicht als den Wiederhersteller der ungarischen Freiheit ausgerufen hätten. Allein er tat das Gegenteil, und hieß – Despot.

F. Und woher wissen Sie, daß dieser Fürst den höheren Grad von Freiheit, den er dem größeren Teile seiner ungarischen Untertanen zugedacht hatte, nur durch die willkürlichen Maßregeln hätte durchsetzen können, durch welche er seine gute Absicht wirklich verfehlt hat? Die Erfahrung hat gezeigt, daß ihm das Umstürzen der alten Konstitution unmöglich war. Eine Verbesserung derselben würde ihm, vielleicht mit der Hälfte des Aufwandes von Arbeit und Standhaftigkeit, möglich gewesen sein, die nun ohne Erfolg geblieben sind. Durch eine auf dem gesetzmäßigen Wege, mit Einwilligung und durch Mitwirkung der Stände, eingeleitete Reformation würde er freilich seinen Zweck weder so bald, noch auch in dem Umfang erreicht haben, als er es, bei seinem Eifer für das gemeine Beste und bei der Lebhaftigkeit seines Temperamentes wohl wünschen mußte. Viele Mißbräuche, die er auf einmal zu vertilgen hoffte, hätten bis auf bessere Zeiten verschont werden müssen. Dafür aber wäre mit ihnen zugleich das Palladium der politischen Freiheit, der Grund aller wahren bürgerlichen Kultur, mit einem Worte das Wesen jeder Konstitution unverletzt stehengeblieben, welches der Willkür des Regenten sowohl als der Untertanen Schranken setzt, und, inwiefern es die beiden größten Hindernisse der Freiheit aus dem Wege räumt, auch die unvollkommenste Konstitution wünschenswerter macht, als den blühendsten Zustand einer ganzen Nation unter der Regierung eines helldenkenden und wohlwollenden Despoten. Daß die privilegierten Stände hin und wieder den Namen und die Rechte der Nation usurpieren, ist so wenig zu leugnen und zu entschuldigen, als daß viele Fürsten das Volk als ihr Eigentum, als eine Sache, die unter ihnen erobert, erheiratet, vertauscht werden kann, betrachten und behandeln. Allein ebensowenig darf der sogenannte dritte Stand sich des Namens der Nation anmaßen und den übrigen Ständen Gesetze vorschreiben, weil er die meisten Hände aufzuweisen hat. Bei jedem großen Volke ist er, in seinen untersten und zahlreichsten Klassen, weit mehr noch durch seine natürliche Unmündigkeit als durch die Konstitution, von allem Anteil an der Regierung ausgeschlossen. Aber auch seine höheren Klassen, die ich durch den Namen des

Mittelstandes bezeichne, haben keine Ursache, sich über die Vorzüge der privilegierten Stände zu beklagen, die nicht nur in ihrem Ursprunge lange nicht so ungerecht, und in ihren Folgen lange nicht so schädlich sind, als sie von unsren gewöhnlichen Aposteln der Freiheit und Gleichheit verschrieen werden, sondern sogar zur Kultur von Europa schlechterdings unentbehrlich waren und es, in mehr als einer Rücksicht, noch immer sind.

H. Für mich bedarf nur der letzte Teil Ihrer Behauptung, aber dieser destomehr, eines Beweises –

F. Den ich Ihnen aber nur dann versprechen kann, wenn Sie meine Erörterung über den vorhergegangenen Teil anhören wollen.

Bei der Gestalt, welche Europa durch die Völkerwanderung angenommen hat, und in welcher die ersten historischen Grundlagen unserer heutigen Staatsverfassungen aufzusuchen sind, befand sich das Landeigentum auf eine sehr natürliche Art ausschließend in den Händen der Fürsten und der sogenannten freien Herren, und das *Minimum sapientiae*, ohne welches auch ein barbarischer Staat nicht wohl bestehen kann, in den Köpfen der Geistlichkeit. Die Abkömmlinge der Eroberer mußten mit dem Schwert verteidigen, was ihre Voreltern mit dem Schwert erworben hatten. Die Geistlichen, die Handwerker und die Bauern lebten auf den Ländereien unter dem Schutze des Adels, und der Wehrstand war nicht nur der erste und wichtigste, sondern er würde auch lange der einzige den Staat konstituierende Stand geblieben sein, wenn er lesen und schreiben gekonnt hätte. Die Geistlichkeit, auf welche der Lehrstand, wie der Wehrstand auf den Adel, eingeschränkt war, würde durch ihre überlegenen Einsichten über rohe Barbaren, die alle Gewalt in ihren Händen hatten und ihr eigenes Schicksal der Entscheidung ihrer physischen Kräfte zu überlassen gewohnt waren, wenig vermocht haben, wenn sie nicht mit übernatürlichem Fluch und Segen ausgerüstet gewesen wäre. Dadurch gelang es ihr, Schiedsrichterin zwischen den bewaffneten und streitsüchtigen Herren des Landes, Beschützerin der gedrückten Untertanen, Stütze der bürgerlichen Ordnung, und nach und nach Mitbesitzerin des Landeigentums und Mitstand der freien Herren zu werden. Der Adel und die Fürsten traten einen Teil ihrer Besitzungen in der gegenwärtigen Welt gegen Anweisungen auf die zukünftige an die Stellvertreter Gottes ab, und der Wehrstand gab sich auf diese Weise selbst ein politisches Gegengewicht, das seine Willkür ungefähr ebenso einschränkte, wie durch ihn selbst die Willkür der Fürsten eingeschränkt war. Und so war der Nährstand allein, aber gewiß ohne Schuld der beiden andern Stände, von der Landstandschaft ausgeschlossen. Die Geistlichkeit war zu dieser Teilnehmung an der Macht des Staates auf eine weit unschädlichere Art gelangt als der Adel; der Bürgerstand nähert sich diesem Ziele auf einem edleren Wege.

Die Erfindung des Schießpulvers und der Buchdruckerkunst und die Entdeckung der Neuen Welt haben in den Verhältnissen zwischen dem Wehr-, Lehr- und Nährstande jene wesentlichen Veränderungen veranlaßt, welche heutzutage mit den alten Überbleibseln jener Verhältnisse in unsren Staatsverfassungen so auffallend kontrastieren. Das Schießpulver hat fast ebensoviel beigetragen, den Adel um die ausschließenden Vorrechte des Wehrstandes, wie die Buchdruckerkunst – die Geistlichkeit um das Privilegium des Lehrstandes, zu bringen; und das Gold von Amerika war dem Fleiße, der Geschicklichkeit und den Einsichten vorbehalten, zu welchen sich ein Teil des Nährstandes unter der Vormundschaft der höhern Stände allmählich emporgearbeitet hatte. Während die Pfade, auf welchen diese zu ihrem Eigentume gelangten, längst und (wie zu hoffen steht) auf immer versperrt sind, erhält die Arbeitsamkeit – die unversiegbare Quelle, woraus jener sein Vermögen zieht – durch sich selbst immer neue Kräfte. Der Luxus erschöpft den Adel und die höhere Geistlichkeit, während er Fabrikanten und Kaufleute bereichert; und der Handel ist im Begriff, dem Mittelstande, als dem natürlichen Repräsentanten des Nährstandes, nach und nach ein Eigentum zu verschaffen, das seine Ansprüche auf den Rang eines konstituierenden Teils der Nation endlich über alle Zweifel erheben wird.

H. Die Zweifel des Adels und der höhern Geistlichkeit dürften sich gleichwohl kaum auf eine andere Art auflösen lassen als auf die neueste der Franzosen.

F. Solange dieses der Fall sein wird, so lange sind auch jene Ansprüche noch bei weitem nicht reif genug. Der Mittelstand weiß selbst nicht, was er will, wenn er sich, um die höhern Stände zu unterdrücken, entweder dem Pöbel oder den Fürsten in die Arme wirft. Durch Gewalt wird er sich nie anders als zu seinem eigenen Nachteile der Vormundschaft entziehen können, in welche ihn zwar nicht die höhere Vernunft, aber doch auch ebensowenig die bloße Willkür der höhern Stände, sondern der natürliche Gang der Weltbegebenheiten versetzt hat. In manchen Ländern Europas befindet er sich noch bis jetzt im Stande der Kindheit, hat bis jetzt weder Eigentum noch Kultur genug errungen, um auch nur als dritter Stand neben den beiden erstern auftreten zu können; und dort, wo er bereits als mutiger Jüngling erscheint, hat er sich (im ganzen genommen) zu einem Grade von Wohlstand und Aufklärung emporgeschwungen, der ihm den Druck jener Vormundschaft, ohne welchen er nie so weit gekommen wäre, teils erleichtert, teils weniger fühlen läßt. Die Notwendigkeit hat ihn in seinen Vorfahren einer gesetzmäßigen Abhängigkeit unterworfen, welche nur durch Vernunft nach und nach in gesetzmäßige Freiheit umgeschaffen werden kann. Allein auch die Vernunft kann dieses nur insofern, als sie sich derjenigen Erkenntnis ihrer selbst nähert, die zur Selbstbeherrschung unentbehrlich ist und allein fremde Aufsicht entbehrlich macht. Der Mittelstand muß sich durch innere Kraft des Geistes Mündigkeit und äußere Freiheit erringen, wobei ihm durch äußere Umstände sein Geschäft erleichtert oder erschwert, keineswegs erspart, aber auch (soviel sich aus dem gegenwärtigen Zustand von Europa schließen läßt) nie wieder eingestellt werden kann. Die berühmte Freiheit der Griechen und Römer war nichts weniger als Mündigkeit. Der Zufall hatte mehr als die Vernunft für sie getan, und als jener, was er geliehen hatte, wieder zurücknahm, sanken die Lehrer und Beherrscher der Menschheit zu dem äußeren Schicksal und zu den Gesinnungen armseliger Sklaven herunter. Ich sehe den Adel und die Geistlichkeit als Werkzeuge der Naturnotwendigkeit, oder vielmehr der durch Naturnotwendigkeit waltenden Vorsehung, bei der Erziehung des Mittelstandes, als derjenigen Klasse der Menschen an, in welcher und durch welche die Menschheit in Europa den Zustand ihrer Mündigkeit beginnen soll. Die Werkzeuge der Naturnotwendigkeit bei diesem Erziehungsgeschäfte konnten und durften freilich noch nicht selbst mündig sein; aber dies können und sollen die künftigen Werkzeuge der Vernunft beim Erziehungsgeschäfte der übrigen Menschheit werden.

H. Ich werde Sie nicht eher ganz verstehen, als bis Sie mir irgendein bestimmtes Merkmal angegeben haben, woran sich diese künftige Mündigkeit des Mittelstandes erkennen ließe. In Frankreich dürfte er wohl seinem Vormund zu früh entlaufen sein.

F. Wir verstehen uns besser als Sie glauben. Der Mittelstand ist so lange unmündig, als er seine Freiheit nur durch Unterdrückung der höhern Stände zu erringen weiß. Die Unabhängigkeit, die er kennt und sucht, ist dann nur die äußere, und zwar diejenige, welche der Zufall durch das Übergewicht physischer Kräfte gibt und nimmt. Wer die Sklaverei nur in seiner eigenen Person, und den Despotismus nur in der Person eines andern haßt, wem es nicht ebenso unerträglich ist, willkürlich zu herrschen als willkürlich beherrscht zu werden, der ist auch der äußern Freiheit unwürdig, der hat keine Ursache, sich zu beklagen, wenn er sie auf eben dem Wege wieder verliert, auf dem er sie gefunden hat. In der National-Versammlung sind nur wenige aufgetreten, welche sich mit gleichem Eifer gegen das Willkürliche in der neuen Ordnung der Dinge sowohl als in der alten erklärt haben; und ihre Stimme verlor sich nur zu oft im Getümmel des Kampfes zwischen Demokraten und Aristokraten, denen es nicht um Freiheit, sondern um Herrschaft zu tun war, welche die einen im Rahmen des Volkes, die andern im Rahmen des Königs bald erschleichen, bald ertrotzen wollten. Die bekannte Hartnäckigkeit, womit der größere Teil des Adels und der höhern Geistlichkeit auf der Behauptung solcher Vorrechte bestand, die, seitdem sie dem Staate verderblich geworden sind, nur durch Unrecht behauptet werden konnten, dürfte freilich die Sachwalter des dritten Standes nicht selten in die traurige Notwendigkeit versetzt haben, zu unterdrücken, um nicht selbst unterdrückt zu werden. Vielleicht hat auch sogar das gemeine Volk, ungeachtet aller vorgegangenen Grausamkeiten (die doch nur einem sehr kleinen Teile desselben zur Last fallen), gleichwohl im ganzen genommen, und in einer Zeit, da es sich des Übergewichts, das ihm die Zahl seiner Hände gab, bewußt war, mehr Mäßigung bewiesen, als der größere Teil aus den privilegierten Ständen vor und nach dem Ausbruche der Revolution wirklich gezeigt hat. Allein alles, was sich zur Entschuldigung der bei dieser Revolution vorgefallenen Gewalttätigkeiten sagen läßt, beweist zugleich, daß der Mittelstand in Frankreich, mit allen seinen unleugbaren inneren Vorzügen vor allen übrigen Ständen, gleichwohl bei weitem nicht den Grad von Kultur des Geistes und Herzens erreicht habe, auf dem er sich befinden muß, wenn er dem in den Regierungsformen und Konstitutionen gegründeten Despotismus nicht durch Zwang (der ihn nur unter andern Gestalten wieder herbeiführt) sondern durch Aufklärung und Veredlung der Konstituenten und Gesetzgeber ein Ende machen soll.

H. Und wie können Sie glauben, daß der Mittelstand diesen Grad von Kultur, wenn er auch an sich selbst kein unerreichbares Ideal wäre, unter der Vormundschaft erreichen werde, der sie ihn bis dahin unterworfen wissen wollen? Offenbar haben Sie sich unter dieser Vormundschaft mehr das alte landständische Verhältnis gedacht, welches, teils durch den immer weiter um sich greifenden Despotismus der Fürsten, teils durch den Reichtum der Bürgerlichen, in den meisten Staaten sehr beschränkt ist und in vielen kaum dem Namen nach besteht – als den wichtigen Einfluß, den der geistliche Stand auf den Kanzeln der Kirchen und den meisten Lehrstühlen der Schulen, und der Adel durch die Verwaltung der wichtigsten Ämter des Staates auf die Kultur aller übrigen Stände hat. Die Denkart, welche von diesen beiden Ständen auf diesem Wege fortgepflanzt und verbreitet wird, ist im wesentlichen eben dieselbe, die nach der Völkerwanderung aus dem aristokratischen Regimente der Eroberer über die Leiber und das Eigentum der Eroberten, und der Bekehrer über die Seelen und Begriffe der Bekehrten hervorging, der Geist des Lehensystems und der Hierarchie. Der bei weitem größere Teil des Adels sieht noch immer seinen Stand als eine höhere, durch ihre bessere Natur zur Beherrschung der übrigen bestimmte Menschenrasse, und seine politischen Vorzüge als das Wesen einer guten Staatsverfassung an; während der bei weitem größere Teil des geistlichen Standes sich für den erblichen Aufbewahrer und Ausleger übernatürlicher Offenbarungen, für den unfehlbaren Glaubensrichter, und die von seinen Vorfahren auf den Mystizismus der neuplatonischen Philosophie zurückgeführte Theorie des Christentums – für das Wesen der echten Religion hält. Beide werden all den neueren und häufigen Erscheinungen einer entgegengesetzten Denkart nichts als die unglücklichen Zeichen eines ausartenden Zeitalters gewahr. Das Empörende dieser Erscheinungen bestärkt sie in den unvertilgbaren, durch die Triebfedern der Erziehung, der Gewohnheit und des Eigennutzes unterstützten Vorurteilen ihres Standes und fordert sie auf, zur Erhaltung derselben von außen alle Hilfsmittel anzuwenden, die ihnen ihr Besitzstand an die Hand gibt. Selbst die Greuel des groben Unglaubens, der eine Folge des groben Aberglaubens – und des Aufruhrs, der eine Folge des Mutwillens der Unterdrücker ist, sind der Politik der hochwürdigen und hochgebornen Hirten der Völker in dieser Rücksicht willkommen. Sie schrecken die verirrten Schafe in den Schafstall zurück und zeigen, wie die Ausgänge aus demselben für die Zukunft künstlicher zu verwahren sind.

F. Desto besser! Denn ich ehre und liebe diesen Schafstall, inwiefern er zum Erziehungsplan der Menschheit gehört. Er ist ebenso unentbehrlich und unvermeidlich für den Unglauben an Gott und Tugend (bei dem bisherigen Zustande der Philosophie gibt es philosophische Systeme des Unglaubens und Aberglaubens usw., die aus dem Mangel durchgängig bestimmter letzter Prinzipien erfolgen; aber eben darum an und für sich selbst, freilich nur durch eine den Menschen sehr gewöhnliche Inkonsequenz, neben einem politisch guten Willen bestehen können), der im Herzen, und für die Unzufriedenheit mit den Regierungsformen, die in der Herrschsucht ihren Grund hat, wie für den Aberglauben, der aus Unwissenheit, und die Unterwürfigkeit, die aus Sklavensinn entspringt. Wer die Freiheit haßt, weil er nicht Kopf genug hat, um sie von der Zügellosigkeit, die sein Herz empört, zu unterscheiden, wird sich in seinem eingesperrten Zustande ganz wohlbefinden; und wer unter dem Namen Freiheit die Zügellosigkeit seines eigennützigen Triebes geltend machen will, wird von Rechts wegen an den eisernen Ring des Zwangs angeschmiedet.

Durch die Tätigkeit der bürgerlichen Laien, durch Handel, Künste und Wissenschaften, hat sich das gegenseitige Verhältnis der Stände unleugbar mehr von der Seite des dritten Standes als der beiden höheren verändert. Es gibt nun Laien, welche die Religion besser kennen und reiner lieben als selbst die versammelten Väter zu Nicea und Trient und die Verfasser der symbolischen Bücher; es gibt nun Bürgerliche, die es an Eigentum und Einfluß auf den Staat mit den reichsten und mächtigsten vom Adel aufnehmen können; und die Zahl von beiden nimmt immer mehr zu. Gleichwohl sind die vorteilhaften Veränderungen in dem vorigen Zustande des dritten Standes, die ohne die durch den Adel verhinderte politische Anarchie und ohne die durch die Geistlichkeit beschränkte moralische Zügellosigkeit gar nicht denkbar wären, noch keineswegs so weit gediehen, daß nicht noch immer der größere Teil dieses Standes sich auf derjenigen Stufe befände, auf welcher der Adelige und geistliche Aristokratismus, in Rücksicht auf ihn, ebenso natürlich als wohltätig sind; ja!, daß nicht sogar die alten Vorurteile des geistlichen Standes, die den Aberglauben, und des Adels, die den Despotismus begünstigen, unentbehrlich geworden wären, um den neuen Vorurteilen das Gleichgewicht zu halten, die unter den höheren Klassen des dritten Standes, teils aus dem unmäßigen Streben nach Geld, teils aus dem voreiligen Gebrauch eines unreifen Wissens entspringen mußten, und die durch ihren immer weiter um sich greifenden Einfluß Zügellosigkeit und Anarchie herbeiführen würden.

H. Sehr wahr, mein Freund! Lassen Sie an die Stelle eines unumschränkt herrschenden Vorurteils zwei einander entgegengesetzte eintreten, welche sich bei jeder sittlichen Angelegenheit der Menschheit in die Herrschaft über die unmündige Vernunft teilen, und Sie haben die sogenannte Aufklärung unseres Zeitalters mit einem Pinselstriche charakterisiert. Kaufmannsgeist und Geldsucht, nicht philosophierende Vernunft und Humanität, sind es, die dem Adelsstolz und dem Mönchsgeist Schranken gesetzt haben; und wenn der Supernaturalismus, der den Aberglauben aufrechterhält, die alten Gesetze auf seiner Seite hat, so wird der Naturalismus bei seinen Eroberungen für den Unglauben durch die neuen Sitten unterstützt. Wenn man hoffen darf, daß keine dieser Parteien über die andere ein entscheidendes Übergewicht erhalten werde, so hat man wohl keinen anderen Grund, als daß die Vernunft für beide gleich wenig, und Leidenschaft für beide gleich viel geschäftig sind und immer sein werden.

F. Das wahre Mittel ist nur dann erst möglich, wenn die beiden Extreme gegeben sind, und je bestimmter und augenscheinlicher diese zum Vorschein kommen, desto schneller führen sie die Entdeckung von jenem herbei. Je mehr sich Sklavensinn und Zügellosigkeit, Aberglauben und Unglauben, Neuerungssucht und steife Anhänglichkeit am Alten einander die Hände binden, desto mehr lösen sie sich gegenseitig die Zungen. Beide haben in unserm deutschen Vaterlande nie weniger gehandelt und nie so laut und so viel gesprochen wie gegenwärtig. Ja!, ich getraue mir zu behaupten, daß, im ganzen genommen, noch nie so viel bürgerliche Ordnung bei so wenig politischer Sklaverei über so viele voneinander unabhängige Staaten Europas verbreitet war, wie seitdem die Philosophen mit ebensoviel Ungestüm gegen die Freiheit des Willens bei den sittlichen Handlungen, wie für die Freiheit des Menschen in der bürgerlichen Gesellschaft gestritten haben. Ich gebe Ihnen gerne zu, daß wir noch lange keinen bestimmten Begriff von Freiheit haben, und auch unsre Selbstdenker von erstem Range über denselben noch so bald nicht unter sich einig werden dürften. Allein ich behaupte, daß diese Repräsentanten der philosophierenden Vernunft durch den Gang, den ihre Untersuchungen seit einigen Jahren genommen haben, zu diesem großen Ziel unausbleiblich gelangen müssen. Was kann aber denselben zum Behuf ihres großen Geschäftes willkommener sein als bürgerliche Ordnung mit äußerer Freiheit verbunden? Freilich nur in dem Grade, in welchem sie, ohne Einverständnis der Selbstdenker über die Gründe der Pflichten und Rechte der Menschheit, möglich, aber in welchem sie gleichwohl, als äußere Bedingungen zu jenem künftigen Einverständnis, unentbehrlich sind, um welches, in dieser Rücksicht, die Voltaire durch Bekämpfung des gröberen Aberglaubens und Despotismus, und die Lavater durch Bekämpfung des gröbern Unglaubens und der praktischen Zügellosigkeit, gleich große Verdienste haben. Je mehr sich die Verteidiger des Naturalismus und Supernaturalismus, des Demokratismus und Aristokratismus usw. einander in die Enge treiben, je mehr sie sich nötigen, ihre Systeme neu zu begründen oder, welches ebendasselbe ist, die Gründe ihrer Gründe aufzusuchen, und folglich dasjenige zu beweisen, was sie bisher als ausgemacht angenommen haben: desto gewisser und schneller wird die Grundlosigkeit aller bisherigen Systeme denjenigen Zuschauern einleuchten, deren sittliches Gefühl ohnehin bei keinem derselben Befriedigung gefunden hat. Es gibt eine Klasse des Mittelstandes, die beträchtlich an Zahl ihrer Glieder zunimmt und sich immer mehr derjenigen äußeren Lage nähert, die der Sittlichkeit die günstigste ist, und den glücklichsten Standpunkt ausmacht, aus welchem sich die Angelegenheiten der Menschheit überschauen lassen. Von dem Übermut und der Hartherzigkeit der Unterdrücker, und von dem Sklavensinn und der Rachsucht der Unterdrückten, von Armut und Reichtum, vom Adel-, Pfaffen- und Bauernstolz gleich weit entfernt, ist diese Klasse durch kein persönliches Interesse weder für noch gegen was immer für eine der bisherigen politischen Verfassungen, philosophischen Hypothesen und herrschenden Vorstellungsarten eingenommen. Für sie ist die gewöhnlichste und verderblichste Quelle des Irrtums – der geheime Einfluß des Eigennutzes auf die Denkart – durch ihr äußeres Schicksal abgeschnitten, während sie durch die goldene Mittelmäßigkeit desselben zur Mäßigung des Eifers, Unbefangenheit der Untersuchung und Unparteilichkeit der Beurteilung bestimmt wird. Mit einem Worte, die Erzieherin der Menschheit scheint alles darauf angelegt zu haben, daß die weltbürgerliche Gesinnung, zu welcher sich in den übrigen Ständen nur selten ein außerordentlicher Genius emporschwingt, nach und nach die natürliche Sinnesart der Selbstdenker aus dem Mittelstande werden solle.

IV
»Bürgerliche« Freiheitsrechte

12
Isaac Iselin
Über die bürgerliche Ordnung

Alle Geschichten führen uns auf einen Zustand der Menschheit, wo die Menschen noch den Feldbau nicht kannten; wo sie nicht einmal die Viehzucht trieben; wo die Jagd, die Fischerei und die Sammlung wildgewachsener Früchte ihnen eine ungewisse und unverdiente Nahrung gewährten und wo alle menschliche Kunst sich auf die Verfertigung schlechter Hütten, grober Waffen und roher, aus Tierfellen oder aus Federn bestehenden Kleidungsstücke einschränkte.

In diesem Zustande war eine Gesellschaft von sehr wenigen Menschen zureichend, jedem die Vorteile zu gewähren, die seinen rohen Begierden angemessen waren. Eine zahlreiche Bevölkerung konnte weder der Wunsch noch der Vorteil solcher kleiner, mehr zusammengerotteter als vereinigter Haufen sein, und sie mußten natürlicherweise diejenigen für ihre Feinde ansehen, welche an demselbigen Orte mit ihnen jagen, fischen oder wilde Früchte auflesen wollten; da war also der Mensch nicht ein Werkzeug der Glückseligkeit für den Menschen; da war ein ausgebreitetes Wohlwollen eine Torheit und eine unpatriotische Denkungsart; da hatten die Menschen sehr wenig Anlässe, die höhern Fähigkeiten ihrer Seelen zu entwickeln, und da war ihnen eine gesellige Verfassung weder erwünschlich noch möglich. Der Friede selbst war ein Feind ihres Wohlstandes, weil durch den Krieg allein sie denselben erweitern konnten.

Sie brauchten die Freundschaft andrer Menschen nur, wenn sie von einem stärkern oder zahlreichern Haufen angegriffen wurden; nur alsdann hatten sie nicht eine Gesellschaft, sondern eine größere Zusammenrottung und dabei Anführer nötig; und die Ehre der Anführung wurde insgeheim demjenigen zuteil, welcher als der kühnste und der erhitzteste die andern zu einer Unternehmung angefrischt hatte.

Solche Fehden wurden Anlässe der Unterdrückung, durch welche stärkere Menschen sich schwächere zu Sklaven machten und sich Bequemlichkeiten, Wohlstand und Muße verschafften, welche nötig waren, um die bessern Fähigkeiten der Seele zu entwickeln, die rohen Triebe zu mildern oder zu veredeln und die Menschen für höhere Reize fühlbar zu machen.

Der Priester bediente sich der Übermacht der Einbildung, welche bei rohen Menschen und bei Kindern nur zu geschwind anwächst, um die Furcht vor erdichteten Göttern Menschen einzuflößen, welche zu der Erkenntnis des wahren Gottes sich zu erheben noch zu unverständig waren.

Der Sänger unterstützte mit seinen Liedern den Priester und erhitzte, indem er die kühnen Taten roher Voreltern besang, ebenso rohe Enkel zur Nachahmung derselben.

Der Sklave besorgte das Vieh seines Herrn, bereitete ihm daraus eine bessere Nahrung, machte ihm durch diesen Dienst seine Erhaltung sicherer, als sie es vorher durch die Jagd gewesen war, und verfertigte ihm bessere Kleider, bequemere Wohnungen und brauchbarere Werkzeuge der Jagd und des Krieges; der Herrscher lernte von seinem Sklaven, der besser und nützlicher war als er, den Wert eines gewissen Unterhaltes und des Eigentumes kennen.

Was er durch seine Stärke geraubt, was er durch seinen oder seines Sklaven Fleiß gesammelt, erjagt, gefischt, und was sein Sklave verwahrt, besorgt und verfertigt hatte, das wurde sein, und wer ihm dieses rauben oder entziehen wollte, den sah er als einen Ungerechten an, obgleich der Grund seines Besitzes größtenteils anders nichts war als selbst eine wahre Ungerechtigkeit. Dieses Eigentum aber erstreckte sich nur auf bewegliche Dinge, auf seine Sklaven, sein Vieh, seine Waffen, seine wenigen Werkzeuge und auf die Bretter, aus denen seine Hütte verfertigt war; mit der Kenntnis des Eigentums mußte auch das Gefühl der Gerechtigkeit sich erweitern; aber es war noch keine wahre bürgerliche Gesellschaft nötig. Jeder war unumschränkter Herr über seine Leute wie über sein Eigentum; er verteidigte sich und die Seinigen selbst gegen die Anfälle schwacher Feinde, und wider die Angriffe starker und zahlreicher Rotten vereinigte er sich mit vielen andern unter der Anführung eines Hauptes, dessen List und Tapferkeit er verehrte.

Indessen legte die durch die Vermehrung der Sklaven vergrößerte Macht der Herren den Grund zu dauerhaftern Vereinigungen, und das Vertrauen in die Helden, welche selbst, oder derer Voreltern, dieselbigen Familien oft mit glücklichen Erfolgen angeführt hatten, wurde allmählich ein Rechtsgrund zu einem lebenslänglichen und endlich zu einem erblichen Ansehen.

Unter dem Schutze solcher durch den natürlichen Trieb zur Zusammenrottung gestifteter, und auf der einen Seite durch die Gewohnheit zu gehorchen wie auf der andern durch den Reiz zu befehlen befestigter Vereinigungen konnten nach und nach mehr Wohlstand, mehr Fähigkeiten, mehr Einsichten, mehr Wohltätigkeit sich ausbreiten, allein sie mußten immer sehr schwach und sehr unvollkommen sein, bis der Landbau erfunden und zu einer gewissen Stärke gebracht worden war.

Mit ihm stärkten, erweiterten und vermehrten sich die Künste, welche ihn unterstützten, und wurden noch mehrere erzeugt, die ohne ihn nicht hätten bestehen können; die Handelschaft, welche die Früchte der Künste und des Landbaues durch einen wohltätigen Tausch unter den Menschen verteilt; die Fähigkeiten und die Erkenntnisse, welche Früchte der Muße und des Überflusses sind und welche die Quellen derselben bereichern und veredeln, und die Gesinnungen, welche den Menschen zum Wohltäter des Menschen machen.

Durch ihn wurde das Eigentum des Landes gegründet, weil es ein ewiges Gesetz der Natur ist, daß kein Mensch dem andern das Werk seines Fleißes zerstören und die Früchte desselben entziehen kann, ohne seine eigene Glückseligkeit zu schmälern und ohne den Beleidigten zu berechtigen, ihn durch alle möglichen Mittel zum Ersatze des ihm zugefügten Schadens und zur Sicherstellung vor künftigen Angriffen zu vermögen.

Weil aber ein größerer Wohlstand die Habsucht und die Ungerechtigkeit mehr reizt, und weil der dem Landbaue und den Künsten ergebene Bürger ohne Abbruch seiner Geschäfte nicht wie der Jäger alle Augenblicke eine Fehde übernehmen oder sich verteidigen kann, so wurde ein ordentlicher Schutz wider einheimische und fremde Gewalttätigkeit und Ungerechtigkeit nötig; und weil die Blüte und der Anwachs des Feldbaues und der Künste, welche Früchte desselben sind, viele gemeinsame Arbeiten, Verebnung ganzer Gegenden, Anlegung von Kanälen und Straßen, Schiffbarmachung und Verdammung von Flüssen, einen ausgebreiteten Unterricht und andre gemeinnützige Anstalten erheischen, welche die Kräfte einzelner Menschen übersteigen, so wurden für die Bedürfnisse gesitteter Menschen die plötzlichen Zusammenrottungen und die aus der Gewohnheit davon entstandenen unvollkommenen Gesellschaften ganz unzureichend; sie mußten allmählich ihre rohe und schwankende Natur ablegen und eine feste Bestandheit annehmen, wenn die Glieder derselben zu einem gründlichen und sichern Wohlstande gelangen sollten; sie mußten aufhören, Konföderation zu sein, und sie mußten wirkliche Staaten werden. Dieses geschah in den einen mehr und in den andern minder.

Wenn wir die Geschichten und die sogenannten Gesetze der meisten uns bekannten Staaten aufmerksam erwägen, so werden wir noch mehr als genug Spuren von diesem Konföderationsgeiste wahrnehmen; wir werden noch die meisten Staaten in verschiedene Bündnisse von Landesständen, von Handwerkern und von andern Staatskörpern getrennt finden, die sich alle einbilden, daß jeder seine besondern Anliegenheiten habe, welche dem Besten der andern zuwiderlaufen, und daß das gemeinsame Wohl aller von dem Vorteile des Landesherrn unterschieden sei.

Aber nicht in den Geschichten und in den Gesetzen allein, selbst in den Schriften der Philosophen werden wir diesen Geist finden, und wir werden ihn angepriesen finden als das Erhabenste, was die Weisheit und die Staatskunst auszusinnen vermögend sind; die meisten sind auf Gesetze und auf Einrichtungen bedacht, wie der höchsten Gewalt ein Gegengewicht könne entgegengesetzt, wie könne erhalten werden, daß sie nicht die höchste Gewalt sei. Sie haben deshalb eine Menge von Systemen ersonnen, um die Macht, welche Beherrscher über ihre Untertanen ausüben, teils mit der menschlichen Einwilligung zu rechtfertigen, teils mit menschlichen Kräften einzuschränken. Allein beides umsonst.

Nicht die Menschen, Gott und die Natur selbst sind die Stifter der bürgerlichen Gesellschaften. Die ewige Weisheit hat der Weisheit, der Tugend, ja selbst dem Eigensinne und der Ungerechtigkeit der Menschen überlassen, wie sie sich in solche Gesellschaften vereinigen wollten. Aber die Gesetze, nach denen sie sich darin verhalten müssen, hat sie ihnen vorgeschrieben, unter der unausbleiblichen Strafe, ihres Zweckes desto mehr zu verfehlen, desto weniger glücklich zu sein, je mehr sie sich der Herrschaft dieser geheiligten Gesetze entziehen würden.

Es ist hier nicht nötig, zu einem chimärischen gesellschaftlichen Vertrage seine Zuflucht zu nehmen, um zu beweisen, daß der Mensch ohne Ungerechtigkeit dem Menschen untertänig sein könne. Diese Unterwürfigkeit hat einen unendlich verehrungswürdigen Ursprung. Der Urheber aller Ordnung und aller Vollkommenheit hat einen Vertrag gestiftet, welchen weder die Beherrscher noch die so beherrscht werden ungestraft verletzen können.

Er hat dem Fürsten auferlegt, in seinen Handlungen auf nichts als auf die ewigen Gesetze der Gerechtigkeit zu sehen und nach ihren allein nützlichen Vorschriften den gemeinschaftlichen Wohlstand der Menschen zu befördern, bei der unausbleiblichen Strafe, desto weniger glücklich zu sein, je weniger er andre glücklich macht, und desto unglücklicher zu werden, je mehr er durch seine Saumseligkeit oder durch seine Bosheit andrer Unglück verursacht. Dieses ist die große Sanktion des allgemeinen Staatsrechtes, und diese werden wir durch die Geschichte aller Völker und aller Fürsten bestätigt finden. Es ist unmöglich, daß ein Fürst nicht glücklich sei, wenn er sein Volk glücklich macht, und daß ein solcher nicht unglücklich sei, wenn er sein Volk drängt oder unterdrückt. Der Tyrann, der auf seinem Bette stirbt, ist deswegen nicht glücklich gewesen, und der gute Fürst, der von einem Bösewicht ermordet wird, hat nichtsdestominder sein ganzes Leben hindurch bei jeder guten Handlung die kostbare Zufriedenheit genossen, wodurch jede ihre eigene herrlichste Belohnung ist.

Es ist durch dasselbige unverletzliche Gesetz der Natur festgesetzt, daß der Untertan nicht anders glücklich werden könne, als insofern er in einem Staate lebt, wo die ewigen Gesetze der Gerechtigkeit und der Ordnung gehandhabt werden, und nicht anders als in dem Maße, in dem er selbst dieselben beobachtet. Dem Monarchen und dem Untertan sind von dem höchsten Beherrscher dieselbigen Gesetze vorgeschrieben, unter der unfehlbaren Bedrohung, einen desto geringern Wohlstand zu erwarten, je weniger sie diesen Gesetzen nachleben, und sich in ein desto größeres Elend zu stürzen, je mehr sie dieselben übertreten, und unter der untrüglichen Verheißung, desto mächtiger und desto glücklicher zu werden, je unverbrüchlicher sie dieselben beobachten.

Durch diese Gesetze, durch diese niemals unvollzogen bleibenden Drohungen, durch diese niemals unerfüllten Verheißungen sind die Beherrscher mit den Untertanen und das Wohl der einen mit dem Wohl der andern so verknüpft, daß die einen unmöglich den geringsten Nachteil leiden können, ohne daß dadurch die Wohlfahrt der andern in demselbigen Maße geschwächt werde.

Durch die Beobachtung dieser Gesetze allein kann ein Staat zu einer wahren Vollkommenheit und zu einer dauerhaften Blüte gelangen. Durch dieselbe allein kann er seinen Bürgern einen ausgebreiteten und sichern Genuß der unendlich mannigfaltigen Güter gewähren, mit welchen die Güte des höchsten Beherrschers die Menschheit vorzüglich zu begünstigen geruht hat.

Die Wirksamkeit dieser Gesetze und die Veranstaltung der großen Unternehmungen, welche der höhere Wohlstand vieler Menschen erfordert, sind unmöglich, wenn nicht das heilige Band, welches in diesen großen Gesellschaften die Menschen vereinigt, unverletzlich, und wenn nicht das Ansehen, welches die Gesetze handhaben und die gemeinsamen Anstalten anordnen und ausführen soll, über alles erhoben ist; wenn nicht in dem Staate eine unzertrennbare und einzige höchste Gewalt ist, die alle Maßregeln und alle Unternehmungen einförmig beseelt, welche die allgemeine Wohlfahrt und Sicherheit erheischen.

Diese höchste Gewalt ist, wie wir es schon angemerkt haben, eine göttliche Stiftung und nicht eine Erfindung des menschlichen Witzes, ein für die Menschen unentbehrliches Ding; ein Ding, ohne welches sie sich unmöglich zu einer wahren Glückseligkeit oder nur zu einem schwachen Grade von Wohlstand erheben können: ohne sie würde das menschliche Geschlecht ein Raub der Ungerechtigkeit, der List und der Gewalttätigkeit sein. Sie ist aber nur zu oft mißbraucht worden, demselben ebenso große Übel zuzufügen, als diejenigen sind, vor denen sie es bewahren soll.

Wir müssen uns also nicht verwundern, daß seit den ersten Anfängen ihrer Erleuchtung die Menschen nicht haben übereinkommen können, wem sie dieses so furchtbare wie wohltätige Werkzeug ihres Glückes oder ihres Elendes am sichersten anvertrauen; ob und wie sie dessen Verwaltung mit ihren Obern teilen, wieviel davon sie für sich selbst behalten und wieviel sie jenen überlassen sollen.

Da sie meistens eher in einer Art von unvollkommenen Konföderation als in wahren Staaten gelebt, da ihre Obern fast immer die enge Verknüpfung mißkannt haben, durch welche der Wohlstand und die Größe der Beherrscher von der Glückseligkeit der Untertanen unabsonderlich sind, da so oft der Unverstand und die Ungerechtigkeit der Herrschenden die Untergebenen in die Notwendigkeit versetzt haben, sich gegen sie wie gegen Feinde und gegen Unterdrücker zu verteidigen, da für die höhere Vollkommenheit des bürgerlichen Standes noch unreif, die meisten Völker die

Früchte einer wahren Verfassung noch sehr unvollkommen genossen haben: so müssen wir sie eher bedauern als tadeln, daß sie auf so viele und meistens auf so verderbliche Mittel gefallen sind, sich wider die Übel zu verwahren, welche sie von dem Mißbrauche des Ansehens zu befürchten haben, und daß sie die wahre Freiheit eher in der Teilnehmung an der höchsten Gewalt gesucht haben als in dem ungestörten Genusse der persönlichen Rechte des Menschen, der Sicherheit und des Eigentumes; Rechte, welche für alle unentbehrlich sind; welche nur das tätigste Ansehen jedem versichern kann, und welche diejenigen, die dem Ansehen Grenzen setzen sollen, insgemein mehr zerstören, als ohne gar aller Vernunft beraubt zu sein, die unumschränkteste Macht es tun könnte.

Wir werden diesen wichtigen Gegenstand näher miteinander betrachten, mein teuerster Jüngling, wenn wir die wahre Natur der Freiheit und des Ansehens untersuchen werden; wir werden alsdann einsehen lernen, daß nicht die Gewalt und die Macht, sondern daß die Weisheit und die Tugend die einzigen guten Gegengewichte des Ansehens und der höchsten Gewalt sind; daß gute Bürger ihre Freiheit und ihre Rechte nicht durch die Bekämpfung, sondern nur durch die Erleuchtung ihrer Obern werden zu verteidigen suchen, und daß die Völker erst alsdann wahrhaftig glücklich sein können, wenn Beherrscher und Untertanen die unzertrennbare Einheit ihrer Vorteile erkennen und denjenigen, welcher einem Fürsten einen Rat gibt, so diesen nie ungestraft verletzten Grundsätzen zuwiderläuft, wenn es aus Unverstand geschieht, wegen seiner Unwissenheit bedauern, und wenn er es mit Vorsatz tut, als einen Bösewicht verabscheuen werden.

Indessen wird es nicht überflüssig sein, dich wider einen Irrtum zu verwahren, welcher in unsern Zeiten durch ein mehr seltsames als bewunderungswürdiges Blendwerk sich ausgebreitet und viele Einfältige verleitet hat, den bürgerlichen Stand als einen Stand von Ungerechtigkeit und von Unterdrückung anzusehen. Du wirst diesen Irrtum in vielen derjenigen Bücher finden, welche dermals die lesende Welt am meisten bezaubern.

Überhaupt wird es dir nützlich sein, ehe du dich auf das weite Meer der Lektüre wagst, gewarnt zu werden, daß in den berühmtesten Büchern du eine Menge von Irrtümern und von seltsamen Meinungen antreffen werdest, welche desto gefährlicher sind, je mehr der Stolz und die Begierde zu glänzen daran Anteil haben; denn diejenigen, welche die Schwachheit des menschlichen Geistes erzeugt, machen lange nicht so heftige und so verführerische Eindrücke.

Der Stolz, welcher nicht gerne gehorcht, und die Eitelkeit, welche gerne durch schmeichelnde und besondre Ideen sich hervortut, haben wider den bürgerlichen Stand sehr blendende Einwendungen gemacht, einen Stand der Natur, in dem zu leben kein Vernünftiger es jemals wünschen wird, als den glücklichsten Stand vorgestellt und dem Menschen eine Gleichheit erwünschlich machen wollen, deren geringstes Übel wäre, alle gleich unglücklich zu machen.

Diesen Stand der Natur preisen sie als den wahren Stand des Menschen an, und wenn sie noch eine bürgerliche Vereinigung zugeben müssen, so schreiben sie ihr Gesetze vor, welche alle Unordnungen des konföderierten Standes als Werkzeuge der menschlichen Glückseligkeit berechtigen und bestärken.

Der Stand der Natur, sagen sie, ist allein gerecht: diese gütige und unparteiische Mutter hat jeden Sterblichen mit denselbigen Rechten versehen. Alle sind auf dieselbige Weise ihre Kinder und ihre Lieblinge: sie unterwirft alle denselbigen Gesetzen; sie will in der vollkommensten Gleichheit alle gleich groß, gleich glücklich, gleich vergnügt machen. Aber in der bürgerlichen Gesellschaft herrschen nichts als Ungleichheit, Unterdrückung, Ungerechtigkeit. Da eignen unter dem Namen von Großen und von Reichen sich wenige Ungerechte das Recht zu, mit Ausschlusse aller andern in der Hoheit, in dem Überflusse und in der Weichlichkeit zu schwimmen; das allgemeine Erbgut der Natur unter sich allein zu teilen, ihre schwachen Brüder davon auszuschließen und dieselben sogar zu ihren Knechten zu machen. Ist da nur eine Spur von Gerechtigkeit und von Menschlichkeit zu finden? Kann die Notwendigkeit, zu unterdrücken oder unterdrückt zu werden, eine Bestimmung sein, die des Menschen würdig wäre, der geboren ist, um den Menschen glücklich zu machen, und der keine wahre Zufriedenheit genießen kann, als insofern er ein Werkzeug von dem Wohlstande andrer ist?

Unzweifelbar würde der bürgerliche Stand verabscheuungswürdig sein, wenn er diese Beschuldigungen verdiente, welche eine ungerechte Philosophie ihm aufbürdet, und billig müßten wir denjenigen Stand verehren, den sie den Stand der Natur nennt, wenn in der Tat er den Menschen vor der Unterdrückung und vor der Ungerechtigkeit schützte. Allein, ich habe es schon angemerkt, und wir finden in allen Geschichtsbüchern und in allen Reisebeschreibungen die deutlichsten Spuren, daß sich die Sache ganz umgekehrt verhält, und die Natur des Menschen selbst gestattet es auch nicht anders.

Dieser sogenannte natürliche Stand kann nichts anderes sein als ein Stand der Unordnung und der Ungerechtigkeit. Je mehr darin alle andern Unterschiede und alle andern Verhältnisse unmöglich sind, desto mächtiger müssen sich da dieselben von Stärke und von Schwäche, von Verwegenheit und von Furchtsamkeit äußern. Die Erfahrung lehrt uns mehr als genug, daß bei rohen Menschen immer der Starke den Schwachen unterdrückt. Sollte die ewige Weisheit, welche alles beherrscht durch unwandelbare Gesetze, einen Mißbrauch gutgeheißen haben, der alle Gerechtigkeit vernichtet und der jeden Fortgang zu einer höhern Vollkommenheit dem einzelnen Menschen wie dem ganzen menschlichen Geschlechte unmöglich machen würde, wenn er nicht gehoben würde. Nein, diese wohltätige Weisheit hat nicht können den einzigen Unterschied unter den Menschen billigen, welcher die Unordnung verewigt haben würde.

Ohne Zweifel hat sie ihre gerechten und heiligen Gründe, in gewissen Zeiten keinen andern Unterschied unter unzähligen Menschen zu gestatten; und diese Gründe, welche einzusehen er unvermögend ist, muß der schwache Sterbliche mit einem bescheidenen Stillschweigen verehren. Aber er segnet auch billig die weise Güte des Himmels, daß sie in bessern Zeiten und bei bessern Menschen Unterschiede eingeführt hat, welche die dem so unbillig gepriesenen Stande der Natur eigenen, die von demselben unabsonderlichen Ungerechtigkeiten entkräften und vertilgen. Er erkennt es als eine Wohltat der Vorsehung, daß sie Menschen mit Stärke der Seele und mit ausgebreiteten Einsichten und mit großen und wohltätigen Gesinnungen begabt hat, damit sie würdig und fähig würden, ihre Brüder zu erleuchten und zu beherrschen, oder, welches, wenn sie ihre Pflichten erfüllen, eines ist, dieselben glücklich zu machen. Dieser Gebrauch der Hoheit und der Gaben macht allein jeden Vorzug schätzbar und verehrungswürdig, den ein Mensch vor einem andern genießt. Sie allein kann einem Sterblichen über den andern ein gerechtes Ansehen und eine gesetzmäßige Gewalt erteilen. Sie ist der einzige wahre, der einzige rechtmäßige Grund des Unterschiedes der Stände. Sobald derjenige, welcher über andre sich des Ansehens und der Gewalt anmaßt, vergißt, daß Macht und Ansehen ihm nur gegeben sind, um andre glückselig zu machen, sobald er diese große Wahrheit aus den Augen setzt, die das heiligste Vorrecht der Menschheit ausmacht; sobald fängt seine Erhöhung an, eine Ungerechtigkeit zu werden; sobald wird der Herrschende ein Tyrann, und der Gehorchende ein Sklave; sobald der Große seine Macht also gebraucht, daß dadurch die Freiheit oder das Eigentum eines andern Menschen verletzt werden, sobald wird er zu einem Feinde der Menschheit, und er vermindert immer seine Ansprache und seine Fähigkeit zur wahren Glückseligkeit noch weit mehr, als er den Wohlstand andrer schmälert. Keine Hoheit kann den Menschen wahrhaftig glücklich machen als diejenige, welche zugleich die Vollkommenheit der ganzen Gesellschaft und den Wohlstand jedes Bürgers zu erhöhen dient.

Die Großen und die Mächtigen sind eigentlich nur Werkzeuge der Vorsehung zum Dienste der Niedern. Die ewige Weisheit erhöht sie nur, um andern durch sie Gutes zu tun.

Diese Macht, über die der Stolz sich so unbillig beschwert, ist kein Eingriff in die Rechte der Menschheit. Sie ist von der Vorsehung gestiftet worden, um diese Rechte zu beschützen und um den Genuß derselben zu erleichtern und allgemein zu machen. Ohne sie würde, wie wir es schon mehr als einmal angemerkt haben, nicht der geringste Grad eines wahren Wohlstandes möglich sein. Ohne sie würde das menschliche Geschlecht in der Dummheit kriechen oder in der Wildheit rasen; würden weder Ordnung noch Sitten noch Wohlstand unter den Menschen jemals haben eingeführt werden können.

Wenn schon unendliche Übel alle Staaten der Erde entehren; wenn schon die meisten noch der Unvollkommenheit viel näher sind als der Vollkommenheit; wenn schon den meisten noch eine wahre Verfassung fehlt; und wenn schon die meisten die Gesetze mißkennen, durch welche allein menschliche Gesellschaften zu einer wahren und dauerhaften Wohlfahrt gelangen können; so wird doch nicht leicht einer zu finden sein, der nicht weit mehr als der unabhängige Stand, den man für den Stand der Natur ausgeben möchte, dem Menschen ein frohes und angenehmes Leben gewährte, und dessen einmalige Auflösung nicht seine Bürger in ein weit größeres Elend stürzen würde, als dasjenige sein kann, über welches sie sich zu beschweren haben möchten.

Wer über die Übel unzufrieden ist, die dermals sein Vaterland drücken, der tue nur einige mit Weisheit geschärfte Blicke in die vergangenen Zeiten; er wird tausend Gründe finden, dem Himmel zu danken, daß er ihn in den gegenwärtigen hat lassen geboren werden. Und ich zweifle nicht, unsre Nachkömmlinge werden noch mehrere haben, ihr Schicksal dem unsrigen vorzuziehen. Alle menschlichen Stiftungen fangen gleich dem Menschen selbst bei der Unvollkommenheit und bei der Schwachheit an. Die bürgerliche Gesellschaft konnte von diesem allgemeinen Gesetze nicht ausgenommen sein. Sie ist die Vereinigung aller Mittel und aller Anstalten, durch welche die menschliche Glückseligkeit erhöht und das menschliche Geschlecht zu der Vollkommenheit gebracht werden kann, zu welcher die weise Güte des Schöpfers es aussersehen hat. Sie konnte nach dem ordentlichen Laufe der Natur diese Bestimmung nicht bei ihrem ersten Ursprunge erfüllen; sie kann nur langsam dazu reif werden; sie wird es erst sein, wenn alle ihre Teile aus der Verwirrung und aus der Unvollkommenheit, die ihre Anfänge entzieren mußten, sich werden erhoben, wenn Licht und Weisheit durch alle Stände in einem reichen Maße sich werden ergossen und wenn die Gefühle der Menschlichkeit und der Tugend durch die ganze Masse des Staates sich werden ausgebreitet und das Übergewicht über die rohen Triebe erhalten haben, durch deren feindselige Einflüsse die Menschen ungerecht und unglücklich werden.

Noch sind, das glückliche chinesische Reich ausgenommen, alle Staaten der Erde weit mehr von diesem erwünschlichen Zustande entfernt; noch sind alle viel jünger, als wir es insgeheim glauben. Soll sich ein Kind beklagen, daß es weder die Stärke noch die Weisheit eines Mannes besitzt?

Wir wollen uns hüten, diesen Kindern zu gleichen, liebster Jüngling. Weit entfernt, mit einer eitlen und prahlerischen Philosophie die Vorsehung anzuklagen, daß sie die Menschen in Verhältnisse gesetzt hat, denen sie selbst niemals würden entsagen wollen, wenn sie auch könnten; und daß sie Staaten und bürgerliche Gesellschaften hat entstehen lassen, wollen wir miteinander die Grundsätze erwägen, durch welche in diesen Verhältnissen und in diesen Gesellschaften Menschen glücklich und Staaten blühend gemacht werden können.

Laßt uns allervorderst mit einem Blicke den weiten Umfang der Anstalten übersehen, welche dieser große Endzweck erfordert.

Das erste, das unumgänglichste Bedürfnis des Menschen, der wahrhaftig glückselig werden soll, ist die Kenntnis und das Gefühl der Religion, der Ordnung, der Gerechtigkeit und der Anständigkeit. Daß diese den Bürgern eingeflößt, die Unwissenheit aus ihren Seelen verbannt, die Gerechtigkeit und die Ordnung ihnen als die einzigen Mittel des allgemeinen und des besondern Wohlstandes aus dem Grunde bekannt und über alles verehrungswürdig gemacht, und sie wider die Übel verwahrt werden, welche aus verkehrten moralischen und gottesdienstlichen Begriffen und Übungen entstehen können, ist die vornehmste Sorge einer erleuchteten Staatskunst; die Anordnung des nach den Einsichten der Regierung besten Unterrichtes und der nach ihren Begriffen anständigsten gottesdienstlichen Übungen ist also ihre wichtigste Obliegenheit, und mit dieser geht zugleich die ebenso wichtige Bemühung, alle Unordnungen zu verhüten, welche die mannigfaltigen moralischen und religiösen Begriffe der Bürger und die verschiedenen Vereinigungen verursachen können, welche durch dieselben in dem Staate natürlicherweise erzeugt werden müssen. (Aufsicht über die Kirche und die gottesdienstlichen Geschäfte. *Jus circa Sacra*. Sorge für die Sitten, die Erziehung und den Unterricht der Bürger.)

Eben diese unausweichliche Verschiedenheit der menschlichen Begriffe und die Unwissenheit, welche bei der größern Anzahl der Bürger immer über einen großen Teil ihrer Pflichten und ihrer Rechte vorausgesetzt werden muß, erheischen eine öffentliche und mit dem Ansehen der höchsten Gewalt versehene Kundmachung der allgemeinen Grundsätze, nach welchen Bürger und Beherrscher ihre Handlungen einzurichten und nach welchen sie die Forderungen zu beurteilen haben, die sie sich berechtigt glauben, an andre Menschen zu machen. (Gesetzgebung.) So sehr als der Unterricht, so sehr ist die Gesetzgebung in dem Staate nötig. Und nur insofern als in ihren praktischen Absichten die Gesetze, die gottesdienstlichen Übungen und die Meinungen der Bürger miteinander und mit den ewigen und unveränderlichen Gesetzen der Ordnung und der Gerechtigkeit übereinstimmen, können die Glückseligkeit und die Vollkommenheit des Staates dauerhaft und beträchtlich sein.

Die Gesetze ohne Beobachtung und ohne Vollziehung würden fruchtlos sein und dem Bürger die Sicherheit nicht gewähren, welche immer als der unentbehrliche Vorteil der bürgerlichen Vereinigung angesehen werden muß. Es sind deshalb unumgänglich in jedem Staate Personen nötig, welche die Ungerechten zum Ersatze des Schadens anhalten, so sie durch die Übertretung der Gesetze und durch die Verletzung der geselligen Pflichten einzelnen Menschen oder dem ganzen Staate zugefügt haben möchten, und welche die Unwissenheit und die Bosheit, soviel es immer möglich ist, in die Unvermögenheit setzen, andern oder sich selbst Übels zuzufügen (Richter-Amt).

Der wirtschaftliche Wohlstand jedes einzelnen Menschen und der ganzen Gesellschaft, die Erhöhung und die Vermehrung der Annehmlichkeiten des geselligen Lebens erfordern viele gemeinschaftliche Arbeiten und große Anstalten, welche die Kräfte einzelner Menschen oder schwacher Gesellschaften übersteigen. Die Anordnung dieser Arbeiten, die Unterhaltung und die Verbesserung dieser Anstalten, die Verwahrung der Gesellschaft wider alle Übel, welche die Tätigkeit und die Lebhaftigkeit der wirtschaftlichen Geschäfte hemmen oder zerrütten können (Polizei), gehören deshalb unter die wichtigsten Pflichten der Vorsteher der Staaten. Möchten sie nicht dieselben meistenteils versäumen und unglückseligerweise an deren Statt sich mit Sorgen und mit Einrichtungen abgeben, welche diese wichtigen Absichten eher verhindern müssen, als sie dieselben befördern können.

So kostbar und so notwendig jedem Bürger innerliche Ruhe und Sicherheit sind, so unentbehrlich sind jedem Staate die Freundschaft der übrigen Völker, der Genuß eines freien und allgemeinnützigen Verkehres mit denselben und die Sicherheit vor den Übeln, welche ihre Gewalttätigkeit und ihre Ungerechtigkeit ihm verursachen könnten. (Kriegswesen. Auswärtige Geschäfte.) Auch dies sind also wichtige Gegenstände der Staatskunst. Sie waren vielleicht die ersten, und auch in Rücksicht auf dieselben haben die Unwissenheit und die Leidenschaften die Vorsteher der Völker nur allzuoft verleitet, dasjenige zu einem Werkzeug ihres Elends zu machen, was es von ihrer Freiheit und von ihrer Glückseligkeit sein sollte.

Wenn der Bürger soll durch die Diener der Religion gelehrt, getröstet, ermahnt, durch die Weisen und die Gelehrten erleuchtet und unterrichtet, durch die Verwalter der Gerechtigkeit beschützt und in der Ordnung erhalten werden; wenn durch gemeinsame Arbeiten sollen das Land verebnet und die Wasser schiffbar gemacht und der Verkehr zwischen Bürgern und Fremden erleichtert werden; wenn die Annehmlichkeiten und die Vergnügungen des Lebens veredelt und als Mittel gebraucht werden sollen, die Fähigkeiten der Bürger zu erhöhen, ihre Sitten zu bessern und ihre Emsigkeit anzufrischen, und wenn durch die Unterhaltung einer beträchtlichen Macht der Staat soll vor den Anfällen auswärtiger Feinde gesichert werden, so muß die Regierung mit einem Einkommen versehen sein, wodurch sie in den Stand gesetzt werde, die Auslagen zu bestreiten, welche so viele und so große Anstalten erfordern. Ein gerechtes und seinen Umständen angemessenes öffentliches Einkommen (Finanzwesen) ist deshalb ein unumgängliches Bedürfnis jedes Staates.

Alle diese Anstalten können endlich weder gestiftet noch in der zum allgemeinen Besten nötigen Tätigkeit und Ordnung erhalten werden, ohne die höchste Gewalt, die sie beseelt und die durch alle Teile des Staates nach den unveränderlichen Gesetzen der Ordnung und der Gerechtigkeit Kraft und Leben ausspendet: Das vornehmste und das wichtigste aller geselligen Bedürfnisse ist daher die Einführung dieser höchsten Gewalt und diejenige Verteilung ihrer Ausflüsse (Verfassung), durch welche sie in jedem Teile des gemeinen Wesens alles mögliche und erwünschte Gute wirken kann.

13
Johann August Schlettwein
Von dem unzertrennlichen Zusammenhange
der Freiheit mit der Gerechtigkeit

§ 51.
Das Personaleigentum eines jeden Menschen.

Meine ganze physische Kraft ist die meinige, sie macht mich zu dem, der ich bin. Mein physisches Wesen ist nicht das physische Wesen meines Mitmenschen, und das physische Wesen meines Mitmenschen ist nicht mein physisches Wesen. Auch ist das physische Wesen meines Mitmenschen nicht in meinem physischen Wesen, in meiner physischen Kraft, als ein Stück meines Wesens oder meiner Kraft enthalten, und mein physisches Wesen ist nicht in dem physischen Wesen eines meiner Mitmenschen als ein Stück seines Wesens enthalten. So ist eines jeden Menschen physisches Wesen oder physische Kraft von Natur zu seiner Individualität bestimmt, in ihm selbst völlig begrenzt, nicht außer ihm, nicht in der Individualität eines andern, nicht Wesen, nicht Kraft des andern. Ist's also nicht unleugbar, daß die individuelle Fähigkeit und Kraft eines jeden Menschen von Natur ihm zum völligen Personal-Eigentum in Rücksicht auf jeden andern Menschen verliehen sei?

§ 52.
Grund des Real-Eigentums der Menschen in dem Personal-Eigentum.

In der individuellen Kraft eines jeden Menschen ist notwendig alles begriffen, was er durch dieselbige, allein genommen, vermag. Daher ist's wieder unleugbar, daß es zum Personal-Eigentumsrecht, welches Gott einem jeden Menschen über sich selbst, über sein physisches Wesen, über seine physische Kraft anerschaffen hat, notwendig gehört, alles nach seiner Überzeugung und seinem Gefallen tun zu dürfen, was er durch seine Personalfähigkeiten allein vermag. Es muß also auch eines jeden Menschen Eigentum sein, was er durch Anwendung seiner eigenen Kraft, seiner eigenen Fähigkeiten, seiner eigenen Personal-Vermögenheit schafft, hervorbringt, formt, ohne dabei die Personal-Vermögenheit eines andern Menschen zu brauchen.

Was außer dem physischen Wesen eines Menschen ist, das ist nicht sein, wenn es an sich betrachtet wird und nicht seinen Grund in dem physischen Wesen des Menschen hat. Nichts ist dem Menschen eigen, als was in seinem physischen Wesen enthalten ist, oder durch alleinige Anwendung der Kraft seines physischen Wesens sein Dasein erlangt. Daher ist es unwidersprechlich, daß alles Eigentumsrecht des Menschen über Gegenstände, die außer ihm sind, sich auf das Personal-Eigentum des Menschen gründe.

§ 53.
Abbildung der wahren Gerechtigkeit.

Gerechtigkeit, die nicht in bloßer Einbildung, nicht in willkürlichen Einfällen und Bestimmungen besteht, sondern in das Innere des menschlichen Herzens eingegraben ist, heißt und ist Unverletzlichkeit des ganzen Eigentumsrechts eines jeden, heiligste Vermeidung der Überschreitung der Grenzen eines jeden Eigentums, festeste Versicherung eines jeden Eigentums in seinem ganzen Umkreise und seinem ganzen Inhalt.

Es ist also die unwidersprechlichste Wahrheit, daß nach der unwillkürlichen oder wesentlichen Gerechtigkeit ein jeder Mensch seine ganze Personalkraft mit allem, was sie durch sich selbst allein vermag, nach seinen Einsichten und seinem Gefallen anzuwenden befugt ist, und ewig befugt bleiben muß. Das ist die Summe der wesentlichen Gerechtigkeit, oder Gottes, der sie gestiftet hat, für jeden Menschen: Jeder darf tun, was und so viel er durch seine eigenen physischen Fähigkeiten allein vermag; keiner darf die physischen Fähigkeiten des andern verderben oder untätig machen; keiner darf aus den Grenzen seines Personalvermögens hinausschreiten und über die Kräfte seines Mitmenschen, ohne dessen Einwilligung, disponieren.

§ 54.
Unveränderliche Heiligkeit der wesentlichen Gerechtigkeit in
allen Verhältnissen und Verbindungen der Menschen.

Sollte wohl die Gerechtigkeit der Natur in einem einzigen Falle, durch irgendein Verhältnis oder Verbindung der Menschen verletzt oder eingeschränkt werden können? Sollte wohl ein Fall möglich sein, darin es recht sein oder werden könnte, das Personal-Eigentum eines Menschen in seiner Ausübung oder seinem Gebrauche weiter zu hemmen oder zu vermindern, als es die Natur selbst hemmt oder vermindert? Die Natur verwehrt nur die Ausübung des Personal-Eigentumsrechts eines jeden Menschen insoweit, inwieweit dadurch dem Eigentumsrechte eines oder mehrerer anderer Menschen wider ihre Einwilligung Eintrag geschieht. Kann es aber wohl in einem einzigen Falle, in einem einzigen Verhältnis oder einer Verbindung, oder Gesellschaft der Menschen recht sein, die Ausübung des Personal-Eigentumsrechts eines Menschen auch da noch einzuschränken, wo er durch dieselbige dem Eigentumsrechte eines andern keinen Eintrag tut? Kann es wohl in einem einzigen Falle recht werden, einem Menschen von dem etwas zu entziehen, was ihm Gott selbst zu seinem Eigentum gegeben hat, wenn er durch den Gebrauch desselbigen keinem seiner Mitmenschen etwas von dem Seinigen entzieht? Solange ein Mensch in irgendeinem Verhältnis oder einer Verbindung durch sein Personal-Eigentum das Gebiet des Personal-Eigentums eines andern Menschen nicht vermindert, so lange besteht auch das Personal-Eigentum eines jeden Menschen in seiner ganzen Ausdehnung mit dem Personal-Eigentum eines jeden andern Menschen auch in seiner ganzen Ausdehnung. Sollte also dennoch die bürgerliche Gesellschaft oder ihr Oberhaupt das Personal-Eigentum eines oder mehrerer Menschen in geringere Grenzen einschließen, als es von der Natur erhalten hat, so würde offenbar die bürgerliche Gesellschaft einen oder mehrere Menschen willkürlich dessen berauben können, was die Natur und ihr Urheber, Gott, dem Menschen zum Eigentum verliehen haben. Wer wird die Verfassung einer solchen Gesellschaft, oder die Anordnung ihres Oberhauptes gerecht nennen können? Welcher Mensch wird in der Errichtung und Dauer einer solchen bürgerlichen Gesellschaft sein Interesse finden? Nur der allein kann dies, der vom Raub eines andern lebt. Ein jedes Verhältnis, eine jede Verbindung, eine jede Gesellschaft, in welcher einem Menschen wider seinen Willen, und ohne daß er vor andern Menschen ein solch Verfahren verdient hat, sein Personal-Eigentum vermindert oder eingeschränkt wird, ist der wahren wesentlichen Gerechtigkeit schnurgerade zuwider. Diese Gerechtigkeit muß in allen Verhältnissen, Verbindungen und Gesellschaften unveränderlich, heilig und unverletzbar sein und bleiben, wenn jeder Mensch sein und bleiben soll, wozu ihn Gott gemacht, und wenn jeder Mensch behalten soll, was ihm der weiseste Stifter der Natur zu seinem Eigentum gegeben hat.

§ 55.
Unmöglichkeit eines gemeinen Besten, durch welches in irgend-einem Fall die Einschränkungen der wesentlichen Gerechtigkeit entschuldigt werden könnten.

Es berufe sich ja niemand auf ein gemeines Bestes, oder auf ein Wohl des Ganzen, um die Einschränkungen der wesentlichen Gerechtigkeit, die eine bürgerliche Gesellschaft oder ihr Oberhaupt zu machen gut findet, rechtfertigen zu wollen. Ist denn das nicht offenbar das größte Wohl des Ganzen, nicht unstreitig das wahre gemeine Beste der Gesellschaft, daß jedes Glied in dem Besitz und Gebrauche seines ganzen Personal-Eigentums und alles dessen, was es durch solches Personal-Eigentum erworben hat, die vollständigste Sicherheit genießt, solange es nicht durch sein Eigentum oder den Gebrauch desselbigen in das Eigentum eines andern Gliedes eingreift? Wenn wir diese zwei Fälle setzen, den ersten: in der Gesellschaft hat jeder Mensch in allen Lagen die vollkommenste Versicherung, so weit wirken und genießen zu dürfen, als das Gebiete des ihm von der Natur angewiesenen Personal-Eigentums reicht, wenn er nur nicht in ein fremdes Gebiet eingreift; den zweiten: in der Gesellschaft sollen einer oder etliche Menschen nicht so weit wirken und genießen dürfen, als ihr Eigentumsgebiet reicht, ohnerachtet sie durch ein solches Wirken und Genießen auf ihrem Eigentumskreise nicht den geringsten Eingriff in den Kreis eines andern Menschen tun: Sagt mir, geliebte Mitmenschen!, in welchem von diesen beiden Fällen ist das gemeine Beste der Gesellschaft, das Wohl des Ganzen größer? Ist es das Wohl der ganzen Gesellschaft, daß einige Glieder ihr Eigentumsrecht vermindert oder eingeschränkt sehen müssen, da sie doch keines andern Menschen Eigentum verletzen, und da andern Gliedern ihre gleichen Eigentumsrechte minder eingeschränkt gelassen werden?, oder ist gar das Wohl der ganzen Gesellschaft, wenn jedes Glied der Gesellschaft ohne Unterschied eine Verminderung seines Eigentumsgebietes leiden muß, ohne daß einer mit diesem abgerissenen Eigentumsstücke dem Eigentum eines andern Eintrag tut? Ist's nicht offenbar wahres Übel in der Gesellschaft, wenn nicht jedes Glied alles das tun darf, was es mit und in seinem Eigentum vermag, ohne dadurch einem andern Gliede in seiner Tätigkeit und in seinem Eigentum Schaden zuzufügen? Zum Wirken und Genießen, soweit es ohne Verminderung eines Wirkungs- und Genießungskreises geschehen kann, hat Gott einen jeden Menschen durch die Natur selbst legitimiert. Wie kann also das jemals Wohl der Gesellschaft sein, daß einem der mehreren Menschen der natürlichen Gerechtigkeit zuwider der Gebrauch ihres Personal- und Realeigentums auch dann noch eingeschränkt werde, wenn sie dadurch das Eigentumsrecht eines andern nicht verletzen? Daß ein jedes Glied der Gesellschaft ohne Ausnahme alles das tun dürfe, was seine Fähigkeiten vermögen und wodurch er die Grenzen seines Eigentums nicht überschreitet, das kann mit keinem einzigen denkbaren wahren Gute in der bürgerlichen Gesellschaft in Kollision kommen. Es ist demnach eine Unmöglichkeit, die Einschränkungen der wesentlichen Gerechtigkeit in der bürgerlichen Gesellschaft durch ein gemeines Bestes mit Grund entschuldigen zu können.

Da also die wesentliche in keinem einzigen Verhältnis und keiner Verbindung zu entheiligende Gerechtigkeit fordert, daß jedem Menschen sein Personal-Eigentum, solange es nicht zum Verletzen des Eigentums eines andern angewendet wird, ganz uneingeschränkt gelassen werde, so macht sie auch allen Menschen ohne Unterschied zur Pflicht, in keinem Falle die Freiheit der Tätigkeit und des Gebrauches des Eigentums eines Menschen zu stören und nur dafür zu wachen, daß keiner seine Kraft und sein Eigentum mißbrauche, das Eigentum seines Nebenmenschen zu verletzen. Wo also nicht uneingeschränkte Freiheit der Nahrung, der Gewerbe und des Handels aufrechterhalten wird, da ist keine wahre wesentliche Gerechtigkeit möglich. Willkürliche Ordnungen sind nicht Gerechtigkeit, wenngleich die Welt sie so nennt. –

14
August Hennings
Die Freiheit der Produktion und der Distribution

Hieraus folgen die allgemeinen Sätze der bürgerlichen Freiheit, dieses einzigen Grundsatzes des Wohls der Staaten, das heißt der Regenten und der Regierten:

1. Jedermann muß der Bahn seiner Kräfte und Fähigkeiten so gemäß zu leben suchen, daß er sein möglichstes Bestes dadurch befördere, ohne einem seiner Nebenmenschen zu schaden oder, welches einerlei ist, dem allgemeinen Besten Eintrag zu tun.

2. Die bürgerliche Verfassung muß keinen verhindern, seine Fähigkeit auf vorgedachte Art anzuwenden; folglich

a) dem Gewerbe keine Erschwerungen in den Weg legen;

b) nicht einzelne Personen mit Zurücksetzung der andern, nicht einzelne Geschlechter mit Vorbeigehung der übrigen, nicht einzelne Stände mit Erniedrigung der geringer geachteten, nicht irgendein Gewerbe auf Kosten irgendeines andern Gewerbes unterstützen und emporbringen.

Diese Grundsätze sind, soviel ich zu beurteilen fähig bin, so unverrückbar in der Menschheit gegründet, und eben deswegen durch Moralität und Religionslehren so befestigt, daß sie nicht die geringste Ausnahme zulassen, und daß, wo diese gemacht werden, Irrungen und Mißverstand herrschen müssen.

Der erste Satz, seine Fähigkeiten so auszuüben, daß man dadurch sich selbst allen möglichen Vorteil und keinem andern Menschen Schaden zuwege bringe, ist in dem natürlichen Rechte der Selbsterhaltung und in dem ersten Grundgesetze der Moral gegründet: Behandle jedermann, wie man dich behandeln soll!

Durch diesen Lehrsatz kann man am genausten bestimmen, wie ein Gewerbe, oder ein Gewinn, den jemand sich zuwege zu bringen sucht, einem andern zum Schaden gereichen kann. Dieses ist auf zweierlei Art möglich. Entweder das Gewerbe selbst ist schädlich, oder der bloße Gebrauch ist es, den man von einem erlaubten Gewerbe macht. Wenn ein Gewerbe an und für sich selbst nicht ausgeübt werden kann, ohne einem andern zu schaden, so sollte freilich das Gewerbe als unerlaubt angesehen werden. In der jetzigen bürgerlichen Verfassung ist dieses nicht immer möglich. So werden z. B. in einigen großen Städten öffentliche Frauenspersonen zum Verführen und zum unsittlichen Gelderwerb bevollmächtigt. Man kann auch alle Arten Spiele um Geld hierher rechnen. Die Gesetzgebung duldet sie, versagt aber den Spielern den Beistand der Gesetze in Eintreibung des Gewinns. Eben dieses beobachten die englischen Parlamentsakten bei den sogenannten Stockjobbers, welche auch eine Art von Spielern sind. Einige Reisende erzählen, daß in Sizilien gewisse Banditen Schutz genießen, um gegen andere Banditen ein sicheres Geleit geben zu können.

Gegen diejenigen, die in einem erlaubten Gewerbe sich unzulässiger Mittel bedienen, ihre Mitbürger zu übervorteilen, sind die Gesetze, ohne Ausnahme, ernsthafter und behandeln sie wie Betrüger. Die Erfahrung lehrt indessen, daß die öffentliche Sicherheit und Treue wenig durch Strafgesetze befördert werden, daß vielmehr verschiedene Einrichtungen schlechte Waren auf Kosten der Käufer monopolisieren, und daß Freiheit im Gewerbe die beste Triebfeder ist, gute und ehrliche Arbeiter zu erziehen, und schlechte anzutreiben, sich zu verbessern.

Die gesetzgebende Macht kann ihre Aufmerksamkeit in Vorbeugung dieses zwiefachen Schadens zeigen, der sich im Gewerbe, auf eine unzulässige Art, hervortun kann. Alles, was in der Bestimmung des Gewerbes selbst weiter geht, erfordert viele Behutsamkeit. Eine hierher gehörige Beobachtung ist besonders wichtig.

Die Fähigkeiten zu bestimmen, durch welche ein Mensch sein Fortkommen in der Welt suchen darf, ist nicht das Werk der Gesetzgebung oder der bürgerlichen Ordnung. Wir wissen nicht, woher unsere Fähigkeiten entstehen und nach welchem Maße sie gemessen werden. Im Staube Geborne haben sich zu Thronen emporgeschwungen, und in der größten Dunkelheit der Zeiten ist durch die Geringsten im Volke das hellste Licht aufgegangen. Wir können also hier nichts ausmessen und nichts bestimmen. Wir müssen mit einer Art von schweigender Ehrfurcht für das große Geheimnis der menschlichen Seele zurücktreten und bei einer jeden, wie bei unbekannten Erscheinungen, erwarten, wie sie sich entwickeln werde. Wie dieses aber auch geschehe, es sei mehr durch Geistes- oder mehr durch Leibeskräfte, so ist das erste aller Gesetze, daß ein jeder geschaffen ist, für sich, und das zweite, daß keiner geschaffen ist, gegen den andern zu arbeiten.

Alles, was Genie, Verstand, Talente, Wissenschaften, Künste, Leidenschaften, Neigungen, Eigennutz, Begierden an die Hand geben, ist in diesen kurzen Vorschriften einbegriffen, und nach denselben kann ihr richtiger und unrichtiger Gebrauch beurteilt werden. Der Held unterscheidet sich dadurch vom Intriganten, der Weise vom Schwätzer, der Künstler vom Scharlatan, der ehrliche, arbeitsame Bürger vom Betrüger oder Verfälscher.

Rom bestimmte die Grenzen der Fähigkeiten seiner Bürger in dem fast einzigen Gewerbe, welches ihnen übrigblieb, wenn sie nicht im Felde waren, in der Verwaltung öffentlicher Geschäfte, indem diese den Patriziern vorbehalten wurde. So wie vorhin bemerkt worden ist, daß das Bestehen des Volks auf einen Anteil an Regierungsgeschäften den Umsturz der Republik veranlaßte, so veranlaßte nach Vertreibung der Könige die Unterdrückung aller Fähigkeit des Volkes in Friedensgeschäften dessen empörendes Bestehen auf den Vorrechten der Patrizier. Hätte man dem Volke den Weg nicht gesperrt, auf dem nachmals Cicero hervortrat, so wären nie Tribunen des Volks entstanden, und unter diesen keine Gracchen, und so würde der Ehrgeiz der Patrizier nie in die Herrschsucht ausgeartet sein, die zuletzt eine solche Anarchie veranlaßte, daß bloß die Alleinherrschaft eines einzigen dem Unwesen der Zerrüttung steuern konnte.

Ist es nun gleich unzulässig, die Anwendung der Fähigkeiten eines Menschen, welche, nach den einem jeden beigelegten Geistes- oder

Leibeskräften, Fleiß und Kultur ausbilden, gewissen Vorschriften zu unterwerfen, so ist doch eine Beurteilung des Gebrauchs notwendig, den ein Mensch von seinen Fähigkeiten macht und machen kann. In dieser Beurteilung können Irrtümer vorgehen, der Unwissende kann für einsichtsvoll und der eigennützige Bürger für wohlwollend gehalten werden. Aber der Irrtum in der Wahl geschickter Männer ist weit geringer als das Übel, welches aus der Einschränkung menschlicher Fähigkeiten auf vorgeschriebene Gegenstände fließt, und ist gerade mit diesen Einschränkungen am meisten verbunden. Auch kann ein solcher Irrtum nicht von langer Dauer sein, wenn Talente und Fähigkeiten Freiheit haben, hervorzubrechen und überall ermuntert werden, ohne an gewisse Stände gebunden zu sein. In der allgemeinen Wetteiferung wird in allen vorkommenden Fällen der größere Grad der Einsichten bald den Mindern ihre Schwächen zeigen.

Das Beispiel der Chinesen, unter denen alles Gewerbe erblich ist, oder der Indianer, die nie aus ihren Kasten herausgehen können und die den nichtswürdigsten Brahminen, seiner Nichtswürdigkeit ungeachtet, für den ersten unter ihnen halten, ist so oft angeführt worden, daß es jedem einfällt, wenn vom Einschränken der menschlichen Fähigkeiten auf gewisse Klassen und Stände die Rede ist. Alle Vorurteile, welche diesen ähnlich sind, verursachen, daß überall der Geist in einem gewissen Grade der Mittelmäßigkeit bleibt, den er nicht überschreitet. Je mehr also diese Vorurteile beiseite gesetzt werden, desto mehr wird man in jedem Gewerbe Geschicklichkeit und Vollkommenheit erhalten.

Je freier die Bahn des Verstandes ist, desto größer zeigt er sich. Auch da, wo gewisse Vorurteile heilig gehalten werden müssen, haben doch von jeher weise Monarchen nicht darauf Rücksicht genommen, sondern Talente und große Fähigkeiten ermuntert und befördert, wo sie sie fanden. So entstanden in allen Zeitaltern Helden, Staatsmänner und Gelehrte aus allen Ständen und Klassen. Ebenso weise ging das römische Volk in der Beurteilung seiner Anführer nicht einem Volkes-Eigensinne nach, sondern suchte ebenfalls die großen Männer da auf, wo in dem freien Hervordringen der Fähigkeiten sich die größten zeigten, und bewies dadurch, daß man nicht leicht in der Beurteilung des Werts eines Mannes fehlnimmt, wenn es einem jeden frei steht, die Bahn zu betreten, zu der man sich fähig fühlt.

Man wird mir erlauben, hier eines Irrtums zu erwähnen, der mit dem Ebengesagten in Verbindung steht. Einige Männer haben behauptet, und viele haben ihnen nachgebetet, daß der Adel der mittlere Stand zwischen dem Regenten und dem Volke sei. Diesen Satz könnte man durch Anwendung der hier vorausgeschickten Grundsätze sehr leicht theoretisch widerlegen, aber dieses würde mich zu weit in die Untersuchung des Ursprungs der ehemaligen Bestimmung und der jetzigen Beschaffenheit des Adels führen. Hier ist es genug zu bemerken, daß dieser Behauptung auf allen Blättern der Geschichte widersprochen wird. Tatsachen beweisen unwidersprechlich, daß der Adel immer die Scheidewand zwischen den Regenten und dem Volk gewesen ist, welche in Dänemark das Volk, von einem Nansen Svaning, Schak, Sehnstedt, Lente, Gabel und andern monarchischen Männern geleitet, mit starker Hand eingerissen hat und die keiner, der sein Vaterland liebt, wieder aufzubauen suchen wird. Als noch Adel war, jetzt ist nur der Name übrig, wurden auf der einen Seite Königen Handfesten vorgeschrieben, Schlösser und Kastelle gebaut, ihrer Macht gleiche Macht entgegenzusetzen, Untertanen wurden, wie in Deutschland, zu unabhängigen Erbfürsten und Landbesitzern erhoben; auf der andern Seite war das Volk der größten Sklaverei unterworfen, Regenten und Untertanen wurden mit gleichem Drucke bedroht, und jene entgingen ihm nur, wenn sie mit Waffen in der Hand zu siegen wußten. Wo war hier eine Annäherung des Fürsten zum Volke, und wer kann diese mehr wünschen, als bürgerliche Freiheit sie geben kann?

Es ist gar nicht meine Absicht und auch nicht hier der Ort, die Vorzüge des heutigen sogenannten Adels zu bestreiten. Ob solche Vorzüge scheinbar oder gültig sind, ist nicht der Mühe wert zu bestimmen. Man kann einem jeden seinen Dünkel deshalb lassen, sobald nur diese Vorzüge keinen Einfluß auf die bürgerliche Freiheit haben, welches heutigen Tages, wenigstens in Dänemark, nicht mehr stattfindet, und wo es daher unnötig ist, weiter davon zu reden.

Stände müssen Stände bleiben, das erfordert bürgerliche Ordnung. Jedem muß der Zugang zu dem Stande offen sein, den er mit Ehren und Verdiensten bekleiden kann, das heischt bürgerliche Freiheit. Der Landmann muß sich nicht seinen Vorgesetzten entziehen wollen, er muß suchen, als Landmann glücklich und wohlhabend zu werden, und keinen andern Stand wünschen, als den er gewählt hat, weil Neigung und Geburt bei ihm einstimmten. Ein

Tordenskiöld muß aber auch nicht gezwungen sein, ein Schneider, oder ein Colbert ein Kaufmannsdiener, und ein Griffenfeld ein Bibliothekar zu bleiben.

Der zweite Satz, daß in der bürgerlichen Verfassung jedermann seine Fähigkeiten so anwenden muß, daß sein möglichstes Bestes keines andern Menschen Schaden werde, ist zum Teil schon in dem vorigen enthalten, insofern nämlich aus dem eben durchgegangenen allgemeinen Satz fließt, daß den Menschen nichts im Wege stehen muß, die Bahn zu betreten, in der sie die ihnen angebornen Fähigkeiten zu ihrem Vorteil anwenden und ausüben können. Hieran würden sie aber verhindert werden, wenn jemand in der Betreibung seines Gewerbes seinen Vorteil aus dem Nachteil eines andern ziehen könnte. Alsdann würde er entweder seinen Mitbürger verhindern, sich der natürlichen Freiheit zu bedienen, das Gewerbe zu wählen, welches ihm das nützlichste dünkt, oder, wenn er ihm auch diese Wahl nicht benimmt, würde er ihm doch in der Treibung seines Gewerbes Hindernisse in den Weg legen können. Diesem vorzubeugen ist dahin zu sehen:

1. daß Gewerbe nicht monopolisiert werden. Dieses geschieht

a) durch Einschränkungen, denen die Gewerbefreiheit unterworfen wird;

b) durch Begünstigungen, die einige Gewerbe oder Gewerbetreibende andern vorziehen.

2) Daß keine Ränke, Betrügereien, Verfälschungen, Unterdrückungen und dergleichen unzulässige Mittel fortzukommen, den Schwachen drücken, den Unwissenden betören, den Treuherzigen berauben, dem Anfänger das Aufkommen erschweren.

Da hiervon bereits gehandelt worden ist, würde es eine unnötige Wiederholung sein, hier unter einer Rubrik zu versammeln, was zerstreut vorgekommen ist. Das endliche Resultat in Absicht auf bürgerliche Freiheit ist folgendes:

Die freie Ausübung eines Gewerbes tut nie der freien Ausübung eines andern Gewerbes oder eben des Gewerbes von andern Menschen den geringsten Schaden. Wo über einen solchen Schaden geklagt wird, da sind entweder monopolische Vorrechte vorausgegangen oder monopolisierende Absichten zu Grunde gelegt. Jene müssen soviel als möglich aus dem Wege geräumt werden, auf diese ist nicht im geringsten zu achten.

Wo bürgerliche Freiheit herrscht, da bedarf kein Gewerbe Begünstigungen, da kann keine Begünstigung erteilt werden, ohne dem Gewerbe zu schaden. Erleichterung in dem Praktischen des Gewerbes, wahre, innere Verbesserungen desselben sind möglich, aber keine Begünstigungen finden statt.

Der Bürger sollte nicht sagen, der Bauer ernährt sich mit seiner Hände Arbeit auf meine Kosten, der Gutsbesitzer sollte nicht denken, der Bauer muß bloß für meinen Wohlstand sorgen, der Nachbar nicht, ich kann nicht leben, wenn mein Nachbar mitlebt. Wo solche Sätze gelten, da ist kein Gewerbe. Wo dieses blüht, da sagt der Bürger, je fleißiger der Landmann ist, desto mehr habe ich Handel und Nahrung, und der Gutsbesitzer, je wohlhabender der Bauer ist, desto mehr ist mein Gut mir und dem Staate wert, der Gewerbetreibende, je mehr das Gewerbe zunimmt, desto mehr wächst die Nachfrage, desto größer ist meine Nahrung. Hier brauchen Gutsbesitzer, Bürger und Bauer ihren Fleiß, so weit sie können, hier ist nicht der Fortgang des einen Rückgang des andern, hier arbeitet vielmehr eine Hand in die andere, eine Fähigkeit zeugt die andere, die Notwendigkeit, sich fortzuhelfen, vereinigt sich mit den in den Menschen liegenden Anlagen und erweckt diese, überall Geschicklichkeit, Tätigkeit und Munterkeit im Fleiße zu verbreiten.

So entsteht Freiheit, die jedermann glücklich macht. So wird jeder gute Bürger durch Fleiß und Tätigkeit wohlhabend und in dem Besitze seines erworbenen Vermögens gesichert, so werden alle Stände mit geschickten Händen und Köpfen besetzt, so werden Staaten mächtig und angesehen, und so genießen Regenten der größten Vorzüge und des erhabensten Ruhms, den Sterbliche erwerben können.

V

Der Staats- und Gesellschaftsbegriff
des jüngeren Naturrechts

15
Carl Gottlieb Svarez
Grundsätze des allgemeinen Staatsrechts

1.

Jeder Mensch hat einen natürlichen Trieb, seine Glückseligkeit zu suchen und zu befördern. Er hat also auch ein natürliches Recht dazu.

2.

Von Natur sind alle Menschen einander gleich. Jeder hat gleichen Anspruch auf Glückseligkeit, jeder hat ein gleiches Recht, seine Fähigkeiten und Kräfte zur Erreichung dieses letzten Ziels aller seiner Wünsche und Bestrebungen nach seiner eignen Einsicht und Überzeugung anzuwenden.

3.

Der Mensch erkennt also in dem Stande der natürlichen Gleichheit keinen andern Richter über die Rechtmäßigkeit oder Unrechtmäßigkeit seiner Handlungen als sich selbst. Seine eigene Einsicht und Überzeugung von dem, was zu seinem Wohl beitragen könne oder demselben zuwider sei, ist die einzige Richtschnur seines Verhaltens.

4.

Zwar folgt es aus dieser natürlichen Gleichheit aller Menschen, daß keiner den andern in dem Besitz und Genuß seiner angeborenen und erworbenen Güter und in der freien Anwendung seiner Kräfte zur Beförderung seiner eigenen Glückseligkeit stören dürfe. Auch werden wir durch die ganze Anlage unsrer moralischen Natur darauf geführt, daß wir zu unserer Glückseligkeit des Beistands anderer nicht entbehren können, daß wir uns also bestreben müssen, uns das Wohlwollen derselben zu erwerben, und daß wir dazu nicht anders gelangen, als wenn wir uns angelegen sein lassen, zur Beförderung ihrer Glückseligkeit und Zufriedenheit einen Teil unserer eigenen Kräfte und Fähigkeiten anzuwenden. Es ist also kein Zweifel, daß, wenn bei allen Menschen richtige Einsichten und wohlgeordnete Neigungen anzutreffen wären, alle Pflichten der Gerechtigkeit und des Wohlwollens auch schon im Stande der Natur beobachtet werden und das menschliche Geschlecht in diesem Zustande der natürlichen Gleichheit einen sehr hohen Grad von Glückseligkeit genießen würde.

5.

Aber die Erfahrung lehrt uns, daß richtige Einsichten und wohlgeordnete Neigungen nur bei den wenigsten Menschen anzutreffen sind, daß der große Haufe nicht nach deutlichen Begriffen, sondern nach Eindrücken der Sinnlichkeit und tierischen Trieben handle, daß alle Lehren der Moral und Religion nicht imstande sind, die Heftigkeit seiner Leidenschaften im Zaume zu halten, daß also die meisten Menschen von Natur geneigt sind, nicht nur die Pflichten des Wohlwollens, sobald ihnen solche die geringste Aufopferung kosten, aus den Augen zu setzen, sondern auch die Pflichten der Gerechtigkeit, sobald es ihr eigener vermeintlicher Vorteil erfordert, zu verletzen.

6.

Daher kommt es, daß der Zustand der Natur und der natürlichen Gleichheit nach dem Zeugnis der Geschichte ein Zustand der Unruhe und Verwirrung ist, in welchem keine Sicherheit des Eigentums und der Rechte, kein ungestörter Genuß der natürlichen Freiheit, keine Ausbildung und Veredlung unserer Natur, folglich keine wahre Glückseligkeit stattfinden kann.

7.

Durch diese Unvollkommenheiten des Naturzustandes sind die Menschen veranlaßt worden, aus demselben herauszutreten und unter einem gemeinschaftlichen Oberhaupt bürgerliche Gesellschaften zu errichten, die wir mit dem Namen Staat bezeichnen.

8.

Die Rechte dieses Oberhaupts in einem Staat oder des Regenten können nicht aus einer unmittelbaren göttlichen Einsegnung, nicht aus dem Rechte des Stärkeren, sondern sie müssen aus einem Vertrage hergeleitet werden, durch welchen sich die Bürger des Staats den Befehlen des Regenten zur Beförderung ihrer eigenen gemeinschaftlichen Glückseligkeit unterworfen haben.

9.

Hieraus folgt unmittelbar, daß, wenn die Menschen aus dem Stande der natürlichen Gleichheit heraustreten und sich in bürgerliche Gesellschaften unter einem gemeinschaftlichen Oberhaupte vereinigten, sie dabei keineswegs die Absicht hatten noch haben konnten, auf ihre natürliche Freiheit ganz Verzicht zu tun und sich als Sklaven der bloßen Willkür eines unumschränkten Gebieters zu unterwerfen, sondern daß der Zweck der bürgerlichen Gesellschaft und also auch des Staats nur dahin gehen könne, den Mängeln und Unvollkommenheiten des Naturzustandes abzuhelfen und die Freiheit der einzelnen so weit einzuschränken, als es notwendig ist, um die Freiheit aller zur Beförderung ihrer Glückseligkeit gegen Störungen und Beeinträchtigungen zu sichern.

10.

Sicherheit des Eigentums und der Rechte für jeden einzelnen durch die vereinigten Kräfte aller, ungestörter Gebrauch der natürlichen Freiheit eines jeden, soweit damit die Sicherheit und Freizeit der übrigen bestehen kann, Erleichterung der Mittel und Gelegenheiten zur Beförderung des Privatwohlstandes durch Veranstaltungen zur Ausbildung des Verstandes und Herzens, wodurch allein Neigung und Bereitwilligkeit zur Erfüllung der Pflichten des Wohlwollens erreicht werden kann, – das sind die großen und wichtigen Zwecke der bürgerlichen Gesellschaft, zu deren Erreichung sie dem Regenten die Macht, ihr zu befehlen, übertragen und die Disposition über ihre vereinigten Kräfte seinen Händen anvertraut hat.

11.

Sich von diesen Zwecken des Staats einen richtigen und stets gegenwärtigen Begriff zu bilden, ist eine Sache von der äußersten Wichtigkeit, beides für Regenten und Untertanen. Für die Untertanen, weil sie nur dadurch zu einem vernünftigen und willigen Gehorsam gegen ihren Oberherrn bewogen und nur durch Erwägungen der wichtigen Vorteile, welche die Staatsverbindung durch Erreichung dieser Zwecke ihnen selbst und ihren übrigen Mitbürgern gewährt, mit den mannigfaltigen Einschränkungen, denen sie dadurch unterworfen sind, mit den vielfachen Aufopferungen, die sie dieser Verbindung täglich machen müssen, ausgesöhnt werden können. Noch wichtiger aber ist diese Betrachtung für den Regenten und besonders für einen solchen, der eine uneingeschränkte Macht besitzt, weil sie das einzige Mittel ist, ihn von dem Mißbrauche dieser seiner Macht zurückzuhalten und ihn zu überzeugen, daß ihm dieselbe nicht um seiner selbst willen, nicht zur Befriedigung seines Ehrgeizes, seines Stolzes, seiner Wollust, seines Eigensinns oder anderer Privatleidenschaften, sondern zum Besten seiner Untertanen, zum Schutz derselben bei ihrem Eigentum und Rechten und zur Beförderung ihrer Glückseligkeit anvertraut worden.

12.

Aus dieser Entwicklung der Zwecke des Staats fließen die verschiedenen Rechte des Regenten, die gewöhnlich unter dem Namen der Majestäts- oder Hoheitsrechte begriffen werden.

1. Sollen Eigentum und Rechte der Bürger des Staats gesichert werden, so müssen Gesetze vorhanden sein, welche bestimmen, was zu dem Eigentum und dem Rechte eines jeden gehöre. Zwar gibt schon das Naturrecht dergleichen aus den Begriffen der Dinge fließende Merkmale an die Hand; allein diese Merkmale sind nicht allgemein anerkannt; sie sind nicht immer deutlich und in die Augen fallend genug, und besonders in Kollisionsfällen, wo zweierlei Rechte nicht zu gleicher Zeit ausgeübt werden können, folglich eins dem andern nachstehen muß, sind die Entscheidungen des Naturrechts oft schwankend und ungewiß. Zur Sicherheit des Eigentums und der Rechte ist es also notwendig, daß der Regent als der Vorsteher und das Organ der bürgerlichen Gesellschaft die Kennzeichen und Merkmale des Eigentums durch allgemeine Vorschriften bestimme und Regeln festsetze, nach welchen ein jenes Mitglied der Gesellschaft sein Verhalten gegen andre bei den Geschäften und Verhandlungen des bürgerlichen Lebens einrichten soll. Hieraus entspringt das Recht der bürgerlichen Gesetzgebung.

2. Sollen die Mitglieder der Gesellschaft bei dem Ihrigen gegen unrechtmäßige Gewalt und Störungen gesichert sein, so müssen denjenigen, die aus Mangel an Einsichten oder aus verderbten Nei-

gungen zu dergleichen Beeinträchtigungen ihrer Mitbürger hingerissen werden könnten, nachdrückliche Abhaltungsmittel entgegengesetzt werden. Hierin liegt der Grund des dem Regenten zukommenden Strafrechts.

3. Sollen die bürgerlichen und Strafgesetze ihren Zweck erreichen, so müssen sie in vorkommenden Fällen gehörig angewendet, streitige Rechte danach bestimmt, begangene Verbrechen untersucht und die Strafen an den Verbrechern wirklich vollzogen werden. Dies ist die Quelle der dem Regenten beigelegten höchsten Gerichtsbarkeit.

4. Es gibt physische Ereignisse und Naturbegebenheiten, die der ganzen bürgerlichen Gesellschaft oder doch einem großen Teile derselben Gefahr und Schaden drohen, deren Verhütung die Kräfte der einzelnen übersteigt. Ebenso gibt es natürliche und moralische Hindernisse, die sich der Beförderung dieser oder jener Art des gemeinen Wohlstandes widersetzen und die durch einzelne Kräfte nicht besiegt werden können. Es sind Anstalten möglich, wodurch gewisse Arten gemeinnütziger Kenntnisse erleichtert und befördert werden können, die aber nur dann den Zweck erreichen, wenn sie nach einem allgemeinen Plan und nach gleichförmigen Grundsätzen eingerichtet werden. Solche Gefahren durch die vereinigten Kräfte der bürgerlichen Gesellschaft abzuwenden, solche Hindernisse zu heben, solche Anstalten zu errichten und aufrechtzuerhalten, ist der Hauptzweck der allgemeinen Landespolizei und des dem Regenten zustehenden höchsten Polizeirechts.

5. Da die große bürgerliche Gesellschaft aus mehreren kleineren, die sich zu verschiedenen Zwecken vereinigen, besteht und diese untergeordneten Gesellschaften auf Beförderung oder Hinderung des allgemeinen Wohls den wichtigsten Einfluß haben können, so müssen sie insgesamt der Oberaufsicht des Regenten unterworfen sein, und er muß das Recht haben, sie dergestalt zu dirigieren, daß ihre besonderen Zwecke und Anstalten mit dem allgemeinen Zwecke der bürgerlichen Gesellschaft bestehen können. Hieraus fließt das dem Regenten zukommende Recht der Oberaufsicht, welches sich besonders auch auf die im Staat bestehenden oder daselbst zu errichtenden Religionsgesellschaften erstreckt.

6. Da es unmöglich ist, daß der Regent alle seine mannigfaltigen Rechte und Pflichten durch sich selbst und in eigener Person ausüben könne, so muß er befugt sein, gewisse Teile und Geschäfte der Staatsverwaltung anderen Personen unter seiner Aufsicht zu

übertragen und sie dazu mit dem nötigen Ansehen auszustatten. Darauf gründet sich das Recht des Regenten, Staatsämter zu errichten und Würden zu verleihen.

7. Alle Anstalten und Vorkehrungen, welche der Regent zum Schutze der bürgerlichen Gesellschaft gegen innere Gefahren und Beschädigungen treffen kann, würden vergeblich und unzureichend sein, wenn nicht zugleich für Schutz und Sicherheit gegen die Angriffe und Störungen auswärtiger Feinde gesorgt würde. Die Pflicht des Regenten zu diesem Schutze gegen auswärtige Feinde begründet sein Recht, Krieg zu führen, Frieden zu schließen und Bündnisse zu errichten.

8. Alle diese zur Sicherstellung der inneren und äußeren Ruhe und Glückseligkeit der bürgerlichen Gesellschaft abzielenden Veranstaltungen erfordern einen beträchtlichen Aufwand, der aus dem Staatsvermögen bestritten werden muß. Das Recht des Regenten zu bestimmen, wie dies Staatsvermögen zusammengebracht werden soll, dasselbe zu verwalten und zweckmäßig zu verwenden, wird das Finanz- oder Kameralrecht genannt.

Von diesen Rechten der Obergewalt im Staat sind die 6 ersten, nämlich pp. bisher abgehandelt worden. Ich habe mich bei jedem derselben bemüht, einen deutlichen Begriff, den Umfang und die darunter begriffenen Befugnisse zu entwickeln, aus den Zwecken, zu welchen ein solches Recht dem Regenten anvertraut worden, die Grundsätze herzuleiten, nach welchen bei dessen Ausübung verfahren werden muß, eben daher auch die Grenzen und inneren Einschränkungen zu zeigen, welchen die Macht des Regenten dabei unterworfen ist, endlich aber dasjenige zu bemerken, was etwa Besonderes und Eigentümliches für die preußische Monarchie bei einer jeden dergleichen Materie vorkommt. Ich wage es, in Ansehung des Details mich auf die Blätter zu beziehen, die ich am Schlusse einer jeden Materie Eurer Königlichen Hoheit untertänigst überreicht habe, und werde jeden Augenblick, wenn Sie, gnädigster Herr, es befehlen, bereit sein, über dasjenige, worüber Höchstdieselben etwa noch nähere Erläuterungen oder umständlichere Ausführungen wünschten, selbig mit ehrerbietiger Freude zu erteilen. Übrigens herrschen folgende aus der Natur und dem Zwecke der Staatsverbindung geschöpften Grundsätze, von deren Wahrheit und Richtigkeit Eure Königliche Hoheit recht lebhaft zu überzeugen mein angelegentlichster Wunsch ist.

Der Regent, besonders der Monarch eines uneingeschränkten

Staats, hat das Recht, alles zu tun, was das Wohl der bürgerlichen Gesellschaft, nach den gehörig betrachteten und richtig erklärten Zwecken derselben notwendig erfordert. Kein Untertan darf sich über Einschränkungen seiner natürlichen Freiheit beschweren, noch viel weniger aber sich denselben widersetzen, wenn diese Einschränkungen nötig sind, um die allgemeine Ruhe, Sicherheit und Ordnung zu behaupten oder die für das Ganze so wohltätige Staatsverbindung selbst aufrechtzuerhalten.

Nie aber kann ein Regent zu solchen Einschränkungen der natürlichen Freiheit befugt sein, wenn sich dieselben aus den Zwecken der Staatsverbindung nicht mehr rechtfertigen lassen, sobald das Eigentum und die Rechte auch nur eines einzigen, selbst des niedrigsten seiner Untertanen bloßen Privatabsichten, Neigungen oder Leidenschaften aufgeopfert werden sollen.

Der Regent, welcher in Beherrschung seines Staats diese Grundsätze aus den Augen verliert, bringt sich selbst um das Recht, Gehorsam von seinen Untertanen zu fordern, er löst selbst das Band der bürgerlichen Gesellschaft auf, seine Macht und Größe beruhen alsdann bloß auf seiner persönlichen Stärke, welche sehr hinfällig ist, sobald das Vertrauen und die Liebe seiner Untertanen dahin ist und in den Herzen derselben das Gefühl der natürlichen Freiheit, welches bei einer weisen und sanften Regierung durch die Empfindungen ihres wohltätigen Einflusses auf öffentlichen und Privatwohlstand so leicht zum Schweigen gebracht wird, durch den Druck eines eigenwilligen Despotismus wieder rege gemacht wird.

Man hat die Regenten auf Erden mit der Gottheit verglichen. So mangelhaft dies Gleichnis in vielem Betracht ist und notwendig sein muß, so gibt es einige Seiten, von welchen her die Monarchen der Völker dies erhabene Muster nachahmen könnten und sollten.

1. Die Gottheit umfaßt mit allgegenwärtigem Blick das ganze unermeßliche All; ebenso muß auch der wahrhaft große Regent bestreben, daß in dem ganzen Umfange seiner Staaten nichts, was auf das Wohl seiner Untertanen Einfluß haben kann, seiner Aufmerksamkeit entgehen möge.

2. Die Gottheit will das Glück aller ihrer Geschöpfe. Der Wurm, der zu unsern Füßen kriecht, ist ebenso der Gegenstand ihrer wohltätigen Vorsorge als der Erste im Reiche der Geister. Ebenso muß jede Handlung eines Regenten durch den Gedanken, sein Volk glücklich zu machen, bestimmt werden. Das Wohl des niedrigsten seiner Untertanen muß ihm ebensosehr am Herzen liegen

als das des Fürsten, der an der Seite seines Thrones steht.

3. Die Gottheit regiert ihre Menschen als freie Wesen. Sie hat dieselben mit Kräften und Fähigkeiten ausgerüstet; sie hat solche Veranstaltungen getroffen, daß sie diese Fähigkeiten und Kräfte gehörig ausbilden und zur Tugend und Glückseligkeit anwenden können; sie hat ihnen durch Vernunft und Offenbarung die nötigen Kenntnisse über das Glück der Tugend, über die traurigen und unglücklichen Folgen des Lasters mitgeteilt. Dann aber hat sie sie ihrer eignen Leitung überlassen, sie hat es in ihren freien Willen gestellt, ob sie diesen Unterricht, diese Veranstaltungen gehörig nutzen und also die Baumeister ihres Glücks oder ihres Elends sein wollen. Ebenso beherrscht der weise Regent seine Untertanen nicht als Maschinen, als Sklaven, sondern als freie Bürger. Er sorgt dafür, daß jeder unter ihnen seine Kräfte und Fähigkeiten seiner eignen Einsicht und Neigung gemäß zur Beförderung seiner Glückseligkeit gebrauchen könne, daß ein jeder bei diesem rechtmäßigen Gebrauch und bei den dadurch sich erworbenen Eigentume und Rechten gegen alle äußeren Störungen und Beeinträchtigungen gesichert sei. Übrigens aber ist er weit entfernt davon, seinen Untertanen in der Anwendung ihrer Kräfte und Fähigkeiten nach eigener Einsicht und Neigung, in dem Gebrauche, den er von seinen angeborenen und erworbenen Gütern machen will, und noch weniger in seinen Gedanken und Meinungen den geringsten Zwang anlegen zu wollen. Er überläßt alles dieses seiner freien Willkür und Entschließung und begnügt sich gern damit, wenn nur die Gesetze von allen respektiert werden und niemand etwas vornimmt, was dem Wohl des Ganzen als dem höchsten Zwecke der Staatsverbindung zuwider wäre.

16
Ernst Ferdinand Klein
Über die Natur der bürgerlichen Gesellschaft

Jeder Schritt des Gesetzgebers ist schwankend, solange er über den Zweck der bürgerlichen Gesellschaft, als den festen Punkt, wohin sein Gang gerichtet werden muß, noch nicht mit sich selbst einig geworden ist. Vergebens wird er die Geschichte deswegen um Rat fragen; denn wenn es ihr auch zuweilen vergönnt ward, bis zum Ursprunge der Staaten hinaufzusteigen, so kann sie doch keine Belehrung darüber zurückbringen: welchen Zweck eine ausgebildete Nation zu erreichen streben könne und müsse? Überall finden wir Regierungen, welche entweder weit von dem Ziele, welches sie bei bessern Einrichtungen hätten erreichen können, zurückgeblieben oder über dasselbe hinausgeschritten sind und sich unerlaubte Mittel zur Erreichung eines scheinbar guten Zweckes erlaubt haben. Mißlungene Versuche dienen zwar zur Warnung, aber sie beweisen nicht die Unmöglichkeit eines bessern Plans. Höchstens würde ein philosophischer Überblick der Geschichte uns zeigen, was sich *nicht* ausrichten lasse. Aber so wie das, was geschehen kann, von einem weitern Umfange ist als das, was wirklich geschieht, so ist hingegen das, was geschehen *sollte*, in viel engere Grenzen eingeschlossen.

So viel ist gewiß: wo ein Staat errichtet werden soll, muß das gesellige Leben schon vorhanden sein. Familienverbindungen gingen den bürgerlichen vorher; Väter hatten geboten, ehe Könige herrschten. Vertrag setzt Sprache, Sprache Umgang, Umgang Gesellschaft voraus. Da also die Gesellschaft auch ohne Staat gedacht werden kann, so würde die Pflicht der Geselligkeit, die Pflicht, eine bürgerliche Gesellschaft zu errichten, nur alsdann zur Folge haben, wenn man annehmen müßte, daß entweder das gesellige Leben ohne den Schutz des Staats nicht bestehen oder doch nicht seinen ganzen Nutzen erreichen könnte. Insofern man also die Pflicht, im Staate zu leben, aus der Pflicht der Geselligkeit herleitet, kann man sich unter einem Staate nichts anderes vorstellen als eine größere Gesellschaft, wodurch die kleinere geschützt, das gesellige Leben erleichtert und der Zweck desselben befördert wird.

Allein daraus entsteht noch kein bestimmter Begriff von der bürgerlichen Gesellschaft. Die Begriffe *Groß* und *Klein* sind relativ. Um einen richtigen und der Sache angemessenen Begriff vom Staate zu haben, muß ich wissen, worin diese größere Gesellschaft sich von den kleineren unterscheide. Hier stoße ich aber auf die Schwierigkeit, daß ich fast ebensoviel besondre Zwecke als Staaten wahrnehme. Wenn hier eine Macht Reichtum sucht, um sich waffnen zu können, so waffnet sich dort eine andre, um reich zu werden. Athen und Karthago rüsten sich, um ihren Genuß zu vermehren; inzwischen der Spartaner sich alles versagt, damit seine Brust statt einer Mauer dienen könne.

Dies zeigt jedoch nur die verschiedenen Begriffe, welche man sich von den Vorteilen des geselligen Lebens macht. Was man bei allen Staaten antrifft, ist die Gewalt, deren sich sie bedienen, nicht nur um sich gegen auswärtige Feinde zu schützen, sondern auch um die Bürger zu Erfüllung ihrer Pflichten zu nötigen. Wird die Gewalt nur in der ersten Rücksicht gebraucht, so ist noch kein Staat, sondern ein bloßes Bündnis vorhanden – ein Zustand, in welchem sich die meisten wilden Völker befinden. Aber unmerklich werden aus den Bundesgenossen Bürger. Die Unterordnung unter den Anführer, welche anfangs bloß auf Vertrauen gegründet war, verwandelt sich allmählich in verfassungsmäßigen Gehorsam, und die zur gemeinschaftlichen Verteidigung in einem Kral oder Dorfe versammelten Familien wurden nach und nach erst an freiwillige, dann an hergebrachte und endlich an gesetzliche Ordnung gewöhnt. Sobald die Ordnung durch Herkommen oder Gesetz den Mitgliedern der Gesellschaft Zwang auflegt, ist die bürgerliche Gesellschaft entstanden, und alsdann hat diese Ordnung das eigene, daß sie nicht notwendig den Schwächern dem Stärkern, den Mann von geringerer Einsicht dem Verständigeren unterwirft. Nicht selten steht alsdann ein Epaminondas unter den Befehlen eines minder weisen Feldherrn. Diesem gehorcht er nicht wie ein Unmündiger seinem Vormunde, nicht wie ein Knecht, welcher die Vorteile seines Herrn zu befördern schuldig ist, sondern als ein Bürger, welcher das gemeine Wohl durch eine verfassungsmäßige Unterordnung zu erhalten sucht. Der Staat ist daher eine Gesellschaft freier Menschen, welche sich nach einer durch Gewalt unterstützten Ordnung die Vorteile des geselligen Lebens zu verschaffen strebt.

So gewiß es aber auch ist, daß die bürgerliche Gesellschaft sich von den meisten andern durch den ihr eigentümlichen Zwang unterscheidet, so läßt sich doch umgekehrt nicht behaupten, daß überall, wo Zwang angetroffen wird, auch eine bürgerliche Gesellschaft vorhanden sei. Wenn der Herr die Knechte, der Vater die Kinder zwingt, so setzt dies eine häusliche, aber eben nicht eine bürgerliche Gesellschaft voraus; denn der Zwang des Herrn gegen den Knecht hat selbst alsdann, wenn er für den letztern wohltätig ist, doch den Nutzen des ersteren zum Zwecke. Der Zwang der Eltern gegen das Kind stimmt zwar darin mit dem bürgerlichen Zwange überein, daß er zum Besten derer gereichen soll, gegen die er eingeführt ist; aber er trifft nur den Schwachen, der nicht widerstehn, den Unfähigen, welcher sein eignes Wohl weder einsehen noch befördern kann. Wenn auf der einen Seite Gewohnheit zu befehlen, auf der andern Bereitwilligkeit zu gehorchen, sich über die Zeit des Bedürfnisses hinaus erstreckt, so wird durch eine solche patriarchalische Regierung schon der erste Grund zu der bürgerlichen gelegt. Diese aber ist in der Tat nicht eher vorhanden, als bis mehrere, die eines freien Willens fähig sind, dem gemeinschaftlichen Willen den ihrigen unterworfen haben. Die übrigen können nicht als eigentliche Bürger betrachtet werden. Die Vorsorge des Staats trifft sie nur, insofern sie als künftige Mitbürger und Familiengenossen lebender oder verstorbener Mitglieder der Gesellschaft in Betrachtung kommen; oder wenn sie, gleich den Wahnsinnigen, schon vorher auf diese Vorsorge ein Recht erworben hatten, dessen Ausübung nur durch ihren gegenwärtigen Zustand unterbrochen wird. Die eigentlichen Bürger sind also Personen, welche auch als Mitglieder irgendeiner andern freiwilligen Gesellschaft einen tätigen Anteil daran nehmen können.

Um die Natur des Staats zu erforschen, muß ich daher meine Untersuchung bei der Frage anfangen: welchen Zweck will und kann der Mensch durch Hilfe des geselligen Lebens erreichen? Die Antwort, daß er Nutzen und Vergnügen in der Gesellschaft suche und finde, ist wahr, aber nicht befriedigend. Es muß näher bestimmt werden, welcher Nutzen, welches Vergnügen dem geselligen Leben eigen sei?

In Ansehung des Vergnügens fällt es in die Augen, daß es nicht eigentlich die grobsinnlichen Vergnügungen sind, welche den Reiz des geselligen Lebens ausmachen. Der gebildete oder, welches hier gleich viel ist, der gesellige Mensch rechnet zu den Vergnügungen der Tafel nicht bloß die Speisen, welche er auch allein genießen könnte, sondern vorzüglich die Gesellschaft, und dies um des edlern Vergnügens der Unterhaltung willen. Der fröhliche Becher empfiehlt sich mehr durch den lebhaften Ideengang, welchen er bewirkt, als durch den bloßen Wohlgeschmack, welcher in der Einsamkeit bequemer, aufmerksamer und zum Teil auch wohlfeiler genossen werden könnte. Auch die bloße Befriedigung des Geschlechtstriebes würde nur eine kurze körperliche Gemeinschaft, aber keine dauernde Gesellschaft zur Folge haben. *Das eigentliche gesellschaftliche Vergnügen besteht in der Mitteilung der Empfindungen und vorzüglich der Gedanken.*

Dieses Vergnügen zieht den Nutzen nach sich, daß wir auf diesem

Wege nicht nur zu nützlichen Kenntnissen gelangen, sondern auch die Kräfte selbst durch diese Übung stärken und veredeln.

Der in der bürgerlichen Gesellschaft sichtbarste Zweck des geselligen Lebens ist die wechselseitige Hilfe; aber es ist nötig, sowohl die Natur dieser Hilfe als des übrigen aus dem geselligen Leben entstehenden Nutzens und Vergnügens näher zu betrachten.

Die Übung und Veredlung menschlicher Kräfte erscheint in doppelter Gestalt. Zuerst als Vergnügen und dann als Nutzen. In beider Rücksicht erfordert sie wechselseitige Mitteilung. Diese Mitteilung setzt *erstlich* Zutrauen in unsere eigenen Kräfte voraus. Gedanken, denen man keinen Wert beilegt, teilt man andern nicht mit. Werden Gedanken, die an sich keinen Wert haben, andern mitgeteilt, so geschieht es nur darum, weil die eigene Überzeugung von ihrem Werte irrig ist. Gleiche Bewandtnis hat es mit der Mitteilung der Empfindungen. Der durch Verachtung Gekränkte hält mühsam den Ausdruck seines Schmerzes zurück. Sogar das Rufen um Hilfe würde, soweit es willkürlich ist, verstummen, wenn sich der Bedrängte der Hilfe anderer nicht wert achtete. Ohne ein gewisses Zutrauen in sich selbst läßt sich also keine willkürliche Mitteilung der Gedanken und Empfindungen denken. Will man aus der Gesellschaft anderer Vergnügen oder Vorteil ziehen, so muß man nicht nur zu sich selbst Zutrauen haben, sondern auch andern Zutrauen in ihre eigenen Kräfte einzuflößen suchen. Dies ist nach bekannter Erfahrung die Haupteigenschaft eines guten Gesellschafters.

Ebenso wahr ist es auch *zweitens*, daß sich keine Mitteilung der Empfindungen und Gedanken ohne ein gewisses Zutrauen zu denen, welchen man sie mitteilt, denken lasse.

Daher kommt es auch *drittens*, daß keine Gesellschaft ohne Voraussetzung einer gewissen Gleichheit in der Denkungs- und Empfindungsart bestehen kann. Wer mit der Gesellschaft gar nicht sympathisiert, ist mitten in derselben einsamer als in seinem Zimmer.

Deswegen ist eine gewisse Gleichsetzung in jeder Gesellschaft notwendig. Die tägliche Erfahrung zeigt, daß eine Gesellschaft, welche aus ungleichen Mitgliedern besteht, erst dann zu einer lebhaften Unterhaltung gelange, wenn diese als Tisch-, Tanz- oder Spielgenossen ihre Ungleichheit zu vergessen anfangen. Auch die wechselseitige Hilfe kann ohne eine gegenseitige Gleichsetzung nicht bestehen. Gleiche Bereitwilligkeit zu helfen setzt gleiche Bedürfnisse voraus. So verschiedenartig diese auch sein mögen, so muß doch jeder der Hilfe des andern auf gleiche Weise bedürfen. Wer wenig Hilfe braucht, wird wenig Hilfe leisten, wenn ihm nicht die Hilfsleistung selbst als ein angelegentliches Geschäft zum Bedürfnis geworden ist.

So einleuchtend dies in Ansehung der Gesellschaft überhaupt ist, so scheint doch die bürgerliche eine Ausnahme davon zu machen, als in welcher eine so große Ungleichheit anzutreffen ist; wo die meisten zum Vorteile einiger weniger arbeiten müssen, und wo diese vielen nur durch Furcht eines größern Übels dazu genötigt werden.

Da einige geneigt sind, die Furcht als den ersten Antrieb zum geselligen Leben zu betrachten, so verdient dies eine nähere Erwägung. Bedürfnis der Hilfe erhält die Menschen in der Gesellschaft, aber es bringt sie nicht zusammen. Die Furcht schmiegt sich nur an das Bekannte, aber sie zieht sich vor dem Unbekannten zurück. Eine plötzliche Furcht treibt sogar die Vereinigten auseinander. Selbst die Tiere vereinigen sich nur zum Angriffe, nicht zur Verteidigung. Die schwachen Tiere zerstreuen sich, wenn sich ein Raubtier nähert, und das in Furcht gejagte Kriegsheer erkennt man an den Zerstreuten, welche einzeln ihr Heil in der Flucht suchen. Erst dann, wenn die erste Furcht sich mindert, sammelt das wechselseitige Zutrauen in die gemeinschaftlichen Kräfte die Fliehenden wieder in Haufen.

Unter allen Leidenschaften ist also die Furcht eben diejenige, von welcher am wenigsten die erste Vereinigung der Menschen zu erwarten war; denn sie kann anders keine Vereinigung bewirken, als in sofern sie eine Mitteilung gleichartiger Empfindungen und Gedanken veranlaßt oder den Furchtsamen dem Mutigen in die Arme wirft; alsdann aber muß Zuneigung, Zutrauen, Hochachtung, mit einem Worte, Geselligkeit schon vorausgegangen sein.

Sosehr daher auch die Hobbesische Meinung (Thom. Hobbes de Cive, C. I. § 2.) aus der Welterfahrung genommen zu sein scheint, so verdient doch die Cumberlandische (Richard Cumberland de Legibus naturae.) in der Tat den Vorzug. Die verwickelten Verhältnisse unserer großen Gesellschaften waren bei der ersten Entstehung des geselligen Lebens nicht anzutreffen. Es ist offenbar, daß nicht Haß, Furcht oder andere dergleichen selbstsüchtige Leidenschaften die Menschen zuerst miteinander vereinigt haben. Ehe der Schwache den Starken um Schutz ansprechen konnte, mußten sie sich gekannt und einander ihre Empfindungen und Gedanken mitgeteilt haben. Jede Hilfe ist bedingt, und setzt also die Fähigkeit, sich darüber gegeneinander erklären zu können, voraus.

Die Ordnung, in welcher sich die menschlichen Kräfte entwikkeln, ist notwendig folgende. Bedürfnis, die Empfindungen mitzuteilen, führt auf das Bedürfnis des Ideenwechsels. So entstand die erste Sprache, welche, so unvollkommen sie auch sein mochte, doch eher vorhanden sein mußte als der bürgerliche Vertrag.

Sobald man Menschen annimmt, welche miteinander Umgang haben, müssen sich auch gewisse Maximen und Sitten bei ihnen einfinden. Liebe sucht Gegenliebe; Vertrauen auf der einen will durch Vertrauen von der andern Seite belohnt sein. Diese gegenseitigen Ansprüche verwandeln sich bald in Regeln; und so entstehen Sitten, welche um so edler sein werden, je weniger die ersten einfachen Bedürfnisse des ungekünstelten Menschen in einer weiträumigen, unbebauten Strecke Landes jene versteckte Selbstsucht nähren können, welche in den selbstgemachten Bedürfnissen und verwickelten Verhältnissen der europäischen Völker gegründet ist.

Man irrt sich also sehr, wenn man die Sitten als eine Folge der bürgerlichen Gesetze betrachtet. Niebuhr schildert uns die nomadischen Araber, ihrer Räubereien ungeachtet, als ein edles Volk (Niebuhrs Beschr. von Arabien, S. 48). Le Vaillant rühmt die Gutartigkeit der Hottentotten (Le Vaillant. Reisen in das Innere von Afrika; aus dem Franz. übers. von Joh. Reinhold Forster. Band 2. S. 270-290), und führt Beispiele von einem Edelmut der Kamin-Kois an, der dadurch nichts von seinem Werte verliert, daß er von dem zärtlichern Geschmacke ausgebildeter Völker so weit abweicht (Ebendas. Th. 2. S. 276). Bekanntlich haben die europäischen Wilden die afrikanischen mit der Neigung zu gebrannten Wassern angesteckt. Weil nun diese ihre Begierde danach selten befriedigen können, und sie außerdem nur wenig Bedürfnisse haben, so ist in ihren Augen das schätzbarste aller Güter – Branntwein. Gleichwohl war der Vorrat unseres Reisebeschreibers nicht hinreichend genug, um etwas davon allen denen zu geben, welche gemeinschaftlich einen Besuch bei ihm ablegten. Was taten nun die wenigen Auserwählten, welchen der unschätzbare Genuß dieses Getränkes vorbehalten war? Sie behielten es im Munde, um es denen mitzuteilen, welche die Sparsamkeit des Europäers übergangen hatte. Wem bürgt hier nicht die Rohigkeit des Ausbruchs für die Herzlichkeit der Empfindung? Schwerlich dürfte Mandeville in dieser ungeschminkten Tugend eine Frucht der verfeinerten Gesellschaft oder, wie er sich ausdrückt, eine Tochter des Stolzes und der Schmeichelei auffinden können.

Es scheint sogar, als ob der in einer verwickelten bürgerlichen Gesellschaft lebende Mensch ebensoviel an wahrer Sittlichkeit verliere, als er an dem äußerlichen Scheine gewonnen hat, und es hat daher Philosophen gegeben, welche die bürgerliche Gesellschaft als das Grab der geselligen Tugenden betrachteten. Wäre dies wahr, so wäre es widersprechend anzunehmen, daß der Staat die Beförderung dessen zum Zwecke habe, was ihn so offenbar zugrunde richtet. Denn soviel auch der Mensch durch Ausbildung seines Verstandes gewinnen möchte, so würde er doch durch Verderbnis des Willens an wahrer innerer Kraft und Adel der Seele ungleich mehr verlieren, weil damit auch zugleich die Herrschaft der Vernunft und der männliche Geist verloren gehen würden. Allein bei einer genauern Prüfung zeigt sich die Sache in einem ganz andern Lichte, als sie die Phantasie eines kränklichen Philosophen darstellt. Es ist zwar nicht zu leugnen, daß die mannigfaltigen Gegenstände, welche eine gebildete Nation dem Auge des Beobachters darbietet, und die Bücher, welche den Umgang mit den Lebendigen gewissermaßen überflüssig machen, mitten in der bürgerlichen Gesellschaft Einsiedler erzeugt. Auch diejenigen, welche sich im immerwährenden Zirkel der Gesellschaften herumdrehen, genießen mehr den Schein des geselligen Lebens als das Wesen desselben. Mitteilung der Empfindungen findet gar nicht, und der Gedanken nur selten statt. Diese gehen nur vom Ohre zum Munde, ohne Kopf und Herz zu berühren, und so kommen sie in Umlauf, ohne daß sie von irgendeinem Menschen recht wären gefaßt oder beherzigt worden. Allein man bedenkt nicht, daß große Städte neben diesen Müßiggängern eine Menge geschäftiger Menschen enthalten, die durch wechselseitiges Bedürfnis zur gegenseitigen Schonung und Selbstverleugnung genötigt werden, und daß auf diese Weise die Vernunft sich zu einer Herrschaft über die unruhigsten Leidenschaften erhebt, welche, verbunden mit den wachsenden Kenntnissen, das menschliche Geschlecht auch im Sittlichen immer weiter bringen muß.

Ferguson (3. T. 4. Abschn.) hat in seiner Geschichte der bürgerlichen Gesellschaft mit Recht bemerkt: der Kaufmann sei im rohen Zeitalter kurzsichtig, betrügerisch und um Geld zu allem zu gebrauchen; wenn aber in der Folge der Zeit seine Kunst höher getrieben würde, so lerne er den guten Ruf höher schätzen als den gegenwärtigen Gewinn. Selbst in China, wo doch Diebstahl, Betrug und Treulosigkeit allgemein herrsche, sei der große Kaufmann davon ausgenommen. Man vergleiche den englischen Kaufmann mit dem russischen oder polnischen Krämer, und man wird keinen Augenblick Anstand nehmen, ihm Beifall zu geben. Obgleich die Tugend, nach meiner Überzeugung, nicht auf Eigennutz gegründet werden kann, so ist doch gewiß, daß eine weitsehende Selbstliebe an der Hand der Vernunft den Menschen zur verlassenen Tugend zurückführt. Besonders muß die Gerechtigkeit in ebendem Maße an Achtung gewinnen, in welchem sich der Umlauf des Geldes vermehrt; denn je mehr Geschäfte gemacht werden, welche das Eigentum betreffen, desto mehr ist die Gerechtigkeit, welche einen jeden bei seinem Eigentume schützt, auch dem Vorteile eines jeden gemäß.

Da die Gerechtigkeit, wie ich bei einer andern Gelegenheit gezeigt habe, in der Tat nichts anderes tut, als daß sie einen jeden bei der Freiheit, zu erwerben und zu genießen, schützt, so wird eben dadurch auch die Liebe zu einer gesetzmäßigen Freiheit verstärkt, welche, wie Hume durch das Beispiel von England erläutert, dem verbreiteten Wohlstande und dem verfeinerten Lebensgenusse folgt; und so führt in der Tat die Kultur nach und nach zu einer Veredlung des Geistes, deren höchster Grad vermutlich einem bessern Zeitalter aufbewahrt wird.

Wir wären nun so weit gekommen, daß wir sicher annehmen könnten, die bürgerliche Gesellschaft stehe wenigstens der Übung und Veredlung unserer Kräfte, welche sonst die Frucht des geselligen Lebens ist, nicht im Wege. Wir haben ferner festgesetzt, daß die Pflicht, in der bürgerlichen Gesellschaft zu leben, bei dieser den Zweck, die Vorteile des geselligen Lebens zu befördern und die damit verbundenen Übel zu entfernen, voraussetze. Dadurch ist nun freilich nicht bewiesen, daß diejenigen bürgerlichen Gesellschaften, welche wir vor uns sehen, wirklich diesen Zweck haben. Nicht alles, was sich überhaupt durch Hilfe des geselligen Lebens erreichen läßt, kann deswegen als der Zweck einer jeden einzelnen Gesellschaft betrachtet werden, und wir können also nicht einmal annehmen, daß die bürgerliche Gesellschaft es sich zur Pflicht machen müsse, alle Zwecke des geselligen Lebens überhaupt zu befördern. Noch weniger können wir voraussetzen, daß alle Zwecke, welche sie erreichen kann und soll, durch den Zwang, wodurch sie sich von den übrigen Gesellschaften unterscheidet, erreicht werden müsse.

Alles, was wir durch unsere bisherigen Betrachtungen gewonnen haben, ist folgendes. Wenn man die Pflicht, in der bürgerlichen Gesellschaft zu leben, auf die Pflicht der Geselligkeit gründet, so kann man der bürgerlichen Gesellschaft weder Zwecke beilegen noch Mittel erlauben, wodurch der Nutzen des geselligen Lebens gehindert wird. Nun haben wir aber angenommen, daß Gleichsetzung eine Bedingung jeder Gesellschaft sei, ohne welche der Nutzen der Gesellschaft schlechterdings nicht erreicht werden könne. Wir werden also auch im Staate, aller scheinbaren Ungleichheit ungeachtet, eine gewisse Gleichheit wahrnehmen müssen. Diese Gleichsetzung wird besonders bei der Hilfe, welche die Bürger einander zu leisten haben, stattfinden müssen. Man wird nicht annehmen können, daß der eine mehr, der andere weniger Anspruch darauf habe. Die Ungleichheit, welche wirklich vorhanden ist, kann also nur in dem größern oder geringern Vermögen zu helfen, der danach abgemessenen Pflicht und dem zur Erfüllung der Pflicht eingeräumten Rechte gegründet sein. Daher die Ungleichheit der Beiträge und der Macht. Der, welchem der Staat große Pflichten auferlegt, wird auch die Erlaubnis haben müssen, diesen Pflichten Genüge zu leisten. Die Diener der bürgerlichen Gesellschaft werden also auch eine Macht haben müssen, auf welche nicht jeder Bürger Anspruch machen kann. Aber so groß diese Macht auch sein mag, so darf sie doch weiter nichts als ein Mittel sein, um einem jeden diejenige Hilfe zu leisten, auf die er durch den bürgerlichen Vertrag ein Recht erlangt hat. Wenn es scheint, als ob auch in wohleingerichteten Staaten gewisse Stände das ausschließende Vorrecht hätten, Hilfe zu fordern und nicht zu leisten, so kommt dies wohl daher, weil vorzüglich ihnen die Pflicht obliegt, zum Besten der übrigen Staatsglieder zu wirken. Die Hilfe, welche sie erzwingen, wird ihnen als solchen Personen gewidmet, denen der Staat einen Teil seiner Pflicht übertragen hat. Vergessen sie dies, und eignen sie das, was dem Staate gebührt, sich selbst zu, so machen sie sich aus Kurzsichtigkeit eines Mißbrauchs schuldig, welcher ihre eigene Macht untergräbt.

Der wesentliche Unterschied zwischen Bürger und Knecht besteht darin, daß jener Zweck der Bemühungen des Regenten, dieser nur Mittel zu den Zwecken seines Herrn ist. Sobald der Bürger zum Knechte wird, ist das Wesen der bürgerlichen Gesellschaft vernichtet. Deswegen müssen in Rücksicht auf den Zweck alle Bürger gleich geachtet werden; nur in den Mitteln dazu kann der Grund ihrer Ungleichheit liegen; die Mittel aber müssen sich nach den verschiedenen Verhältnissen der Völker und Länder richten und also diesen gemäß ausdrücklich oder stillschweigend festgesetzt werden; dies geschieht durch den Verfassungsvertrag, welcher die verschiedenen Regierungsformen bestimmt, bei dem aber immer die Bedingung zugrunde liegt, daß die Staatsgewalt, wo sie sich auch befinden möge, dennoch keinen Bürger dem andern aufopfern dürfe, sondern einen jeden auf gleiche Weise als den Gegenstand ihrer Hilfe betrachten müsse.

So viel aber auch bisher über den Zweck der bürgerlichen Gesellschaft gesprochen worden, so scheinen wir doch dem Ziele noch nicht näher gekommen zu sein, weil wir noch nicht wissen, zu welchem Zweck eigentlich die gegenseitige Hilfe in der bürgerlichen Gesellschaft geleistet werden soll.

Wir kennen zwar schon die Übung und Ausbildung unserer Kräfte als einen durch Geselligkeit zu bewirkenden Zweck; allein dazu gehört, wie oben schon gezeigt worden, Mitteilung der Empfindungen und Gedanken, und diese setzt Zutrauen zu sich selbst und zu andern voraus. Hierzu kann die bürgerliche Gesellschaft nur insofern beitragen, als sie den menschlichen Umgang und den freien Ideenwechsel begünstigt. Sollen besondere Anstalten diesen Zweck befördern, so muß die Staatsgewalt die Bedingungen aufrechterhalten, ohne welche jene Anstalten weder bestehen noch nutzen können. Ob aber die dazu erforderlichen Kosten aus dem Staatsvermögen mit oder ohne Einwilligung sämtlicher Mitglieder bestritten werden dürfen, werde ich an einem andern Orte näher bestimmen können. Hier begnüge ich mich zu zeigen, worauf der gemeinsame Wille der bürgerlichen Gesellschaft gerichtet werden könne, ohne mich darauf einzulassen, *wie* ein solcher Entschluß gefaßt werden müsse.

Ob wir nun gleich bisher mehr das, was der Staat nicht tun darf, als das, was er zu leisten hat, gefunden und manche Frage vor der Hand noch beiseite gesetzt haben, so haben wir doch mehr gewonnen, als es scheint. Denn eben dadurch, daß wir den Zwang von denjenigen Gegenständen abweisen, auf welche er nicht angewendet werden muß, zeichnen wir diejenigen Gegenstände aus, auf welche der Staat mit aller seiner Macht wirken muß. Wenn wir daher annehmen, daß die bürgerliche Gesellschaft Gewalt anwenden müsse, um die Störungen des geselligen Lebens zu hindern, und die Anstalten dazu in Schutz zu nehmen, so haben wir auch den Hauptpunkt angegeben, auf welchen die vereinigten Kräfte der Staatsbürger gerichtet werden müssen. Denn wegen der zu jedem Fortschritte der Vernunft erforderlichen eigenen Tätigkeit wird es sich der Staat zur Hauptangelegenheit machen müssen, einen jeden bei dem freien Gebrauche seiner Kräfte gegen die Eingriffe anderer zu schützen und zu diesem Ende den freien Genuß des Eigentums sicherzustellen. Daher sind, wie Rehberg in seiner Schrift *Ueber das Verhältniß der Metaphysik zu der Religion* (S. 1 und 2) mit Recht bemerkt, alle Anstalten, welche die äußern Dinge betreffen, nur als Mittel zu dem freien Gebrauche unserer Seelenkräfte schätzbar, und es ist also dieser freie Gebrauch der letzte vernünftige Zweck aller politischen Verfassungen.

Selbst die Befriedigung der körperlichen Bedürfnisse zweckt dahin ab; denn sie dient entweder bloß zur Erhaltung und Stärkung unserer Kräfte, oder sie führt auf angenehme Vorstellungen, und also auf Seelengenuß. In beider Rücksicht ist sie dem edlern Zweck der Ausbildung, teils als Mittel, teils als Genuß von geringerm Werte untergeordnet.

Man könnte zwar einwenden, daß der Staat eben deswegen, weil er nur für die körperlichen Bedürfnisse zu sorgen habe, auf die geistigen keine Rücksicht nehmen und also die zu jenen Bedürfnissen erforderliche Kraftanwendung erzwingen müsse. Allein selbst alsdann, wenn man diesen unrichtigen Einwurf als richtig gelten ließe, würde doch die lediglich mit den *Mitteln* beschäftigte bürgerliche Gesellschaft zum Besten dieser Mittel keine solche Anstalten treffen dürfen, wodurch der *Zweck* selbst gehindert würde, welcher durch diese Mittel erreicht werden soll. Ja, wenn man auch nur auf die körperlichen Bedürfnisse Rücksicht nimmt, und allein nach der größtmöglichen Austauschung der den mannigfaltigen Bedürfnissen angemessenen mannigfaltigen Mittel strebt, so wird doch dazu ein hoher Grad von Selbsttätigkeit und eine Mannigfaltigkeit der Kräfte erfordert, welche ohne eine freie Ausbildung derselben nicht gedacht werden kann. Die wechselseitige Hilfe setzt also in aller Absicht freie Tätigkeit voraus, welche nur so weit wird eingeschränkt werden dürfen, als sie die Tätigkeit der andern hindert oder aufhebt. Zu Erregung dieser Tätigkeit ist bei Erwachsenen kein Zwang erforderlich, sondern nur die innere Strebsamkeit der Kraft und die äußere Veranlassung, an der es bei einem weiten Spielraume der Kräfte nicht fehlen kann. Mehr als des Schutzes dieser Freiheit bedarf es nicht bei einem Volke, welches zum Gefühl seiner Bedürfnisse und Kräfte gelangt.

Nur der Kraftlose, welcher gegen die Hilfe, deren er bedarf, nichts wiedergeben oder leisten kann, erfordert die Vorsorge der Gesellschaft. Wie diese Hilfe zu leisten sei, muß durch einen Beschluß der Gesellschaft bestimmt werden. Wie aber ein solcher Beschluß gültig gefaßt werden müsse, das ist eine Frage, deren Beantwortung ich, wie ich oben schon bemerkt habe, bis zu einer andern Abhandlung versparen muß. Ich will nur noch das Resultat meiner jetzigen zur leichtern Übersicht zusammenfassen. Es besteht darin:

1) Der Zweck des Staats ist Schutz des geselligen Lebens.

2) Dieses kann ohne freie Mitteilung der Gefühle, Gesinnungen und Gedanken weder genossen noch genutzt werden.

3) Diese Mitteilung ist das einzige Mittel zur Ausbildung und Veredlung des Menschen.

4) Diesem höhern Zwecke aller Gesellschaft darf der Zwang, welcher in der bürgerlichen herrscht, nicht hinderlich sein.

5) Der eben erwähnte höhere Zweck erfordert ebensowohl als die Natur der Gesellschaft überhaupt, daß auch im Staate eine gegenseitige Hilfe stattfinde.

6) Nur der Kraftlose hat Anspruch auf die einseitige Hilfe des Staats.

7) Übergewicht an Macht verpflichtet zur stärkern Hilfe und darf vom Staate nur als Mittel zum Besten der Schwächern gebraucht werden.

8) Als Zweck der Gesellschaft haben alle Mitglieder vollkommen gleiche Rechte.

Hieraus ergibt sich zugleich, inwiefern der Satz richtig sei, welchen die französische National-Versammlung an die Spitze ihrer Beschlüsse gesetzt hat.

Wenn es heißt, die Menschen werden gleich an Rechten geboren und müssen gleiche Rechte behalten, so kann diese Gleichheit nur von denjenigen Rechten gelten, welche sich auf den Zweck aller möglichen Rechte beziehen. Aber der Satz ist offenbar falsch, insofern die Verschiedenheit der Kräfte und Bedürfnisse diese Rechte modifiziert. Das Kind hat nicht die Rechte des Vaters, denn dieser hat nicht das Bedürfnis, erzogen zu werden, jenes nicht die Kraft, den Vater zu erziehn. Aber darin sind die Rechte des Vaters und des Kindes gleich, daß das Wohl des einen dem Wohl des andern nicht aufgeopfert werden darf, und daß der Vater nur deswegen mehr Rechte hat als das Kind, weil er zugleich die Pflicht hat, für das Beste des Kindes zu sorgen.

Diese Gleichheit der Rechte geht auch in der bürgerlichen Gesellschaft nicht verloren; vielmehr macht der gemeinschaftliche Schutz, welchen der Staat allen widerfahren läßt, den Schwachen dem Stärkern gleicher, als sie vorher waren.

Die National-Versammlung hätte also den Satz so fassen sollen: Jeder Mensch, welcher unter dem Schutze der französischen Nation lebt, hat ein gleiches Recht, Gegenstand der allgemeinen Vorsorge zu sein, und es kann keine Ungleichheit der Rechte stattfinden, als welche aus der Pflicht entsteht, für das Beste der übrigen zu sorgen.

Zu Verhütung aller Mißverständnisse wiederhole ich jedoch, daß es in jedem Staate Personen gebe, welche zum Besten der übrigen handeln, und also auch mehr Rechte als diese haben müssen. Eine ganz andre Frage aber ist es, durch welche Mittel diese Personen zu bestimmen sind. Gewiß ist es, daß die Frage, welche Staatsverfassung die beste sei, nicht nach rechtlichen Grundsätzen, sondern nach Regeln der Klugheit entschieden werden müsse. Die Gerechtigkeit fordert weiter nichts, als daß die Größe der Pflicht gegen die übrigen, und des Nutzens, welchen diese davon zu erwarten haben, zum Maßstabe der Vorzüge diene, wodurch der Staat einige Bürger über die andern erhebt.

17
Saul Ascher
Der Naturzustand

Ganz falsch, lieber Freund, scheinen Sie mich beurteilen zu wollen, wenn Sie vermuten können, daß ich, bloß um mir die Miene eines Sonderlings eigen zu machen, gegen die allgemeine Vorstellungsart in meiner Behauptung auftrete: daß selbst politische Revolutionen eine gemeinschaftliche Quelle und einen gemeinschaftlichen Zweck mit denen in der Natur sich entwickelnden haben. Werfen Sie nur einige Aufmerksamkeit auf den Schauplatz oder politische

Revolutionen, auf den gesellschaftlichen Zustand der Menschen; so werden Sie finden, daß meine Idee einen festern Grund faßt, als Sie vermuten werden.

Es ist wahr, wer nur etwas mit den Urteilen und Systemen der mannigfaltigen Denker, die sich mit Untersuchungen über den gesellschaftlichen Zustand beschäftigen, vertraut ist, dem kann die Bemerkung nicht entgehen, daß man überhaupt den Ursprung des gesellschaftlichen Zustandes entweder aus einer in die menschliche Natur verpflanzten Idee entwickelte, oder in der Art und Weise, wie eine Gesellschaft entstanden, das Muster zu jeder gesellschaftlichen Einrichtung suchte. Also daß man bald die *Vernunft,* bald die *Konvention* zur Quelle des gesellschaftlichen Lebens machte.

Gibt es in uns einen Trieb, ein Gefühl für den gesellen Zustand? Werden wir geboren, sind wir vom Anfange unserer Existenz mit der Fähigkeit ausgerüstet, im gesellschaftlichen Zustande zu leben? Oder ist es bloß die Vernunft, nachdem unsere Kräfte im isolierten Zustande untergelegen, nachdem wir alles aufgeopfert, unsere Erhaltung zu beabsichten, die uns durch Syllogismen, Axiome, kurz alle Mittel einer Logik den gesellschaftlichen Zustand zu wählen aufforderte oder erfinden half?

In Beantwortung dieser Fragen unterscheiden sich die Meinungen der denkenden Köpfe über den Ursprung des gesellschaftlichen Zustandes. Nur in der Erfahrung, in den mannigfaltigen zufälligen Schicksalen der menschlichen Gesellschaft, sucht die neue Schule das Prinzip des gesellschaftlichen Zustandes; indes die andere auf alle diese äußeren Verhältnisse nicht Rücksicht nimmt, und bloß auf jene durch die Vernunft allgemein aufgefundenen Regeln den gesellschaftlichen Zustand begründet, und eine jede von diesen Parteien verfehlt nicht Gründe sowohl *für* die Allgemeinheit ihres Prinzips, als auch *gegen* das ihrer Gegner festzustellen.

Dennoch aber muß der unparteiische Beobachter in einer jeden dieser Denkarten eine gewisse Realität entdecken, die ihn auf das Resultat führt: daß nur, insofern auf beide zugleich Rücksicht genommen wird, in der Untersuchung über den gesellschaftlichen Zustand einige Wahrheit, und in Rücksicht seines Ursprungs und Fortschrittes der eigentliche Standpunkt vorgefunden werden dürfte.

Wahr ist es nun von der einen Seite, daß der gesellschaftliche Zustand der Menschen seine wirkliche Entstehung der seiner Natur eigentümlichen Existenz zu verdanken hat. Es waren Triebe, Bedürfnisse, usw.; es war Stärke und Schwäche zugleich, welche die Menschen zum gesellschaftlichen Leben hinführte.

Aus dieser Wahrheit folgern aber die denkenden Köpfe dieser Partei die unzureichende Behauptung, daß die Einrichtungen der Gesellschaft nicht nach allgemeinen Prinzipien beurteilt werden können. Allein zugegeben, daß alle gesellschaftlichen Einrichtungen sich auf Herkommen, alte Sitte und eingeführte Ordnung gründen, so können sie daraus keineswegs ihre Unverletzlichkeit erweisen.

Gegründet ist es wiederum, wenn die andere Partei behauptet, daß der Wert aller Fortschritte der menschlichen Gesellschaft nach allgemeinen Vernunft-Prinzipien veurteilt werden müsse. Die Vernunft hält uns immer das Ideal einer jeden Vollkommenheit vor. Mit jedem Versuch, den wir wagen, uns demselben zu nähern, bringen wir es auf eine höhere Stufe unserer Bildung. Wenn dem in Gesellschaft lebenden Menschen nur seine Vernunft ein Ideal von gesellschaftlicher Einrichtung vorhält, so ist er freilich berechtigt, jede gesellschaftliche Einrichtung dahin abzuändern, daß sie diesem Ideale näher gebracht werde.

Allein ohnfehlbar ist es sehr übereilt, wenn diese Partei darauf dringt zu behaupten, daß dieser Grundsatz der Vernunft allen Menschen sich aufdrängen soll. Es gibt viele Wahrheiten, die nicht jedem Menschen als wahr erscheinen; und wenn sie auf ihn einigen Eindruck machen, so kann er oft hinterher so viele für ihn unauflösliche Schwierigkeiten entdecken, die ihn in die Gefahr versetzen, sie gegen einen Irrtum zu vertauschen.

Die Verfechter der Konvenienz haben aber außerdem noch eine unüberwindliche Feste, aus welcher sie ihren Gegnern Trotz bieten können, und dies ist die wirklich bestehende Einrichtung der menschlichen Gesellschaft, wo die Vernunftgesetze die geringste Spur von Wirksamkeit hatten, und wo bloß Zufall, Anlage, Trieb und mannigfaltige Begebenheiten den größten Spielraum hatten.

Hier möchte nun die Vernunft alle Gründe aufbieten und ihre Anhänger mit den unüberwindlichsten Waffen versehen; sie würden nichts gegen einen Koloß vermögen, der schon seit Jahrtausenden weit umher durch sein hohes Alter sein Ansehen gegründet, wenn die Natur, die holdselige Pflegemutter der Vernunft, nicht auf einem andern Wege ihre Gerechtsame durchzusetzen gesucht hätte.

Betrachten wir den Gang der Kultur der Menschheit, so scheint es, als wenn der gesellschaftliche Zustand des Menschen alles darauf angelegt habe, der menschlichen Natur von allen Seiten entgegen zu arbeiten. Es war ganz natürlich, da der Ursprung der Gesellschaft in menschlichen Neigungen, Begierden und äußern Verhältnissen, als Bedürfnis, Zwang, usw. zu suchen ist, daß nicht an Mittel gedacht ward, die es verhinderten, der menschlichen Natur entgegen zu wirken, insofern ihr die Freiheit ihrer Kräfte durch das gesellschaftliche Band beschränkt ward.

Es würde dem menschlichen Geiste daher nie gelungen sein, gegen das Reich der Sinnlichkeit die Freiheit seiner Kräfte zu behaupten, und durch den gesellschaftlichen Zustand eine solche Kultur zu verbreiten, die ihm dem Ziele der Vollkommenheit, das ihm die Vernunft vorgezeichnet, näher gebracht, wenn die Natur nicht durch einige in der menschlichen Gesellschaft verursachte Erschütterungen von eigener Art seinen Kräften allmählich einen freiern Wirkungskreis verschafft hätte.

Nehmen wir also mit der einen Partei an, daß der Mensch in seinem ursprünglichen Zustande nicht fähig war, nach allgemeinen Vernunftgesetzen sich zu bestimmen, so mußte die Wirksamkeit seiner Kräfte in dem Verhältnis, das ihnen die Natur geschaffen, zerstört werden. Die Sinnlichkeit mußte die Vernunft beherrschen. Aus diesem widernatürlichen Zustande der menschlichen Kräfte entwickelten sich nun die sogenannten *politischen Revolutionen,* bei welchen die Natur es bloß beabsichtigt zu haben scheint, *das ursprüngliche Verhältnis der menschlichen Kräfte wiederherzustellen und ihnen in ihrer Wirksamkeit einen solchen Spielraum endlich zu verschaffen, daß der menschlichen Gesellschaft der freie Gebrauch derselben gesichert werde.*

Hier sehen Sie sich also, lieber Freund, auf das Resultat hingeleitet: daß politische Revolutionen an und für sich ihre Quelle oder ihren Ursprung in der Natur haben; und nehmen Sie mit mir den vorherbestimmten Zweck derselben an, so werden Sie auch mit mir der Meinung sein, daß die unmittelbare Folge derselben war und ist, die Vernunft allmählich in solcher Wirksamkeit zu sehen, daß sie auf den gesellschaftlichen Zustand solchen Einfluß erhielt und mit solchem Nachdruck ihre Stimme erheben konnte, um in dem Wirkungskreise der Menschheit endlich ihre Nebenbuhlerin, die Sinnlichkeit, wo nicht verdrängen, doch zu einer einverstandenen Wirksamkeit zu bequemen.

Zugleich werden Sie nun auch eine Lücke finden, durch welche die nationalen Politiker den konventionellen so beikommen können, daß der Sieg ihnen ohnfehlbar zuteil werden muß.

Ist die Natur selbst die Macht, welche den gesellschaftlichen Zustand, den die Menschen sich geschaffen, durch allgemeine Erschütterungen auflöst, ist sie es, die den menschlichen Kräften auf Kosten der bisher genossenen wirklichen oder scheinbaren Glückseligkeit ihre Freiheit erkämpft, so sind jene Freunde der Vernunft auf jeden Fall berechtigt, ihre Grundsätze gegen alles Herkommen, alle Konvention so weit geltend zu machen, als die Natur, durch jene Auflösungen der alten Ordnung des gesellschaftlichen Zustandes, ihnen Spielraum läßt.

3.

Sie haben wieder unrecht, lieber Freund, wenn Sie behaupten, daß ich in meinem Ihnen geäußerten Ideengang aller Neuerungssucht das Tor öffne, wenn Sie äußern, daß ich, indem ich der Natur einzig und allein die Auflösungen aller hergebrachten gesellschaftlichen Ordnungen aufbürde, denen, die vielleicht (doch freilich nur nach ihrer Meinung) als die Schöpfer aller Greuel und Gewalttätigkeiten, welche diese Erschütterungen in der menschlichen Gesellschaft hervorbringen müssen, die rühmliche Ausflucht in den Mund lege, daß sie das von der Natur ihnen eingeräumte Recht zu behaupten suchen.

Allein, Freund, haben Sie die Bemerkung noch nicht gemacht, daß selbst alle Neuerungen einen methodischen Fortschritt machen? Glauben Sie nicht, daß, um ihren Antrag unterstützt zu sehen, der Keim derselben eigentlich schon in die Gesellschaft verpflanzt und daher die Stimme der Menschen schon dafür gewonnen sein muß?

Wie der Boden, so die Früchte. Wähnen Sie nicht, daß die Natur je ein Meteor aufzeigte, ohne daß dazu eine demselben entsprechende Ursache vorhanden war. Der Funke wird dann nur Flamme, wenn er Nahrung erhält. Der heftigste Demagoge, der furchtbarste Tyrann bilden sich nur in dem Kreise oder für die Gesellschaft, die ihrem Geiste Spielraum gibt. Sie finden ihre Triebfedern zu handeln in dem Kreise, wo sie leben. Sie führen die Menschen zwar mit rascherm Schritt zu dem beabsichtigten Zweck der Natur; sie drängen sich aber nicht der Natur und den Menschen auf, sondern sie handeln nach allgemeinen, außer ihnen schon vorhandenen Triebfedern.

Unsere Schwäche verwechselt hier die Wirkung mit der Ursache. Wir sehen in den Neuerungen die Ursachen der Übel, welche die Menschen verfolgen, anstatt daß wir jene als die Folge und das Resultat aller Greuel betrachten sollten. Es sind nie die Neuerungen, die uns so vieles Unheil schaffen. Nein!, lieber Freund, es ist das Unheil unserer Verfassung, welches den Neuerungsgeist gebärt. Wir gleichen hier dem Kinde, das in der Arznei, die ihm gereicht wird, sein Übel sieht.

Sagen Sie daher: die Natur entwickelt für den Menschen immer neue Vollkommenheiten, doch die Menschen verstehen nie die einfachsten Mittel aufzusuchen, um ihnen nahe zu kommen.

Wenn Sie sich von dieser Wahrheit überzeugt haben – und ich hoffe, Sie sollen es –, werden Sie gern Ihren Skrupel auf die Seite räumen und mit nicht wenigem Interesse in den Schicksalen und den Fortschritten des gesellschaftlichen Zustandes den verschrieenen Neuerungsgeist, der, wie manche andere Geister, den besten Menschen selbst die größte Unruhe gemacht, entlarvt, und ihn in seiner wahren Gestalt als eine Modifikation eines allgemeinen revolutionären Geistes erkennen, dessen Entwicklung in dem *wirklichen Ursprunge* der gesellschaftlichen Ordnung gegründet ist.

In dem wirklichen Ursprunge der Gesellschaft müssen wir daher die Quelle aller Neuerungen suchen, mit welchen wir den menschlichen Geist immer beschäftigt sehen. Die Natur scheint selbst den Keim zu dem revolutionären Zustande gelegt zu haben. Wir sehen die Menschen bei den ersten Fortschritten zur gesellschaftlichen Ordnung in solchen Verhältnissen, welches unsere Vermutung zu einem hohen Grade von Gewißheit erheben wird.

Freilich, wenn wir den menschlichen Geist, ausgerüstet mit dem höchsten Grade von Kultur, annehmen, wo er auf die große Idee hingeleitet wird: daß seine Existenz das Dasein einer Reihe Geschöpfe seinesgleichen außer sich einschließt: daß er also eines Ganzen Teil, Teil einer Gesellschaft ist, dann müssen alle die mannigfaltigen Triebfedern, die den revolutionären Geist in Bewegung setzen, ihre Spannkraft verlieren.

Wo oder wann soll oder kann diese Idee einer Verbindung sich entwickelt haben? Die Dichter malen uns das Schäferleben, die goldene Zeit. In diesen Bildern erkennen Sie den natürlichen, nach Trieben handelnden, erkennen Sie den *geselligen*, nicht den *gesellschaftlichen* Menschen.

Ich will es zugeben, daß der Mensch, wie andere Gattungen von

Tieren, mit den Seinigen zusammenlebte, durch seine Existenz die seiner Nebengeschöpfe nicht beeinträchtigte. Allein alles dies dürfte oder kann der Hoheit und Größe der Idee nicht gleichkommen, die den Menschen zu einem eigentlich gesellschaftlichen Wesen schuf, die ihn das Urteil sprechen ließ: ich bin ein Teil eines Ganzen, in und durch das Ganze lebe ich. Und wann sollte dieser Gedanke so einzig und allein die Triebfeder aller seiner Begierden, Meinungen und Handlungen sein?

Tausendfache Eindrücke mußten dem Aufkeimen dieser Idee entgegenarbeiten. Gefühle heterogener Art mußten ihre Heiligkeit entweihen. Denn Sinnlichkeit schuf allmählich die Idee vom *Eigentum.*

»Mein ist dieser Raum!, ist dieser Teil!« Mit diesem Ausrufe entsagte der Mensch gänzlich jener großen Idee von Gesellschaft, die ihm nach dem Urteile gewisser exzentrischer Denker immer zu Gebote stehen soll. Dieser Egoismus schuf ihn vielmehr zum isolierten Wesen. Die Idee Eigentum löste sogar das Band der Geselligkeit auf. Und hier galt das fränkische Sprichwort: *qui terre a, guerre a.*

Eine geraume Zeit stand die Vernunft unwirksam und untätig. Doch endlich begann sie in diesem Chaos eine Ordnung zu schaffen. Man suchte allmählich die Idee vom Eigentum durch willkürliche Übereinstimmung Gesetzen zu unterwerfen, und mit diesen entwickelte sich die Idee *Gesellschaft.*

Also, lieber Freund, weder die reine unschuldige Verbindung, das sanfte unschuldige Band der Geselligkeit, in welchem unsere Dichter im goldenen Zeitalter unsere Voreltern am Ufer des Tigris vegetieren lassen, noch die große himmlische Idee, welche unsere Weltweisen wie eleusinische Geheimnisse im großen Buche der Geisterkultur vorgefunden, war es, ach nein!, eine äußere Triebfeder setzte die Menschen zur gemeinschaftlichen Kraftäußerung in Bewegung; war es, welche die Menschen zusammenführte und vereinte; und eben sie legte den Keim zu dem revolutionären Zustande, worin wir die Menschen wie auf immer in den Annalen der Geschichte verdammt lesen.

4.

Verfolgen Sie einmal mit mir den ganzen Gang der sogenannten Welt- und Menschengeschichte, forschen Sie nach dem allgemeinen Hebel, der alle diese Maschinerien, alle die automatisch scheinenden Figuren in Bewegung setzte; was ist es anders als Eigentum? Eine Geschichte des Eigentums würde eine Entwicklung aller Triebfedern der durch Menschen veranlaßten Wirkungen und Handlungen enthalten, und daher zugleich eine Geschichte vom wirklichen Ursprung der Gesellschaft.

Lassen Sie uns diese Idee einiger Aufmerksamkeit würdigen, und Sie werden vielleicht der Wahrheit näher kommen: daß die Natur selbst den Keim zu Revolutionen gepflanzt.

Sie erinnern sich ohnfehlbar, daß ich zwischen Geselligkeit und Gesellschaft eine scharfe Linie gezogen. Jenes ist bloß ein Trieb, dessen Handlungsweise die Natur vorgezeichnet, der dem Menschen daher nicht vorzugsweise beigemessen werden kann. Es gibt eine Menge von Tierarten, die im geselligen Zustande leben. Allein Gesellschaft ist eine Idee, die dem menschlichen Geiste vorzugsweise eigentümlich ist. In dem Zustande der Geselligkeit erkenne ich den Urstand der Menschen, in welchem er in seinem jugendlichen Zeitalter gelebt haben kann. In diesem Zustande ist der Mensch zwar ein vernünftiges, jedoch kein gesellschaftliches Geschöpf. Er denkt nicht über das, was er ist noch werden kann, sondern lebt zufrieden mit dem, was er ist oder immer werden mag.

Überdenken wir nun mit einiger Aufmerksamkeit die Idee vom Eigentum, so muß sich ergeben, daß der erste Keim derselben der Ausdruck *mein* nicht beim isolierten, anachoretisch, sondern beim geselligen, in Gesellschaft lebenden Menschen entstand. Es wird sich ferner ergeben, daß der Ausdruck *dein* in unumgänglicher Folge sich entwickeln mußte.

Ob wir nun gleich die beiden Ausdrücke *mein* und *dein* erfunden sehen, so würde nie eine feste Bestimmung, sondern vielmehr eine Auflösung der Idee vom Eigentum erfolgen müssen, wenn wir nicht annehmen, daß die Menschen beim ersten Grade der Entwicklung derselben zusammentraten und sich gegenseitig das Eigentum sicherten. Durch diese gemeinschaftliche Richtung ihres Willens schufen sie sich nun das Band – *Gesellschaft*.

Das war der erste Standpunkt. Wir gehen nun zum zweiten und wichtigern über. – Die Menschen fangen an zu wirken. Jedes Eigentum erhält eine andere Gestalt. Die Talente, Fähigkeiten, usw. sind verschieden. Jedes Eigentum erhält einen verschiedenen, der Wirksamkeit angemessenen Umfang. Zugleich mehren sich die Besitzer. Es entstehen Kollisionen. Der Gang der Geschäfte wird immer verwickelter. Und hier müssen wir annehmen, daß die Menschen bei den ersten Vorfällen und Kollisionen sich vereinen und *Verträge* darstellen.

Bei dem Fortgange der Gesellschaft mehren sich diese Buchstaben-Geschöpfe. Sie werden allmählich eine Welt, wozu endlich ein Menschenalter erfordert wird, um sie zu entziffern. Und das Resultat hiervon ist: es entsteht eine *Regierung*, d.h. eine Macht, die nicht, wie fälschlich immer behauptet wird, die Gesellschaft einsetzt. Ach nein! Sie wächst auf dem Moorfelde der Verträge. Die Gesellschaft fühlt ihr Bedürfnis und wird schon regiert, ehe sie noch Mittel aufsucht, diesem abzuhelfen.

Historisch und psychologisch richtig ist diese Behauptung. – Wie entstanden die mehrsten Regierungen? – Aus dem Bedürfnis, das die Gesellschaft fühlte, regiert zu werden. Nun bedenke man aber, daß da, wo noch keine Regierung war, keine Mißbräuche der Regierungen empfunden worden sind, sondern Mißbräuche wegen gänzlichen Mangels derselben. Man erwog daher nicht, wie etwa eine National-Versammlung zu Paris, alte Fehler zu vermeiden, sondern man ergriff die erste Gelegenheit, einer Regierung teilhaftig zu werden. Man hatte den Grundsatz: *jede Regierung vernichte Mißbräuche,* und fand es daher bequem, derjenigen sich zu unterwerfen, die angeboten ward.

Nun kommen wir wieder aufs Eigentum. – Es ist ganz natürlich, wenn Eigentum bloß auf Vertrag gegründet ist, so ist der Verweser dieser Verträge der allgemeinste Eigentümer. Alles hängt von seiner Rechtschaffenheit und Willkür ab, und es ist daher keine überfliegende Äußerung, wenn man behauptet, daß im Zustande der ursprünglichen Gesellschaft das individuelle Eigentum in die Hände der Regierung überging. Eine durch Verträge entstandene Gesellschaft bildete daher für die Regierung ein allgemeines Eigentum, wodurch die Idee vom *Staat* ursprünglich realisiert ward.

Lassen Sie uns unsern Begriff festhalten. Ein ursprünglicher Staat *enthielt das durch eine der Regierung überlassene willkürliche Macht verwaltete Eigentum.*

Bleiben Sie immer dabei stehen, daß ich entwickele, wie eine Regierung wirklich entstanden, nicht wie sie entstehen soll. Kommt einst der Zeitpunkt, daß der menschliche Geist, wie ein zweiter Prometheus, sich einen Staat nach seiner Idee zu schaffen vermag, dann werden nie Revolutionen entstehen. Es wird alles in seinem Geleise bleiben. Die ewigen Gesetze der Vernunft werden wie jene

Gesetze, die allen Planetensystemen seit Tausenden von Jahren unwandelbar ihre Bahn vorzeichnen, auch unsern Kräften die festeste Richtung geben. Aber wann soll oder wird uns der Zeitpunkt werden?

Lassen Sie uns nicht unsern Geist in Hoffnungen versenken. In den Ruinen der Vorzeit wollen wir das Zukünftige lesen. Wir haben dabei den Gewinn, unsern Geist zu beschäftigen, ohne ihn mit phantastischen Bildern zu höhnen.

Nur in edlen Träumen wollen gewisse Denker unserer Zeit Befriedigung suchen, indes der Geist des Wissens von einer großen Anzahl ihrer Jünger verrufen zu werden Gefahr läuft. So sagte mir noch jüngsthin einer derselben: Die Zeit ist da, wo alle Gelehrsamkeit dem Genie das Feld wird räumen müssen. – Die goldene Zeit!

18
Über den gesellschaftlichen Vertrag

Ob sich gleich seit zweihundert Jahren die Aufklärung von Frankreich aus in alle übrige Teile von Europa verbreitete, so hatte man doch nur wenig Untersuchungen über die Elemente von Staatenorganisation angestellt. Vorzüglich große Männer, wie zum Beispiel Montesquieu, hatten mehr über gegebene als zu gebende Gesetze nachgedacht: kurz, man hatte nichts philosophisch Bestimmtes über die Tugend des Gehorsams und das Recht zu befehlen gesagt, als der *gesellschaftliche Vertrag* erschien. Dies Werk, das ein Meisterstück von Entwickelung ist, wurde anfänglich nicht günstig beurteilt, weil es allen hergebrachten Begriffen widersprach. Es erhielt nicht einmal den Ruf, den ihm bloß die Dreistigkeit seines Inhalts hätte verschaffen sollen; man führte es öfter an, als man es las, und der Philosoph von Genf starb, ohne zu vermuten, daß er durch seinen gesellschaftlichen Vertrag berühmt werden würde, so wie es sich Racine nicht einfallen ließ, daß ihm Athalie gegründete Ansprüche auf Unsterblichkeit gebe.

Die Revolution in Frankreich begann, und man ging von kalter Gleichgültigkeit auf einmal zu schwärmerischer Verehrung über. Weil man schlau genug ausgebreitet hatte, der Verfasser des Emils habe die neue Ordnung der Dinge vorhergesagt, so legte man aus Dankbarkeit den gesellschaftlichen Vertrag auf den Altar des Vaterlandes, und man durfte nicht mehr ungestraft über dies Evangelium der Politik Untersuchungen anstellen. – Dies zwiefache Urteil ist ebenso übertrieben wie die Philosophie des Bürgers von Genf selbst. Man tat unrecht, daß man den gesellschaftlichen Bund, dies schöne Denkmal der Freiheit, nach der verkleinernden Logik der Throne würdigte; man tut jetzt unrecht, daß man ihm nur mit unüberlegten Enthusiasmus von Parteisüchtigen seinen Wert wiedergibt. Hätte Rousseau nur dies einzige Buch geschrieben, so würde er weder die Verachtung der Könige noch seine Apotheose verdient haben.

Der gesellschaftliche Vertrag hat das große Verdienst, die unbestimmten Begriffe des Philosophenpöbels über die souveräne Gewalt auf eine Elementartheorie zurückgeleitet, die Begründungsprinzipien einer Regierung aus ihrem Chaos entwickelt zu haben und vorzüglich mit jener männlichen Unabhängigkeit eines Weltbürgers geschrieben zu sein, welche an allem, was Vaterland und Religion heißt, Verbesserungen anbringt. Allein, wenn man dies Werk, welches der Republikanismus zum Gebetbuch der Gesetzgeber gemacht hat, auf seiner Studierstube aufmerksam durchgeht, so wundert man sich, daß der Verfasser des Emil fast ebensooft unter sein eignes Genie herabsinkt, als über den gemeinen Haufen von Publizisten sich erhebt. Man fühlt, daß er allein zu einer Zeit, wo man *von Rechtswegen* einen Calas mordete und geheime Verhaftsbefehle ausfertigte, ein ähnliches Werk schreiben konnte; allein man ist auch aufgelegt zu glauben, daß er, hätte er zwölf Jahre länger gelebt, Mut genug gehabt haben würde, es umzuarbeiten.

Wenn die Vorerinnerungen zu dieser Konstitution eine Untersuchung der Irrtümer in den kleinen Teilen des gesellschaftlichen Vertrages zuließen, so würde ich fragen, wie sein vortrefflicher Verfasser, indem er gegen alle Offenbarungen sprach, sagen konnte, der strenge Moses habe das Ziel erreicht, welches sich ein Gesetzgeber vorstecken müsse; wie er dem Volke das Recht, seine besten Gesetze umzuändern, unter dem ungereimten Vorwande erteilen konnte, es dürfe sich selbst schaden; wie er zugeben konnte, daß keine Fundamentaleinrichtung für den Souverän, selbst nicht für den gesellschaftlichen Vertrag verbindlich sei?

Überdies ist dieser gesellschaftliche Vertrag, so frei von politischen und religiösen Vorurteilen er auch zu sein scheint, doch nicht ganz ohne philosophische Vorurteile: der Verfasser geht immer von seinem Hirngespinst vom Naturstand aus, um das Problem der zivilisierten Welt aufzufinden. Als Bürger von Genf sieht er in der politischen Waage Europas immer nur dies kleine Sandkörnchen: er scheint alle Reiche auf der Welt organisieren zu wollen, und nimmt immer nur die kleinste Republik als Maßstab dabei an. – Der Fehler dieses schönen Werkes ist, daß es bloß auf einer Übereinkunftspolitik beruht; es beschäftigt sich mit der erhabnen Wissenschaft der Sitten gar nicht; man ahnt sogar dies ewig dauernde Principium jeder Gesetzgebung nicht darin; daß nämlich alle heiligen Pflichten, welche ein Vaterland mit seinen Bürgern, und alle Vaterlande unter sich selbst verknüpften, eine zusammenhängende Kette ausmachen, deren erstes Glied an dem Gewissen des individuellen Menschen hängt.

Übrigens hat Rousseau durch seine Philosophie und seine Tugend zu gegründete Ansprüche auf die Achtung der Nachwelt, als daß man sein Andenken durch den Vorwurf entehren sollte, er habe, da er doch weiter als seine Vorgänger ging, seinen Nachfolgern noch etwas übrig gelassen. Dieser berühmte Mann kündigte uns seinen gesellschaftlichen Vertrag nur als ein einzelnes Stück eines großen politischen Werkes an, welches er aus Mißtrauen gegen seine Kräfte nicht ausarbeiten wollte; ich kann mir das zusammenhängende Ganze, welches in dem Bruchstücke nicht liegt, in der Ausführung des größern Werkes sehr gut denken. Wir wollen es bedauern, daß dieser große Mann auf etwas stieß, das über seine Kräfte ging; aber wir wollen gerechter, als das barbarische Europa gegen die Schriften des Aristoteles handelte, den gesellschaftlichen Vertrag weder verbrennen noch anbeten.

Unter den Begriffen von einer höheren Ordnung, welche aus dem Bruchstücke des Philosophen von Genf hervorschimmern, ist keiner auffallender als der, welcher eine ursprüngliche Übereinkunft zwischen Völkern und Königen aufstellt, um dem Recht zu befehlen, einen Grund zu geben; aber es scheint mir, daß man eine weit schönere Stufenfolge ihrer Entwickelung finden würde, wenn man den erstern Ursprung dieser Übereinkunft entdecken könnte. – Weil der Naturstand eine von jenen lustigen Erscheinungen ist, welche das Licht der Vernunft nicht vertragen können, so muß man den Ursprung des gesellschaftlichen Vertrages in der Organisation der Urfamilie aufsuchen.

Der Stammvater des menschlichen Geschlechts war Gatte, ehe er

Vater wurde: aber es gibt keine eheliche Verbindung ohne einen Vertrag, welcher dies Band zusammenhält; der erste Mensch schloß also, als er sein Herz einem Weibe gab, den ersten gesellschaftlichen Vertrag auf dem Altar der Natur. Man muß nicht annehmen, daß der erste Mensch beim Anblick der Schönheit, welche seine Sinne reizte, die Überlegenheit seiner Stärke mißbrauchte und lieber als Tyrann über den Widerstand der Schamhaftigkeit triumphierte, als durch eben diesen Widerstand die Wonne der Liebe erhöhte. Die Begriffe von Mißbrauch der Stärke, von Tyrannei, von Gewalttätigkeit, in Rücksicht auf Vereinigung beider Geschlechter, gehören in eine schon ausgeartete Welt, in welcher Sittenverderbtheit eingerissen ist, aber nicht in eine sich organisierende Urfamilie. Wäre die erste Äußerung der Stärke des Menschen Mißbrauch derselben gewesen, so hätte er seine Nachkommenschaft vor ihrer Entstehung vernichtet, und es gäbe kein Menschengeschlecht.

Wie sollte ein denkendes Wesen, welches zum erstenmal fühlt, daß es ein Herz hat, dies Gefühl unterdrücken wollen? Heißt das nicht genießen, wenn sich die Stärke von der Schwäche überwinden läßt? – Denkt man an stärkere Muskelkraft, wenn ein süßeres Gefühl unser ganzes Wesen durchströmt?

Der erste Mensch, welcher liebte, verlor die Hälfte von seiner Stärke: das Wesen, das seine Sinne reizte, fühlte sich ihm gleich, und nun konnten beide in Unterhandlungen miteinander treten, ohne daß die natürliche Schwäche des einen Teils die Überlegenheit des andern fürchten durfte. Denn sobald es noch kein gesellschaftliches Gesetz gibt, welches Stärke und Schwäche ins Gleichgewicht setzt, gibt es auch keinen eigentlichen Vertrag, als den, welcher auf Gleichheit der Kräfte beruht.

Der eheliche Vertrag, nach welchem sich in der Folge alle gesellschaftlichen Übereinkünfte bildeten, mußte sich auf zwei stillschweigende oder förmlich angegebene Hauptbedingungen gründen. *Der* Mann sagte: *Ich will dich beschützen, wenn du mich liebst,* und die Frau: *Ihh will dich lieben, wenn du mich beschützt;* die Liebenden gaben einander das Wort und wurden Gatten. – Dieser Vertrag entstand unmittelbar aus der ewig dauernden Moral, welche, wie wir gesehen haben, nichts anderes ist als die Kunst, mit allen Wesen, gegen welche man in Verhältnissen steht, glücklich zu sein. Eine souveräne Stimme, die Stimme des Gewissens, rief dem schwächern Wesen zu: du kannst nur glücklich sein, wenn du beschützt wirst; zum stärkern sprach sie: du kannst nur glücklich sein, wenn du geliebt wirst. In der Folge ward der Gatte Vater, und die Hauptbedingungen des ehelichen Vertrages blieben dieselben, ob sie gleich andre Gegenstände betrafen.

Es ist einleuchtend, daß der Mann, indem er die Schwäche des Weibes zu schützen gelobte, zugleich auch ihren Kindern Schutz versprach: um so mehr, da er in dem Vaterherzen, das die Natur ihm gab, den heiligen Bürgen seines Schwurs oder den Rächer der Übertretungen desselben trug. Die zweite Hauptbedingung des Vertrages hatte gleichfalls ihre Folgen; denn Kinder, welche die Stärke des Vaters schützt, können nur Liebe versprechen; und weil das Herz des Vaters Schutz verbürgte, so mußte natürlich das Herz des Sohnes Liebe verbürgen.

Aus eben diesem Gesichtspunkte muß man die Art von Vertrag zwischen dem Menschen und dem Regierer der Welten ansehen. Das Wesen, welches durch seine Gegenwart das Weltall belebt, welches bei der ersten Entwickelung unsrer Vernunft sah, daß es seine Wohltaten an uns nicht fruchtlos ausspenden werde, scheint mit seinem Machwerk in Verbindung getreten zu sein. Es versprach, der Gott der Belohnung und der Rache für diese Welt zu sein: da antwortete ihm der Bösewicht, indem er ihm blutige, schreckenvolle Verehrung zuerkannte, und der Gerechte, indem er ihm die ungeschmückte, herzliche Verehrung der Dankbarkeit darbrachte.

So wie nach und nach die Erde bevölkert wurde, fand auch eine größere Menge von Verhältnissen des Menschen statt; er fand mehrere Mittel, sein Glück zu vergrößern und zu vermindern, und das Bedürfnis des moralischen Genusses ließ ihn dem gesellschaftlichen Vertrage eine authentische Gestalt geben. Sobald die Urfamilie in Unterabteilungen zerfiel, fühlte man die Notwendigkeit, durch Bildung einer öffentlichen Stärke alle einzelnen Kräfte zu vereinigen. Kein Haupt, weder von der ältern, noch von einer Seitenlinie konnte sagen: *dies Feld, welches ich anbaue, ist mein Eigentum,* ohne eine Menge von Ansprüchen andrer zu erregen; ihr Stillschweigen mußte also durch einen Vertrag erkauft werden, der durch das Zusammentreffen von Aufopferungen den allgemeinen Frieden bewirkte.

Die erste Verhandlung ging unter dem größeren Teil von Familienvätern vor sich, welchen das moralische Gefühl sagte, es könne ohne Harmonie keine Glückseligkeit für sie geben; die einzige Bedingung dieses Bündnisses war, ihr Eigentum gegenseitig anzuerkennen. Allein wer sollte diese uranfängliche Verhandlung verbürgen? Hier leitete der Trieb nach Glückseligkeit den menschlichen Verstand und führte ihn auf die Elemente des gesellschaftlichen Vertrages.

Es ist einleuchtend, daß das Gewissen jedes isolierten Familienvaters das Eigentum derjenigen, mit welchen er in Unterhandlungen stand, nicht verbürgen konnte; denn bei jeder Unterabteilung der Urfamilie bekam jeder Eigentümer ein andres Interesse. Bei diesem unaufhörlichen Zusammentreffen von Rechten und Meinungen mußte man Verschlimmerung des moralischen Gefühls der Interessenten befürchten: nun tat der menschliche Geist einen Riesenschritt; man setzte fest, daß ein allgemeines Gewissen das Organ und der Richter jedes einzelnen Gewissens sein solle. Allein, eine solche Übereinkunft, welche die gesellschaftliche Maschine in Bewegung setzen sollte, konnte keinen kräftigen Einfluß haben, wenn keiner von denen, die den Vertrag machten, seine natürlichen Rechte hingab, um ein einziges, in einen Punkt zusammengedrängtes Recht daraus zusammenzusetzen: und das ist der Ursprung von Aufopferungen, auf welchen der gesellschaftliche Vertrag beruht.

Die Aufopferungen jedes Familienvaters bestanden darin, daß er seinen individuellen Willen schweigen und nur den allgemeinen sprechen ließ, daß er dem Gebrauch seiner persönlichen Stärke entsagte, um der öffentlichen Stärke, die ihn beschützen sollte, mehr Wirkungskraft zu geben. Dies freiwillige Hingeben der natürlichen Rechte, um ein Recht der Übereinkunft daraus zu machen, ist der erste Grad von gesellschaftlicher Organisation.

Aber ein allgemeiner Wille ohne ein Organ, durch welches er spricht, eine öffentliche Stärke ohne eine Macht, welche sie anwendet, wäre nur ein leeres Schattenbild: die ersten Wesen mußten also einen aus ihrer Mitte wählen, in welchem sich jede Kraft und jeder Wille vereinigten, und dieser Weise ward König. Dies ist der zweite Zeitraum in der gesellschaftlichen Chronologie; in ihr entstehen die Regierungsformen.

Ich habe gesagt, der erste Repräsentant der Souveränität sei König gewesen, und zwar nicht ohne Grund. Es ist gewiß, daß die Niederlegung der Regierung in die Hände eines Senats eine zu verwickelte Politik voraussetzt, als daß die ersten, noch so unerfahrnen Menschen hätten darauf fallen sollen. In der gesellschaftlichen

Welt geht, wie in der Natur, alles vom Einfachen zum Zusammengesetzten über.

Als die Gesellschaft entstand, gab es keine andre Macht als die, welche die Familienväter besaßen: man kannte nichts Verehrungswürdigeres als einen von seiner Familie angebeteten Vater; es war also sehr natürlich, daß man den Repräsentanten der Souveränität als Vater eines großen, zu einer Familie vereinigten Volkes einweihte. Erst lange nachher, als die politische Maschine stillstand, hielt man es für zuträglich, einer einzigen Person, deren Macht durch lange Jahrhunderte geschwächt worden war, mehrere an die Seite zu setzen, damit sie mit mehrerm Nachdruck wirken könne.

Als ein König durch seine Tyrannei eine Empörung veranlaßte, glaubten die ansehnlichsten Eigentümer, welche sich zur Einführung einer neuen Ordnung der Dinge verbunden hatten, man müsse sich künftig nicht mehr einem einzigen Manne anvertrauen; sie stifteten ein Bündnis des Interesses und der Gewalt und traten in die Stelle des Despoten, sobald sie ihn vom Throne gestoßen hatten. Diese Aristokratie konnte ihrer Natur nach nicht so lange als die vorige Monarchie dauern; ein Senat von Königen ist für die Menge eine weit größere Last als ein einziger König. Das Volk schüttelte eilig sein drückendes Joch ab, wollte durch sich selbst herrschen, und nun entstand Demokratie.

Unter allen Geißeln, unter welchen die gesellschaftliche Welt blutete, ließ keine schrecklichere Spuren zurück als die Regierungsform, in welcher alle Arme des politischen Körpers sein Haupt sein wollen. Als die Anarchie ihren höchsten Gipfel erreichte, schauderte das Volk vor seinem selbstverschuldeten Unglück zurück, und man führte die patriarchalische Regierung eines Familienvaters wieder ein. Erst nach einer Menge von Versuchen, glaube ich, wagten es Weise in einem Jahrhundert der Aufklärung, die Gewalttätigkeiten der Repräsentanten der Souveränität dadurch zu verhindern, daß sie ihren Despotismus durch eine glückliche Mischung von Regierungsformen einschränkten. Man dachte anfänglich darauf, die nachteilige Tätigkeit der Monarchie durch ihre Verbindung mit einem Senat von Königen weniger schädlich zu machen. Durch dieses gegenseitige Reiben zerstörten sich die Tyranneien selbst, und während das Ungewitter in den Palästen wütete, herrschten Ruhe und Friede unter den Strohdächern.

Mehr als einmal schlossen Tyrannen, wenn sie es müde waren,

sich untereinander selbst zu zerstören, ein frevelhaftes Bündnis und verteilten die gänzliche Unterdrückung eines Volkes untereinander. Diese neue Gewalttätigkeit veranlaßte natürlich neue Zusammensetzungen in der Politik; und nun fanden die Philosophen, daß man ein Meisterstück von Regierungsform machen könne, wenn man zugleich den Thron, die Großen des Reichs und das Volk für die allgemeine Sache interessiere, wenn man durch ein in der Mitte stehendes Ding zwei Kräfte einander gleich nahe und durch eine glückliche Zusammensetzung dreier Gewalten eine Souveränität hervorbringe.

Übrigens erhielten alle diese Revolutionen nur mit der Zeit, und vorzüglich durch Menschenblut, Festigkeit. Es gehörten Tausende von Jahrhunderten der Erfahrung, und tausend umgestürzte Throne dazu, um von der Regierung des ersten Familienvaters aus auf das Gesetzbuch der englischen Konstitution unter dem Prinzen von Oranien zu kommen, wodurch die am wenigsten unvollkommene Regierungsform entstand, worauf ein Jahrhundert der Aufklärung stolz ist.

Welche Ordnung man nun auch in der Reihe von Regierungsformen annehmen mag, so muß man doch immer eingestehen, daß sie alle aus der Urmonarchie des Familienvaters entstanden und alle den gesellschaftlichen Vertrag zur Grundlinie haben.

Durch die Vernunft des Menschen und die Vortrefflichkeit seiner uranfänglichen Moral überzeugt, daß die Ordnung vor der Unordnung, und daß Gesetz vor dem Mißbrauch des Gesetzes vorherging, obgleich fast alle ältern und neueren Regierungen nichts von der Übereinkunft sagen, durch welche sie die Rechte von Souveränität erhielten, – bekennen wir, daß es ohne eine vorhergehende Übereinkunft, welche sie organisierte, keine gesetzmäßige Gewalt gibt, und wir verwerfen jede Gesetzgebung, welche nicht auf dem gesellschaftlichen Vertrage beruht, als eines Jahrhunderts der Aufklärung unwürdig.

Der gesellschaftliche Vertrag ist aus der moralischen Idee entstanden, daß das individuelle Glück nicht fest gegründet ist, wenn das Glück aller andern es nicht verbürgt.

Er konnte nur dadurch bewirkt werden, daß jeder Mensch, der auf den Namen Bürger Anspruch machte, seinen besondern Willen schweigen und nur den allgemeinen Willen sprechen ließ, und daß er dem Gebrauche seiner persönlichen Stärke entsagte, um der öffentlichen Stärke, die ihm Schutz gewähren sollte, mehr Wirkungskraft zu geben.

Er besteht darin, daß man jeden individuellen Willen und jede individuelle Stärke vereint in die Hände des Repräsentanten der Souveränität niederlegt, unter der Bedingung, daß er, so viel er nur kann, sie dazu anwendet, das Eigentum jedes Menschen, die Harmonie zwischen dem Staat und dem Bürger und den Frieden mit der ganzen Welt sicherzustellen.

Der Souverän konnte in allen Jahrhunderten und in allen Ländern auf der Erde nichts anderes als die versammelte Nation sein. Diese Wahrheit einer höheren Ordnung sehen wir als den Schlüssel zu allen Regierungsformen an.

In den uranfänglichen Gesellschaften stellte ein Familienvater den Souverän vor, und mit ihm trat die Nation wegen des gesellschaftlichen Vertrages in Unterhandlungen.

Die erste Regierungsform setzt nicht notwendig einen Monarchen und Untertanen voraus, noch weniger einen Despoten und Sklaven, sondern einen Mann, durch welchen der freie Staat und seine Bürger sprechen.

Dieser Sprecher eines freien Staates konnte die Hauptbedingungen des gesellschaftlichen Vertrages nicht erfüllen, wenn man ihm nicht jede Gewalt anvertraut hatte. Man mußte also einen neuen Titel erfinden, um damit den Repräsentanten jedes Willens und jeder Kraft zu bezeichnen, und der Familienvater ward *König*.

Könige mißbrauchten ihre Würde, und der Souverän verteilte sie unter mehrere Repräsentanten; dies begründete Aristokratie. Aristokraten verschworen sich gegen die Bürger, und das Volk wollte durch sich selbst herrschen: hieraus entstand Demokratie. Welchen Titel nun aber auch das Organ einer Nation mag erhalten oder sich eigenmächtig beigelegt haben, er heiße König, Präsident eines Senats oder Volkstribun, so handelt er doch, wenn er sich Souverän nennt, gewalttätig gegen die Menschen, von denen er seine Macht erhält, und beschimpft die Vernunft.

Die Philosophie dachte über den Grundfehler einfacher Regierungsformen nach: sie sah, daß Königswürde zum Despotismus, Aristokratie zu einer gefühllosen, unerträglichen Tyrannei, Volksregierung zur Anarchie führt: hierauf erfand sie die zusammengesetzten Regierungsformen, wo die Administrationen acht auf einander geben und jede Gewalt mit der andern im Gleichgewicht steht, und diese vervollkommnete Art, Menschen zu regieren, hat an den ersten Elementen der gesellschaftlichen Organisation nichts verändert. Die Souveränität lag immer in den vereinigten Gliedern der großen Familie, und die Agenten der Gewalt waren immer nur Repräsentanten derselben; die Administratoren befahlen, und die Bürger gehorchten immer nur kraft des gesellschaftlichen Vertrages.

Wenn der Repräsentant der Souveränität sich selbst zum Souverän macht, wenn der durch die Tyrannei seiner Gesetze den gesellschaftlichen Vertrag aufhebt, so kehren seine Völker mit Recht in ihre natürliche Unabhängigkeit zurück, und es entsteht ein Aufstand.

19
August Wilhelm Rehberg
Kritik des naturrechtlichen Gesellschaftsbegriffs

Beherrschen soll und muß die Vernunft den Menschen, das ist unleugbar: darauf beruht die ganze Moralität, alle Vorstellung von Recht und Unrecht; denn die ganze moralische Natur des Menschen beruht auf der Vernunft. Aber damit ist noch nicht bewiesen, daß sie den Menschen, weder einzeln noch in ganzen Gesellschaften, *ganz allein* beherrschen solle. Sie soll dies nicht, denn sie kann es nicht. Die Gesetze der Vernunft sind durchaus nicht hinlänglich, Gesetze der bürgerlichen Gesellschaft daraus abzuleiten. Die Physiokraten behaupten zwar, daß sich die allgemeinsten und notwendigsten Gesetze, deren die bürgerliche Gesellschaft bedarf, daraus bilden lassen, und das alles, was darüber ist, vom Übel sei. Allein sie sind schlechterdings nicht imstande, diese Behauptung zu beweisen. Es soll für wahr gelten, daß die beste Gesetzgebung die kürzeste sei, daß sich die Menschen immer am besten befinden, wo sich die Gesetzgeber am wenigsten um sie bekümmern und ihnen nie vorschreiben, sondern nur verhindern, daß keiner dem andern zu nahe trete. Das alles mag für Wahrheit gelten, obgleich die Beobachtung der Welt sehr vieles dagegen einwendet und befiehlt, auf Zeit und Umstände Rücksicht zu nehmen und die Lage, Bedürfnisse und Verhältnisse jedes einzelnen Volks zu prüfen, ehe man ein Urteil über seine Gesetzgebung zu fällen wagt; aber wenn das alles auch ungezweifelt wäre, so fehlt immer noch der Beweis, daß die ersten und allgemeinsten Äußerungen der menschlichen Kräfte durch die Vernunft so bestimmt reguliert werden, daß es keiner positiven Gesetzgebung bedürfe, um zu bestimmen, was Rechtens sein solle. Das meiste in derselben bezieht sich auf das Eigentum. Aber die Rechtmäßigkeit des Eigentums an einer Sache, welche die Natur nicht mit mir verbunden hat, läßt sich auf keine Weise aus der bloßen Vernunft dartun. Es mag für Recht gelten, daß ich die Früchte meiner Arbeit genieße, obgleich auch gegen diesen Satz in seiner einfachen Allgemeinheit so viel vorgebracht werden kann, daß er wohl Einschränkungen erleiden müßte, um untadelhaft zu sein; aber das Recht, die Gegenstände, die mir nicht gehören, zu bearbeiten, ausschließlich zu bearbeiten: Woher schreibt sich dieses? Wenn ich einen Acker besäen will, ein andrer aber, der keinen tauglichen Acker zur Hand hat oder eben diesen vorzieht, will ihn auch bearbeiten: Woher sollen die Entscheidungsgründe genommen werden? Womit will ich aus bloßer Vernunft beweisen, daß dieser Boden, auf dem beide stehen, einem eher als dem andern gehöre? Die Lehrer des Naturrechts haben sich von jeher mit dieser Schwierigkeit beschäftigt und sie nie vollkommen befriedigend auflösen können. Das wird auch niemals geschehen, denn es ist unmöglich, daß jemals ein solcher Beweis geführt werde. Vielmehr läßt sich diese Unmöglichkeit beweisen.

Man leitet die Rechtmäßigkeit des Eigentums aus dem unstreitigen und unleugbaren Eigentume der Kräfte ab, die daran verwandt worden sind. Nun gehören zwar die Bemühungen meiner Kräfte zu dem unleugbaren Eigentume meiner Vernunft. Aber diese Kräfte können nie schaffen, nie etwas hervorbringen, sondern nur bearbeiten. An der Form der Dinge läßt sich also ein Eigentum beweisen, aber niemals an der Materie. Nun existiert nirgends Form ohne eine Materie; und die Grundsätze des Naturrechts, welche in der Abstraktion ganz evident und demonstrativ sind, können daher in dieser evidenten abstrakten Reinheit auf die wirkliche Welt nicht ganz genau angewendet werden: der menschliche Verstand muß allemal zu Hilfe kommen und durch die positive Gesetzgebung das für Recht erklären, worin nach bloß natürlichen Gesetzen allemal etwas fehlt. Rousseau selbst erkennt dies, obgleich er in seiner Theorie der Gesetzgebung sträflicherweise von dieser Einsicht gar keinen Gebrauch macht. Er wagt es nicht, das Eigentum aus reinen Natur- und Vernunftgesetzen abzuleiten, sondern erklärt ausdrücklich im letzten Kapitel des 2. Buches *du Contract social,* daß der Ursprung desselben erst in der bürgerlichen Gesellschaft zu suchen sei.

Damit aber fällt das ganze Gebäude einer auf evidenten Vernunftgesetzen errichteten Staatsverfassung und Gesetzgebung nieder. Die Gesetze der Natur und der Vernunft sind unveränderlich und fest bestimmt. Gesetze aber, welche der Verstand des Menschen ausdenkt, sind auf mannigfaltige Weise möglich. Derselbe Gegenstand kann durch mannigfaltige und weit voneinander abweichende Bestimmungen reguliert werden. Sobald es dem Verstande des Menschen eingeräumt wird, daß er nach Maßgabe der Umstände erwäge, nicht was unwidersprechlich gewiß und wahr sei, sondern was das Zuträglichste sein möge, so fällt der prächtige Grundsatz weg, daß die inalienable Souveränetät der Vernunft jedes Menschen allein rechtmäßiger Gesetzgeber sei. Und wie soll nun Rousseaus Problem, *Trouver une forme d'Association, – par laquelle chacun s'unissant à tous, n'obeisse pourtant qu'à lui même, et reste aussi libre, qu'au-paravant,* aufgelöst werden? Bestände die menschliche Freiheit darin, daß er bloß von seiner Vernunft in Tätigkeit gesetzt würde, und wäre diese hinlänglich, um ihm vorzuschreiben, was er in jedem Augenblicke und in jedem Falle tun soll, so ließe sich die Auflösung bald finden. Denn die Vernunft, die den einzelnen beherrschen und das Ganze regieren soll, steht nie im Widerspruche mit sich selbst, und die ganze Staatsmaschine müßte wohl von selbst gehen, sie möge übrigens eingerichtet sein wie sie wolle, indem die Gesetzgebung nur Ausdruck der Gesetze der Vernunft und Anwendung der Natur wäre: die Administration aber bestände bloß in der unmittelbaren Anwendung dieser Gesetze auf einzelne Fälle, die so leicht zu finden wären, daß niemand es wagen dürfte, darin ungerecht zu handeln. So bliebe jeder Mensch nur der Vernunft, die er selbst besitzt, untertan, und mithin so frei wie im isoliertesten Zustande. Denn Vernunft hat jeder. Es käme also nur noch auf die beiden Kleinigkeiten an, *erstlich* allen Menschen die einleuchtende Theorie vorzutragen, *d'eclairer le bon peuple,* wovon die phantastischen Patrioten sowohl, als die niederträchtigen Volksschmeichler in Frankreich seit einiger Zeit immerfort reden, und *zweitens* die Menschen, die sich bisher noch nicht haben gefallen lassen, vernünftig zu handeln, dahin zu bewegen, daß sie den Neigungen und Leidenschaften entsagen, von denen sie sich bisher törichterweise haben beherrschen lassen, und der Vernunft ihre angebornen Rechte einräumen. Dies letzte wäre nun allerdings einem souveränen Volke sehr anständig, und die menschenfreundlichen Schwärmer unter den Anhängern des physiokratischen Systems hoffen auch auf dies tausendjährige Reich mit fester Zuversicht.

Alles dieses wird ganz anders, sobald sich findet, daß die Gesetzgebung nicht ohne willkürliche Bestimmungen und Verfügungen bestehen kann. Jener metaphysische Begriff von Freiheit, der dem ganzen System zugrunde liegt, ist in der Politik nicht mehr zulänglich, und die politische Freiheit muß ganz anders bestimmt werden. Die Vernunft kann sich selbst nie verleugnen und keinem fremden Richter unterwerfen. Wo der Mensch sich aber willkürlich bestimmt, da kann sie gar wohl leiden, daß diese Willkür durch die Einsichten eines andern Menschen bestimmt werde. Es ist gar nicht widersinnig, daß ein Mensch es den Einsichten eines andern überlasse, auszumachen, was für Einrichtungen und Gesetze die zuträglichsten seien, und sich zum voraus der Entscheidung desselben unterwerfe. Die Bestimmung alles Willkürlichen in der Gesetzgebung kann gar wohl übertragen werden, und wir haben gesehen, daß dies Willkürliche auch in die allerersten Grundgesetze der bürgerlichen Gesellschaft Einfluß hat. Wenn aber die allerersten Grundgesetze der bürgerlichen Gesellschaft in einigem Maße willkürlich sind und verabredet oder auch von Personen festgesetzt werden können, denen es aufgetragen worden, so ist auch die Souveränität nicht mehr inalienabel. Soll also der Ausdruck des Rousseau für das Problem der Politik, daß jeder nur sich selbst gehorche, alsdann noch gelten, so muß es so verstanden werden, daß unter dieser Freiheit auch alle freiwilligen Bestimmungen, Einschränkungen und Aufopferungen der absoluten Freiheit mit begriffen sind und für rechtmäßig gelten: daß der Mensch zwar nur seinem eignen Willen, aber nicht immer dem gegenwärtigen, sondern auch dem frühern, und den dadurch eingegangenen Bestimmungen der persönlichen Freiheit und äußern Verhältnissen zu andern Menschen, gehorche. Damit werden aber die *inalienabilité*, die *indivisibilité de la Souveraineté* und andre Grundsätze des *Contract social* etwas so Idealisches, daß an keine unmittelbare Anwendung weiter gedacht werden kann; und wir sind mit eins auf den Boden des gerade entgegengesetzten Systems versetzt, nach welchem die ganze bürgerliche Verfassung von willkürlich bestimmten Grundsätzen abhängt und man nach Herkommen und

Verträgen fragen muß, um zu wissen, was in derselben rechtmäßig ist.

Es geht dem System der Politik, welches allein aus reinen Vernunftgesetzen abgeleitet wird, und überhaupt dem ganzen Systeme rein demonstrierter moralischer Wissenschaften, in der Anwendung auf die wirkliche Welt so wie den mathematischen Wissenschaften in der Anwendung auf die Naturlehre und die davon abhängenden Künste. Die reine Mathematik stellt ein Ideal auf, dem sich die wirkliche Welt nähert und dessen Gesetze sie ungefähr, aber nie vollkommen ausdrückt: eben weil sie Natur ist, weil Körper mehr ist als Ausdehnung, und die reine Ausdehnung allein den mathematischen Lehrsätzen vollkommen entspricht. Ebenso sind die moralischen Gesetze der Intellektual-Welt in der empfindenden Natur nicht vollkommen anwendbar, weil in dieser die Vernunft nicht allein wirkt, sondern das Vernunftgesetz sich in Empfindung, in individuellen Verstand und Neigung kleiden muß, um in der sittlichen Welt zu erscheinen, ein Gegenstand der Erfahrung zu werden. Auch in der Staatskunst gibt das Gesetz doch nur Formen, die der Mensch beleben muß.

Der wirkliche Mensch wird nicht durch Gesetz eingeschränkt, sondern durch andre lebende Menschen, die es geltend machen; und die Eigentümlichkeiten dieser Menschen wirken unvermeidlich allemal auch etwas.

Die beiden ersten Bücher des *Contrat social*, worin das ganze hier geprüfte System vorgetragen ist, kann daher nur für eine äußerst scharfsinnige Spekulation, für ein tiefsinniges und sehr zusammenhängend ausgeführtes System gelten, dessen Gegenstand aber nirgends zu finden ist, für ein prächtiges Gebäude, das in der Luft schwebt und auf Seifenblasen gegründet ist.

Dennoch hat dies Werk ein ganz ungemeines Ansehen erhalten. Es empfiehlt sich durch die tiefsinnige Spekulation, welche zugrunde liegt, und durch die anscheinende Gründlichkeit, durch das Hochtönende und doch Einfache in der Ausführung, wodurch alles so feierlich und doch so klar zu werden scheint. Dabei beruft sich der Verfasser auf die Vernunft eines jeden noch so wenig unterrichteten Menschen, über die wichtigsten Angelegenheiten des ganzen menschlichen Geschlechts, als auf den kompetentesten Richter, und diese tut eine so große Wirkung, daß kein schlauerer Kunstgriff eines Schriftstellers, der Aufsehen machen will, gedacht werden kann als dieser Zug, der bei Rousseau wirklich aus seinem

Systeme fließt. Indessen ist das Buch viel zu tiefsinnig und zu schwer zu verstehen, als daß es allgemein hätte gelesen und verstanden werden können. Andre haben dafür gesorgt, die Prinzipien desselben in einer unendlichen Menge von Köpfen herrschend zu machen. Sie haben der Wissenschaft des Staatsrechts den eigentümlichen Gang gegeben, den diese neuerlich genommen. Das System ist so zusammenhängend, daß es sich dessen unwiderstehlich bemeistert, der sich einmal in das Ganze hineindenkt. Aber in dem Augenblicke, da er durch die wirkliche Welt aus dem Traum geweckt wird, entdeckt er mit Entsetzen einen ungeheuren Kontrast unter der Verfassung der bürgerlichen Gesellschaften und der Idee von dem, was jenen Grundsätzen zufolge sein sollte. Diese Empfindungen erregen alsdann bei denjenigen, welche sich dem Einflusse allgemeiner Sätze nicht so unbedingt ergeben und durch Gefühl und praktisches Urteil mehr als durch solche allgemeine Grundsätze des Verstandes leiten lassen, eine skeptische Verzweiflung an der Wahrheit aller allgemeinen Grundsätze, und bei manchen leicht eine unsichere Nachgiebigkeit gegen die Konvenienz des Augenblicks: in eigensinnigen und blinden heftigen Köpfen aber erregen sie den nach ihrem eignen Gefühle heroischen, nach dem Urteile des kältern Zuschauers hingegen rasenden Entschluß, alles zu zerstören, was den angenommenen Grundsätzen widerspricht, und die Menschheit zu zwingen, sich in dieselben zu fügen: worauf es die französischen Reformatoren angelegt haben. Denn die Grundsätze, welche den französischen Staat umgestürzt haben, sind allerdings von Rousseaus Prinzipien ausgegangen, obgleich diese, wie sich in der Folge ergeben wird, sich durchaus nicht mit dem vertragen, was man gemacht hat, und beinahe jeder wichtige Artikel der Konstitution denselben widerspricht. Aber die Liebe zu allgemeinen abstrakten Grundsätzen und zur Gleichheit der Menschen, diese beiden charakteristischen Züge der neuen Verfassung, sind durch Rousseaus Schriften gar sehr befördert.

Das physiokratische System hat aus sehr verschiedenen Ursachen eine große Menge von Anhängern gefunden, die sehr verschieden charakterisiert werden müssen. Es liegt dem System etwas sehr Großes in den Gedanken, und Erhabenes in den Empfindungen zugrunde. Es ist darin allenthalben nur von strenger Gerechtigkeit die Rede; die Pflicht, sich allen Eingriffen in den Wirkungskreis fremder Wesen zu enthalten, ist die einzige Pflicht, die es anerkennt. Von allgemeinem Besten darf gar nicht gesprochen werden, sondern bloß von der Freiheit aller Menschen, wodurch die Freiheit aller einzelnen sich untereinander wechselweise einschränken soll. Die imponierende Größe der einfachen Grundsätze, auf denen alles beruht, zieht den Verstand, der sie zu fassen und zu übersehen vermag, mit Macht an. Es ist die Denkungsart eines großen Geistes, der sich zur festen Überzeugung von einem konsequenten System zu erheben vermag, verbunden mit dem ernsten Charakter, dessen höchstes Gut es ist, sich selbst zu beherrschen, alle Neigungen und Leidenschaften, auch selbst die edelste unter ihnen, die Liebe zur Wirksamkeit für das Beste der Menschen, mit stoischer Verleugnung der Achtung für das Gesetz der Vernunft zu unterordnen.

Aber eben dieses System hat noch ein unübersehbares Heer von seichten Köpfen und leider fruchtbaren Schriftstellern zu Anhängern. Es verdankt diese nicht dem Tiefsinne in den Grundsätzen und dem strengen Zusammenhange des Räsonnements, noch weniger der wahren und edlen Achtung für die Menschheit, welche ihm jene Anhänger und Freunde verschafften. Das physiokratische System verspricht aus wenigen allgemeinen, evidenten Prinzipien alles mit mathematischer Genauigkeit und Gewißheit abzuleiten. Wer kann denn wohl nicht ein einfaches evidentes Principium einsehen und einer kurzen Demonstration folgen? Durch das System (es heißt bei seinen wärmsten Verehrern wirklich kurzweg *das System*, und der Schriftsteller, welcher die Anwendung desselben auf die ganze Staatskunst zuerst aus seinen Prinzipien abgeleitet hat, der D. Quesnoy, *le Docteur*), durch das System wird die Beobachtung der Zeiten, Orte, Verhältnisse, Geschichte, Sitten des Volks, alles dieses, welches die Gesetzgebung nach den gewöhnlichen Begriffen auch für den schärfsten und feinsten Verstand zu einer der schwierigsten Beschäftigungen macht; alles dieses wird für unnütz erklärt und aus einigen Definitionen und Axiomen bewiesen, wie die Welt und die Angelegenheiten der Völker gehen müssen. Alles, was der menschliche Verstand ausgedacht hat, um den mannigfaltigen Schwierigkeiten aus dem Wege zu gehen, welche jeden Schritt darin erschweren, wird für verkehrtes oder boshaftes Verdrehen der natürlichen Verhältnisse erklärt; und die ganze Sache der gesunden Vernunft übergeben. Der gemeinste Menschenverstand soll also hinreichen, die Staatswissenschaft einzusehen, die Verfassung und Staatsverwaltung des Vaterlandes und aller Nationen zu beurteilen. Dieses ist nun dem großen Haufen von Menschen sehr angenehm. Es ist kein Gegenstand, über den man so gern urteilt, wie über Staatsangelegenheiten. Es klingt so vornehm, solche Gegenstände abzuhandeln und darüber zu entscheiden. Es ist eine so angenehme Schadloshaltung des Neides in geringeren Lagen, über die Regenten und über diejenigen Personen, welche durch hohe Staatsbedienungen über den großen Haufen weit weg erhoben sind, zu räsonnieren, sie zu tadeln und zu hofmeistern. Für alle unverschämten Schwätzer, welche sich auf diese Art gern brüsten, und für den ganzen Haufen ihrer bewundernden Anhänger und eifrigen Nachsprecher ist kein besserer Rat, als sich dem physiokratischen System zu ergeben. Alsdann ist es leicht, mit scheinbaren Gründen nicht nur alle Urteile, die sie aussprechen, zu rechtfertigen, sondern auch ihrer ganzen Gesellschaft alles ganz genau und sonnenklar zu beweisen. Journalisten und Broschürenschmierer belehren mit der größten Zuversicht im Namen der alles beleuchtenden Vernunft, hohe und geringe in einem Atem, über Landstände und deren Verfassung, über Freiheit des Kornhandels, Gewerbefreiheit und Zunftzwang und über alle Favorittopiken der Weinschenken und der Monatsschriften. Die Menge von Broschüren und Büchern, welche in diesem Geschmacke vom Anfange der physiokratischen Sekte an von Paris ausgegangen sind, beweisen, daß diese Schilderung nicht im geringsten übertrieben ist. Alle Schriften dieser Art sind nebenher, um sich dem großen Haufen zu empfehlen, unerschöpflich in Deklamationen über gemeine bekannte Grundsätze von nationaler, politischer, religiöser, bürgerlicher Freiheit, die an sich recht gut sind, aus denen aber für die Anwendung gar nichts zu lernen ist, und in denen sie sich unaufhörlich einander abschreiben. Wer mit dieser Art Literatur nicht recht bekannt ist, läßt sich leicht durch diese Deklamationen blenden, zumal wenn sie in einer erträglichen Sprache geschrieben sind und etwas lebhaften Vortrag haben, vermeint, das Eigentümliche des Schriftstellers in solchen Stellen zu finden, welche dessen gerade gar nichts enthalten, und übersieht dagegen die erbärmliche Leere, die allenthalben ist, wo Selbstgedachtes folgen sollte. Daher rührt es, daß noch jetzt manche einsichtsvolle Gelehrte, deren Bekanntschaft mit dieser Art von Schriften eingeschränkt ist und denen das treffende Urteil fehlt, welches Bekanntschaft mit der politischen Welt und Vergleichung derselben mit guten und mit schlechten Büchern darüber gibt, die nichtsbedeutendsten Schriften dieser Art mit großem Lobe anpreisen.

Der erste Ursprung dieses Systems läßt sich, wie gezeigt worden, aus einer sehr erhabenen Quelle ableiten. Aber bei denjenigen, welche diesen großen Charakter zu fassen und zu behaupten nicht fähig sind, führt es natürlicherweise zu einer sehr tadelnswerten Denkungsart, und am Ende zu einer gänzlichen Herabwürdigung der menschlichen Natur. Es ist auf gänzliche Freiheit und Unabhängigkeit jedes einzelnen Menschen von allen andern angelegt. Daraus entsteht begreiflicherweise ein sehr grober Egoismus. Denn wenn der letzte Zweck, zu dem alles in der bürgerlichen Gesellschaft führen soll, darin besteht, daß wir keine anderen Verpflichtungen anerkennen als diese, alle anderen Menschen ihren Weg ungestört gehen zu lassen, so kann dadurch die Kultur der geselligen Tugenden gewiß nicht gewinnen. Wenn man dem Menschen beständig vorpredigt, daß er in der bürgerlichen Gesellschaft ebenso frei und unabhängig sein darf und muß wie Robinson Crusoe auf seiner Insel, so wird er bald gewöhnt, nichts mehr zu schätzen und zu lieben als sich selbst, und nichts zu scheuen als den starken Arm der Obrigkeit. Ferner führt dieses System gar zu einer ausschließlichen Schätzung des physischen Genusses und zu einer gänzlichen Vernachlässigung aller edlern Kultur des Geistes. Dies scheint unglaublich: denn es ging ja von der ausschließlichen Verehrung und von einer Art Vergötterung der Vernunft aus. Bei genauerem Erwägen aber findet man den Übergang zu dem gröbsten praktischen Materialismus sehr leicht. Der höchste Grundsatz der Staatsverfassung und Verwaltung ist ihm zufolge dieser: jeden in freier Anwendung seiner Kräfte, also in freiem Erwerbe, und freiem Genusse seines Erworbenen, zu schützen. Diejenigen Physiokraten, welche strenge konsequent sein wollen, müssen diesen Satz auch umgekehrt gelten lassen, daß nämlich niemand genieße, der nicht gearbeitet hat. Dieser Satz ist wirklich so sehr im Geiste des physiokratischen Systems, daß einer der scharfsinnigsten und besten Schriftsteller dieser Sekte, der bereits oben genannte Mercier de la Rivière in seinem angeführten Werke behauptet, die freiwilligen Erzeugnisse des Bodens gehören dem Staate: jeder Einwohner könne sich mit Recht nur den Anteil seiner Ernte zueignen, der durch seine Bestellung hervorgebracht worden, und er müsse das, was der Acker ohne Kultur hervorgebracht haben würde, als Abgabe zahlen. Das Erbrecht und das Recht der freien Disposition über den Nachlaß leugnen ganz konsequenterweise mehrere Ökonomisten. Wird aber das einmal zugegeben, daß niemand über etwas disponieren oder etwas genießen dürfe, was er nicht selbst erworben, oder wie es einmal ein Ungenannter in Schlözers Staatsanzeigen sehr naiv ausdrückte, im vollkommensten Staate niemand esse, der nicht gearbeitet hat, so genießt zwar zuverlässig jeder selbst, was er erworben, aber die Menschen werden auch gewöhnt, sich als Maschinen anzusehen, die mit Händen arbeiten, um zu essen, und essen, um arbeiten zu können, damit sie wieder essen. Worin ist nun dieses philosophische Freiheitssystem besser als der bedrückendeste Despotismus? Dieser macht die Menschen zu Maschinen, die gefüttert werden, um die Absichten ihrer Herrscher auszuführen. Jenes aber macht sie zu Maschinen, die dem heiligen Grundsatze, daß ja niemand an ihrem Erwerbe teilnehme, zu gefallen, wie Gellerts Phylax lieber zerstören oder nichts tun als mitteilen. Alle Entwickelung höherer Geisteskräfte geht dabei verloren, denn sie setzt notwendig Verhältnisse voraus, die jenem Grundsatze widerstreiten. Niemand darf in der bürgerlichen Gesellschaft von ihr etwas mehreres erhalten als Bezahlung aufgewandter Kräfte. Alle öffentlichen Anstalten, welche sich nicht auf das unmittelbar Notwendige und allgemein Nützliche beziehen, erfordern Aufwand von Kräften, auch von seiten solcher, die nicht unmittelbar dabei gewinnen. Und was wäre denn wohl im strengsten Verstande allgemein nützlich? Alles, was sich nicht taxieren läßt, fährt dabei sehr schlecht: und das System kann also seiner Natur nach nichts anderes beabsichten als die Erzeugung physischer Bedürfnisse und Bequemlichkeiten, und Beförderung des Handels mit solchen, durch uneingeschränkte Freiheit. Unter allen Wissenschaften sind die mechanischen die einzigen, die noch geduldet werden können, weil sie unmittelbaren Einfluß auf die Erzeugung physischer Bedürfnisse und Bequemlichkeiten haben. Man glaubt sonst, die Entwickelung ausgezeichneter Geisteskräfte nicht zu teuer zu erkaufen, wenn auch mancher Versuch schlecht ausfiele und Unwürdige an dem Aufwande, den sie verursacht, großen Anteil nähmen. In diesem Systeme hingegen soll alles bloß aus der allgemeinen Freiheit entstehen. Aber das ist unmöglich. Denn der Reichtum der Nation wird dadurch in die Klasse der Industriösen konzentriert, und diese Klasse denkt ihrer Natur nach nur an Erwerben und Verzehren. Nach diesen Grundsätzen haben die Institute für die Entwickelung der Geistesfähigkeiten, sowenig als die edeln Anstalten einer feineren Menschenliebe, welche aus dem Überflusse einer großen Nation den Bedürftigen in den höhern Ständen, in Rücksicht auf ihre Verhältnisse ihre Erziehung, Bildung und daher entspringenden Bedürfnisse, Unterstützung angedeihen lassen, etwas zu erwarten. Die strengen Physiokraten geben die untern Klassen der Industrie schlauer oder glücklicher Spekulanten gern preis, damit der Anschein einer uneingeschränkten Freiheit zu tun, was jeder will, erhalten werde. Sie behaupten, allgemeine, durchgängig freie Konkurrenz reguliere alles und führe in allem natürliche Verhältnisse herbei. Allein diese natürlichen Verhältnisse sind gewiß nicht immer gute. Sie sind immer zum Vorteile des Mächtigen und Reichen, denen die durchgängige Freiheit, die in diesem System als das höchste Gut gepriesen wird, im Grunde auch nur allein zugute kommt. Der ärmste und schutzbedürftigste Teil der Menschen wird in ihm ganz preisgegeben, damit nur ja niemand in willkürlichen Schranken gehalten werde; und die Politiker sind zufrieden, wenn nur niemand etwas aus den Schätzen der Nation geschenkt bekommt.

VI

Die Rechte des Menschen und des Bürgers

20

Johann Stuve
Über die Rechte der Menschheit

Es gibt in der ganzen menschlichen Erkenntnis keinen höheren, unbedingteren und heiligeren Grundsatz als den, der die Rechte des Menschen als Mensch festsetzt. Dieser Grundsatz, auf dem die ganze Sittlichkeit, alle natürlichen und positiven Gesetze und Verbindlichkeiten und das ganze Gebäude der gesellschaftlichen Ordnung und Glückseligkeit beruhen, ist: der Mensch ist, als ein mit Empfindung, Vernunft und Freiheit begabtes Wesen, um seiner selbst willen da, ist Zweck, oder der Zweck seines Daseins liegt in ihm selbst.

Dieser Grundsatz ist von den allerrohesten Nationen von jeher anerkannt worden, und der mächtige Naturtrieb der Sympathie oder des Mitgefühls lehrt und zwingt den Menschen, noch vor dem Erwachen seiner Vernunft einem so heiligen Naturgesetze gemäß zu handeln.

Wo ist ein Mensch, dem sein Gefühl und seine Vernunft nicht sagen, daß er mit einem andern Menschen nicht umgehen darf als mit einem Steine oder Klotze und jeder Sache oder jedem leblosen Dinge, das den Zweck seines Daseins nicht in sich selbst hat und als bloßes Mittel angesehen und behandelt werden kann? Den Stein und den Klotz kann ich, sobald dadurch keinem lebendigen Wesen Eintrag geschieht, nach Lust und Belieben zerschlagen und zertrümmern, ohne daß meine Empfindung und meine Vernunft sich dagegen empören. Kann und darf ich auch so mit einem Menschen oder auch nur mit einem bloß empfindenden Wesen, einem Tiere, umgehen?

Ein Mensch, der das im Ernst bejahte und einer solchen Behauptung gemäß handelte, müßte offenbar als ein Ungeheuer oder als ein Rasender aus der menschlichen Gesellschaft vertilgt oder wenigstens an Ketten gelegt werden. Man kann einen offenbaren

Gottesleugner, der den bürgerlichen Gesetzen gemäß lebt, ohne Bedenken in der Gesellschaft dulden; aber einen Menschen, der die natürlichen Rechte der Menschheit nicht anerkennt und nicht achten will, kann man unmöglich dulden, denn seine Grundsätze und seine Handlungsart zerstören unmittelbar den ganzen Zweck der bürgerlichen Gesellschaft.

Es erhellt hieraus von selbst, daß es, wie gesagt, keinen höhern, unbedingtern und heiligern Grundsatz der ganzen menschlichen Erkenntnis geben kann als den angeführten.

Auf ihm beruht selbst die Möglichkeit jeder gesellschaftlichen Vereinigung der Menschen, und er liegt der Ordnung und Einrichtung jeder bürgerlichen Gesellschaft, dem ganzen Naturrechte und allen positiven Gesetzen zugrunde. Es kann demnach nie irgendeine kleine oder große Gesellschaft von Menschen gegeben haben, die diesen Grundsatz nicht anerkannt und ihm gemäß gehandelt hätte.

Man wird doch hoffentlich nicht so schließen: weil die rohen Nationen und überhaupt die meisten Menschen diesen Grundsatz nicht so rein und in seiner größten Allgemeinheit denken und nicht so bestimmt und kurz auszudrücken pflegen, so erkennen und befolgen sie ihn nicht? Diese Folgerung wäre ebenso sonderbar wie die: weil ganze Nationen und der größte Teil der Menschen den Grundsatz des Widerspruchs oder den Satz, es ist nicht möglich, daß ein Ding sei und auch nicht sei, nicht in seiner völligen Bestimmtheit denken und ausdrücken, so nehmen sie ihn nicht an. Aber man macht wirklich nicht nur jene Folgerung, sondern man schließt selbst so: weil es Nationen und Menschen gibt, die die Rechte des Menschen sich nicht völlig deutlich und bestimmt denken, und darüber nicht deutlich und bestimmt reden, so gibt es keine Rechte des Menschen. Dieser Schluß ist offenbar noch viel fehlerhafter und ärger als der: weil es Nationen und Menschen gibt, die nicht wissen, daß 10 mal 10 hundert ist, so ist es falsch, daß 10 mal 10 hundert ist.

Ebenso ungereimt und falsch diese Schlüsse sind, ist es auch folgender: weil es ganze Nationen und einzelne Menschen gibt, welche den natürlichen Rechten des Menschen in dieser oder jener Rücksicht zuwiderhandeln, so gibt es keine natürlichen Rechte des Menschen. Kann oder wird man denn vielleicht auf ebendie Art den Trieb der Selbsterhaltung und das mit diesem Naturtriebe übereinstimmende Gesetz der Vernunft leugnen, weil es eine so große Menge grober und feiner Selbstmörder gibt? Oder ist es nicht offenbar, daß der Mensch in manchfachen Zuständen und Lagen seinen stärksten Naturtrieben und den lautesten Vorschriften seiner Vernunft zuwiderhandeln kann, ohne daß deswegen im allergeringsten die Allgemeinheit solcher Naturtriebe und Vernunftgesetze zu bezweifeln steht?

Es ist demnach ausgemacht und augenscheinlich gewiß, daß es nicht nur wirklich natürliche Rechte des Menschen gibt, sondern daß auch von jeher alle Menschen, die in irgendeiner Art des gesellschaftlichen Zustandes lebten und nicht bloße isolierte, in den Wäldern herumlaufende Bestien von menschlicher Gestalt waren, dergleichen anerkannt und ihnen gemäß gehandelt haben.

Aber freilich hat man die Rechte des Menschen nicht zu allen Zeiten und bei allen Völkern gleich richtig und vollständig anerkannt und gleich gewissenhaft befolgt. Vorurteile und Leidenschaften haben auch in diesem Betracht die Stimme der Vernunft und des Gewissens im Menschen unterdrückt und Gewalt und List über Recht und Gerechtigkeit obsiegen machen, und so entstanden die Greuel der Sklaverei, der Unumschränktheit und des Gewissenszwangs. Das Traurigste und Schrecklichste in der Geschichte der Menschheit ist, daß man keineswegs im Verhältnis der zunehmenden Ausbildung der Völker die Rechte des Menschen von ihnen und unter ihnen anerkannt und geachtet sieht.

Die Unterdrücker der Menschheit und ihrer Rechte haben leider sehr schlau die zunehmenden Einsichten und Geschicklichkeiten sowie die stärkern und mehr verwickelten Leidenschaften des kultivertern Menschen zu ihren Zwecken zu nutzen gewußt. Sie haben darauf so feste, so künstlich verbundene Systeme des Despotismus gebaut, daß dieselben unerschütterlich sind, solange nicht gänzlicher Mangel an Klugheit des Bewohners das Gebäude selbst zerstört.

Dazu kommt dann die Macht einmal herrschender Vorurteile, das Interesse eigennütziger Leidenschaften, die Sophisterei feiler Vernünftler, die Scheu vor Veränderungen, die die Gemächlichkeit stören, und endlich und vor allen Dingen die niedere mutlose Denkens- und Sinnesart, die denen, die von Jugend auf an Sklaverei und Unterdrückung gewöhnt sind, natürlich eigen werden müssen.

In der Tat, der Haupt-, und ich möchte fast sagen der alleinige Grund, warum noch immer die natürlichen Rechte des Menschen in allgemeinen und besondern Verhältnissen, im Großen und Kleinen so häufig und so sehr verkannt, vernachlässigt und unterdrückt werden, liegt in dem Mangel an Ausbildung der Vernunft und Sittlichkeit der Unterdrückten.

Solange es noch Menschen in der Welt gibt, die sich aus Dummheit, Niederträchtigkeit und Charakterschwäche Unrecht tun und sich sklavisch behandeln lassen, so lange werden Sklaverei und Despotismus auf Erden nicht aufhören. Die Verbesserung und Veredlung des menschlichen Geschlechts muß im ganzen notwendig von unten herauf kommen. Die Gewaltigen und Mächtigen unter den Menschen werden nicht eher weise und gut werden, bis sie nicht mehr böse sein dürfen und können. Auch alsdann erst werden sie selbst auf eigene wahre menschliche Glückseligkeit Anspruch zu machen und dieselbe zu erlangen imstande sein – denn es gibt nur gar wenige der außerordentlichen Menschen, die in der Lage, tun zu können, was sie wollen oder was ihnen beliebt, nicht ihre eigene Sittlichkeit und Glückseligkeit einbüßen. Die weisen, edlen und glücklichen unter den Regenten waren diejenigen, die ein freies und edles Volk, welches sich keine Mißhandlung gefallen ließ, regierten, oder die wenigstens durch ihre Verhältnisse gegen auswärtige Staaten genötigt wurden, der Weisheit und Gerechtigkeit bei ihrer Regierung Gehör zu geben.

Wer nur Sklaven zu befehlen hat, wird selbst ein elender Sklave seiner Leidenschaften. In allem möglichen Betracht haben die Regenten durchaus kein höheres eigenes oder persönliches Interesse, als die Rechte des Menschen bei ihrer Staatsverwaltung auf das heiligste zu beobachten und ihrem Volke den möglichst höchsten Grad der Freiheit zu verschaffen und zu sichern. Es ist nichts leichter, als diese Behauptung augenscheinlich zu beweisen und sie auch dem blödesten Verstande durch Vernunftgründe und Geschichte einleuchtend zu machen.

Möge doch ein edler deutscher Schriftsteller diese wichtige Materie in einer gefälligen Manier dem Zwecke gemäß bearbeiten!

Unverständige Schmeichler und frevelhafte Verführer schwacher Regenten suchen durch sophistisches Geschwätz den gesunden Menschenverstand zu betäuben und die Vernunft zu verwirren – erkühnen sich zu behaupten, natürliche Rechte des Menschen seien eine Chimäre – ein Hirngespinst der Philosophen.

Knaben und Weiber lallen ein solches Geschwätz nach, weil sie meinen, es gehöre zum feinen Ton – O des armseligen Wahns und der sinnlosen Inkonsequenz! Seht ihr denn nicht, daß, sobald es keine natürlichen Rechte des Menschen gibt, alles, was euch sonst Recht zu nennen beliebt, eine bloße Chimäre ist und sich auf gar nichts gründet? Gibt es keine Rechte des Menschen, so gibt es noch tausendmal weniger Rechte der Fürsten, der Obrigkeiten, des Adels und der Herrschaften – so hat das ganze Gebäude unsrer gesellschaftlichen Einrichtungen schlechterdings keinen haltbaren Grund, so gibt es keine Pflicht, keine Verbindlichkeit, und so haben nur die Worte Gewalt, List und Zwang eine reelle Bedeutung; so wäre die Dummheit des großen Haufens der einzige Grund aller gesellschaftlichen Ordnung, aller bürgerlichen Sicherheit und Ruhe. Fürwahr, es kann keinen Irrtum geben, der für die ganze menschliche Gesellschaft und vor allem für die Rechte und die persönliche Sicherheit der Regenten und aller Vorgesetzten gefährlicher wäre – denn die Voraussetzung einer sich stets gleichbleibenden Dummheit des Volks ist doch sehr mißlich, wenn man auch noch so schlau ersonnene Maßregeln zu ihrer Erhaltung befolgt.

Aber wie sicher und unerschütterlich fest stehen dagegen das Gebäude der bürgerlichen Gesellschaft und der Thron der Regenten auf den Grundpfeilern der Vernunft, der Gerechtigkeit und des Gewissens? Und sie stehen in dem Maße sicherer und fester, in dem sie unmittelbarer und gerader auf diesen Grundpfeilern ruhen. Diese heilige ewige Wahrheit haben von jeher die Regenten der Völker, denen es nicht an Denkkraft und gesundem Verstande fehlte, sehr wohl begriffen; und der Grad der Stärke ihrer Überzeugung von derselben ist zugleich der sichere Maßstab ihrer Vernunft, und umgekehrt. Ja – wie mancher großer und weiser Fürsten Hauptkummer besteht eben darin, daß sie nicht ihrer Überzeugung und dem Wunsche ihres Herzens gemäß die natürlichen Rechte des Menschen gegen so manchfache herrschenden Vorurteile, Mißbräuche, hergebrachte Privilegien usw. schützen und geltend machen können?

Wer war ein anerkannt größerer Regent als Friedrich der Zweite, und wer erkannte besser als er die Rechte des Menschen, wer schützte sie mit einem solchen Feuereifer wie er, und in welchem unumschränkten monarchischen Staate war der gemeine Mann gegen den Großen und Mächtigen gesicherter als in dem seinigen?

Wer ehrte je mehr den Menschen im Menschen, bewies zartere Schonung jedes natürlichen Rechts der Menschheit, als der Fürst, auf dem, wie ihr wißt, Friedrichs Regenten-Geist ruht?

Sicher kann man demnach darauf rechnen, daß jeder mit Denkkraft und Weisheit begabte Regent dahin streben wird, in seinen Staaten die natürlichen Rechte des Menschen zu sichern, gegen verjährte Mißbräuche und Vorurteile, gegen die Macht und List der Vornehmen und Schlauen zu schützen und alle bürgerlichen Verhältnisse, Vorzüge und Verbindlichkeiten immer unmittelbarer auf dieselben zurückzuführen und ihnen gemäß zu machen.

Aber leider gibt es der großen und weisen Regenten im Verhältnis nicht mehr als der großen und weisen Menschen – leider können diese wenigen auch bei der größten Selbsttätigkeit tausendfachen heimlichen Druck und widerrechtliche Kränkungen von seiten der Vornehmen, Reichen und Schlauen gegen die Niedern, Armen und Einfältigen nicht hinlänglich verhüten.

Daher ist es zum Wohl der Menschheit, zum Glück der Staaten, zur Sicherheit der Fürsten so unumgänglich notwendig, daß jeder Mensch seine Rechte als Mensch und als Bürger kennt und den Mut hat, sie gegen jedermann zu behaupten und zu verteidigen.

Es ist also ein pflichtmäßiges heilsames Bemühen aller erleuchteten Freunde der Menschheit, die große Überzeugung von der Würde des Menschen als Menschen und von den natürlichen Rechten, die er als solcher hat, so allgemein und so wirksam als möglich zu verbreiten – zumal da von dieser Überzeugung nicht bloß das öffentliche und allgemeine Wohl, sondern auch die persönliche Sittlichkeit und Glückseligkeit jedes einzelnen Menschen noch besonders abhängt.

Aller moralische Unterricht der Jugend sollte damit anfangen, daß man sie zuvor von der Würde, der Bestimmung und den Rechten des Menschen überzeugte – nur auf diese Art kann eine gründliche Einsicht unserer Verbindlichkeiten und Pflichten bewirkt werden.

Es ist eine sehr seltsame alberne Furcht, wenn man sich einbildet, der große Haufen der Menschen würde durch eine vernünftige Belehrung über seine Rechte und seine Pflichten unvernünftiger, bösartiger, rebellischer usw. werden. Eine so ungereimte Grille wird durch die gesunde Vernunft und durch die Erfahrung aller Zeiten gleich stark widerlegt. Niemand beweist dem Gesetze mehr Achtung und Gehorsam, als wer dessen Vernunftmäßigkeit einsieht.

Aber nun freilich wohl kann es Staatsverfassungen und Regierungen geben, die bei allgemein verbreiteter vernünftiger Einsicht dessen, was Recht und Pflicht ist, in Gefahr ständen, diese oder jene

Umänderung zu erfahren – allein ich meine nicht, daß dieser Erfolg so übel wäre, wenn er auch dem tausendsten und schlechtesten Teile des Volks nicht behagen sollte. Ja, wird man sagen, es könnte aber hin und wieder eine gewissermaßen gewaltsame und mit bürgerlichen Unruhen verbundene Staatsveränderung entstehen. Zugegeben – dieses könnte und würde allerdings wohl der Fall sein, wenn man der gesunden Vernunft und der flehenden Stimme des Volks einen zu hartnäckigen Widerstand leistete. Ich bitte dabei aber wohl zu bedenken, daß bei einer solchen Veränderung die Gewaltsamkeiten und Unordnungen in dem Grade geringer sein würden, in dem das Volk aufgeklärter ist.

Ja man sieht's, wird man sagen, was die aufgeklärten Franzosen für Abscheulichkeiten begangen haben. Von ganzem Herzen bedaure ich's mit jedem Freunde der Menschheit, daß diese große Begebenheit nicht ohne Blutvergießen und ohne mancherlei Unordnungen und Unregelmäßigkeiten geschehen ist – aber zu gleicher Zeit frage ich, ob es irgendeinen vernünftigen, von der Sache nur einigermaßen unterrichteten Menschen gibt, und wäre er der ärgste französische Aristokrat, der ohne Erröten behaupten kann, es würde für die Menschheit und das Wohl von Frankreich besser sein, die Revolution sei nicht geschehen? Ferner – wessen ist die Schuld, wenn ein durch unerträglichen Druck zur Verzweiflung Gebrachter in einer Art von Wut Ausschweifungen begeht? Wessen ist die Schuld, wenn ein despotisch regiertes Volk, an blutige Szenen und schauderhafte Hinrichtungen gewöhnt, dagegen gleichgültig wird und wohl gar zuletzt ein Wohlgefallen daran findet? Außerdem gehört die Bemerkung hieher, daß die Menschen unsrer Zeit an das stille, langsam und heimlich verzehrende Elend des Despotismus so gewöhnt zu sein scheinen, daß sie solches unter die Unvollkommenheiten und Übel dieser besten Welt gar nicht mehr mitrechnen, wenigstens gar nicht darauf Rücksicht nehmen, wenn sie von einzelnen Unordnungen reden, die in dem großen Freiheitskampfe, den eine Nation von 25 Millionen Menschen focht, vorfielen.

Aber ist denn wirklich jenes stille, in sich gekehrte, den ganzen Menschen einschrumpfende und aller körperlichen, geistigen und bürgerlichen Lebenskraft beraubende Elend nicht Elend? Deswegen nicht Elend, weil der Mensch so langsam, so methodisch daran hinschwindet, und weil es alle wie einen und einen wie alle betrifft?

Auch ist es in der Tat sonderbar und bemerkenswert, daß wenn ein König von Frankreich etwa auf Betrieb einer Mätresse, die ihren Günstlingen Lorbeeren oder vielmehr ansehnliche Einkünfte durch Befehlshaberstellen verschaffen wollte, den ungerechtesten und widersinnigsten Krieg angefangen, eine halbe Million seiner Untertanen aufgeopfert und alle übrigen mehr oder minder arm und elend gemacht hätte, dies alles nur sehr wenig Menschen zu einer lebhaften Teilnehmung, schwerlich aber einen einzigen Journalisten und Zeitungsschreiber zur Bezeigung einer Art Mißbilligung bewogen hätte. Man würde sich begnügt haben, die Anzahl der Getöteten, Verwundeten und Gefangenen möglichst genau anzugeben, und alles Sentimentalische, das in der Schriftsteller-Welt daraus erfolgt wäre, möchte ein Kriegslied sein, das im burlesken Ton das Gemetzel und die Flucht der verkauften und verratenen unglücklichen Franzmänner besänge.

Hat nicht der Krieg der drei Kaiserhöfe höchstwahrscheinlich einer ganzen Million Menschen unmittelbar das Leben geraubt, und wer hat über diese Million einen Seufzer verloren, die ausgenommen, welche selbst dabei interessiert waren? Allein zu Ismail wurden 30000 Menschen gemetzelt – und man würde die Nachricht von 30000 getöteten Fliegen nicht mit geringerer Kälte und Gleichgültigkeit erzählt und angehört haben – ja man sieht den in der großen Welt für einen schwachen Kopf oder wenigstens für einen empfindsamen Sonderling an, der bei einem solchen methodischen Menschenmorden mitleidige Teilnehmung äußert. So sehr beherrscht die Meinung unser natürliches Gefühl und unsere Vernunft! Die saubere Brut politischer Journalisten, die Kamele verschluckt und Mücken seigt, füllt mit Erzählung einer einzigen Untat eines durch Schuld seiner Regenten moralisch verderbten und zur Wut gereizten Volks ganze Bogen an und weiß ihren Unwillen darüber nicht stark genug zu bezeigen, um ihr gutes Herz bei der Gelegenheit zur Schau zu tragen; da sie über das Gemetzel zu Ismail ein gottlästerndes Te Deum frohlockend mitjauchzen würde.

Es gibt also, wenn wir als vernünftige Menschen über die Sache nachdenken, noch mehr und noch größeres und entsetzlicheres Elend auf Erden als das, welches eine Staatsveränderung begleiten könnte und zu begleiten pflegt.

Wir dürfen also nicht, in der Voraussetzung, daß dieses das einzige und höchste politische Übel sei, die offenbaren Gebrechen, Mißbräuche usw. der Regierungen verschweigen oder wider besser Wissen und Gewissen rechtfertigen und beschönigen wollen. Wir dürfen aus diesem Grunde nicht dahin streben, den großen Haufen dumm und unwissend zu erhalten und ihn durch Machtsprüche, Sophistereien und Blendwerke zu täuschen.

Das Übel, welches wir auf eine so unwürdige Art verhüten wollen, ist bei weitem nicht so groß als das, welches wir dadurch nähren, und was das schlimmste ist, wir vergrößern in der Tat durch unsere vermeinte Schlauheit das eine und das andere.

Der größte Teil der Regenten und aller Vorgesetzten handelt in dem Grade eigenmächtiger und gewissenloser, indem er das Volk dummer und ununterrichteter glaubt und indem er sich gar keinen Widerstand von demselben möglich denkt. Mit dem Volke aber geht's wie mit einem gespannten Bogen, den man für unzerbrechlich hält und welchen man gerade deswegen am ersten zerbricht. Wo ist der Mensch, der nicht am Ende verzweifelt und in der Verzweifelung wütend wird? Und sind nicht der Geschichte zufolge bürgerliche Unruhen unter den aufgeklärtesten Völkern am seltensten, und wenn sie wirklich eintreffen, mit den wenigsten Unmenschlichkeiten begleitet.

Auf jeden Fall schafft also die Belehrung der Menschen über ihre Rechte Segen. Das Unglück einer gewaltsamen Revolution steht davon an und für sich gar nicht zu befürchten, wird vielmehr dadurch auf vielfache Weise verhütet, und wenn es eintritt, wird es durch sie aus dem schrecklichsten Unglück, das die Menschheit betreffen kann, in das allerwohltätigste Glück verwandelt. Allgemeine Anerkennung und lebendige Überzeugung von den Rechten des Menschen werden diejenige wünschenswürdige Staatsveränderung bewirken, die ganz allmählich und gleichsam von selbst entsteht, die die Regierung sich gefallen läßt und selbst zustande bringt, weil sie die Notwendigkeit und Heilsamkeit davon einsieht.

Ganz zuverlässig werden die Fürsten nicht mehr despotisieren wollen, sobald ihre Untertanen nicht mehr Sklaven sein wollen. Der allgemeine ernstliche Wille des Volks wird immer der Wille seiner Regenten – also kommt's nur darauf an, daß dieser allgemeine Wille da ist und recht gerichtet ist. Er wird aber erzeugt und geleitet von vernünftiger Einsicht.

Meine Leser mögen nunmehr beurteilen, ob ich das, was ich beweisen wollte, bewiesen habe – ich wollte aber beweisen, daß es Rechte des Menschen gibt, und daß die möglichst vollkommenste Anerkennung dieser Rechte für das Wohl der Menschheit, das Glück der Staaten und das Glück und die Sicherheit der Regenten unendlich wichtig ist. Zum Schluß nur noch eine Bemerkung.

Es ist sehr sonderbar, die Rechte des Menschen deswegen zu leugnen und zu bestreiten, weil einzelne Menschen oder Gesellschaften von diesen Rechten unrichtige und überspannte Begriffe haben und eine falsche und schädliche Anwendung davon machen. Wer leugnet denn deswegen das Dasein Gottes, weil dieser oder jener Mensch sich einen unwürdigen Begriff von Gott macht – wer leugnet deswegen die rechtmäßige Gewalt der Könige, weil einige unter ihnen Despoten sind – wer bestreitet den hohen Wert der Tugend, weil es Schein-Tugenden, Heuchler und Tugendschwätzer gibt?

Es ist noch die Frage, welches die wesentlichen Rechte des Menschen sind, deren Achtung, Schonung und Erhaltung die Grundlage und den Hauptzweck jeder bürgerlichen Gesellschaft ausmachen, und welcher jedes Mitglied derselben entweder gar nicht oder nur nach dem Ausspruche rechtmäßig eingeführter Gesetze beraubt werden kann.

Sie sind die Rechte auf Leben, Gesundheit, Sicherheit der Person und des Eigentums, Freiheit der Person, der Vernunft, des Gewissens und Befriedigung der wesentlichen natürlichen Bedürfnisse auf jede nicht widerrechtliche Art.

Im Genuß dieser Rechte muß jeder Mensch im Staate dem andern gleich sein, der Diener dem Herrn, der Bettler dem Könige. In Rücksicht auf diese Rechte ist durchaus ein Mensch so gut wie der andere, und alle Menschen sind sich in Ansehung derselben völlig gleich. Jeder Staat, in dem diese Rechte nicht allgemein geltend sind und aufs heiligste beobachtet werden, widerstreitet seiner natürlichen Bestimmung und bedarf durchaus einer Umschaffung und Verbesserung.

Bei jeder Staatsveränderung ist es daher die erste und natürlichste Frage, inwiefern die Rechte des Menschen als Menschen bisher in demselben geltend gewesen sind, und das erste und notwendigste Geschäft derer, die an der Verbesserung einer Staatseinrichtung arbeiten wollen, ist: die unveräußerlichen Rechte des Menschen als Menschen zuvor als die reine und einzige Grundlage ihres Gebäudes festzusetzen und alles, was von konventionellen Rechten, Herkommen, Gebräuchen und Privilegien auf dieser Grundlage nicht ruhen kann und will, mit unerbittlicher und keine Rücksicht nehmender Strenge wegzuschaffen. Sehr vernünftig, sehr weise hat demnach die Französische Nationalversammlung gehandelt, da sie ihr erhabnes Geschäft der Staatsveränderung mit Untersuchung und Festsetzung der Rechte des Menschen begann. Ich weiß es wohl, daß sehr achtungswürdige Männer in unserm Vaterlande hierüber anders urteilen als ich – es kommt aber in Ansehung der Wahrheit eines Urteils nicht auf das Ansehn des Mannes an, der es fällt, sondern auf die Klarheit und Bündigkeit der Gründe, womit es unterstützt wird. Auch *große* und *berühmte* Männer können, wie bekannt, gewisse Dinge zuweilen schief und einseitig ansehn und beurteilen.

21
Johann August Eberhard
Über die Rechte der Menschheit in der bürgerlichen Gesellschaft.
In Beziehung auf das bekannte Dekret der Französischen Nationalversammlung

Können bei der Konstitution eines Staats die Rechte der Menschheit zugrunde gelegt werden? Die Französische Nationalversammlung hat es bei derjenigen getan, die sie für ihr Vaterland zu entwerfen angefangen hat. Hat sie daran recht getan? Darüber hat die Berlinische Monatsschrift einen Streit eröffnet, in welchem der H. Geh. J. Möser an der Spitze steht; ein Mann, der durch seine tiefen und originellen Blicke in die Quellen des deutschen Staatsrechts in diesen Untersuchungen zu einer der ersten Stimmen berechtigt ist. Ich kann mich daher nicht ohne einige Furchtsamkeit in eine Untersuchung mischen, worin ich von der Meinung eines solchen Mannes werde abweichen müssen. Indes, ein so wahrheitsliebender und einsichtsvoller Mann wie H. D. Biester, der zuletzt an diesem Streite teilgenommen, sagt selbst: »Möchte doch die große Begebenheit Frankreichs in Deutschland dazu dienen, die Begriffe über diese Dinge mehr zu entwickeln.« Er hält also diese Begriffe noch nicht für entwickelt genug, die Sache scheint ihm noch nicht entschieden oder auch nur nach den bisher verhandelten Akten zur Entscheidung reif zu sein. Ich darf also noch einen Versuch wagen, die Untersuchung weiter fortzuführen und ihrer Entscheidung näher zu bringen. Ich setze dabei das als bekannt voraus, was bereits von dem H. Geh. J. Möser und dem H. D. Biester gegen die Rechte der Menschheit in der bürgerlichen Verfassung, und von dem H. von Clauer für dieselbe mit Scharfsinn und Gründlichkeit ist gesagt worden.

Um den Grund, worauf ich zu stehen gedenke, so viel als möglich zu reinigen und die Grenzen, worin ich mich halten werde, aufs genauste zu bestimmen, so muß ich gleich zum voraus erinnern, daß ich mir nicht getraue, für jede Anwendung, die die Nationalversammlung von den Rechten der Menschheit auf einzelne Artikel ihrer Konstitution bereits gemacht hat, oder noch künftig machen könnte, die Gewähr zu leisten; ich will sie bloß, ohne alle Rücksicht auf jede mögliche oder wirkliche Anwendung dieser Rechte, darüber rechtfertigen, daß sie dieselben bei ihrer Gesetzgebung zugrunde gelegt hat.

H. Biester ist nicht ohne Grund der Meinung, es werde vielleicht mehrere geben, die es bezweifelten, ob es überhaupt Rechte der Menschheit gebe; er glaubt: »man dürfte wohl etwas lächeln, als die gesetzgebende Gewalt in Frankreich das Dasein und den Umfang dieses Rechts bestimmte, als sie dies zu ihrer ersten Arbeit machte, ja als sie sogar die hierüber festgesetzten 16 Punkte vom Könige *purement et simplement* akzeptieren ließ: so daß nun diese Spekulation den Philosophen entzogen und ein wahres Reichsgrundgesetz geworden ist!« H. Möser erklärt sich über das Dasein und den Umfang dieser Rechte der Menschheit nicht, er behauptet nur, daß, wenn es auch außer der bürgerlichen Verfassung eine Gleichheit unter den Menschen in Ansehung der Rechte der Menschheit gebe, diese Gleichheit in der bürgerlichen Verfassung wegen der Ungleichheit der Wahrung, die der Mensch als Aktie in die Gesellschaft bringt und die seinen bürgerlichen Wert bestimmt, aufhören müsse.

Wenn man also die Französische Nationalversammlung rechtfertigen wollte, so müßte man beweisen:

1. daß es wirklich Rechte der Menschheit gibt;
2. daß die Menschen in Ansehung derselben völlig gleich sind;
3. daß sie auch in der bürgerlichen Verfassung in Ansehung derselben nicht aufhören können, gleich zu sein;
4. daß auch die Wahrung, die der Mensch als Aktie in die bürgerliche Gesellschaft bringt, in diesen Rechten nicht die geringste Abänderung machen könne;

5. daß es endlich nicht unnötig oder gar schädlich sei, diese Rechte durch Reichsgrundgesetze bei der Konstitution eines Staates zugrunde zu legen.

Wenn es wirklich Rechte der Menschheit gibt, wenn die Menschen in Ansehung derselben völlig gleich sind, so können sie durch keinen gesellschaftlichen Vertrag weder ganz noch zum Teil aufhören, dieser Vertrag kann, an und für sich selbst, unter den Bürgern in Ansehung derselben nie eine Ungleichheit hervorbringen.

Gibt es also solche? Und welche sind es? – Zuförderst, was nennen wir Rechte der Menschheit? Der Name selbst gibt uns den Begriff davon an die Hand. Es sind die Rechte, die dem Menschen als Menschen zukommen, die Rechte, die er von seiner Geburt an hat, die in seiner ursprünglichen Verbindlichkeit, seine menschliche Natur zu erhalten und zu vervollkommnen, gegründet sind; die Rechte endlich, die er entweder gar nicht oder nur durch ein Verbrechen verlieren kann; kurz, es sind die Rechte, die man angeborne nennt und die den Teil des Naturrechts ausmachen, den man in Deutschland das absolute oder unbedingte Naturrecht genannt hat. Und solche Rechte sollte der Mensch nicht haben?

Man kann über die Anzahl und den Umfang dieser Rechte streiten; man kann darüber streiten, ob dieses oder jenes einzelne Recht zu der Klasse derselben gehöre; aber man kann schwerlich mit Grund behaupten, weder daß es gar keine dergleichen gebe, noch daß irgendeine bürgerliche Konstitution eine rechtsbeständige Ungleichheit in denselben hervorbringen könne.

Um allen Streitigkeiten von dieser Art auszuweichen, will ich die Anzahl der angebornen Rechte des Menschen auf die wenigen einschränken, die keinen Widerspruch zu besorgen haben. Die Nationalversammlung hat ihr Verzeichnis zu sechzehn Artikeln, der Abt Sièyes hat es in seinem Entwurfe zu dreiundzwanzig und der Abt Mounier zu einunddreißig ausgedehnt. Was sie aber alle als unbestreitbar enthalten, ist:

1. das Recht auf sein Leben, seine Erhaltung, seine Glieder, seine Kräfte der Seele und des Körpers;

2. das Recht der Sicherheit in Ansehung seines Lebens und seines Vermögens;

3. das angeborne Recht auf seine Freiheit;

4. das Recht der Freiheit zu denken;

5. das angeborne Recht auf seinen ehrlichen Namen;

6. das Recht auf die Befriedigung seiner Naturtriebe;

7. das Recht auf die Erwerbung seines Unterhaltes durch Arbeit.

Alle diese Rechte würde der Mensch auch außer der bürgerlichen Gesellschaft haben, das ist, in dem Zustande, den man den Stand der Natur nennt. Ob es einen solchen reinen Stand der Natur wirklich gebe oder jemals gegeben habe, darauf kommt es bei der Erkenntnis der dazugehörigen Rechte nicht an. Wenn wir auch ein Volk vorzeigen könnten, das darin lebte, so würde seine Achtung oder Beeinträchtigung der Rechte der Menschheit weder für noch gegen dieselben das geringste beweisen. Rechte können, wie alle moralische Wesen, nie ein Gegenstand der Erfahrung sein; und wenn es Menschen ohne Gesellschaft gäbe, die völlig rechtlos lebten, so würde das nicht beweisen, daß ihnen die Natur keine Rechte angeboren hätte, sondern bloß, daß sie zu stupide wären, um sie zu erkennen, oder zu wild und viehisch, als daß sie dem Ungestüme ihrer Leidenschaften heilig sein könnten.

Einige von diesen Rechten können gar nicht verloren werden, einige kann der Mensch durch ein Verbrechen verlieren, einigen kann er freiwillig entsagen, aber nie ganz und nicht auf immer. In den beiden erstern Arten kann also auch kein gesellschaftlicher Vertrag die geringste Abänderung machen, und die letztere kann er nie ganz vertilgen. Nie kann aber die Größe der Wahrung oder Aktie diese Abänderung wirken. Meine Freiheit zu denken, meine Gewissensfreiheit, mein Recht des ehrlichen Namens wird durch die Größe meiner Wahrung nicht größer, so wie beides durch ihre Kleinheit nicht geringer. Der mächtige Herr von zehn Landgütern hat nicht mehr Freiheit zu denken, seine Gedanken zu sagen und seinem Gott nach seiner Überzeugung zu dienen, als der dürftige Eigentümer einer elenden Bauernhütte; der erstere hat nicht mehr Recht auf seinen ehrlichen Namen als der letztere, und der letztere kann ihn auf keine andere Art verlieren als der erstere. Das Gefühl dieser Gleichheit verläßt daher auch den geringsten Menschen nicht; bei aller Ungleichheit des Standes und der Glücksgüter empört ihn eine Behandlung, die ein Eingriff in irgendeines seiner Menschenrechte ist. Einen Schlag, ein Schimpfwort, einen Befehl zu schweigen, empfindet er als eine Beleidigung, und die Knechtschaft, nicht die bürgerliche Verfassung, müßte ihn schon sehr verächtlich gemacht haben, wenn er diese Behandlung, auch von dem Gewaartesten, ohne Unwillen dulden sollte; das ist in der bürgerlichen Gesellschaft nicht anders, als es außer derselben sein würde.

Es gibt also Rechte, die der Mensch, unabhängig von aller Gesellschaft, auch der bürgerlichen, hat, und in denen die bürgerliche Gesellschaft als solche keine Ungleichheit hervorbringen kann, und das sind die Rechte der Menschheit. Diese Rechte setzt die bürgerliche Gesellschaft selbst voraus, sie ist ohne sie nicht möglich.

Eine jede Gesellschaft muß einen Zweck haben, und dieser Zweck muß ein gemeinschaftliches Gut sein, das nur, oder doch besser, durch eine gesellschaftliche Verbindung zu erhalten steht. In dem Naturstande kann der Mensch sich nicht gegen jede Gewalttätigkeit schützen, die Rechte, ohne die er seiner allgemeinen Verbindlichkeit der Selbsterhaltung nicht gemäß leben kann, stehen jeder Beeinträchtigung bloß, sobald es dem Stärkern einfällt, sie zu verletzen. Er sucht also den Schutz dieser Rechte in der Vereinigung der Kräfte, die er in der Gesellschaft findet. Die bürgerliche Gesellschaft setzt also schon Rechte voraus, zu deren Schutze sie entstanden ist, und das müssen die Rechte des Menschen sein; diese können auch nicht in der bürgerlichen Gesellschaft untergehen, die eben zu ihrem Schutze zusammengetreten ist. Die Rechte des Bürgers vereinigen sich vielmehr in dem allgemeinen Rechte, welches jeder hat, für seine Menschenrechte den Schutz der bürgerlichen Gesellschaft zu fordern. Man könnte daher beide durch diese Definitionen unterscheiden: die *Rechte des Menschen* sind diejenigen, deren Beschützung der allgemeine Zweck der bürgerlichen Gesellschaft ist, und die *Rechte des Bürgers* als solchen diejenigen, welche in der bürgerlichen Gesellschaft jedes Glied zum Schutze seiner Menschenrechte erhält.

Diese Rechte der Menschheit müßten nun in dem Staate eine Abänderung leiden, wodurch eine Ungleichheit unter den Bürgern eingeführt wird, wenn die Größe der Waare oder der Aktie, die der Mensch in die bürgerliche Gesellschaft bringt, auf ihre Größe einen Einfluß haben sollte. Es ist freilich unleugbar, daß eine bürgerliche Gesellschaft, so bald sie zu einem wohlgeordneten Staate organisiert wird, unmöglich die erste ursprüngliche Gleichheit seiner Bürger beibehalten kann. Das läßt sich selbst in einem solchen Staate nicht denken, dessen Verfassung im höchsten Grade demokratisch wäre. Er würde doch immer Obrigkeiten haben müssen, denen ihr Amt eine gewisse Würde, und also einen Vorzug vor dem gemeinen Bürger gäbe; in dem Kriegsheere müßten gemeine Soldaten und Befehlshaber sein, und diese müßten wieder nach mehreren Abstufungen und Graden der Subordination, von dem obersten bis zu dem untersten, sich voneinander unterscheiden. Wenn der Staat von so großem Umfange wäre, daß das ganze Volk unmöglich an den Beratschlagungen der gesetzgebenden Macht teilnehmen könnte, so würde es sich Repräsentanten wählen müssen, diese würden Rechte haben, die der gemeine Bürger nicht hat, es würde also eine Ungleichheit entstehen, aber eine bloß politische, d. i. eine solche, die aus den verschiedenen Graden der Mitwirkung zur Ausübung der Souveränität entspringt und die Rechte der Menschheit im geringsten nicht affiziert. Diese Ungleichheit hat die Französische Nationalversammlung nicht verworfen, und sie konnte sie nicht verwerfen, wenn sie den ganzen Staat nicht in eine Anarchie verwandeln wollte, die ihn früh oder spät unfehlbar zugrunde richten müßte. Sie hat also, der Rechte der Menschheit unbeschadet, eine obrigkeitliche und politische Ungleichheit festgesetzt.

Diese beiden Arten der Ungleichheit können und müssen nun auf die verschiedene Größe der Aktie gegründet sein, die der Bürger in die bürgerliche Gesellschaft bringt. Wird diese Aktie aber immer nur eine Landaktie sein können? Wird der Anspruch auf einen obrigkeitlichen und politischen Vorzug zu allen Zeiten bloß von der Größe des Grundeigentums abhängen dürfen? Wenn wir diese Frage nicht zu übereilt entscheiden wollen, so müssen wir den Begriff einer politischen Aktie in seiner ganzen Allgemeinheit nehmen; und dann werden wir überhaupt darunter den Wert verstehen müssen, den dem Bürger sein Beitrag zu dem Besten des Staates gibt. Dieser Wert kann aber auch ein innerer sein, der Bürger durch sein Talent und seine Verdienste zum Wohl seines Vaterlandes etwas beitragen. Bei der obrigkeitlichen Ungleichheit fällt dieses in die Augen. Man kann sich einen Zustand der bürgerlichen Gesellschaft denken, und es hat auch in den europäischen Reichen einen solchen gegeben, worin diese Ungleichheit bloß auf die Größe der Landaktie gegründet werden kann. Dieser Zustand würde in einem rohen und ungebildeten Volke stattfinden, dessen Staatsgeschäfte noch bloß auf Krieg, Eroberung und Landesschutz eingeschränkt wären, das noch keine andern militärischen Kräfte als Größe der Heere und persönlichen Mut und Stärke des einzelnen Soldaten kennte, das noch nichts von wissenschaftlicher Taktik wüßte, bei dem der Krieg noch gar keine Kunst wäre und bei dem aus Mangel an Geldreichtum noch alles Vermögen in Landeigentum bestünde.

Das ist der Zustand unserer Vorfahren, den uns der H. Geh. J. Möser in seiner Osnabrückischen Geschichte mit einem noch unübertroffnem historischen Tiefsinne in so meisterhaften Zügen geschildert hat. Die Eigenheiten eines solchen Zustandes aber auf den gegenwärtigen Zustand des gebildeten Europa anzuwenden, würde zwar immer die Übereilung eines seltenen historischen Genies, aber doch gewiß eine Übereilung sein.

Die obrigkeitliche Ungleichheit sollte also billig immer ihren Grund in der Größe der Staatsaktie des Bürgers haben; es kann aber einen Zustand der bürgerlichen Gesellschaft geben, worin diese Staatsaktie nicht auf die Landaktie eingeschränkt sein darf; und das ist der Fall mit dem gegenwärtigen Zustande der europäischen Kultur. Wenn jetzt die oberste Feldherrnstelle zu besetzen wäre, und es müßte zwischen dem reichsten Landeigentümer, der aber nichts von der Kriegskunst verstünde und nicht durch mehr oder weniger langen Dienst zum Soldaten erzogen wäre, und dem ärmsten, vom Kadett durch alle Stufen des Dienstes gebildeten Offizier, gewählt werden; so würde sich die Wahl schwerlich für den erstern entscheiden. Ja selbst den Pommerischen Herzog, von dem H. Biester (S. 218) redet, der die Armee durch mehrere Regimenter seiner Truppen verstärkte, würde der Souverän zwar als einen nützlichen Bundesgenossen mit beiden Armen aufnehmen; sollte er aber nach dem Verhältnis seiner Truppenanzahl eine der ersten Befehlshaberstellen verlangen, ohne dazu durch Talente, Wissenschaft und Kriegserfahrung berechtigt zu sein: so würde man gewiß seinen Beistand verbitten müssen; er würde mehr Schaden als Vorteil stiften. Alles, was ich hier von der obrigkeitlichen Ungleichheit in den militärischen Geschäften bemerkt habe, gilt bei dem jetzigen Umfange und Verwickelung der Rechtspflege und der Finanzverwaltung auch von diesen. Es kann unmöglich die bloße Landaktie sein, die dem Staatsbürger einen verhältnismäßigen Anteil daran geben kann; ihre Größe wird auch hier nicht der Maßstab der obrigkeitlichen Ungleichheit in den Zivilgeschäften sein dürfen.

Vielleicht könnte aber die Größe der Landaktie und nicht die *persönliche* Aktie den politischen Wert des Staatsbürgers bestimmen; vielleicht könnte sie der Maßstab des Grades seiner Mitwirkung zur Ausübung der Souveränität sein. – Ich fürchte, dies werde die Mannigfaltigkeit und Verwickelung der zur Staatsverwaltung gehörigen Geschäfte jetzt ebenfalls unausführbar machen. Wenigstens ist es noch in keinem der neuesten größern Freistaaten, selbst in der Konstitution von Nordamerika und Frankreich nicht, für ausführbar gehalten worden. Die Glieder der Nationalversammlung sollen ihren politischen Wert durch die größte *persönliche* Aktie der Talente, der Erfahrung, des Verdienstes und der Routine in den Staatsgeschäften erhalten. Zu allem diesem kann die Größe der Landaktie nichts beitragen. Diese kann also nur in dem Grade der Mitwirkung zu der Wahl der würdigsten Glieder des Senats der Nation geltend werden, da der Inhaber der Landaktie, und, in unsrer gegenwärtigen Verfassung, auch der Kapitalist mit einer gleichgeltenden Geldaktie, nach Verhältnis ihrer Größe ein größeres Interesse hat, die beste Wahl zu treffen.

Wenn wir nun auf das bisher Bewiesene zurücksehen, so scheint es ausgemacht zu sein, daß es Rechte der Menschheit gibt, daß in diesen die bürgerliche Verfassung keine Ungleichheit hervorbringen darf, daß alle Ungleichheit im Staate bloß eine obrigkeitliche und politische ist, die aber jetzt keine Güteraktie, sie bestehe in Geld- oder Landeigentume, zum Grunde und Maßstabe haben kann.

Man könnte das endlich zugestehen, und die Französische Nationalverfassung würde noch nicht gerechtfertigt sein. Denn es ließe sich immer noch fragen, ob sie recht getan habe, diese Rechte der Menschheit bei ihrer Konstitution zugrunde zu legen, ob das nicht unnötig, ja selbst schädlich war?

Hr. Biester scheint sogar dieses letzte zu behaupten. Er fährt in der oben angezognen Stelle fort: »Wie wird es nun den Skeptikern ergehen, welche behaupten wollen, es gebe kein solches Recht? Wie würde es dem sel. Schmauß dort ergehen, der als Professor des Naturrechts sich bisweilen *Professor non-entis* schrieb? Wenn die gesetzgebende Gewalt Frankreich für ein Königreich erklärt hat, so ist der ein Staatsverbrecher, welcher behauptet, Frankreich habe keinen König, Ludwig XVI. habe kein Recht auf den Thron, habe nicht die mindesten Königsrechte. Und so in Absicht aller Schlüsse der Nationalversammlung. Wird man nun eine Auflehnung gegen jene 16 Punkte auch zum Staatsverbrechen machen?«

Ich glaube nicht; wofern ich mich in meiner guten Meinung von der Weisheit der Nationalversammlung nicht irre. Denn das Gesetz bestraft nur gesetzwidrige Handlungen, nicht aber Meinungen die Gesetze betreffend, und wenn sie auch Irrtümer sind. Wir Preußen konnten über das Zuckermonopol, auch als es noch bestand, denken, reden, schreiben und drucken lassen, was wir wollten, wir konnten es loben und tadeln, daraus machte uns niemand ein Verbrechen, solange wir uns nicht beigehen ließen, fremden Zucker einzuführen. So wird schwerlich in Frankreich jemand für einen Staatsverbrecher erklärt werden, der über die Rechte der Menschheit nicht der Meinung der Nationalversammlung ist; man wird den sel. Schmauß sich immer einen *Professor non-entis* schreiben lassen, man wird ihn so lange bloß für das, was er war, für einen seichten Spaßmacher halten, bis es ihm einmal einfallen sollte, falls er plötzlich in einen Staatsminister verwandelt würde, einen armen Ungewaarten durch eine *Lettre de Cachet* in das Bissetre einsperren zu lassen, unter dem Vorwand, daß die Rechte der Menschheit in das *Non-ens* gehören, von dem er auch einmal Professor gewesen sei.

Von dem Widerspruch gegen die Königsrechte Ludwigs XVI. läßt sich aber nicht auf den Widerspruch gegen die Rechte der Menschheit schließen; die Fälle sind zu unähnlich. Denn, was den erstern zu einem Staatsverbrechen macht, ist, daß er eine Injurie gegen den Chef der Nation enthält. Eine Injurie ist eine Beleidigung, und eine Injurie gegen eine Person, welcher die unabhängige Verwaltung eines Souveränitätsrechts übertragen ist, kann gar wohl als ein Staatsverbrechen angesehen werden.

Aus den angeführten Gründen scheint es mir also nicht zu folgen, daß die Festsetzung der Rechte der Menschheit durch einen Schluß der Nationalversammlung schädlich sei. Sollte sie aber nicht wenigstens unnötig sein? Auch das getraue ich mir nicht zu behaupten.

Um in diesem Punkte das Verfahren der Nationalversammlung mit Billigkeit beurteilen zu können, müssen wir annehmen, daß sie bei der Festsetzung der Rechte der Menschheit als einem Grundartikel der Konstitution vorwärts und rückwärts gesehen hat. Sie sah zuförderst in der alten Verfassung Gesetze, Gewohnheiten und Mißbräuche der Gewalt, die offenbare Eingriffe in die Rechte der Menschheit waren. Die Gewissensfreiheit in Religionssachen ist ein unverlierbares und unveräußerliches Recht des Menschen, und die Regierung hatte bisher einen beträchtlichen und schätzbaren Teil der Nation um Religionsmeinungen verfolgt; um alle Intoleranzgesetze fürs Künftige abzuschaffen, mußte sie die Gewissensfreiheit für ein Recht der Menschheit erklären, das dem Bürger künftig durch kein Staatsgesetz sollte geschmälert werden. Der ehrliche Name kann nur durch ein Verbrechen verloren werden, nur ein Verbrechen kann den Menschen ehrlos machen; und die Gesetze erklärten bisher die Kinder gewisser Klassen von Bürgern sogleich bei ihrer Geburt für ehrlos. Ein jeder Mensch hat das Recht, die Naturtriebe zur Erhaltung und Fortpflanzung seines Geschlechts zu befriedigen; und die Gesetze erklärten die Gelübde der Ehelosigkeit und des blinden, dem Gebrauche seiner Vernunft entsagenden Klostergehorsams für unauflöslich; auch selbst alsdann, wenn die unglücklichen und betörten Opfer ihrer Schwärmerei die Unrechtmäßigkeit solcher Gelübde einsahen und in ihre angebornen Rechte wieder eintreten wollten. War es da nicht nötig, um aufs Künftige diese Rechte zu sichern, sie unter den Schutz der Staatsgesetze zu nehmen und ihre Beeinträchtigung für ein Staatsverbrechen zu erklären? Was von diesen Rechten gilt, muß von allen übrigen gelten, es ist daher überflüssig, die Notwendigkeit ihrer positiven Sanktion durch die Staatsgesetze an mehreren zu zeigen.

Wenn die Nationalversammlung es also zu einem Reichsgrundgesetz gemacht hat, daß die Ungleichheit der Aktie in den angeführten Rechten der Menschheit keine Ungleichheit wirken soll: so hat sie, nach meiner Überzeugung, daran völlig recht getan. Es scheint doch aber noch eine Ungleichheit übrig zu sein, die von der Ungleichheit der Waarung abhängt und die nicht übergangen werden darf. Die Mittel nämlich, welche die Gesetze anwenden, um einen jeden Bürger zu seinem Rechte zu verhelfen, die Beeinträchtigungen derselben zu verhüten und zu bestrafen, scheinen nach der Verschiedenheit der Waarung eine Ungleichheit in die Rechte der Menschheit zu bringen. Einem angesessenen und landbegüterten oder, in der alten Sprache, einem gewaarten Staatsbürger, kann man nicht so leicht an seinen Leib und seine Person kommen, als einem ungewaarten, wenn es auf Kaution bei einer Schuldforderung oder einer andern Verbindlichkeit und auf die Bestrafung eines Verbrechens ankommt. Das ist vollkommen richtig. Allein es würde zu viel geschlossen sein, wenn man das seiner Waarung als einer Aktie zuschreiben wollte, die er bei der bürgerlichen Gesellschaft angelegt hat, und gegen die er einen größern Gewinn von Rechten verlangen kann. Das ist so wenig der Fall, daß in kleinen Verbrechen auch der Ungewaarte seine persönliche Freiheit behält, sobald ein anderer für ihn Sicherheit stellt, und in Verbrechen, deren Strafe an Leib und Leben geht, seine Waarung auch den Gewaartesten nicht vor persönlichem Verhaft sichern kann.

Es liegt daher bei dieser Verschiedenheit der Behandlung des Gewaarten und Ungewaarten nichts weiter als das allgemein für alle Menschen und Bürger gültige Naturgesetz zugrunde, daß ein jeder, zur Sicherstellung seiner Rechte, und also auch der Staat, zur Verhaftung und Bestrafung des Bürgers verbunden ist, das gelindeste Mittel und das kleinste Übel, und also bei dem Ungewaarten seine Person, bei dem Gewaarten nur seine Güter zu wählen. Das ist so gewiß, daß es selbst vom Soldatenstande gilt, wo aus Gründen, die ursprünglich bloß in der Natur ziehender Kriegsheere liegen, bei den Strafen auf den Unterschied der Geld- oder Landwaare nicht gesehen wird. Denn auch hier wird durch den verschiedenen obrigkeitlichen Wert, den die verschiedenen Grade des Soldatenstandes, vom Feldherrn bis auf den gemeinen Soldaten, geben, ein beträchtlicher Unterschied in die Strafen gebracht. Der Offizier kann durch Verlust seiner Freiheit und seines Ranges ebenso empfindlich gestraft werden als der gemeine Soldat durch körperliche Züchtigungen. Und es kann wohl schwerlich die Frage sein, ob ein Generalleutnant, den Peter I. zum Gemeinen degradierte, nicht ebensoviel litt als der Gemeine, der an seinem Leibe gestraft wird; man müßte denn mit dem Abt von St. Pierre annehmen, daß alle Schmerzen außer den körperlichen nur einen numerären Wert haben.

Auf je mehr Art ein Mensch einem andern kann verhaftet werden, desto mehr verschafft er ihm für seine Rechte und Ansprüche Sicherheit; und Hr. Biester hat daher völlig recht, daß ein jeder lieber mit einem Gewaarten als mit einem Ungewaarten wird zu tun haben wollen; nur folgt nicht daraus, daß die Waare des Gewaarten eine Aktie sei, die ihm in dem Staate mehr Rechte gibt als dem Ungewaarten. Sie haben beide das gleiche Recht, daß sie dem Staate durch die Sicherheit, die sie ihm anbieten können, verhaftet sind, und daß der Staat bei beiden das gelindeste Mittel zur Erreichung seines Zweckes wählen muß. Auch dieses gehört zu den Rechten der Menschheit; die Ungleichheit der Waare bringt daher auch in diesem Stücke in der bürgerlichen Gesellschaft keine Ungleichheit in diese Rechte.

22

Georg Friedrich Rebmann
Mein System

Mein System beruht auf folgenden Sätzen:

I.

Ich glaube, daß die Menschheit von ihrer Bestimmung und von der Möglichkeit, ihre Bestimmung zu erreichen, unendlich weit abgewichen ist. Ich glaube, daß unser gegenwärtiger Zustand so durchaus verdorben ist, daß es hypothetisch unmöglich wird, so glücklich und moralisch zu leben, wie es der Wille des höchsten Wesens und der Plan der Menschenschöpfung erfordern.

II.

Ich glaube, daß Moralität die Bedingung unseres Daseins ist. Ich glaube, daß der Mensch nie Mittel, sondern stets Zweck sein müsse, daß aber bei der gegenwärtigen Einrichtung unsrer Staaten mehr als zwei Dritteile ihrer Bewohner von dem einen, und zwar gerade von dem verächtlichsten und vornehmsten Dritteil, als Mittel zu unmoralischen Zwecken gebraucht werden.

III.

Ich glaube, daß der Mensch im allgemeinen nach seiner Überzeugung handelt, daß daher dieser Zustand der Menschheit nie verbessert werden kann, solange nicht die gegenwärtig angenommenen, größtenteils falschen politischen und religiösen Ideen allgemein ausgerottet und gegen wahre und natürliche Grundsätze vertauscht worden sind.

IV.

Ich glaube, daß das Glück der Menschheit um so mehr zunimmt, je allgemeiner das Sittengesetz erkannt und ausgeübt wird, je mehr jeder einzelne sich im Verhältnis zum Ganzen und als einen Teil desselben erblickt, je mehr bloß Tugend geachtet, Eigenmacht und Willkür aber verachtet werden. Hingegen entsteht und vermehrt sich das Unglück der Menschheit durch Immoralität, durch die Abneigung, Gutes um des Guten selbst willen zu tun, durch Egoismus und durch die Verachtung des Rechts und der Wahrheit, kurz der wahren Vorzüge, aus der die Achtung der falschen, bloß auf Wahn gegründeten, und die Herrschsucht der Stärke und der Willkür folgt.

v.

Da der Despotismus, die Lehre von der erblichen Gewalt eines einzigen, welche durch Mißbrauch nicht verwirkt werde, die Begriffe vom Adel und die ausgeartete christliche Religion das Recht des Stärkern, Wahn und Irrtum, und die Achtung eines falschen, bloß auf Usurpation beruhenden Vorzuges befördern; so hindern alle diese Dinge das Glück der Menschheit.

vi.

Die einzige, wahre Religion ist die natürliche. Je näher eine unsrer existierenden Sekten ihren Grundsätzen kommt, desto besser, je weiter sie davon abweicht, desto schlimmer ist sie. Daher sind die katholische und die jüdische die scheußlichste von allen und können so wenig mit dem Republikanism bestehen wie eine russische Despotie. Ein katholischer und (nach unsern gegenwärtigen Begriffen) überhaupt ein christlicher Republikaner ist ein Widerspruch.

(Dies ist so wahr, daß ich in keinem Staate wohnen möchte, wo Katholiken und Juden lebten, die dies im ganz strengen Sinne wären. Denn beide Religionen sind verfolgend, und ihr Glaube hat Einfluß aufs bürgerliche Leben. Sobald ein Staat die Bekenner beider Sekten ertragen soll, müssen sie schon in etwas von ihrem strengen Systeme abweichen. Und dennoch bleiben Katholiken immer gefährlich. Ohne den Geist dieser Religion und der Möncherei wären die Greuel in Frankreich nie vorgefallen. In der batavischen Republik haben sie dies neuerdings gezeigt und dadurch die Vorsicht der Protestanten sehr gerechtfertigt. Ohne die größte Sorgsamkeit würden sie den Protestanten die tiefste Grube, zum Lohn dafür gegeben, graben, daß man ihnen Rechte einräumte, die sie nicht hatten. Überhaupt ist die christliche Religion die allerschädlichste in jedem Staat, da sie Meinungen zur Tugend macht und durch Zeremonien Verbrechen versöhnen will, da sie ihre Jünger von der bürgerlichen Tätigkeit abzieht und ihre Motive zur Tugend aus einem Zustand hernimmt, der außer der Sinnenwelt liegt. Ihre Lehren sind ganz von dem reinen Geiste abgewichen, der in den eignen Worten ihres Stifters liegt. Man mag lachen, wie man will, so ist es doch wahr, daß Christus selbst eine Art von guter Sanskulotterie gepredigt hat. Man stoße sich nicht an dem Ausdruck, die Sache selbst ist gut, wenn man sie nur nicht absichtlich mißversteht und verdreht.)

VII.

Jede Bemühung, die Menschheit zu verbessern, d. h. die allgemeine Anerkennung und Ausübung des Sittengesetzes zu befördern, Wahn und Recht des Stärkern zu zerstören, muß daher mittelbar auch auf Zerstörung der Despotie und der Wahnreligion abzwekken, weil beide die moralische Besserung aller einzelnen verhindern.

Von diesen allgemeinen Sätzen muß jeder ausgehn, der zur Vervollkommnung der Menschheit etwas beitragen will. Daraus ergeben sich dann folgende praktische Wahrheiten:

1) Die Absicht, das Sittengesetz zur allgemeinen Ausübung zu bringen, oder mit andern Worten: Die Menschen allgemein mündig zu machen (in welchem Falle sie wohl keiner Regierung mehr bedürften), wird schwerlich je erreicht werden. Dies darf uns aber nicht hindern, diesen Zweck wenigstens insoweit zu verfolgen, wie es in unsrer Macht steht, und uns inzwischen an ein Surrogat zu halten.

2) Weil nämlich die Menschen größtenteils durch ihr Interesse geleitet werden, so müssen wir fürs erste auf ihr Interesse rechnen und diejenige Verfassung als die beste annehmen, wobei das Interesse jedes einzelnen darauf beruht, das Interesse aller übrigen soviel wie möglich zu befördern, und wobei jeder, der die Befriedigung seiner Leidenschaften als Zweck und alle übrigen Menschen als Mittel dazu ansehen wollte, am ersten entdeckt und verhindert werden kann. Wir müssen diejenige Regierung als die einzige rechtmäßige annehmen, welche die Fortschritte der Menschheit zur Moralität nicht hindert, dem allgemeinen Interesse angemessen ist, und wobei die Regierenden bloß darum da sind, um das Wohl aller zu gründen.

3) Diese Verfassung ist keine andere als das republikanische oder repräsentative System. Die Vorzüge dieses Systems beruhen

1) Auf seinem öftern Wechsel;

2) auf der Wahrscheinlichkeit, daß das Volk die Menschen wählen werde, welche die Vermutung für sich haben, das allgemeine Inter-

esse am besten zu besorgen;

3) auf der wechselseitigen Bewachung der Gewählten;

4) auf der Publizität, welche von dieser Art der Regierung unzertrennlich ist;

5) auf der Teilung der Gewalt;

6) auf dem Ehrgeiz der Gewählten, die erworbene Achtung ihrer Mitbürger zu erhalten, und ihrer Furcht, sonst gestürzt zu werden;

7) auf dem Interesse, selbst der Bösen, ihren Eigennutz und ihre Sucht nach Eigenmacht nicht bemerkbar zu machen.

4) Durch diese Sätze fallen alle gewöhnlichen Einwürfe: daß das Volk betrogen werden könne, daß Ehrgeizige sich zur Regierung drängen und immer nur einige wenige herrschen würden, von selbst weg. Selbst wenn wir das alles zugeben, so hat die Menschheit schon unendlich gewonnen, wenn sie nur erst so weit vorgerückt ist, daß nur der Klügere, und dieser nur dadurch herrschen kann, wenn er zugleich mit dem seinigen auch fürs allgemeine Interesse arbeitet, und niemanden hindern kann, sich und andere zu vervollkommnen. Die gegenwärtige Generation, verdorben, wie sie durch so viele unter dem Drucke der Despoten und der Pfafferei zugebrachte Jahrhunderte ist, kann nicht mehr erwarten, und wenn auch das Gute noch nicht darum getan wird, weil es gut ist, so ist es schon genug, wenn es auch der Egoist selbst aus Egoismus tun muß.

5) Die allgemeine Verbesserung des Menschengeschlechts hängt sodann von der moralischen Verbesserung jedes einzelnen ab, welche auf der Einsicht der Wahrheit beruht. Daher ist Verbreitung der Wahrheit die erste Pflicht aller Menschen.

6) Da jede despotische Regierung die Verbreitung der Wahrheit hindert und die Immoralität unterstützt, so muß jeder darauf denken, die Gewalt der Despotie wenigstens so viel als möglich zu hemmen und die Anwendung derselben zu verhindern. Dies geschieht durch Aufdeckung ihrer Scheußlichkeit und Schwäche.

7) Jede Regierung muß also der republikanischen oder repräsentativen Form näher gebracht werden. Es ist dies selbst bei der monarchischen Verfassung möglich, und es kann selbst notwendig werden, da die monarchische Form zu erhalten, wo das Volk noch nicht aufgeklärt genug ist. Denn da der vollkommnere oder minder vollkommnere Gang einer repräsentativen Regierung von der Güte des Volkswillens, und der Volkswille von der Aufklärung der Ma-

jorität abhängen, so ist es möglich, daß sehr verdorbene Völker die republikanische Form noch nicht völlig ertragen können.

8) Auch eine monarchische Regierung muß aber immer so beschaffen sein, daß man annehmen könne, die Majorität des Volkes könne solche Regierung wollen. Da aber niemand etwas wollen kann, was ihn an seiner Vervollkommnung hindert, so ergibt sich daraus, daß kein Volk eine Despotie wollen könne.

9) Jede Regierung also, die bestehen will, muß so beschaffen sein, daß sie bloß ein Mittel werde, die Vervollkommnung der Menschheit zu befördern. Sie muß sich als abhängig von dem Willen der Majorität anerkennen und sich nach dem Maße der Ausbildung und der Fortschritte des Volkes immer so verändern, daß sie nie in einen Kontrast damit stehe. Sie muß ihr Privatwohl nie als Zweck der Staatsverbindung, oder sich als eine vom Volke unabhängige Macht ansehen.

10) Kurz, jede Regierung muß sich immer mehr dem republikanischen System nähern und endlich in eine vollkommne republikanische verwandeln.

Auf diesen Grundsätzen beruhen mein politischer Glaube und meine Handlungsweise. Das Publikum mag zwischen meinen Gegnern und mir entscheiden.

Patriotismus

23
Friedrich Carl von Moser
Der deutsche Nationalgeist

Ob es einen National-Geist gebe? Was er sei? Ob er unveränderlich sei? Und dem Beweis, daß der Deutsche National-Geist noch
eben derselbe sei, widmen Sie den größten Teil Ihrer Schrift, mit
so reicher Gelehrsamkeit umkränzt, mit so viel Blumen bestreut,
zu solchem hohen Geschmack gewürzt, daß auch der, so lieber
nicht Ihr Gast bei diesem Mahl gewesen sein würde, Ihnen gleichwohl das *Gratias* nicht versagen kann. So mögen auch alle die ihr
bescheiden Teil hinnehmen, welche in der sonderbaren Composi-
tion ihrer Schlüsse, Vergleichungen und Charakteristik zu Schimpf
und Ernst nach der Reihe vor Ihnen vorüber müssen. Bei etwas
weniger geflissentlicher Zerstreuung würde aus dieser Karikatur
ein vortreffliches Gemälde entstanden sein. Wir dürfen es noch von
Ihnen erwarten.

So haben wir denn also, alle Ihre Beweise zusammengenommen,
keinen National-Geist, oder etwa nur einer solchen, der gleich der
Seele, worüber in unsern Tagen philosophische Versuche angestellt
worden sind, das schwer begreifliche Mittelding von einem halb
körperlichen und halb seelischen Geist vorstellen solle.

Soll in dem National-Geist eine besondere von andern Völkerschaften uns unterscheidende Signatur verstanden werden, so wird
man uns solche vielleicht in dem Sinn beilegen können, wie Rom
noch immer Rom ist, ohngeachtet das neue Capitolium auf den alten Fundamenten neue Fassaden bekommen hat. Es haben so viele
Völker an unsern Genealogien und Stammbäumen Anteil, daß eine
starke Regierung würde vorgehen müssen, um von denen mit Spa-
niern, Italienern, Polen, Franzosen, Portugiesen, Engländern und
Dänen vermählten vornehmsten Deutschen Häusern an bis auf das
kleinste Dorf, worin ein französisches oder englisches Haupt-
Quartier eine Zeitlang gestanden hat, ursprüngliches Deutsches

Blut wieder zu abstrahieren. Dies mögen die ausmachen, denen an der Stiftsmäßigkeit des Deutschen Namens mehr als an der Redlichkeit unserer Gesinnungen gelegen ist.

Ich will gar nicht in Abrede sein, daß eine so zu nennende chemisch-politische Untersuchung von dem Einfluß unserer Bekanntschaft und Vermischung mit andern Völkerschaften, von den Spuren der allmählich veränderten Denkungs- und Lebens-Art, welche wir teils selbst bei ihnen geholt, teils die vielerlei europäischen Heere zu verschiedenen Zeiten auf deutschem Boden zurückgelassen haben, ebenso sinnreiche und fruchtbare Betrachtungen über unsern National-Charakter überhaupt liefern würden, wie Montesquieu aus seiner Hypothese von dem Einfluß des Klimats zu folgern gewußt hat: wer würde es nicht mit Vergnügen und Nutzen lesen? Wie wärs, wenn Sie die in Ihrem etwas zerstreute und verworfene Fäden in ein geordnetes Dessin zusammenzufügen sich bemühten? Aus keiner Hand würden wir es leicht so nett gezeichnet erhalten können.

Mein Gesichts-Punkt reicht so weit nicht, wenigstens nicht die Station, welche ich zu durchschreiten mir vorgenommen. Nehmen Sie mit dem vorlieb, was ich geben kann. Prüfen Sie, Sie sind der Mann, von dem man sich gerne prüfen läßt. Hier sind meine Gedanken.

In einer jeden politischen Verfassung, von welcher Mischung sie immer sei, muß ein großer, ein allgemeiner Gedanke dasein, welcher das *punctum saliens*, die belebende Kraft der National-Gesinnungen ins Ganze ausmacht. Dieser Gedanke ist kein anderer, als der das wahre oder das geglaubte National-Interesse in sich faßt. Wenn dieser Gedanke über die Gesinnung eines ganzen Volks sich verbreitet, wenn er sich dessen Überzeugung bemeistert, wenn er dessen politischer Glaube wird, so wird es der National-Geist, die Summa der edelsten, wichtigsten, die allgemeine Denkungs-Art eines Volks durchsäurenden Bestandteile, ohne deren Dasein oder durch deren Abscheidung ein *Caput mortuum* zurückbleiben würde.

Die Denkungs-Art eines Volks – Wenn man jede Nation, wenigstens in Europa, in die, so regieren, und in andere, so gehorchen, in Herrn und in Untertanen abteilen muß, so darf man mit gleichem Recht bei jedem Volk den Unterschied feststellen zwischen denen, die denken, und denen, so nur glauben.

Mit dem politischen Glauben einer Staats-Verfassung, worin die

Gesetzgebende Macht unter mehrere geteilt ist, geht es wie mit dem Glauben in den Religionen. Das erste Concilium hat die reinsten und echten Lehren der Stifter, um sie vor den Mißdeutungen und Verfälschungen zu bewahren, in Haupt-Begriffe und Bekenntnisse zusammengezogen, die Überzeugung von deren Richtigkeit hat den Beifall derer erhalten, welche solche als die Vorschrift ihrer eigenen Lehrart beobachten sollten, und die allgemeine Beistimmung hat ihnen endlich dasjenige gesetzmäßige Ansehen verschafft, daß, wer als ein Glied dieser Religion gehalten werden sollte, sich diesen Lehrsätzen zu bequemen hatte. Der Fortgang davon war ganz natürlich, daß, was von so vielen vorhin schon geprüft und bewährt erfunden worden war, auf deren Treu und Glauben als richtig angenommen und geglaubt und sogar für billig und notwendig ermessen wurde, alle in einer solchen Gemeinschaft lebende, darein tretende oder darin geborne bei ihrer feierlichen Aufnahme mit der Bedingung zu verbinden, daß sie außer diesem Glauben und Bekenntnis nicht als Mitgenossen der kirchlichen Rechte und Vorteile geachtet würden.

Weil aber die eigene Prüfung damit nicht ausgeschlossen, sondern vielmehr vorausgesetzt und der öffentliche und besondere Unterricht dazu angeordnet ist, so folgt daraus, daß, wer sich dieses Unterrichts unterziehen will, solches in Gemäßheit der Vorschrift tue, welche, als allgemein richtig anerkannt, schon in der Mitte liegt; daß er daher seine Zweifel und Bedenklichkeiten der Bedeutung und Zurechtweisung derjenigen subordiniere, von welchen ihm das Recht zu leben zugeteilt worden; daß solche, wenn er sich nicht belehren lassen will oder nicht überzeugen lassen kann, ihn schweigen heißen oder endlich aus der Gemeinschaft mit ihnen ganz ausschließen können.

Daß, wenn mehrere die bisherige Glaubens-Regel zugleich angreifen oder der Anhang des einen sich merklich ausbreitet und Zerrüttung des Ganzen daraus zu besorgen, auch wohl wirklich schon entstanden ist, solches eine zusammengesetzte Wahrnehmung mehrerer erfordere, wodurch in einzelnen Landen die Synoden und Provinzial-Konzilien entstanden sind.

Irren diese gleichfalls oder zerfallen untereinander, so veranlaßt es Haupt-Zusammenkünfte oder Konzilien der ganzen Religions-Partie oder Kirche.

Können sich auch diese nicht vereinigen, so geht es mehrenteils auf offenbare, mehr oder minder große Trennungen los, und das

Universum tritt hernach gleichsam an die Stelle seiner Bevollmächtigten und Repräsentanten, das Gleichgewicht oder das Übergewicht des Beifalls entscheidet alsdann für den siegenden Teil oder beide streitenden Teile behaupten ihren Wahl-Platz zugleich, ohne daß einer den andern ganz zu verdrängen vermag.

Die Worthalter und Gesetzgeber des Ganzen stehen unter sich in gleichem Verhältnis. Wenn einer oder etliche derselben die allgemeine Verfassung angreifen und umstoßen wollten, haben die anderen dagegen zu stehen.

Weil alles dieses in ein unendliches Detail von Besorgungen, Aufsicht, Wahrnehmungen etc. läuft, so ist unvermeidlich, daß solche unter mehrere, nach verschiedenen Verhältnissen der Einsicht und Gewalt verteilt werden müssen.

Diese Eintracht der Gesinnungen zu *einem* gemeinschaftlichen Zweck, diese Sorgfalt um die Aufrechterhaltung der Grund-Regeln der Lehre, diese Harmonie der Bemühungen heißt und ist der *Geist der Kirche.*

(Als ich im Begriff war, dieses dem Druck zu übergeben, hatte ich Gelegenheit, einem nach seiner tiefen Kenntnis der Deutschen Geschichte und wahren Vaterlands-Liebe gleich hochachtungswürdigen und verdienstvollen Mann diesen Gedanken von der Ähnlichkeit des politischen National-Geists mit dem Geist der Kirche vorzulegen. Er fand die Vergleichung sehr bedenklich; ich habe sie zu wiederholten Malen nochmals überlegt und finde selbst, daß Mißdeutungen dabei stattfinden können; da ich aber meine ganze Idee durch keine andere analogische Vorstellung so deutlich wie durch diese machen kann, so habe ich sie lieber mit Gefahr beibehalten, als mit ebenso vieler Gefahr unverständlich bleiben wollen. Ich protestiere aber dabei gegen allen politischen Gewissens-Zwang und doch weiß ich auch von keiner andern *Deutschen Freiheit* zu denken, als wobei Verstand und Wille den Gesetzen ehrerbietig untergeordnet sind.)

Trifft es aber auf geteilte Gesinnungen in derselben oder in einer politischen Verfassung, so artet es in den *Geist der Partie* aus. Nach dieser Ähnlichkeit habe ich die Gesinnungen, welche den Häuptern und Vätern unsers Vaterlands, allen ihren Gehilfen, Ratgebern und Dienern, allen Patrioten und echten Söhnen Germaniens eigen sein sollten, in Absicht auf unsere allgemeine Staats-Verfassung, den *Deutschen National-Geist* genannt.

Jene Sätze liegen zwar schon in den ersten Grund-Zügen aller großen Sozietäten, welche Ordnung und Dauer haben sollen, die Betrachtung unserer besondern Deutschen Verfassung wird aber ergeben, daß selbige von ihren ersten Anfängen auf diese Prinzipien sich gegründet und solche unter allen Revolutionen und Abwechslungen sich noch immer so erhalten, wie in einem Religions-System, bei noch so tiefem Verfall in Lehre und Leben, sich gewisse Fundamental-Wahrheiten immer noch durchringen, sich immer noch Zeugen finden, die für dieselbe wachen und streiten, sie wieder ans Licht zu bringen und in ihre erste Lauterkeit wiederherzustellen bemüht sind.

Freiheit! war von den ältesten Zeiten unserer vaterländischen Geschichte an immer das große Wort, so in der Mitte des Volks lag, die allgemeine Losung der ganzen Nation.

Die Bestimmung derselben in ihren mannigfaltigen Verhältnissen zwischen einem Deutschen Volk gegen das andere, die Abwiegung der Rechte der Könige mit den Freiheits-Rechten und Pflichten des Volks, das Gleichgewicht zwischen der Gewalt des Reichs-Oberhaupts und der Landesherrn, die Grenzen der wechselweisen Gerechtsame von diesen und den Ständen und Untertanen der einzeln Lande waren die Quelle so vieler Kriege, die Ursache so vieler, nach den abwechselnden Zeitläuften und Bedürfnissen abgemessenen Gesetze, die Veranlassung der großen und kleineren Reichs-Gerichte; die Beschützung und Verteidigung der Freiheit war der erste Grund zu den Würden und Besitzungen der mehresten höhern Reichsstände und die Erhaltung der Freiheit war von allen Zeiten und ist noch vom Kaiser an bis auf den letzten denkenden Deutschen Mann ein National-Gedanke.

Kein Reichs-Stand hat sichs noch ermächtigt, seinen Mit-Ständen auf den Kopf hin zu sagen: daß es auf ihre Unterjochung abgesehen, daß es mit ihrer Freiheit zu Ende sei; kein Kaiser, wenn er auch in dem Geist und auf den Wegen eines Konqueranten wandelte, hat sich dieses zu sagen herausgenommen; selbst in der Wut der drei heftigsten Kriege, die seit 200 Jahren Deutschland betroffen haben, hat kein Teil selbst diese Sprache geführt, noch weniger ähnliche Beschuldigungen des andern auf sich kommen lassen wollen.

Nimmt man dieses für wahr an, wie es nach dem Zeugnis der Reichs-Geschichte wahr ist, bezeichnet man diese allgemeine und fortwirkende Gesinnung, dieses anhaltende Bestreben für die Erhaltung der Freiheit mit dem Namen des National-Geistes, so umfaßt solches zugleich alle die verschiedenen Stufen, so zusammengenommen die Deutsche Freiheit überhaupt ausmachen, in ihrer Entstehungsart, in ihrer Begründung, Verbesserung, geraden oder abweichenden Richtung und der ganzen Beschaffenheit, wie sie wirklich ist und wie sie sein soll und kann.

Das Gesetz ist es also nicht, das unsern National-Geist erschaffen hat, sondern aus dem National-Geist ist das Gesetz erst entstanden.

Wir können auch auf uns deuten, was Paulus sagt: das Gesetz richtet nur Zorn an; weil wir einen Begriff mit diesem Wort zu verbinden pflegen, der sich mehr für die Befehle eines unumschränkten Monarchen als auf die Entstehungs-Art unserer Freiheits-Briefe schicken würde.

Was wir in dem vollkommensten und vorzüglichsten Sinn Reichs-Gesetze nennen, sind nichts anderes als National-Verträge, welche teils das Oberhaupt des Reichs mit allen oder den vornehmsten Ständen des Reichs, als Gewalthabern der ganzen Deutschen Nation, geschlossen, teils die von und mit auswärtigen für die Deutsche Freiheit sich interessierenden Mächten zum Besten des Reichs eingegangen und von den das gesamte Reich repräsentierenden Ständen genehmigt worden.

So geht es durch alle Grade und Klassen des gemeinen Deutschen Wesens schlechterdings hindurch.

Der Kaiser wird mit der Bedingung erwählt und als allgemeines Haupt und Richter anerkannt, um alles das zu halten, was er in seiner Kapitulation für den Schutz der allgemeinen Deutschen Freiheit und Rechte dessen Ständen und Gliedern gelobt hat. Indem er sich dazu verstanden, ist es Ihm ein Gesetz; da er aber nichts von alldem, was er versprochen, würde halten können, wenn er durch Gehorsam gegen seine Gebote und deren Befolgungen dazu nicht immer in Stand gesetzt würde, so kann sich der Kaiser auf seine Kapitulation so gut gegen die Stände berufen, als die Stände, ja der geringste Reichs-Untertan, gegen ihn.

Daß keine Provinz Deutschlands die andere, kein mächtiger den schwächern Nachbar überziehe und unterdrücke, daß man sich an gleich und Recht des Richterlichen Ausspruchs begnügen lassen wolle, verordnet der Landfriede; und ist dieser ewige Friedens-Bund nicht mit Beratschlagung sämtlicher auf dem Wormser Reichstag versammelt gewesener Reichs-Stände und nach den eigenen Entwürfen der drei Reichs-Kollegien geschlossen worden?

Sind sie es nicht selbst gewesen, welche sich unter- und gegeneinander, vor sich selbst und ihren Nachkommen, Lehensleuten und Untertanen anheischig gemacht haben, daß keiner den andern bei der damals übergroßen Strafe von zweitausend Mark Goldes, bei Verlust aller Gnaden, Freiheiten, Rechte, Lehensgüter etc. gewaltsam befehden wolle, und ist dieser sogenannte Landfriede nicht in allen nachfolgenden National-Verträgen erneuert und dem Kaiser dessen Handhabung nachdrücklich anempfohlen worden? Wenn daher ein Stand des Reichs über diese Bundes-Pflicht sich hinwegsetzt, entbindet er dadurch nicht zugleich alle anderen Reichs-Stände und deren Untertanen von den Pflichten und Konsiderationen, die sie ihm nach ebendiesem Vertrag schuldig waren und macht sich der Rechte verlustig, deren er nur bei einer ganz gleichen Beobachtung gegen sie sich zu erfreuen hatte?

In den einzelnen Provinzen findet sich zwischen den Landesherrn und ihren Lehensleuten und Untertanen gleiches Verhältnis. Überall Verträge, Verbindungen, Privilegien, eidliche Reverse, Zusagen vor und bei der leistenden Huldigungs-Pflicht, um gegen den Gehorsam und Abgaben einerseits die wohl hergebrachten Rechte und Freiheiten andererseits ungekränkt zu lassen.

So schließt sich's immer wieder auf den großen Gedanken: *Freiheit!* Genuß der Freiheit, Verteidigung, *Erhaltung* der Freiheit, zusammen.

Es ist daher ein unedler und niedriger Gedanke, wenn ein Deutscher Mann, er heiße Fürst oder Edler oder Bürger, bei dem bloßen Namen von Gesetz schon gleichsam schaudert und solchen nie, als mit heimlichem Unwillen und Abneigung nennen hören mag. Ist doch das, was dem einen zur Pflicht aufgelegt ist, zu gleicher Zeit der Grund und die Verpflichtung vor den andern, seine Obliegenheit eben wohl mit aller Treue zu beobachten. Tut es dieser nicht und widersetzt sich wohl mit Gewalt, so hat er sich allemal sein Urteil im voraus gesprochen, er hat ganz gemessen vorher wissen *können*, welche Folgen sein Betragen nach sich ziehen werde, und der einige Unterschied besteht darin, daß er die Wirkung selbst auf kürzere oder längere Zeit hinausziehen oder durch Macht und List solche wohl gar zuweilen vereiteln kann.

Ist dieses eine Beschwerde, so ist es die Beschwerde aller Kontrakte in der ganzen Welt. Ein Reicher leiht einem Privat-Mann Geld und glaubt sich durch die Verpfändung seines Hab und Guts gesichert, der Schuldner zahlt nicht, wird verklagt und nach einem kürzern oder längern Prozeß endlich in Schuld, Schaden und Kosten verurteilt und wirklich exequiert. Ebendieser Mann hat einem Fürsten geliehen, er muß ihn, um zu dem seinigen wieder zu gelangen, gleichfalls verklagen; der Fürst und sein Rat wissen gar wohl, daß das Urteil gegen ihn ausfallen werde, warum sollten sie es nicht wissen? Er weiß, daß, wer schuldig ist, bezahlen muß, er spricht dieses Urteil seinen eigenen Untertanen; er zahlt selbst seine Kammer-Zieler zur Besoldung der Richter, die ihm Recht zwischen ihm und andern verwalten sollen, weil er aber aus verkehrtem Willen nicht zahlen mag, da er zahlen könnte und sollte und wohl weiß, daß er zuletzt doch werde zahlen müssen, so zieht er den, so ihm in der Not geholfen, so lang herum, bis dieser stirbt, verdirbt oder vorliebnimmt, was er am Ende bekommt. War deswegen der Schuld-Kontrakt verwerflich? Sind der Richter und sein Urteil tadelhaft? Kann der Richter dafür, der seine Pflicht in vollem Maß beobachtet hat, wenn der, so das Urteil vollziehen sollte, mit dem Verurteilten Partie macht, den Unschuldigen noch länger schmachten zu lassen? Soll der gerechte Richter in einem ähnlichen Fall den Kläger abweisen, aus Beisorge, daß es ihm ebenso gehen möchte? Keineswegs. Was wird aber dagegen der Erfolg sein? Ohnfehlbar dieser: daß der Fürst, so seinen gutherzigen Gläubiger also mißhandelt, in den Augen der Welt als ein Mann wird betrachtet werden, der nach der Ehre seines Worts, Hand, Siegel und Zusage nichts fragt, der nach dem Richter nichts fragt, den er gleichwohl erkennt und ihm Gehorsam schuldig zu sein nicht leugnen kann, der Leute drauf hält und besoldet, um andern ihr Eigentum streitig und ihr Leben sauer zu machen, dem man also nicht trauen dürfe, um nicht von ihm angeführt zu werden, den man lieber zugrunde gehen lassen müsse, ehe man einem solchen ungerechten und undankbaren Mann in einer neuen Not helfe, den man nach der gemeinen Klugheits-Regel aller menschlichen Kontrakte zu behandeln habe: *Bis ab uno decipi, ignominiosum est.*

Kaufmanns-Geist! wird der Kameralist eines verschuldeten Herrn ausrufen. Das ist er auch wirklich, der Geist, die allgemeine Gesinnung der Vorsicht, des Mißtrauens, der Wachsamkeit, da man nicht Gefahr laufen will, des seinigen mühsam erworbenen durch die List oder Untreue eines andern verlustig zu werden; und welches mit jenem Namen bezeichnet wird, weil der Kaufmann am öftersten sich in dem Fall befindet, mit Schaden klug zu werden, sich vor Schaden zu hüten und seinen eigenen Nutzen, ohne Klage eines andern, zu befördern.

Nennt sich diese Modifikation und Subordination der Gesinnungen, ihr richtig passendes Verhältnis zum Ganzen, bei einem ganzen Heer oder Regiment *Esprit du Corps*, in den Religionen in Absicht auf die Harmonie der Lehre und Disziplin der *Geist der Kirche*, in dem Verhältnis zwischen Regenten und Untertanen der *Geist der Gesetze*, so meine ich, man dürfe also die über alle Angelegenheiten, Bedürfnisse, Rechte und Verhältnisse unsers ganzen Volks und Staats sich erstreckende Haupt-Gedanken wohl den *Deutschen National-Geist* nennen.

24
Josef von Sonnenfels
Über die Liebe des Vaterlandes

Was die Parteilichkeit der Neuern in unzählbare Bände ausgedehnt hat, liest man im dritten Buche Herodots auf wenigen Seiten. Otanes spricht für die Demokratien alles, was für sie gesprochen werden kann, und wider die Aristokratie und Monarchie, was immer dagegen aufgefunden werden mag. Auf diese Art vertritt Megabyses die Aristokratie und Darius die Monarchie. Der Streit von dem Vorzuge der Regierungsform ist unter den Schriftstellern verewigt. Der Republikaner sagt: Nur wir sind frei, weil wir nur unsersgleichen gehorchen dürfen. Der Untertan des Monarchen sagt: Wir sind frei, weil wir unsersgleichen nicht gehorchen dürfen. Jede Regierungsform hat ihre reizende Seite, warum wären Menschen sonst darauf verfallen, sie einzuführen? Und sind die Menschen in irgendeinem Staate weniger glücklich, so kommt es daher nicht, daß die Regierungsform dazu beiträgt; es kommt von dem Mißbrauche derselben. »Laßt«, spreche ich mit Pope, »die Toren sich über den Vorzug der Regierungsformen zanken! Die, welche am besten verwaltet wird, ist die beste.«

Der Republikaner also, und der Untertan des Monarchen können sich dadurch, daß jener in einer Republik lebt, dieser in einer Monarchie, vorzüglich beglückt halten und ganz wohl überzeugt sein, daß ihr Glück genau von der Verfassung des Staates abhängt, dessen Bürger sie sind.

Der Bürger der Demokratie nimmt an der Gesetzgebung Anteil, er sieht niemanden über sich. Die Gleichheit schmeichelt ihm, wenn seine Denkungsart von Jugend an zubereitet ist, einen gewissen Stolz zu fühlen, der die Rangstufen in der bürgerlichen Gesellschaft gegen die Würde der Menschheit hält. Wenn dieser Stolz so weit geht, daß er die Fähigkeit empfindet, die Maßregeln zu unterscheiden, wodurch sein und seiner Bürger Wohl erhalten, befestigt wird, so tritt er auch mit Freude in die Beratschlagung der Nation, und stimmt mit, und behauptet seine Meinung mit Eifer, mit Hartnäckigkeit oft und kehrt, wenn es ihm gelang, seine Stimme gegen andere geltend zu machen, gleich wie mit einem Siege nach Hause. Aber der, über welchen er einen solchen Sieg davontrug, wird der im Augenblicke, da seine Eigenliebe eine so gefährliche Wunde bekam, es nicht Erniedrigung nennen, daß er nachgeben mußte? Würde es nicht Trost für seinen Stolz sein, wenn er wenigstens nicht seinesgleichen hätte nachstehen müssen? Das Recht, an der Gesetzgebung Anteil zu haben, ist für den sich weise dünkenden oder auch unruhigen Bürger immer sehr mit Unlust, mit Bitterkeit vermengt. Der ruhige und bescheidene Mann hingegen strebt wenig danach, gute Gesetze zu machen, wenn er nur guten Gesetzen gehorchen kann.

Die Gleichheit der Republikaner macht die weniger vermögende Klasse glücklich, aber die vermögendere – kann sie von ihren Glücksgütern keinen Gebrauch machen, so lange Reichtum und Genuß desselben Reizung haben, so lange muß die Stellung traurig sein, die vom Genusse ausschließt. Hingegen ist es dem Vermögenden vergönnt, seinen Überfluß vor seinen Mitbürgern aufzuführen, so nagt Neid an der Seele derjenigen, die nicht eben dasselbe tun können; ihr Mangel wird ihnen desto empfindlicher, weil es ein Mann aus ihrer Mitte ist, der sich so sehr über sie wegsetzt. Der reiche Republikaner mietet bald die Dienste seines ärmeren Mitbürgers. Sich dahin gebracht zu sehen, seinesgleichen zu dienen, ist die mühseligste Dienstbarkeit. Entweder der Bürger der Demokratie ist verurteilt, nie ein anderes als mittelmäßiges Vermögen zu besitzen, oder das so sehr gerühmte Glück der Gleichheit fällt hinweg.

Die Aristokratie ist unter den Regierungsarten diejenige, welche am wenigsten Vorteile zur Erweckung des Patriotismus anbietet. Der Staat ist in zwei Teile zerstückt, die beständiges Mißtrauen und Eifersucht mehr noch als die Ungleichheit der Rechte trennen. Das

Volk sieht in dem Adel Leute, die Vermögen und Gewalt einseitig an sich reißen, auf die es seinen Anspruch nur darum fahren läßt, weil es seiner Ohnmacht, sie zu unterstützen, sich bewußt ist. Es ergreift die erste Gelegenheit, wo es den Stolz des Adels herabsetzen kann, es sondert sich auf dem heiligen Berge ab, es verweigert dem Heere Soldaten, wenn der Staat ihrer am nötigsten hat, es dringt auf Ackergesetze, auf Aufhebung der Schulden. Rom, das nicht einmal eine Aristokratie war, aber wo die Patrizier und Plebejer zwei verschiedene Orden ausmachten, hat wechselweise alle diese Empörungen erfahren und ward dadurch bis an den Rand seines Untergangs getrieben. Der Adel betrachtet sich als den Herren des Volkes, aber er muß ihm entweder schmeicheln, um es seiner Stärke vergessen zu machen, oder es unterdrücken, um ihm seine Stärke zu benehmen. Er lebt in einem beständigen Zwange, um seine beleidigenden Vorrechte zu verkleiden, oder in einem ewigen Kriege, um sie zu behaupten. Der Adel lebt auch in beständiger Furcht. Von Zeit zu Zeit muß die in der Stille zunehmende Wut eines gedrückten Volks durch ein Opfer besänftigt werden. Man muß dem Löwen ein Stück von der Herde preisgeben, damit er nicht gegen die ganze Herde wüte. Welch eine schreckliche Ungewißheit, wo jeder unaufhörlich fürchten muß, er dürfte das preisgegebene Stück sein! Ich setze die Familienabsichten, die Familieneifersuchten, den Parteigeist, der in den Aristokratien trennt und vereinigt, wo das Volk bei dem Streite der Aristen immer ins Gedränge kommt, es mag Sulla oder Marius die Oberhand behalten, dieses alles setze ich nicht an; aber ein mit den Aristokraten wesentlich verbundenes Übel ist, die Tugenden von hundert Catonen können nicht gutmachen, was die Laster eines Catilina zerstören. Die Tugenden werden als Tugenden der Person gerühmt, die Laster werden dem *Stande* aufgebürdet.

Diese Mängel der Republiken werden nicht darum hier unter die Augen gebracht, um den republikanischen Schriftstellern Gleiches mit Gleichem zu vergelten. Wenn dieses meine Absicht wäre, so müßte ich in meinem Gemälde *übertreiben*, wie sie. Sie nennen die Monarchie *Despotismus*, ich müßte die Demokratie eine Verwirrung nennen, und die Aristokratie eine Regierungsform, wo das Volk statt einem, tausend Herren gehorcht, in der Sprache der Zeloten, statt einem, das Joch von tausend Tyrannen trägt. Ich wollte nur beweisen, daß jede Regierungsgestalt ihre verdächtige Seite hat, wie jede ihre gute, daß also jede Regierungsgestalt etwas an die

Hand gibt, da sich der Bürger durch sie vorzüglich beglückt schätzen kann, weil er die Übel, die er bei jeder andern wahrnimmt, nicht fühlt.

Der Bürger der Demokratie hält sich für glücklich, weil er niemanden über sich sieht als die Gesetze. Er sieht diese nicht als Befehle seiner Mitbürger, er sieht sie als Verträge an, die er mit seinen Mitbürgern ihrer wechselweisen Wohlfahrt wegen errichtet. Er gibt seine Stimme sowohl als jeder andere, er gehorcht gewissermaßen nur sich selbst. Der Geist des Demokraten muß von Jugend auf erhöht werden, er muß sich Einsicht zutrauen, um bei den öffentlichen Angelegenheiten entscheiden zu können; er muß geschäftig gemacht werden, um von seiner Werkelbank zum Staatsgeschäfte ebenso leicht wie vom Staatsgeschäfte zur Werkelbank überzugehen. Alles, was die Gleichheit in der Demokratie handhabt, trägt zur Handhabung des Patriotismus bei; die *Gleichheit*, oder zum mindesten, was die Ungleichheit vor den Augen der Bürger verbergen kann. *Aufwandgesetze*, die den Reichtum hindern, das Gesicht der weniger Vermögenden durch seinen Glanz zu blenden, sind in Demokratien notwendig; aber eben darum kann die demokratische Gestalt nur kleinen Staaten angemessen sein. Die Ämter müssen von *kurzer Dauer* sein. Die Zeit über, da der Demokrat seinen Mitbürger über sich erhoben erblickt, sagt er zu sich: ist das Jahr seines Amtes vorüber, so sehe ich ihn abermals mit dem Haufen vermengt. Er sieht nur die Würde über sich, nicht den, so damit bekleidet ist. Der Friede ist der Zustand, welcher demokratischen Staaten am eigentlichsten ansteht. Die Kriegszucht macht strengen Gehorsam nötig, dazu ist der demokratische Bürger zu ungeschmeidig; er würde über die Befehle des Heerführers vor dem Feinde, wie zu Hause über die Vorträge der Bürgermeister, vernünfteln wollen, und ein Vernünftler ist ein schlechter Soldat. Ist ein Krieg unvermeidlich, so soll er wenigstens sobald geendet werden, als es sich tun läßt, oder es ist zu fürchten, daß die lange Gewohnheit zu gehorchen den Republikaner biegsam mache, und dadurch der Grund zur Veränderung der Regierungsform gelegt werde.

Der Bürger der *Aristokratie* findet sein Glück darin, daß Ordnung, Friede, Sicherheit, und Überfluß ohne seine Mühe herrschen. Er teilt das Leben des Menschen in Genuß und Arbeit; ihm, denkt er, sei nur das erste anheimgefallen, den Aristen das letztere, und freuet sich der vorteilhaften Teilung. Er sieht die Ämter des gemeinen Staates nicht als Würden, er sieht sie als eine Last an und beneidet den Adel weder darum noch um die prächtigen Außenwerke, die mit den Ämtern verknüpft sind. Um den Vorteil dieser Stellung seiner Denkungsart nicht zu zernichten, muß der Adel mäßig in seinem Aufwande, freundschaftlich, gesprächig in seinem Umgange, vertraulich gegen die Plebejer sein! Er muß sich selbst wenige – keine Vorrechte anmaßen; und diejenigen, in deren Besitze er ist, mit außerordentlicher Zärtlichkeit gebrauchen; sie müssen gleichsam für die notwendigen Werkzeuge zu Behandlung der Ämter gelten, die er verwaltet. Er muß, wenn ich so sagen darf, seine Größe vor dem Volke verbergen. Vor allem müssen Mißhandlungen des gemeinen Haufens mit in die Augen fallender Strenge geahndet werden. Das ist der einzige Weg, sich gegen den Verdacht zu bewahren, als nähme der Körper des Adels daran Anteil. Die Ämter müssen ohne Besoldung verwaltet werden, sonst verschwindet der Begriff einer Bürde, sie müssen nicht lange bei einem Hause verlängert werden, um das Gleichgewicht des Ansehens unter den Familien zu behaupten, um den Glanz der Würden dadurch weniger blendend zu machen, daß seine Strahlen gleichsam zerteilt sind. Bei gemeinen Nöten wird der Adel immer seinen vorzüglichen Anteil von Beschwerlichkeit vor den Augen der Bürger auf sich nehmen und dadurch dem Unadeligen seinen geringeren Beitrag erleichtern. Die Denkungsart des aristokratischen Bürgers muß also von allem Stolze abgezogen werden; der gemeinen Klasse, um einen Haufen von Obern, und Befehlshabern zu ertragen, der Klasse der Adeligen, um der gemeinen Klasse so viele Obere nicht unerträglich zu machen. Das Volk denkt: ich bin frei, weil ich ohne Geschäfte bin: der Adel: ich bin frei, weil die Geschäfte nur in meinen Händen sind. Der Adel macht dem Volke das Vaterland durch das ruhige Leben teuer, das er ihm verschafft, das Volk dem Adel durch die Ehre, die es ihm erweist.

In der Monarchie sieht der Bürger den Mittelpunkt der Macht, die sich in *einem* vereinigt, als den Mittelpunkt seines Glückes an. Diese Regierungsart hält zwischen der Aristokratie und Demokratie. Der Bürger wird vor beiden darin einen Vorzug finden, wenn er weniger stolz zu denken angeleitet wird als der letztere, aber auch weniger die Untätigkeit liebt als der erste. Diese Betrachtung fällt auf den Bürger der unteren Klassen, dem das nicht schwer wird, daß er *einem* gehorchen müsse; er sieht sich mit denen gleichgehalten, die Geburt und Ehrenämter weit über ihn setzen.

Nähert hier die hohe Geburt den Ämtern und Würden des Staates, so schließt die niedrige von denselben nicht aus. Die Fähigkeit gibt Ansprüche, dies mindert den Neid gegen den Adel, der Ehrenstellen, Belohnungen, Vorzüge nicht ausschließend besitzt. Der Adelige, der Unadelige, der Geschäftige, der, so nach Unterscheidung strebt, und der, welcher unbekannt, aber sich zu leben wünscht, der Mann jedes Rangs, der Mann jeder Gemütsart findet hier seine Rechnung. Man sieht sich nicht mit jedem Bäcker und Schlächter vermengt, wie in der Demokratie, man darf seines Reichtums genießen, man darf sich beliebt, berühmt machen, man darf in die Augen fallende Tugenden besitzen, ohne den Ostrazismus darum zu fürchten, weil man nach dem glorreichen Beinamen des Gerechten strebt. Dadurch findet sich der *Adel* beglückt. Der *Unadelige* sieht den Vorzug des Adels ohne Mißgunst, er sieht in ihm nicht seinen Herren, der mit Fioken fährt, ist, wie er ein Untertan. Sollte sich der Adel über ihn ein Ansehen geben, er lacht seines Stolzes, solang es nur Stolz ist; er fordert ihn, wie den, dessen Schultern er für einige Groschen mieten kann, vor den Richter, wenn der Stolz in Beleidigung ausartet. Dem Geschäftigten aus jeder Klasse stehen die Schranken offen, Talente, Anwendung können bis zu dem Throne vordringen. Der Sohn eines Töpfers kann das Unterscheidungszeichen der Verdienste auf seiner Brust tragen. Man ist sogar darüber einig geworden, es *nur* auf einer solchen Brust als ein Unterscheidungszeichen der Verdienste anzusehen; sein Name schallt von Munde zu Munde, und die Namen tausend Ahnenträger bleiben in ewiger Vergessenheit. Dem, welcher mit seinem Lose zufrieden, den väterlichen Acker selbst pflügt und sich an seinen Rüben genügen läßt, zieht man nicht vom Pfluge an die Spitze der Armee. Man kann, will man nicht der Mann des Vaterlandes sein, der Mann für seine Familie, für seine Freunde, für sich selbst bleiben. Die Monarchie ist ein fruchtbares Erdreich, worin die *Zeder*, die ihren Wipfel himmelan trägt, wie der auf der Erde kriechende Isop gleich gut fortkommt.

Man macht den Untertan des Monarchen zum Schmeichler, wenn er seines Fürsten Namen mit Entzückung ausspricht. Vielleicht gibt es Menschen, zu deren Glückseligkeit es mitgehört, schmeicheln zu dürfen. Die aufgedunsenen Patrizier in Rom, wenn sie nach den Ämtern der Republik buhlten, schmeichelten gerne jedem gemeinen Manne seine Stimme ab. Zu meiner Glückseligkeit gehört es mit, niemandem schmeicheln zu dürfen. Ich werde also nicht sagen: der Untertan Theresiens und Josephens empfindet den Vorzug einer Monarchie; ich werde sagen: der Bürger in dem monarchischen Staate hat gegen einen guten Fürsten nur eine persönliche Anhänglichkeit, er liebt den Monarchen, aber nicht die Monarchie. Soll er seine Wohlfahrt mit dieser Regierungsform innig vereinbart glauben, so muß von Geschlechte zu Geschlechte ein guter Fürst dem andern auf dem Throne folgen, und der Eltervater sich ebendesselben Glückes gefreut haben, was heute den Enkeln zuteil wird. Es ist nicht schwerer, sich eine Reihe tugendhafter Monarchen hintereinander zu denken, als ein ganzes Volk mit dem hohen Geiste und der Genügsamkeit, wie sie der Bürger der Demokratie haben soll; oder einen zahlreichen Adel in der Aristokratie, dessen Glieder sämtlich Publikolen sind.

25

Drost von Müller
Gedanken über Kosmopolitismus und Patriotismus

Der Verfasser des oben bezeichneten Aufsatzes nennt einen Patrioten den, der eine vorzügliche Anhänglichkeit an das Land und den Staat hat, zu welchem er entweder durch Geburt oder nach eigener Wahl gehört. Kosmopolit ist ihm derjenige: *cui patria est, ubi bene est.* Ob nun gleich der Verfasser ausdrücklich erklärt, daß er unter dem *bene esse* nicht *sibi bene esse* verstanden haben wolle, so bleibt doch der Ausdruck: *ubi bene est,* hier durchaus unbestimmt und falsch, und der Verfasser selbst setzt in der Folge das Wesentliche des Kosmopolitismus richtiger in die Anhänglichkeit und Teilnehmung an alles, was die ganze Menschheit betrifft. Also werden, selbst nach dieser Bestimmung, nicht die Menschen allein, unter welchen sich gut wohnen läßt, nicht das glückliche Land allein die Teilnehmung des Weltbürgers haben: auch für Menschen, welche, von Tyrannei und Sinnlichkeit niedergedrückt, vegetieren, wird er ein menschliches Interesse empfinden; er wird für sie, wie für alle, nach Möglichkeit Gutes zu wirken suchen, und wenn er kann, selbst den Grönländer und afrikanischen Neger aus seinem Wirkungskreise nicht ausschließen. Vervollkommnung und Veredelung der Menschheit, und somit Beförderung ihrer Glückseligkeit, ist dem Kosmopoliten das große Ziel seines Strebens: seine Talente, Verhältnisse und andere Umstände werden ihm die Mittel dazu darbieten und seinen Wirkungskreis bestimmen. Alles, was Mensch ist und heißt, hat Interesse für ihn, und er fragt nicht erst danach, ob diejenigen, deren Besserung und Veredlung er zu bewirken vermag, seine Landsleute sind oder Fremde, ob sie Christen sind oder Muselmänner. Patriotismus nennt man zuweilen jene Anhänglichkeit an das Vaterland, die sich häufig nur auf Vorurteile, Nationalstolz und Eigennutz gründet; die Quelle des Weltbürgersinnes kann nur allgemeine Menschenliebe sein. Der Patriot liebt oft nur seine Landsleute; die Neigung des Weltbürgers ist die Welt mit allen kommenden Geschlechtern. Der Busen nur weniger Menschen ist weit genug, die ganze Menschheit mit Liebe zu umfassen; die meisten können nur die lieben, welche sie durch ein Band mit sich vereinigt erblicken, und das Band, welches alle Menschen so nahe miteinander verbindet, ist ihren Augen nicht sichtbar. Daher finden sich bloße Patrioten häufiger als wahre Kosmopoliten.

Der Verfasser des schon gedachten Aufsatzes wirft zwei Fragen auf:

1. Können Kosmopolitismus und Patriotismus beieinander bestehen?

2. Wenn beide sich nicht vereinigen lassen, welcher muß dem andern weichen?

Beide Fragen werden leicht zu beantworten sein, wenn man nur zuvor über den Begriff des Kosmopolitismus und Patriotismus einig geworden ist.

Was man unter Kosmopolitismus oder Weltbürgersinn zu verstehen habe, ist bereits angedeutet worden. Er besteht überhaupt in der Liebe zur ganzen Menschheit. Unter *Menschheit* aber verstehen wir hier nicht eigentlich den Inbegriff aller gegenwärtig auf der Erde lebenden Menschen, oder ein Aggregat aller Menschen, sondern das *Ganze*, welches aus allen Menschen als seinen Teilen besteht. Dieses Ganze ist eine Idee unserer Vernunft. In dieser Idee sind alle Millionen vernünftiger Wesen auf dieser Erde nur eins, und dieses eine umfaßt die Vergangenheit und die Zukunft; ja, wir personifizieren es sogar zuweilen und reden von der Jugend und dem gereiften Alter der Menschheit. Diese Idee ist es also, welche bei den Wünschen und Bestrebungen des Weltbürgers zugrunde liegt. Bei Betrachtung derselben verschwinden vor ihrer Erhabenheit so manche unter den Menschen für wichtig gehaltene Dinge. Entwickelung und Ausbildung aller menschlichen Kräfte und Fähigkeiten, Verbreitung der Aufklärung, Vervollkommnung und Veredelung, und somit Beförderung der Glückseligkeit des menschlichen Geschlechts: das nur ist es, worauf die Pflichten des Weltbürgers gerichtet sind. Dagegen verlieren Ruhm und Reichtum, Macht und Größe einzelner Staaten in den Augen des Weltbürgers ihren oft so gepriesenen Wert und verschwinden als unbedeutend seinem Blicke. Dieser Blick geht nicht auf das einzelne, sondern auf das Ganze; und wo es auf das Wohl der Menschheit ankommt, da erscheinen ihm selbst seine Staatsmitbürger nur als geringe Teile in dem erhabenen Ganzen.

Patriotismus dagegen ist die besondere Liebe zu dem Staate, welchem wir angehören. Das Wort *Vaterlandsliebe* scheint nach unserm Sprachgebrauche eine ausgedehntere Bedeutung zu haben, als Patriotismus. Wir verstehen unter dem erstern, wenigstens zuweilen, auch eine Vorliebe für das Land (d. i.: den Boden), in welchem wir geboren sind und gegenwärtig leben. So schreiben wir den Schweizern vor allem eine besondere Liebe zu ihrem Vaterlande oder ihrem heimischen Boden zu. Diese Vorliebe für ein Land, eine Gegend, hat aber auch ihren Ursprung häufig der Beschaffenheit und dem Klima ebendieses Landes, zum Teil auch andern subjektiven Veranlassungen zu danken. Denn so empfinden wir schon deshalb eine Neigung für das Land, welches wir unser Vaterland nennen, weil in dem Umkreise desselben die Gegend liegt, wo wir die frohen Jahre unsrer Kindheit verlebten und die schönsten Freuden unsers Lebens genossen. Das Bild, welches die Phantasie uns von dieser Gegend vorhält, jeder einzelne Baum, jede Quelle, jeder Hügel in diesem Bilde weckt in uns Erinnerungen genossener Freuden. Je weniger vielleicht unsre gegenwärtige Lage geschickt ist, diese verlorene Seligkeit zu ersetzen, um so viel stärker empfinden wir die Sehnsucht nach einer Gegend, die wir durch eine sehr natürliche Täuschung als die Urheberin jener Freuden betrachten. Von der Vorstellung dieser Gegend ist sodann die Vorstellung des Landes, von welchem sie nur einen Teil ausmacht, unzertrennlich; und so erhält alsdann unsre Sehnsucht von uns den Namen: Vaterlandsliebe. Tausend andere Veranlassungen können die Quellen ähnlicher Empfindungen werden, die wir mit demselben Namen belegen. Aber sie machen nicht *das* aus, was wir hier unter Patriotismus zu verstehen haben. Jene Empfindungen stehen mit der

Selbstliebe im Bunde, woraus sie zum Teil entsprangen; dieser fordert die Uneigennützigkeit zur Begleiterin. Denn Liebe, nicht eigentlich zu dem Boden, sondern zu dem Staate, in welchem wir geboren sind oder dem wir gegenwärtig angehören, macht das Wesentliche des Patriotismus aus; und diese Liebe kann sich immer nur in dem Bestreben äußern, so viel als möglich die Wohlfahrt und Glückseligkeit dieses Staats, das heißt: seiner sämtlichen Mitglieder, sofern solche *eine* Gesellschaft ausmachen, zu befördern.

Auch der Patriotismus also geht auf ein Ganzes, aber dieses Ganze ist nicht die Menschheit, sondern eine besondere Gesellschaft, welche wir Staat nennen. Die Pflichten des Weltbürgers sind also auch von denen des Patrioten verschieden. Jene haben das gemeinsame Interesse der Menschheit; diese das besondere Interesse des Staats als solchen zum Gegenstande. Das Interesse von beiden erkennt man aus ihrem Zwecke. Jenes kann daher nur in Vervollkommnung der Menschheit überhaupt und der Glückseligkeit, die daraus notwendig, sei es auch erst nach Jahrhunderten, entspringt, bestehen. Der Zweck des Staats aber ist im allgemeinen die Wohlfahrt aller Staatsmitglieder, sofern solche von der Sicherheit der Personen und des Eigentums und dem mit dieser Sicherheit verträglichen höchsten Grade der Freiheit abhängt. Wer sich also die Beförderung dieses Zwecks eifrig angelegen sein läßt, befördert das Interesse des Staats und heißt Patriot. Es ist hieraus klar, daß der Patriot bei seinen Bestrebungen ganz etwas anderes zum Augenmerke hat als der Kosmopolit. Denn dieser sieht nur auf das, was zur Glückseligkeit der ganzen Menschheit gereichen kann; jener auf das, was zur Wohlfahrt der gegenwärtigen und künftigen Mitglieder eines Staats, *insofern dieselben eine Gesellschaft ausmachen*, beiträgt. Dieses also, und nicht bloß die gesuchte Ausdehnung oder Verengerung des Wirkungskreises, ist es eigentlich, was den Patrioten von dem Weltbürger unterscheidet.

Wenn daher jemand die Aufklärung und Veredelung seiner Staatsmitbürger zu befördern strebt, dabei aber nur ausschließlich das Wohl derselben zur Absicht hat, und mithin gleichen Eifer zur Veredelung anderer als seiner Mitbürger nicht anwenden würde, wenn er auch dazu Gelegenheit hätte: so verdient ein solcher zwar den Namen Weltbürger, nicht, weil dieser nur mit Hinsicht auf das Ganze der Menschheit zu wirken bemüht ist; aber jene Handlung als Objekt ist dennoch kosmopolitisch. Denn Beförderung der

Aufklärung und Vervollkommnung, wo sie auch immer geschehen mag, betrifft stets unmittelbar das Interesse der Menschheit. Der Staatsbürger hingegen, welcher die Wohlfahrt seines Staats zu befördern, mithin die innere und äußere Sicherheit der Gesellschaft, zu welcher er gehört, zu vermehren; ihre Verfassung, sofern sie gut ist, zu erhalten und die Mängel derselben zu verbessern; Gesetze und Einrichtungen, welche die Wohlfahrt ebendieser Gesellschaft zur Absicht haben, zu entwerfen oder zur Ausführung zu bringen sich bestrebt, und dieses alles nicht aus Eigennutz, sondern aus Anhänglichkeit an den Staat, dessen Mitglied er ist, vollbringt: ein solcher handelt patriotisch.

Wenn nun die Frage ist, ob Kosmopolitismus und Patriotismus mit- und beieinander bestehen können, so ist klar, daß, wenn man bei Beantwortung dieser Frage auf das Objekt oder das Interesse des Staats und der Menschheit sieht, man dieselbe nicht verneinen dürfe, ohne zugleich zu behaupten, daß das Interesse der Menschheit mit dem Interesse eines jeden Staats überhaupt im Widerspruche stehe und mithin die Auflösung aller Staaten erfordere. Ist nun dieses falsch, so muß es auch gewiß sein, daß Patriotismus und Kosmopolitismus, wenigstens überhaupt in Hinsicht auf ihr Objekt, sehr wohl beieinander bestehen können. In der Tat findet sich auch in dem Begriffe des einen nicht das geringste, wodurch in dem Begriffe des andern etwas aufgehoben würde, vielmehr ist das Interesse des Staats mit dem Interesse der Menschheit aufs genaueste vereinigt. Ohne Sicherheit, Ordnung und Ruhe, ohne die mit dieser Sicherheit verträgliche Freiheit, selbst ohne einen gewissen Grad des bürgerlichen Wohlstandes, kann der Mensch an seine Vervollkommnung nicht denken. Auf der andern Seite werden Sicherheit, Ruhe, Freiheit und Wohlstand wieder durch Aufklärung und Vervollkommnung der Staatsmitbürger befördert.

Kann es aber nicht gleichwohl einzelne Fälle geben, in welchen die Pflichten des Weltbürgers mit denen des Patrioten in Streit geraten? Diese Frage setzt die Möglichkeit voraus, daß das Interesse der Menschheit in einzelnen Fällen mit dem Interesse des Staats im Widerspruche stehen könne: eine Voraussetzung, deren Unrichtigkeit sich leicht aus dem Vorhergehenden ergeben wird. Das allgemeine Interesse der Menschheit beziehe sich, wie wir gesehen haben, auf den Zweck des Menschen an sich, als eines vernünftigen Wesens, und dieser Zweck kann kein anderer sein als Entwickelung aller seiner Kräfte und Fähigkeiten, Vervollkommnung, Veredlung. Nun ist jeder einzelne Staatsbürger Mensch, und keiner kann daher einen Staatsvertrag, eine gesellschaftliche Einrichtung wollen, wodurch er gehindert wird, seine Bestimmung als Mensch zu erreichen. Der Staat selbst ist nicht letzter Zweck, sondern nur Mittel zur Beförderung menschlicher Glückseligkeit, indem er dazu dient, die Hindernisse hinwegzuräumen, welche dem Menschen, dessen innere Natur alle Kräfte und Anlagen zu entfalten bemüht ist, entgegenstehen. Der Zweck des Staats, Sicherheit im allgemeinsten Verstande, muß daher stets dem höhern Zwecke der Menschheit untergeordnet bleiben. Der Patriot, der den Zweck des Staats zu erreichen strebt, darf daher jenen höhern Zweck niemals hindern; er kann es aber auch nicht, solange seine Bestrebungen sich nicht von dem wahren Zwecke des Staats entfernen. Der Weltbürger erkennt, daß der Staat seinem Zwecke nicht nur keineswegs hinderlich ist, sondern denselben vielmehr, wenngleich auf indirekte Weise, befördert. Eine Kollision zwischen beiden ist daher gar nicht denkbar.

Es ergibt sich auch hieraus leicht die Entscheidung der Frage, ob die Regierung irgendeines Landes jemals das Recht haben könne, Aufklärung zu verhindern. Denn es ist klar, daß jeder, der Aufklärung und Vervollkommnung, d. i.: Ausbildung und Entwickelung der Kräfte des Verstandes und der Vernunft, wo es auch immer sein mag, zu verhindern trachtet, Menschen an Erreichung ihrer Bestimmung als vernünftige Wesen hindert und dadurch ein Verbrechen an der Menschheit begeht. Aber kann nicht Aufklärung wenigstens die Ruhe und Sicherheit eines Staats in Gefahr bringen? Wahre Aufklärung, – denn öfters hat man auch der bloßen Verwechselung von Irrtümern und Vorurteilen diesen Namen gegeben, – ihrer Natur nach nie, eben weil sie zu ihrer Vollendung der Sicherheit und Ruhe bedarf. Selbst wenn der regierende Teil eines Staats mit dem regierten in der Aufklärung nicht gleichen Schritt hält, vielmehr die Fortschritte derselben zu hemmen bemüht ist, und der Staatsbürger sodann lieber einen Teil seiner Sicherheit als die Freiheit aufopfert, seine Bestimmung als Mensch zu erreichen; selbst dann gebührt nicht der Aufklärung, sondern dem Mangel derselben die Schuld der verlornen Sicherheit und Ordnung.

Es ist nun die Frage noch übrig, ob Patriotismus und Kosmopolitismus auch zugleich in einer und derselben Person oder subjektiv vereinigt angetroffen werden können. Diese Frage ist psychologischen Inhalts und verdient eine besondere Erwägung. Denn wenngleich der Patriot und der Kosmopolit beide ihre Pflichten neben-einander ausüben können, ohne miteinander in Streit zu geraten, so folgt doch daraus noch nicht eben, daß auch in psychologischer Rücksicht der Patriot zugleich Kosmopolit sein könne. Aber eben wegen der genauen Verbindung, worin das Interesse des Staats mit dem Interesse der Menschheit gedacht werden kann, dürfen wir auch kein Bedenken tragen, jene Frage zu bejahen. Der Eifer eines Staatsbürgers für die Vervollkommnung der Menschen schließt den Eifer ebendesselben für die aus guten Gesetzen und Einrich-tungen entspringende Wohlfahrt seiner Mitbürger keineswegs aus. Selbst eine vorzügliche Anhänglichkeit an den Staat, zu welchem er gehört, kann mit seinem Kosmopolitismus bestehen. Warum sollte dieses nicht sein können, da man doch kein Bedenken tragen wird, ihm, unbeschadet seines Kosmopolitismus, eine vorzügliche Liebe zu seinen Freunden, seiner Familie zu gestatten? Die Liebe zur ganzen Menschheit ist also mit der Liebe zum Vaterlande ebenso verträglich wie diese mit der Freundesliebe und der Liebe zur Gattin. Der Weltbürger darf sich nicht schämen, patriotisch zu handeln, doch darf er auch nie vergessen, daß seine Staatsmitbürger nur einen Teil eines großen unzertrennlichen Ganzen ausmachen, und daß der Teil niemals durch etwas gewinnen kann, wodurch das Ganze verliert.

Ich habe mich bemüht, in dem Vorhergehenden zu zeigen, was echter Patriotismus und Kosmopolitismus sei und daß beide sehr wohl beieinander bestehen können. Bloße Anhänglichkeit an die *Verfassung* des Staats, zu welchem wir als Mitglieder gehören, Streben nach Emporbringung dieses Staats aus Eigennutz, Ruhm-sucht, verdienen also ebensowenig den Namen des Patriotismus, als der ein Weltbürger genannt zu werden verdient, der nur das glückliche Land sein Vaterland nennt, oder die Dienste, die er sei-nem Vaterlande leisten könnte, einem fremden Staate leistet. Der letztere ist so weit davon entfernt, ein Kosmopolit zu sein, daß er sogar, wenn nicht besondere Umstände ihn nötigen, Tadel darüber verdient, daß er seine Dienste dem Vaterlande entzog. Hat denn das Land, in welchem er geboren ist, die Gesellschaft, in deren Schutze er die frohen Jahre der Kindheit verlebte, deren Verfas-sung ihm bisher Ruhe und Eigentum sicherte, haben diese gar keine Ansprüche auf seine Dankbarkeit? Erzeugt die Verkennung und Vergessenheit alles dessen nicht wenigstens gegen ihn den Ver-dacht eines fühllosen Herzens, und wird man nicht zweifeln, ob derjenige die Menschheit lieben könne, dem sein Vaterland ganz gleichgültig ist?

Der Verfasser der obengedachten Abhandlung in der Deutschen Monatsschrift meint: der Kosmopolit würde, wenn er in einem Staate lebte, worin die Menschheit wenigstens im Ganzen sich wohlbefände, auch warmer, eifriger Patriot sein; dagegen würden sich Kosmopolitismus und Patriotismus schwerlich vereinigen lassen, wenn er in einem Staate lebte, dessen Verfassung der vorgedachten gänzlich entgegen gesetzt sei. Das Schiefe dieser Behauptung ist einleuchtend. Man erblickt in *diesem* Patriotismus nur Anhänglichkeit an die Verfassung, in *diesem* Kosmopoliten nur den Mann, *cii patria est, ubi bene est.*

26
Peter Villaume
Patriotismus und Konstitutionalismus

Aber Ihr möchtet es nicht, Ihr Fürsten, daß wahrer Patriotismus unter den Völkern entstünde; dazu kennt Ihr Eure Vorteile viel zu gut. Ihr fühlt wohl, daß die Vaterlandsliebe mit Eurem Despotismus unverträglich ist. Ihr begreifet deutlich, daß Bürger, die, vermöge der Vaterlandsliebe, aneinander hängen, nicht leicht zu beherrschen sein möchten und sich andre Anschläge als Gemeinwohl schwerlich gefallen lassen würden.

Damit will ich nun nicht behaupten, daß unter einer despotischen Regierung nicht hin und wieder einiges Gefühl, das wie Patriotismus aussieht, entstehn könnte. Wir haben Monarchen gesehn, die mit Geschicklichkeit ihren Untertanen einen brennenden Enthusiasmus einzuflößen wußten, welcher dem Patriotismus nahkam, den Ruhm, die Macht des Monarchen beförderte, und einen Schimmer von Gemeinwohl hervorbrachte. Wenn wir also keinen wahren Patriotismus erwecken können, so wollen wir versuchen, ob wir nicht irgendeinen Schatten desselben erkünsteln können.

Mich deucht, drei Arten dieses unechten Patriotismus angeben zu können: den Eifer, nämlich, für den Fürsten; eine Art von Nationalstolz; und einige Anhänglichkeit für das Gemeinwohl.

Die Liebe und der Eifer für den Fürsten scheinen mir sehr leicht anzufachen zu sein. Die Fürsten genießen einen großen Vorteil; man trägt ihnen die Liebe entgegen, die Herzen kommen ihnen zuvor, bieten sich ihnen an und bitten gleichsam um die Erlaubnis, sie lieben zu dürfen. Der Monarch, der die Liebe seines Volkes nicht hat, muß sich's allein zuschreiben; er hat die Herzen von sich gestoßen. Um angebetet zu werden, durfte er nur das tun, wofür man keinem andern dankt, mäßig und gerecht sein. Man fordert von ihm nicht einmal Tätigkeit, nicht, daß er groß sei oder sich durch schwere Tugenden auszeichne; man fordert von ihm nicht einmal, daß er seine Regentenpflichten, wofür er so teuer bezahlt wird, erfülle. Wenn er nur ein wenig Gutes tut, wenn er nur ganz gemeinen Menschenverstand, nur eine ganz schlichte Vernunft hat, so ist es genug. Wie leicht ist es einem Monarchen aber, Gutes zu tun! Alle Macht, alle Kräfte des ganzen Volkes hat er in Händen; Millionen sind da, um seine Befehle auszuführen, und wenn er nicht Kopfes genug hat, so sind Tausende bereit, ihm den ihrigen zu leihen; man gibt ihm Anschläge, er darf nur wählen; man bahnt ihm die Wege; er darf nur wollen, nur Ja sagen, so kann er das Glück der ganzen Nation machen. Ja noch mehr, er braucht gar nichts zu tun, gar nichts zu denken; schon genug, wenn er den guten und klugen Menschen in seinen Staaten erlaubt, Gutes zu tun; so wird jedermann sagen, er hab' es getan, wird jedermann ihn loben, ihn preisen, ihn segnen. Nur eines wird er selbst tun müssen; sich nämlich vor den Eingebungen derer, die um ihn sind, zu verwahren; das persönliche Interesse seiner Schmeichler nicht mit dem Gemeinwohl zu verwechseln; und die Forderungen der Privatbegierde im Zügel zu halten. Dazu gehört freilich einige Einsicht und einige Festigkeit, das ist wahr; aber bei weitem doch weder die höhere Einsicht eines weitumfassenden Geistes noch die Tugend einer vorzüglichen Seele.

Ha!, wenn die Monarchen ihr wahres Interesse verstünden oder wenn sie nicht vielleicht die Menschen zu sehr verachteten, um sich doch einige Mühe zu geben, die Herzen nicht ganz von sich zu stoßen! Wahrlich, sie würden wie Götter der Erde verehrt werden. Gesetzt, die Fürsten wollten lieber die Herzen der Untertanen gewinnen, als sie durch Furcht und Schrecken verscheuchen oder durch den Glanz und das Gewicht der Majestät in Erstaunen und Bestürzung setzen; gesetzt, sie nähmen die Sprache und das Betragen eines Vaters des Volkes an, oder die eines Verwesers der Souveränität statt des Tones und des Verfahrens eines Herren und willkürlichen Beherrschers; – gesetzt, daß sie nicht mehr sagten: *daran geschieht unser gnädiger Wille;* als wenn ihr Wille der Grund der Gerechtigkeit wäre; sondern sie erteilten ihre Befehle und sancierten ihre Gesetze im Namen des Rechts, der Menschheit und der Vernunft, und erklärten die Gründe und Notwendigkeit ihrer Edikte, ihrer Auflagen, ihrer Unternehmen; und sich wenigstens die Mühe gäben, die Gründe zu ihren Verordnungen, sollten es auch nur Scheingründe sein, in dem Gemeinwohl aufzusuchen: welche Herzen würden ihnen entgehn? Und wer würde nicht jederzeit sein Gut und Blut für sie hingegeben haben? – Wenn sie wüßten, welche Empfindungen die guten Völker für sie hegen; wie es dem gutmütigen Untertan schon genug ist, sein Murren zu unterdrücken, seinen Eifer zu entflammen, sein Ehrgefühl rege zu machen, nur den Namen seines Fürsten zu hören; wenn sie wüßten, wie die arglosen Menschen so gern alle Klagen von ihren Fürsten abwälzen, und alle ihre Leiden und ihr Ungemach auf die Bedienten des Monarchen schieben, als wenn der Monarch ein Gott wäre: Wenn sie das wüßten, wahrlich, sie widerstünden dem Eindruck nicht; sie zeigten sich als Väter eines Volks, das sie so innig liebt. Dieses väterliche Verhalten würde die zahllosen Mängel und Fehltritte ihrer Verwaltung decken; man würde ihnen alle ihre menschlichen Schwachheiten vergeben; und noch manches, weit Schlimmeres, übersehen; und die Fürsten, des Gehorsams, des Eifers, der Bereitwilligkeit ihrer Untertanen gewiß, könnten sich wegen ihrer gewagtesten Unternehmungen und der schwersten Aufopferungen auf dieselben verlassen.

Aber sie halten sich in ihrer Majestät eingehüllt, sie wenden sich an die Nation nie anders als in dem gebieterischen Ton der Herrschaft; wie können sie Liebe erwecken? Dennoch bleibt ihnen noch hier ein Mittel übrig, die Herzen zu gewinnen. Und dieses Mittel ist, groß zu sein oder, wenn sie's nicht sein können, groß zu scheinen. Sind sie wirklich groß, so kann man ihnen die Verehrung und die Liebe versprechen; zwar eine schüchterne Liebe, die aber darum nicht minder kräftig in ihren Wirkungen sein wird, ob sie sich gleich in einer ehrfurchtvollen Entfernung hält. Europa sah ihn einstens, jenen Monarchen, welcher in seinem Betragen weniger, als in dem Innern seiner Seele, populär war, weil er glaubte, ein Fürst müsse seine Empfindungen in sein Herz verschließen. Er war gleich in seinem Betragen, fest und unwandelbar in seinen Entschlüssen, tätig und immer derselbe in seiner Tätigkeit, Herr über seine Schwachheiten, bald hätte ich gesagt: und über seine natürlichen Tugenden; unerschütterlich in seinem Vorsatz, gegen Gefahren und Unfälle unerschrocken. Dafür hat er die Bewunderung von Europa, die Verehrung von seinen zahllosen Feinden, die Liebe seiner Untertanen und das Staunen der ganzen Welt davongetragen. Da habt ihr, Fürsten, euer Muster, und den Lohn, der euch bevorsteht, wenn ihr den Mut habt, ihm nachzuahmen.

Steht es nicht in dem Vermögen aller Fürsten, wirklich groß zu sein, so haben sie doch alle Kräfte genug, wenigstens in den Augen des großen Haufens groß zu scheinen; denn dazu gehört in der Tat nicht viel. Alles, was sie umgibt, umhüllt ihre wahre Gestalt; und da sie sich niemals ohne ein rauschendes Gefolge sehn lassen, muß es ihnen bald gelingen, alle die schimmernden Anhängsel für ihre eignen Personen auszugeben. Die geblendeten Augen glauben etwas Übermenschliches zu sehn, und die Täuschung dringt bis ins Herz.

Allein, dieses Mittel, sich geltend zu machen, ist ein unzuverlässiger Notbehelf, die letzte Zuflucht dessen, der sich keinen innern Wert zutraut. Nach und nach gewöhnen sich die Augen an den Schimmer, und die Verblendung hört auf. Allmählich fängt man an, das geringfügige Ding durch die glänzende Dunstwolke, die es umhüllt, gewahr zu werden. Und dann bleibt dem kleinen Menschen nichts übrig, als sich vor den Augen zu verbergen, sich, wie jene träge Despoten Asiens, in einen Palast, allenfalls in einen Harem zu verschließen und das Volk durch Derwische, Häscher und Janitscharen in der Dummheit zu erhalten zu suchen. Nein!, eine Größe, eine Bewunderung, die nur auf Täuschung beruhn, können sich gegen Wahrheit und Vernunft nimmermehr behaupten; das Gespenst verschwindet, und dann bleibt nichts mehr als der gerechte Widerwille, sich durch eine so gröbliche Täuschung blenden gelassen zu haben.

Also müssen die Fürsten, wenn sie Ehrfurcht und Liebe gewinnen wollen, mehr als Blendwerk, sie müssen wahre Größe suchen. Ich möchte fast behaupten, daß es einen Regenten nicht viel kosten kann, in den Augen der Völker wirklich groß zu sein. Die Schätzung der Größe ist ein Verhältnis, und fast alle ehemaligen Fürsten haben es ihren Nachkommen sehr leicht gemacht, Größe zu erlangen. Um wirklich groß in seiner Regierung zu sein, darf übrigens ein Regent nur einsichtsvolle, rechtschaffne und tätige Männer um sich versammeln. Die einen werden ihm Gedanken und Anschläge geben, und ihre Einsichten werden seine Einsichten heißen; die andern werden mit tätigem Eifer und Klugheit ausführen, und ihre Arbeit wird die seinige heißen. Mich deucht, ich sehe einen Steuermann; er hat vor sich den Kompaß, das Steuerruder in der Hand, und er befiehlt dem Schiffsvolk; der Kompaß zeigt ihm den Weg; seine Hand, durch die gut eingerichtete Maschine des Steuerruders gestärkt, lenkt ohne Müh die ungeheure Masse des Schiffes, und die ganze Schiffsarbeit kostet ihn nur ein Wort, weil das Schiffsvolk seine Befehle mit pünktlichem Gehorsam ausführt. Wenn das Schiff glücklich in den Hafen einläuft, gibt ein jeder dem Steuermann die Ehre der glücklichen Fahrt. – Fürsten, wählt also nur mit Klugheit eure Räte, wenn ihr Räte bedürft; wählt mit Klugheit eure Minister, so werdet ihr, durch die Größe eurer Räte und Diener, groß sein.

Jene Bewundrung, jene Liebe, jener Eifer der Völker für die Fürsten, wird nicht unterlassen, einiges Gut für den ganzen Staat und die Nation hervorzubringen; und wenn's auch nur das wäre, daß die Untertanen, dadurch beseelt, mit größerer Bereitwilligkeit die Lasten tragen und die Gefahren bestehn werden, die sie, auch wider ihren Willen, doch immer übernehmen müßten. Aus diesem Eifer wird noch eine Ersparnis in der Ausführung der Absichten des Fürsten entstehn, die immer zum Vorteil der Nation ausfällt. Die Ersparnis besteht darin, daß ein jeder in seinem Eifer die Beschwerden minder fühlt und die Gefahr weniger scheut; daß ein jeder mit mehreren Kräften und Willfährigkeit an der Ausführung arbeitet, so daß keine Mittel und Kräfte dazu verschwendet werden dürfen, die Zufälle, das Mißlingen einer trägen Ausführung wiedergutzumachen und alles das zu ersetzen, was eine mutlose und widerwillige Nachlässigkeit verdorben hat. Da alles besser betrieben, zur bestimmten Zeit verrichtet wird, ist jede Operation vollkommen und von sicherem Erfolge; alle Kräfte vereinigen sich zu den Mitteln der Vollendung; und keine darf auf Verbesserung der Versehen, der Verspätung, der Auslassungen verschwendet werden.

Der Nationalgeist wird noch wirksamer sein. Unter dem Nationalgeist verstehe ich ein gewisses Ehrgefühl, welches sich einzig und allein auf den vermeinten Vorzug gründet, zu einer gewissen Nation zu gehören. *Ihr seid Franzosen*, sagte Heinrich der Vierte zu seinen Soldaten; und das war genug, um sie gegen den Feind mutig anrücken zu lassen. Ein solcher Zuruf könnte auch, wenn

man ihn dazu brauchen wollte, einem Volke Menschenliebe, Mäßigung, Klugheit und andre Bürgertugenden einflößen.

In diesem Nationalstolze ist, man muß es gestehn, eine Art von
Täuschung; denn im Grunde betrachtet ist doch in keiner Nation
etwas wesentlich Vollkommeneres als in jeder andern, und das
sich, bloß durch die Geburt, einem jeden einzelnen mitteilen sollte.
Allein, die Menschen sind nun einmal zur Täuschung geneigt und
scheinen für das Blendwerk eine gewisse Vorliebe zu haben. Man
sollte glauben, daß der Schöpfer, weil er bei seinen Menschen die
Wirkungen der Weisheit nur von der späten Entwickelung der
Vernunft erwarten konnte, ihnen die Täuschung als einen Führer,
eine Triebkraft, einen Zügel während der Kindheit der Vernunft
geben wollte, um die Stelle der Wahrheit indes zu vertreten, bis daß
sie der Wahrheit fähig geworden wären. So sei es uns denn erlaubt,
die günstigen Blendwerke zu nützen, bis die menschliche Vernunft
ihre Reife erhält und die Wahrheit jede Täuschung verscheucht.

Sollte eine Nation nichts anders als ihren Namen haben, um sich
von jeder andern zu unterscheiden, so würde es nicht übel sein, in
Ermangelung eines bessern, diesen Namen für einen Nationalvor-
zug auszugeben: und dazu bedarf es weiter keines Kunstgriffes, als
daß man diesen Namen wie einen Ehrennamen nennt. Die gutmütige Eitelkeit des Menschen weiß aus allem Nutzen zu ziehn, was
ihn, auf irgendeine Art, von andern unterscheidet. Wenn der eine
z. B. seine Freiheit rühmt, so weiß sich der andre dadurch schadlos
zu halten, daß er mit seiner Dienerschaft prahlt. Nur ein Unterscheidungszeichen; das ist für die menschliche Schwachheit schon
genug, es mag eine Livree oder ein Band sein.

Es ist aber leicht, dieser kindischen Eitelkeit einen festeren Grund
zu geben; und man kann hoffen, daß dieser Grund von selbst entstehen wird. Sobald der Mensch auf den Gedanken, sich auszuzeichnen, gekommen ist, arbeitet er daran, seine Auszeichnungen
immer weiter auszudehnen. Eben deswegen, weil er sich eine Ehre
daraus macht, dieser oder jener Nation zuzugehören, wird er auch
die Lächerlichkeiten und Laster der Fremden nicht annehmen mögen; und bloß aus diesem Grunde wird er sich einen Nationalcharakter machen, welcher, seiner Fehler ungeachtet, doch immer
Einheit und Selbständigkeit haben wird. Dieser Charakter, der
zwischen ihm und seinen Landsleuten eine Ähnlichkeit, zwischen
ihm und den Fremden hingegen einen Unterschied festsetzt, erzeugt dadurch eine Art von Gemeingeist, von Nationalinteresse,

das, in seinen Wirkungen in dem bürgerlichen Leben, dem Patriotismus nahe kommt. Zur Gemeinwirksamkeit wird ihm dann weiter nichts fehlen, als ein politischer Charakter, eine Lenkung auf öffentliche Angelegenheiten.

Die einzelnen in der Nation sind miteinander durch ihren moralischen Nationalcharakter verbunden, verbindet sie mit dem Staate durch einen Verfassungscharakter. Dazu darf die Regierung nur z. B. wachsamer als andre sein; die bürgerlichen Geschäfte und Gewerbe mit mehrerem Fleiße sichern; die Wissenschaften begünstigen; eine tätige Polizei mehr für die Sicherheit und den Wohlstand der einzelnen sorgen, als es in andern Staaten geschieht; der Staat darf nur sich gegen andre zu behaupten wissen, oder eine etwas andre Sprache als die gewöhnliche Sprache der Höfe führen: so kann man sich versichert halten, daß das Volk, auf diesen Unterschied in der Verfassung stolz, nicht ohne Eifer für den Staat sein wird. Es ist dazu nicht einmal nötig, es besser als andre Regierungen zu machen; man muß nur etwas anders verfahren, und man wird alles gewonnen haben. Nur einiger Unterschied in dem Kanzleistil, nur einige Gründe der Gesetze und Verordnungen angeführt; nur einige Rechnungstabellen über die Verwaltung der Finanzen publiziert, sie mögen übrigens richtig oder unrichtig sein; nur einige herrische Formeln der Souveränität, einige demütigende Ausdrücke der Untertänigkeit weglassen oder gemildert; mehr braucht es nicht. Das Volk wird sich bereden, daß man seine Rechte anerkennt, daß die Regierung sich bis zu ihm herabläßt, daß sie sich mit ihm beratschlagt, daß sie ihm Rechnung ablegt; und da werdet ihr sehn, mit welchem Eifer es sich für seinen Fürsten verwenden, mit welcher stolzen Wohlgefälligkeit es den Staat nennen und sich ein Mitglied desselben zu sein rühmen wird. Nun könnt ihr ihm die drückendsten Lasten auflegen, könnt es ungescheut zu den größten Gefahren auffordern, es aufbieten, dem Tode entgegenzugehn; es wird bereit sein und wird sich zu eurem Dienste drängen.

(Als ich dies einmal Personen von einem Stande vorlas, dergleichen man wohl nicht allenthalben so etwas vorlesen dürfte, wenn man sie nicht beleidigen wollte, hatte ich zugleich ein Mißvergnügen und eine wahre Freude. Mein Mißvergnügen war, daß man mich so verstand, als wenn ich in der Tat riete, die Nation zu täuschen und ihr Blendwerk vorzumachen: man machte mir daraus mit einigem Unwillen einen Vorwurf. Dies machte mir Freude;

denn vor andern Personen dieses Ranges hätte ich einen andern Vorwurf erfahren mögen; meine ganze Rede ist eben nicht gemacht, solchen, die in einer monarchischen Despotie am Ruder sitzen, vorgelesen zu werden.

Damit der Leser mich nicht unrecht verstehe, erkläre ich hiermit, daß es meine Meinung gar nicht ist, man solle die Menschen täuschen: ich schlage das nur, um einiges Gute zu stiften, denen vor, welche den wahren Weg zum Guten nicht einschlagen wollen möchten; in der Zuversicht, daß dieser Schein nach und nach zur heilsamen Wirklichkeit führen wird.)

Wer sollte es nicht einsehen, daß in diesem allen sehr viel Täuschung liegt, und daß es nicht eigentlich das Gemeinwohl, sondern eine Art von Unterscheidungsstolz ist, welche das Volk erfüllt und beseelt? Dieser Unterscheidungsstolz, der auch seinen Enthusiasmus hat, ist voller Wahn, ohne festen Gegenstand, ohne bestimmte Richtschnur seines Verfahrens, neigt sich mehr gegen die Regierung als gegen die Nation. Er ist ungleich in seiner Tätigkeit, der Verwirrung unterworfen, tauglicher zum glänzenden Blendwerk als zum wahren Guten; aufgelegter, die weitaussehenden Projekte eines Monarchen auszuführen, als das Gemeinwohl zu befördern. Der größten Aufopferungen fähig, wird es ihm an Klugheit fehlen, um Fehltritte vorherzusehen und zu vermeiden; an Einsicht mangeln, einen wohldurchdachten Plan zu entwerfen und zu übersehen, und an Beständigkeit, den Plan, den er sich gemacht, unverwandt auszuführen. Unvermögend sich selbst zu leiten, wird er, unter der Leitung eines sichern Führers, vortreffliche und heilsame Dienste tun; unter einer unvorsichtigen Führung aber kann er sehr schädlich werden und den Untergang des Staates sowohl als dessen Flor zuwege bringen.

Was können wir tun, um ihn unschädlich zu machen? Wir müssen ihm einen soliden Gegenstand, das Gemeinwohl, zum Gesichtspunkt geben. Die Mittel dazu haben wir schon gesehen; dem Volke die Angelegenheiten und das wahre Wohl des Ganzen bekannt machen, ihm ans Herz legen, und ihm die Gelegenheit verschaffen, werktätig daran Hand anzulegen.

Das weiß ich wohl, daß die monarchischen Regierungen sich nimmermehr dazu verstehen werden, den Beratschlagungen des Volkes die Besorgung der Gemeinangelegenheiten und die Bestimmung der Gesetze zu überlassen. Dazu sind sie über ihre Allgewalt zu eifersüchtig und hegen von dem Volke eine viel zu geringe Meinung. Allein das könnten sie doch, ihrer wahren Alleinherrschaft unbeschadet, wenigstens den Schein davon anzunehmen, ihm wahre oder erdichtete Gründe angeben; das Volk, wenigstens zum Schein, als ein vernünftiges Geschöpf und als einen Freund des Staates behandeln: heimlich könnten sie dann alle ihre Fesseln vernieten und sich für diese Aufopferung des Scheines durch eine unerschütterliche Allgewalt schadlos halten. Wenigstens wäre es unumgänglich notwendig, die Untertanen von der Verfassung der bürgerlichen Gesellschaft, von den Gesetzen, die sie beobachten sollen, und wovon das Wohl des Ganzen abhängt, von der besondern Einrichtung des Staates, worin jeder lebt, von der Notwendigkeit der Auflagen, und von den Abgaben die man ihm abfordert, kurz von jeder Anstalt und Verordnung, nach welchen er selbst sein Verfahren einrichten muß, zu unterrichten. Müßte der Einwohner nicht wissen, an wen er sich in seinen verschiedenen Angelegenheiten zu wenden hat, was ihm von der Polizei, von den Gerichtshöfen zu gewärtigen steht und was er tun muß, um die Hilfe derselben zu erhalten? Auch wäre es nicht überflüssig, daß er die politischen Verhältnisse des Staates mit den übrigen europäischen Mächten wüßte, weil sein eignes Wohl und Weh so sehr davon abhängig ist: er würde dadurch um so mehr bereitwillig werden, nach allen Kräften die bürgerliche und politische Wohlfahrt des Landes zu befördern. Und wenn man ja meint, daß das Volk nicht anders als durch Täuschung geführt werden kann, so bleibt auch hierbei Raum genug zur Täuschung übrig, und man wird immer noch Blendwerk und Vorurteil genug veranstalten können; denn niemals, besonders bei den vorwaltenden Umständen, wird das Volk in alle die Geheimnisse, in alle die verwickelten Verhältnisse tief genug eindringen, um sich vor Irrtum zu verwahren, wenn man es in Irrtum verleiten will.

Auch ist es wohl ausgemacht, daß die Monarchen dem Volke nimmermehr einen tätigen Anteil an der Regierung nehmen lassen werden: deswegen wollen wir uns hüten, ihnen einen vergeblichen Vorschlag zu tun, der sie nur beleidigen und abwendig machen würde. Es bleiben uns ohnehin noch Veranlassungen genug übrig, um das Volk mit dem Gemeinwohl zu beschäftigen. Es gibt in dem Lande eine unzählige Menge kleiner Bedienungen und Unterbeamten, so viel kleine Angelegenheiten der Gemeinen, der Städte. Diese überlasse man der Fürsorge des Volkes; dazu mag es sich versammeln, in Versammlungen beratschlagen; mit wichtigem

Ernste die Wahl eines Feldhüters, eines Glockenziehers, die Art eine Spende auszuteilen, oder wie man einen Winkel in seiner Straße am zweckmäßigsten pflastern kann, debattieren. Sein Dorf, seine Straße werden ihm sein Publikum, sein Vaterland sein; freilich wird sein Auge nicht weiter sehen; aber es ist doch besser, ein Dorf zum Vaterlande, als gar kein Vaterland zu haben.

VIII

Publizität

27
Wilhelm Ludwig Wekhrlin
Preßfreiheit

Das erste Buch, Serpil, welches verbrannt wurde, war Wahrheit. Irgendein Menschenschinder oder ein Geck fand sich darin getroffen; er hielt Verbrennen für bequemer als für Widerlegen: hiezu gehörte entweder Tugend oder Verstand. Zwei Gaben, welche für die Welt lange Zeit verloren waren.

Nur das Ungefähr beschied sie uns. Wir reisen am Tage aus, und die Verhängnisse begegnen uns in der Nacht: die Preßfreiheit fiel vom Himmel herab.

In der Tat erwartete man sie noch nicht am Ende des achtzehnten Jahrhunderts. Ein Buch, welches noch zu machen ist, wäre die *Geschichte der Publizität*. Dieses Buch müßte sehr merkwürdig sein. Die Geschichte der Publizität ist die Geschichte der Schöpfung: hier hört das Menschengeschlecht auf, Heu zu fressen.

Eine gänzliche Erschütterung in unsern Einsichten, in unsern Begriffen und Urteilen ereignet sich. Bei der Publizität datiert die Epoche der wahren Völkerfreiheit. Ihr haben die Menschen die Philosophie der Gesetze, die Gleichheit der Stände, die Duldung zu danken: drei unschätzbare Güter, in deren Mitte der Brennpunkt der Gesellschaft liegt. Man muß erstaunen, daß die Welt dieses große Interesse so lang verkannte.

Die Preßfreiheit meint es den Königen so gut als dem Publikum. Den erstern, indem sie ihnen die Bemühung erleichtert, die Gerechtigkeit zu verwalten: dem zweiten, indem sie einen wohlfeilen, immer offenen und strengen Gerichtsstuhl etabliert hat.

Dieses furchtbare Tribunal – unbestechlicher als das Höllengericht und die Hermandad, aber nicht so grausam – wacht über die Rechte der Menschheit, nimmt den Armen, den Hilflosen gegen das Gesetz des Stärkern in Schutz. Es zieht die Narren vor Gericht, sie mögen gern erscheinen oder nicht; und überliefert sie der öffentlichen Verachtung. – Das Schlimmste, was einem Mann, er sei Schurk oder Honnêthomme, begegnen kann.

Umsonst würde man mehr wider die heilsamen Früchte der Publizität streiten wollen. Daß sie mißbraucht werden kann: wer wollte es leugnen? Sie ist Menschenwerk. Daß irgendein Unschuldiger dabei leiden kann, das bringt die Regierung gegen den überwiegenden Nutzen der Preßfreiheit nicht in Anschlag. Trifft etwa der Fall vor den Justizstellen seltner ein? Der innerliche Charakter jeden Pasquills ist der, daß es immer vor Gerichte verdammt wird; inmittelst der Grund Wahrheit ist. Die Zahl der *bastillierten* Schriftsteller aus allen Zeiten ist unendlich geringer als die Zahl der entdeckten Schufte.

Nein: die Stimme aller Nationen und aller Jahrhunderte spricht für die Preßfreiheit; und dies ist ihr entscheidendes Verdienst. Sie ist die größte Stütze des gesellschaftlichen Sittensystems; denn sie zieht Verbrechen ans Licht, welche sonst ungestraft blieben, weil sie außer dem Gesichtskreise der Polizei liegen, welche sich nur mit den positiven Gesetzen befaßt. Sie ist's, welche es auf sich nimmt, das schönste Amt der Sterblichen, die Gerechtigkeit über das *Verbrechen verletzter Menschheit,* zu verwalten.

Weit und sicher trifft ihr Arm. Jener, der das Brenneisen des Scharfrichters nicht fürchten würde, weil er den Fleck mit einem sammetnen Kleide bedecken kann, zittert vor dem Gänsekiel, der ihn mitten auf die Stirne stempelt.

Sein schmachtender Nebenmensch, dem Waid und Wasser aufgesagt zu sein scheint, weil sein Gegner zugleich Richter und Partei ist, wendet sich ans Publikum: es stellt seine Sache öffentlich dar – und die Justiz gibt sich.

Zu welchem Ehrgeiz, Serpil, ist also der Mann berechtigt, der sich einen würdigen Priester der Publizität nennen darf; der, ohne Galle und ohne Lohn, seine Feder dem heiligen Beruf der Menschenliebe weiht; der keine andere Leidenschaft hat, als Wahrheit, und keinen andern Trieb, als das ihm von den Göttern verliehene Talent zum Dienst seines Nächsten anzuwenden?

Dieser Mann kann sich *Minister des Publikums* nennen. Ein stolzer, glänzender Titel! Von der Größe, die in diesem Begriff liegt, durchdrungen, wird er keinen andern Titelträger beneiden.

28

Christian Garve
Clubs

Clubs. Sie unterscheiden sich von andern in öffentlichen Häusern zusammenkommenden Gesellschaften erstens dadurch, daß die Personen sich miteinander verabredet haben, sich hier zu versammeln, und daß keine neuen Mitglieder ohne ihre Wahl und Bewilligung zu ihnen treten dürfen; zweitens, daß die Zeit, wo sie sich versammeln, bestimmt ist: es sei denn, daß der Entwurf darauf angelegt sei, immer nur an einem gewissen Orte Menschen zur Gesellschaft und zum Gespräche vorzufinden; drittens, daß sie gemeiniglich einen bestimmten und eingeschränkten Zweck haben, es sei der der Politik, wie von jeher die Englischen Clubs, von welchen uns Name und Sache zugekommen sind, oder es sei zu irgendeiner wohltätigen, gemeinnützigen oder auch wissenschaftlichen Absicht.

1. Politische Clubs

Man kann schon vermuten, daß der Charakter und die Lage der Nation, welche Erfinderin von dieser Art der Gesellschaften gewesen ist, Einfluß auf ihre Konstitution gehabt habe. Politische Gegenstände sind diejenigen, durch welche solche Clubs am natürlichsten veranlaßt und am längsten unterhalten werden. Es setzt aber voraus, daß die Nation an der Verfassung ein großes Interesse nehme und wirklich Teilnehmerin an der Regierung sei oder zu sein glaube.

In einer solchen Nation wie die englische, wo es seit langer Zeit gewöhnlich geworden ist, über die Minister und die Maßregeln der Regierung frei zu urteilen, sind solche Clubs unschädlich: denn selbst wenn sie Partei nehmen und gegen die Regierung deklamieren, machen sie doch bei andern wenig Sensation und sind im Grunde auch selbst zu gewaltsameren Maßregeln als Reden und Schreiben nicht geneigt. Sie sind aber auch bei einer Nation, welche eine freie Verfassung hat, wirklich nützlich. Denn sie erhalten den Geist der Wachsamkeit auf die Regierung; sie bilden politische Redner und bringen oft wirklich nützliche Ideen und Vorschläge ans Tageslicht. Hingegen bei einer Nation, wo solche Institute etwas Neues sind, tun sie mehr und oft eine schädliche Wirkung; oder vielmehr sie zeigen schon an, daß der Geist der Nation sich verändert und ihre Aufmerksamkeit sich auf politische Gegenstände gekehrt hat.

Sie werden immer weniger nützlich, wenn sie zu zahlreich werden. Von welchem mächtigen Einflusse Clubs in Zeiten der Revolution und öffentlicher Unruhen sein können, hat die Geschichte der Französischen Revolution gelehrt.

Da diese Clubs gemeiniglich von denen errichtet werden, welche für die neue Ordnung der Dinge oder überhaupt für die Aufrechterhaltung der freien Verfassung, für die Abstellung der Mißbräuche, für große politische Unternehmungen lebhafter als andre eingenommen sind, da sich hier die Zeloten gewisser Parteien zusammengesellen; so herrscht vom Anfange an die Übertreibung oder wenigstens die äußerste Strenge derjenigen Prinzipien und derjenigen Denkungsart, welche den Reformen oder welche der Konstitution zugrunde liegt. Bei unruhigen Zeiten, und wenn die gemachten Reformen oder die alte Verfassung gegen Widersacher zu verteidigen sind, wird die leidenschaftliche Hitze der Mitglieder und Anführer dieser Clubs immer größer und größer. Sie erhitzen sich teils wechselweise, durch die Mitteilung; teils werden sie durch den erfahrnen Widerstand gereizt und erbittert; teils werden sie endlich genötigt, um auf die größere gleichgültige, kältere Masse zu wirken, diese heftig zu erschüttern und ihre Leidenschaften zu entflammen.

Je mehr der Club sich vergrößert, je weniger sich die Glieder desselben näher kennen, je weniger wahre Kommunikation unter ihnen vorhanden ist, desto eher entstehen zwei Sachen: 1) daß daraus bloße Volksversammlungen mit Demagogen an ihrer Spitze entstehn; – und daß diese ihre Absichten nur durch *die* Künste erreichen, welche eine falsche Beredsamkeit anwendet, um die Gemüter des großen Haufens zu bewegen; 2) daß sich in dieser großen Gesellschaft ein kleiner Ausschuß formiert, welcher, wenn er aus diesen Demagogen selbst besteht, die Gesellschaft beherrscht, und wenn er eine Oppositionspartei formiert, zu Faktionen, zu Trennung der Clubs und zur Errichtung neuer Anlaß gibt.

So wie die häuslichen und freundschaftlichen Verbindungen bei den politischen Menschen immer etwas weniger als bei andern gelten, so pflegen die politischen Clubs bei den Mitgliedern derselben den Geschmack an andern Verbindungen zu verringern und selbst manche soziale Bande zu lösen. Dies ist in Zeiten der Revolutionen am meisten wahr: wo die Verbindung der Parteien oft weit stärker ist als Verwandtschaft und auf Achtung gegründete persönliche Freundschaft.

Die Club-Gesellschaft ist immer etwas unfeiner und mit weniger gefälliger Aufmerksamkeit verbunden als die Hof- oder Familien-Gesellschaft. In Zeiten einer Revolution kann die Notwendigkeit, sich dem Pöbel in diesen Zusammenkünften etwas zu nähern, selbst eine Verachtung oder einen Verdacht gegen feinere Sitten und Artigkeit erwecken, und die einen zur Vernachlässigung, die andern zur geflissentlichen Vermeidung der Gesetze des Wohlstandes bewegen.

Da diese Clubs sich anmaßen, gleichsam eine Zwischengewalt zwischen der eigentlichen Legislatur oder den Repräsentanten des Volks und zwischen dem Volke zu sein, so streben sie danach, ihren Einfluß und ihre Macht zu vergrößern, und werden, wenn sie nicht mit der Monarchie mehr zu kämpfen haben, leicht die Gegner der neuen Konstitution selbst.

Überhaupt aber werden selbst in einem sehr demokratisch denkenden und konstituierten Volke die öffentlichen Autoritäten, die Volksversammlung oder das Repräsentanten-Kollegium durch ihre Würde selbst zu einer gewissen Dezenz und Moderation bewogen. In den Clubs aber, die eine Art von Autorität und doch keine anerkannte Würde haben, werden die Meinungen oder die Leidenschaften, welche schon in der Volksversammlung sich zeigen, zu einem viel höhern Grade getrieben und äußern sich mit viel weniger Einschränkung.

Überhaupt, alles, was einem politischen Club Macht und Einfluß gibt, es sei Menge und Anzahl der Mitglieder, es sei der Einfluß der dirigierenden Mitglieder des Clubs auf die gesetzgebende Versammlung selbst, das ist notwendig äußerst schädlich zu einer Zeit, wo neue Gesetze gegeben werden und wo die Gemüter noch zwischen der alten und neuen Regierung hin und her schwanken.

Entweder entsteht zwischen dem Club und der gesetzgebenden Versammlung ein Krieg, wodurch diese äußerst in ihren Operationen gehindert wird und woran bald die ganze Nation teilnimmt; oder die gesetzgebende Versammlung wird unterjocht, verliert dadurch ihr ganzes Ansehen bei der Nation, und es geht im Grunde wirklich eine neue Revolution vor.

Man darf sich nicht wundern, daß die Engländer, welche die Clubs vorzüglich zu ihren Gesellschaften wählen, Fremde mit wenig Gastfreiheit aufnehmen. In ihren eigenen Häusern sind sie nicht gewohnt, Gesellschaft zu leben, und an den Gegenständen jener Zusammenkünfte nimmt der Fremde weniger Anteil.

Wenn in den Gesellschaften einer Nation bloß von allgemeinen Gegenständen, von Theater, Büchern und Vorfällen des Tages geredet wird, dann kann die Gesellschaft allgemein sein und der Fremde befindet sich daselbst wohl und wird auch gern gesehen. Wo aber die meisten Gesellschafter in einer bestimmten Absicht zusammenkommen und durch bestimmte Meinungen, Gesinnungen und Endzwecke assoziiert worden sind, da müssen sich notwendig die geselligen Menschen, einer Hauptstadt z.B., in viele kleine Haufen teilen, die wenig miteinander Umgang haben, und zu welchen auch der Fremde Mühe hat, Zutritt zu bekommen. Der Fremde ist zu sehr Weltbürger, und man verlangt hier mehr einen *Bürger* im eigentlichen Verstande, und oft auch einer gewissen Faktion.

Ebenso ist es gewöhnlicherweise mit den Clubs beschaffen, welche andrer gemeinnützigen Gegenstände wegen, wie z.B. die Errettung der Ertrunkenen, die Beförderung der Manufakturen, die Entdeckung des Innern von Afrika ist, sich vereinigen.

Wieviel Gutes die Engländer durch solche Gesellschaften ausgerichtet haben, liegt am Tage.

Sie fangen gemeiniglich mit Subskriptionen und Geldvorschüssen an, und setzen also eine reiche Nation voraus. Sie zeigen aber auch eine Nation an, wo Gemeingeist herrscht; und schwerlich ist derselbe vorhanden, wo es solche Assoziationen gar nicht gibt.

Daß sie zu gewissen Zeiten und Schmausereien verbunden sind, hat auch sein Gutes. Denn sinnliche Genüsse, mit edlen Endzwekken in Vereinigung gebracht, unterstützen sich wechselweise.

Eine Modifikation der politischen Clubs, die sich den *Coterien* näherte, waren die *Cercles* in Genf. Sie waren eigentlich Familien-Gesellschaften. Aber diese Familien selbst waren außer ihrer Verwandtschaft durch nichts so sehr als durch ihre Gleichheit in der politischen Denkungsart verbunden, und die in der Republik herrschenden Faktionen und Streitigkeiten hatten immer Einfluß auf Trennung oder Verbindung der Familien. In diesen *Cercles* sonderten sich aber noch überdies die Alter und die Geschlechter ab. Diese Gewohnheit, die jungen Leute sich selbst in den Gesellschaften zu überlassen, setzt eine große Reinheit der Sitten voraus. Es war eine republikanische Sitte, wodurch der Zusammenhang der Familien erhalten und der Geist der Fraternität fortgepflanzt wurde. Fremde bekamen selten Zutritt zu diesen Gesellschaften. Ob sie gleich nicht die Diskussion politischer Gegenstände zum Zwecke hatten, so war doch die Qualität eines Genfer Citoyen der Titel, welcher zum Eintritt berechtigte. Es waren Gesellschaften, welche die aus der Konstitution entspringende Anhänglichkeit der Bürger gegeneinander befestigten.

2. Gelehrte Clubs.

Sie sind immer unbedeutend, wenn sie lange fortdauern. Anfangs, wenn einige gleich eifrig für die Wissenschaften eingenommene, mit gleichem Geiste und Geschmacke sie bearbeitende Gelehrte, die zugleich eine Art freundschaftlicher Gesinnung gegeneinander haben, sich zu gewissen Zeiten zu versammeln beschließen, kann eine wirkliche Kommunikation der Einsichten, besonders durch gegenseitige Kritik ihrer eignen oder fremder Werke, entstehen. Aber sobald der zusammenkommenden Gelehrten mehrere sind und diese die Wissenschaften in ganz verschiednen Gesichtspunkten ansehen (der eine als Literator, der andre als Philosoph, der dritte als Dichter oder Politiker), und wenn unter ihnen nicht ein anderweitiges Band der Freundschaft ist: so sind ihre Zusammenkünfte immer kalt, ohne Interesse und daher ohne Nutzen: berechnet auf einen gegenseitigen Tausch von Lobsprüchen, wofür sich jeder durch Tadel außerhalb der Zusammenkünfte schadlos hält.

Wenn Gelehrte zusammenkommen, um miteinander bloß wissenschaftliche Gegenstände zu besprechen, so müssen es sehr wenige sein, die, ohne Eifersucht, ohne Begierde zu glänzen, bloß das Bedürfnis fühlen, sich zu unterrichten oder sich auszusprechen. Es ist ein doppelter Grad von Freundschaft, gutem Herzen und gegenseitiger Liebe notwendig, wenn die Ansprüche auf einen höhern oder einen erleuchtetern Verstand Gelehrte nicht bei fortgesetztem Umfange entzweien oder gegeneinander gleichgültig machen sollen.

Sehr tiefe oder sehr weit verfolgte Ideen und eine Art systematischer Kenntnisse sind am wenigsten gemacht, im Gespräche mitgeteilt zu werden. Es ist eine Arbeit, sich ihrer aller in dem Augenblicke, wo man sich erholen will, zu erinnern und sie mit Deutlichkeit vorzutragen.

Bei jemandem, der ebensogut unterrichtet ist wie wir, kann man doch mit Wiederholung der gemeinen Kenntnisse, so geschickt man sie herbeiführen mag, kein Vergnügen erwecken, noch ein Interesse erlangen. Also ist unter Gelehrten die Grundlage des Gesprächs größtenteils nicht auf die Wissenschaft überhaupt, und auf Untersuchung der Gegenstände, sondern auf die literarischen Neuigkeiten und deren Beurteilung eingeschränkt. Ein neues Produkt, das Aufsehn macht, zu zergliedern, zu tadeln, zu loben, mit einigen Anekdoten über die Personen der Autoren, das gibt der Konversation unter Gelehrten allein Leben. Deswegen ist auch ihre Kommunikation an Orten, wo die Neuigkeiten der Art (in den Gattungen der Künste, des Theaters und der Bücher) schneller aufeinanderfolgen, am meisten ununterbrochen. Daraus entsteht aber ein anderes Übel, daß sich jeder Gelehrte, anstatt sein Fach allein gründlich zu studieren oder sich ganz mit dem Objekte zu erfüllen, über das er jetzt schreibt, sich zugleich, der Gesellschaft wegen, mit den Neuigkeiten der gemeinern und populären Literatur beschäftigt und daher viel Zeit auf Lektüren wendet, die ihm sonst zu nichts dienen, als daß er in Gesellschaft anderer Gelehrten mitsprechen kann, wenn die Unterredung darauf fällt.

Sobald die Zusammenkünfte der Gelehrten aus mehrern Personen bestehn, mit der Absicht, nur wissenschaftliche Gegenstände zu bearbeiten, so bleibt nichts anderes zu tun übrig, als daß einer ein Produkt seiner Feder vorliest und die andern es beurteilen. Was aber daraus wird, lehren alle Akademien. Wenn der erste Eifer vorüber ist, so sind ihre Sitzungen ein lästiges Zeremoniell, woraus selten etwas entsteht, es sei denn, daß es die Mitglieder, die sonst ganz müßig sein würden, nötigt, etwas zu arbeiten.

Aus Vorlesern und Zuhörern wird nie eine eigentliche Gesellschaft. Ist das Vorgelesene lang, so macht es unfehlbar lange Weile: denn selten ist auch der, welcher gut zu schreiben weiß, ein guter Vorleser. – Wenige haben die Gabe, ununterbrochen aufmerksam zuzuhören. – Und unter einer Anzahl von Zuhörern sind immer einige, die weniger Interesse an dem Inhalte nehmen, oder ihn weniger verstehen.

Nach der Lektüre sollte nun das Interessanteste der Sitzung folgen, das ist die Einsammlung der Stimmen und Urteile der Gesellschaft, wodurch der Verfasser aufgeklärt würde. Aber hier wird wieder vielen eine zu schwere Arbeit aufgelegt. Denn keiner will sich doch durch ein seichtes Urteil bloßgeben; und ein etwas reifes und motiviertes, nach einer flüchtigen Anhörung, auf der Stelle zu geben, erfordert seltne Talente, mit Gegenwart des Geistes verbunden, und Anstrengung mit Mut. – Die Unfähigen oder Bescheidnen oder Trägen ziehen sich aus der Sache, indem sie loben; denn Lob ist vergönnt, ohne die Ursache umständlich anzuführen. Nur einer oder der andre nimmt sich heraus, zu zergliedern und die Kritik anzuwenden. Dieser eine macht die übrigen eifersüchtig, die geschwiegen oder gelobt haben. Er macht oft den Autor unwillig, wenn er ihm in vieler Gegenwart Irrtümer und Fehler zeigt. – Was anders als die innigste Vertraulichkeit aller kann es erträglich machen, daß die Schwächen eines Werks in Gegenwart seines Autors und einer auserlesenen Gesellschaft aufgedeckt werden? Wo diese nicht vorhanden ist (und wie kann sie unter einer beträchtlichen Anzahl Gelehrter vorhanden sein?), da erregt diese freundschaftliche Kritik, so wohl sie auf der Stelle aufgenommen zu werden scheint, doch einen verborgnen Unwillen, der sich in einer desto größern Strenge des Schriftstellers gegen die Werke seines Kritikers, wenn die Reihe an diesem ist, sich hören zu lassen, oder in einer seltnern Besuchung der Zusammenkünfte zeigt. – Pflicht und Pensionen und Jettons können solche Sozietäten zusammenhalten. Von selbst würden sie immer auseinandergehen.

Unter allen Arten, in der Gesellschaft Untersuchungen anzustellen oder die Wissenschaften und die Philosophie zum eigentlichen Zwecke freundschaftlicher Zusammenkünfte zu machen, ist die der debattierenden Gesellschaft die am besten ausgedachte. Eine nur kurze Vorlesung erklärt das Subjekt, wovon gehandelt werden soll: und nun tritt ein jeder auf und sagt darüber aus dem Stegreif seine Meinung. Man sieht wohl, daß diese Sozietät nicht bestehen kann, als unter Personen, die einander ungefähr an Einsichten und besonders an der Gabe des mündlichen Vortrags gleich sind. Denn sobald ein Mitglied hierin vor den andern einen allzu merklichen Vorzug hat, so verschließt es, sobald es redet, den übrigen den Mund und wird ärgerlich, sobald diese reden. Es ist auch insbesondere eine Fertigkeit nötig, auf der Stelle seine Gedanken anzuordnen und auszudrücken, eine Fertigkeit, die viele brave Gelehrte aus Mangel der Übung nie erlangen. – Es ist aber überdies noch viel Gutmütigkeit und eine gewisse Nachsicht in der Beurteilung bei der Gesellschaft nötig, wenn sie bestehen und angenehm und nützlich bleiben soll. Denn da sich doch ganz unstreitig Ungleichheiten unter den Talenten und der Beredsamkeit der Mitglieder hervortun und besonders manche sich unfähig finden, ihre bessern und gründlichern Gedanken so geläufig vorzutragen wie andre ihre mittelmäßigen: so muß aus der Beobachtung dieses Mißverhältnisses gar bald Mißvergnügen und eine Unbehaglichkeit entstehen, wenn nicht die, welche auf einige Art sich auszeichnen, die freiwillige Herablassung haben, die andern desto aufmerksamer anzuhören und das Gute emporzuheben, damit die, welche auf den niedrigern Stufen stehen, sich nicht erniedrigt fühlen, und weder neidisch noch furchtsam und zurückhaltend werden. Nur wenn alle glauben, hier eine Schule, nicht ein Theater zu finden, wenn jeder lernen und sich üben, – keiner sich zeigen und glänzen will, und wenn doch alle fähig sind, etwas zu leisten, was den übrigen nicht gleichgültig ist: nur dann kann eine solche Gesellschaft bestehen, und dann hat sie ihren Wert.

Sonst, da überhaupt die mündliche Unterredung mehr gemacht ist, Begebenheiten, Geschäfte, und vorübergehende Dinge, aber solche, die von einem nahen und gegenwärtigen Interesse sind, weniger dagegen allgemeine, und solche, die eine anhaltende Meditation verlangen, zu behandeln; da selbst die Teilnehmung vieler und die Absicht einer Erholung und eines Vergnügens es mit sich bringt, daß kein einzelner lange und auf eine sich und andre anstrengende Weise einen Gegenstand verfolgt, so ist es immer besser, daß Witz, Gelehrsamkeit und schöne Künste gleichsam den Gesellschaftern zur Seite stehen, immer bereit, sich ihnen darzubieten, wenn der Zufall Gegenstände des Gesprächs herbeiführt, wobei sie brauchbar sind, als daß sie sich als die Stifter und Regierer der Gesellschaft ankündigen.

Die Schwierigkeit, die nicht selten unter Gelehrten einerlei Art eintritt, sich lange miteinander zu unterhalten, ohne wechselweise ihre Eigenliebe und ihre Eifersucht ins Spiel zu bringen –, verbunden mit dem Bedürfnisse, welches gleichwohl mancher empfindet, sich mitzuteilen und auch durch die Unterredungen seine Kenntnisse zu verbreiten, hat verursacht, daß die Gelehrten, besonders die des Umgangs fähigen und zum mündlichen Vortrage geschickten, sich so gerne den Großen genähert und in dem Umgange derselben ihre Erholung gesucht haben. In der Klasse der wohlerzogenen Weltleute findet der Gelehrte solche, die, fähig ihn zu verstehn und nicht so streng in Beurteilung dessen, was er sagt, mit einer mittelmäßigen Erörterung der Sache zufrieden sind, Lücken und Unvollkommenheiten nicht wahrnehmen, und durch die erkannte Überlegenheit nicht beleidigt werden, weil sie durch andre Vorzüge des Standes und der politischen Wichtigkeit hinlänglich zu ersetzen glauben, was ihnen an Gelehrsamkeit abgeht. Solange der Stand der Handelsleute noch so weit zurück war, daß er an Unterhaltungen über Wissenschaften wenig Gefallen fand und wenig davon verstand, so blieb Gelehrten nichts weiter übrig, als mit Gelehrten oder mit dem Adel umzugehen. Jenes wurde ihm oft Arbeit und endigte sich nicht selten mit Zänkereien; dieses war ihm eine ehrenvolle Erholung. Er genoß seines Ruhms, er fand Zuhörer, die teilnahmen; er fand eine Gelegenheit, seine Sitten zu bilden und eine gewisse Art der Beredsamkeit zu lernen, welche die Bücher nicht geben können.

Horaz, Pope, alle vorzüglichen Köpfe bis auf unser Jahrhundert, haben sich es zur Ehre und zum Beweise des Verdienstes angerechnet, mit den ersten Männern ihres Vaterlands gelebt zu haben. Nach Maßgabe, wie sich die Handlung erweitert und der Kaufmannsstand sich in Sitten und Kenntnissen gehoben hat, hat der Gelehrte noch eine andre Klasse von Zuhörern und Gesellschaftern gefunden. Und zwischen diesen beiden wird er gewissermaßen den Kitt und das Band machen. Der Gelehrte gehört dem Bürgerstande, seiner Familie und seinen ältesten Verbindungen nach, zu; und er wird von den Großen oft wegen ihres Amts und ihrer Geschäfte und oft wegen ihres Vergnügens oder wegen der Ehre, welche die Wissenschaften geben, mehr als die erwerbenden Bürgerstände, gesucht.

Aus der Nachahmung dieser Clubs sind in Deutschland die *Ressourcen,* die *Harmonien* usw. entstanden, jene, Assoziationen einer bestimmten Anzahl von Männern oder Familien; diese, die Verbindung aller gesitteten Männer aus einer ganzen Stadt.

Ob die ersten lange dauern und ob sie angenehm sein sollen, hängt lediglich von den Umständen, Verhältnissen, gesellschaftlichen Talenten und andern Eigenschaften der Personen ab, aus welchen sie bestehen. Das Spiel muß immer eine der großen Hilfsmaschinen zu ihrer Erhaltung sein. Bequemlichkeit und Schönheit der Zimmer, gute Erleuchtung und ein schöner Garten für den Sommer tragen auch viel dazu bei, ihnen Annehmlichkeit und Fortdauer zu geben.

Die Harmonien kommen den Kaffeehausgesellschaften näher, sind aber doch diesen vorzuziehen, weil sich mehr Hausväter, Männer von höheren Jahren und gesetztem Charakter dabei einfinden, welche die junge Welt einschränken und die Leichtsinnigen und Ausschweifenden verjagen. Es ist ein etwas kaltes Vergnügen, es wird aber endlich durch die Gewohnheit der Besuch einer solchen Gesellschaft manchem Geschäftsmanne oder Gelehrten unentbehrlich. Ist ein wohltätiger Zweck damit verbunden, welcher die Mitglieder fortgesetzt beschäftigt, so wird das Anziehende der Gesellschaft dadurch vermehrt. Leipzig hat durch seine Harmonie viel gewonnen.

29
Heinrich Christoph Albrecht
Gedanken über die Preßfreiheit in Deutschland

Wir standen auf einer ganz anderen Stufe der Kultur, da die französische Revolution ausbrach, als worauf sich die Engländer befanden, da ihr armer König Karl anfing zu regieren, und, wiewohl ohne alle böse Absicht, in die Fußstapfen seiner Vorfahren zu treten.

In Deutschland blühten die Wissenschaften; aber manche Zweige derselben hatten auch nur einzelne Knospen gewonnen. Das Volk war im ganzen ruhig und fleißig. Es herrschte keine Schwärmerei, und keine ward durch den Druck der Gewalt erstickt. Der Fanatismus und die herrschsüchtige Heuchelei hatten sich in Rosenkreuzer-Konventikeln verkrochen; und auch diesen ward nur hie und da eine schwache Seele zur Beute. Im allgemeinen war das Volk nichts weniger als zu heftigen Leidenschaften gestimmt. Aber es hatte auch nur erst angefangen zu lernen, was es noch alles lernen muß, um bei einem Grad der Bevölkerung, welcher eine ausgebreitete Kultur notwendig macht, in seinen immer verwickelteren Verhältnissen ruhig und glücklich leben zu können.

Die Naturkunde, welche allein dem Menschen die Überlegenheit verschafft, wodurch es ihm gelingen kann, Herr der Erde zu werden, indem er erkennt, von welcher Art sein Vermögen, die Erde zu benutzen, ist, und wo die Grenzen desselben sind, fängt nur kaum an, sich von den Schulen der Gelehrten und von den Studier-Zimmern aus über das tägliche Leben und in das bürgerliche Gewerbe zu verbreiten. Die Technologie ist noch eine anfangende gelehrte Disziplin. Unsere Handwerker sind noch gebunden von dem Zauber des bösen Zunftgeistes. Unsere Künstler werden nur noch selten von der Seele der Kunst, der eigenen Erfindung, belebt. Die praktischen Handgriffe der Staatswirtschaft hat uns die Nachahmung und die Not zum Teil gelehrt. Aber über die Grundsätze, von denen die Vorschläge des Finanziers alle Anwendbarkeit eigentlich herleiten müssen, fangen wir nur kaum an, recht nachzusinnen; und es sind nur noch spekulative Gelehrte, welche ihre Köpfe zu dieser mühsamen Anstrengung hergeben.

Am meisten haben die Gelehrten, deren Talente, Kenntnisse und Fleiß die alte Geschichte, die Philologie und die bessere Kunde der Erde mit philosophischem Geiste auf das anzuwenden wußten, was uns am meisten drückte, für die Theologie getan; und aus einem beträchtlichen Teil Deutschlands, aus den Gegenden, wo die meiste Industrie, der gesundeste Verstand und die mannigfaltigsten Kenntnisse verbreitet sind, ist die Hierarchie verbannt. Über die Erziehung fängt das Publikum an zu denken. In mehreren der größeren Städte ist es sogar schon dahin gediehen, daß man die menschlicher gewordene Gelehrsamkeit nicht mehr für das vorteilhafte Eigentum oder für die drückende Last eines besonderen Standes ansieht, sondern in geselliger, gemeinnütziger Willfährigkeit und Beförderung alle untereinander lernen, und nach und nach immer einer mehr es wagt, seinen Verstand zu gebrauchen. Der Buchhandel ist lebhaft, und die Lektüre wird immer allgemeiner.

Aber bei alledem ist die größte Klasse der Nation, das Volk, noch weit entfernt, von dem Geiste des gesunden Verstandes regiert zu werden.

Was diesen Punkt betrifft, so ist selbst für die nächste Generation vernünftigerweise nur noch wenig zu hoffen. Und es wird gewiß noch lange dauern, daß die deutsche Nation ihre wichtigsten und blühendsten Vorteile aus der Hand der Gelehrsamkeit erhält und erhalten muß.

Dies ist die langsame Art, sich zu bereichern, aber eine sehr sichere. Nur daß man ihren Wert und ihre Beschaffenheit nicht verkenne!

Belegt man das Commercium der Literatur mit Zwang und Einschränkung, veranlaßt man hier auch nur den geringsten Schein eines parteiischen Monopols: so hat das Schicksal das Urteil ausgesprochen, unter welchem unser Vaterland erliegen wird. Und wenn uns auch eine begünstigende Vorsehung den traurigen Tag ersparen sollte, auf welchen die tumultuarische Vollziehung desselben fallen wird, so werden ihn unsere Nachkommen erleben. Und wir sind es unsern Kindern schuldig, ihnen wenigstens nicht ein so verderbliches Vermächtnis zu hinterlassen.

Man kann ein Volk bald zum Schweigen bringen. Aber welcher Mensch wird zu unseren Zeiten, unter unserer Nation, wo wir des Vorteils genießen, die Erfahrungen so mancher Generation benutzen zu können, welche die Gewalt schweigen hieß, und der es dennoch nicht an Mitteln fehlte, die Belehrung, welche man ihr raubte, wenigstens der Nachwelt zuzuwenden, wer wird es unter uns, zu dieser Zeit, wagen, ein so fürchterliches Schweigen zu veranstalten, wenn er nicht etwa eigennützig genug denkt, sich bei dem traurigen Trost zu beruhigen, daß er das Unglück nicht erleben werde, unter welchem seine Nachkommen erliegen müssen?

Jeder Zwang zum Schweigen hat die Wirkung eines Stachels, um das Volk anzutreiben, zu reden, ehe es gedacht hat. Und dann ist die Rede nicht mehr Rede, sondern sie artet in ein Geschrei aller der wilden Leidenschaften aus, die sich nur vereinigen dürften, um eine Nation aufzureiben.

Das Schicksal hat es nun einmal so gewollt, oder vielmehr – der endliche Erfolg von lang aufeinander wirkenden, und zuletzt in ihrer nicht zu verhindernden, natürlichen Wirkung auf eine schnöde Art übereilten Ursachen hat es dahin gebracht, daß wir Deutschen genötigt sind, die unvorbereiteten Fähigkeiten unseres Geistes auf die Untersuchung der ersten Grundsätze aller Regierung und auf die lediglich aus diesen Grundsätzen herzuleitende Beurteilung der verschiedenen in der Erfahrung gegebenen Formen von Regierung anzuwenden, ehe nur ein in noch so geringem Verhältnis beträchtlicher Teil der Nation Kräfte genug gewonnen hat, sich dieses wichtigen Geschäftes zur wahrscheinlichen Ehre seiner Weisheit zu entledigen. Denn es kommt bei dieser Angelegenheit nicht, wie bei einem neuen System der Metaphysik oder der Theologie, auf die Gelehrten, sondern auf das Volk an.

Aber das ist geschehen. Uns bleibt nichts mehr übrig, als zu betrachten, was etwa jetzt noch zu unserem Frieden dienen könne, da uns der Friede schon so sehr verkümmert ist.

Auch haben alle solche Begebenheiten, wie diejenige, die jetzt

Europa erschüttert, die Nationen noch immer unvorbereitet gefunden, und werden sie immer unvorbereitet finden. Denn wenn der gesunde Menschenverstand einst so viel Eingang gewinnen sollte, daß die Völker sich auf Revolutionen vorbereiteten, so würden dadurch die Revolutionen verhindert werden.

Es ist wohl mehr der allgemeinen Schwäche der menschlichen Natur als dem übergroßen Verbrechen dieses oder jenes Individuums zuzuschreiben, daß alle Regierungen, auch die besten, so leicht und so bald eine überwiegende Neigung annehmen, ihre Form zu erhalten, ohne zu bedenken, daß diese Form ihrer Natur nach vergänglich ist und immer nur auf Kosten des Zwecks der Regierung in einer unverhältnismäßigen Dauer erhalten werden kann, welche ihr mehr die Lasten einer angemaßten Unveränderlichkeit aufbürdet als die Vorteile einer scheinbaren Ewigkeit gewährt. Dadurch werden die Nationen des vorteilhaften Einflusses beraubt, den die erhöhte Kultur und das verbreitete Nachdenken sonst unfehlbar auf die Staatsverfassungen haben müßten. Daraus entsteht auch das umgekehrte Verhältnis, in welchem sich gewöhnlich die Einsichten der Regierenden zu der Masse von Gelehrsamkeit, Kenntnissen und Untersuchungen, welche unter dem Volk verteilt ist, befinden.

Wäre dies alles nicht auch bei uns der Fall, so würden wir freilich insgesamt aufgeklärtere, und eben darum kompetentere Beurteiler der französischen, oder irgendeiner anderen, Revolution sein können. Aber eben weil wir noch so viel zu lernen haben, müssen wir die Bücher um so weniger wegwerfen.

Denn es ist möglich, daß uns in dem Zustande, worin wir von dieser Revolution angetroffen werden, deren Einfluß auf ganz Europa keine Macht zu hemmen vermag, die entscheidende Epoche für die ganze künftige Geschichte unserer Literatur, Aufklärung und Kultur gegeben wäre.

Wie, wenn nun in dieser entscheidenden Epoche die Literatur in Fesseln geschlagen würde? Wie, wenn nun der Gelehrte, besonders der junge Gelehrte, der überall, ohne daß ihm seine Lage noch erschwert würde, einer mehr als gemeinen Stärke der Seele bedarf, um bei tausend und tausend Rücksichten sich die Freiheit zu erhalten, ohne welche er den Musen nur Mietlingsdienste leistet, wie, wenn nun der Gelehrte von der Last eines öffentlichen Joches daniederdrückt, endlich lernen müßte, jene edleren Gesinnungen in einer schüchternen Verschlossenheit zu unterdrücken?

O! Armes Vaterland! Dann stünde dir kein andres Schicksal bevor als die finstre Nacht, welche Spanien, Portugal und ein jedes Land bedecket, auf das der Deutsche jetzt noch mit Empfindungen des Mitleids herabsieht.

Freilich würde der eiserne Fleiß, die höchste Kraft unserer arbeitsamen Nation, uns doch endlich wieder heraushelfen; denn diese Kraft, die wir nur ja nicht verkennen mögen, macht uns wahrhaft unüberwindlich. Aber wie langsam muß sie wirken, wenn ihre natürliche Schwerfälligkeit durch äußere Hindernisse noch vermehrt wird:

Und ein Schaden wäre unersetzlich. Für die deutsche Aufklärung würden nämlich nur die Werke der Fremden übrigbleiben. Und aus unserer Geschichte würde die Wahrheit verbannt werden, da wir ihr unschuldiges Gesicht nur kaum lieb gewonnen haben.

Jetzt hält noch die Furcht vor der Publizität in so manchem traurigen Winkel Deutschlands, wo mächtige Bosheit sich sonst vor nichts zu scheuen braucht, den aufgehobenen Arm der Gewalt und die ausgestreckte Klaue der Raubsucht zurück. Wo es Unwürdigen gelang, sich hinter den Außenwerken mißbrauchter Gesetze zu verkriechen oder unter das weite Gewand des öffentlichen Ansehens zu schlüpfen, hat der edle Mut deutscher Männer, welche unaufgefordert durch Amts- oder Zwangspflichten die Sache der Gerechtigkeit als ihre eigene betreiben, weil sie Sache der Menschheit ist, die Verbrecher aufgeschreckt und zittern gemacht.

Was hat unsere rohen Waldgesetze so weit gemildert, als sie doch an den meisten Orten Deutschlands schon gemildert sind? Was hat uns menschliche Jagdrechte so weit veredelt, daß die Humanität sich ihrer nicht ganz zu schämen braucht, und ein menschliches Auge ihren Anblick doch wenigstens ertragen kann? Was hat unseren jammervollen, mit ehernem Fuß in das Elend der Knechtschaft hineingestoßenen Brüdern, die das Land bauen müssen, ohne sich an seinen Früchten zu sättigen, wenn auch nicht den Eintritt, doch die Aussicht in den allgemeinen Tempel der Menschlichkeit eröffnet? Was hat unsere, durch hundert Absonderungen getrennte, und von so wenigen, schwachen Fäden zusammengehaltene Nation gelehrt, daß es auch für uns ein Nationalinteresse gibt, welches nur vom Fürsten bis zum Bauern erkannt werden darf, um das allgemeine Wohl des deutschen Volks zu bewirken?

Das hat keine Regierung, kein Gerichtshof, kein geistlicher oder weltlicher privilegierter Stand getan. Das ist lediglich durch die anfangende Freiheit der Mitteilung der Gedanken eines jeden, der über irgendeinen Gegenstand nachzudenken veranlaßt wird, geschehen.

Aber von alledem ist nur erst der Anfang gemacht. Die jetzige Generation der Deutschen muß noch viel arbeiten, damit die folgende nur wenig genießen könne.

Selbst unsere allgemeine Reichsverfassung, so wie sie jetzt besteht, ist noch fast eine Aufgabe für die Gelehrten und bedarf des langsamen Einflusses der Gelehrsamkeit von mehr als einer Generation, bis sie für alle, die an ihrem Schlimmen sowohl, wie an ihrem Guten, teilnehmen müssen, wohltätig werden kann.

Der Weg dazu führt aus den Büchern in die Hörsäle, und aus diesen erst in die Regierungen, Gerichtshöfe, Kammern usw. – Wollte Deutschland die Preßfreiheit aufopfern, so würden unsere berühmten Akademien sklavische und unnütze Winkelschulen werden, gedankenlose Gewohnheit und mechanische Fertigkeit würden sehr bald wieder ihren unbeweglichen eisernen Arm über die Richterstühle, die Kanzeln und alles, wo menschliche Fähigkeiten handeln sollten, ausstrecken.

IX
Eigentum

30
Immanuel Kant
Eigentumsrecht

Das Privatrecht
der allgemeinen Rechtslehre
Erster Teil
Das Privatrecht
Vom äußeren Mein und Dein überhaupt
Erstes Hauptstück
Von der Art, etwas Äußeres
als das Seine zu haben

§ 1

Das *Rechtlich-Meine* (meum iuris) ist dasjenige, womit ich so verbunden bin, daß der Gebrauch, den ein anderer ohne meine Einwilligung von ihm machen möchte, mich lädieren würde. Die subjektive Bedingung der Möglichkeit des Gebrauchs überhaupt ist der *Besitz*.

Etwas *Äußeres* aber würde nur dann das Meine sein, wenn ich annehmen darf, es sei möglich, daß ich durch den Gebrauch, den ein anderer von einer Sache macht, in *deren Besitz ich doch nicht bin*, gleichwohl doch lädiert werden könne. – Also widerspricht es sich selbst, etwas Äußeres als das Seine zu haben, wenn der Begriff des Besitzes nicht einer verschiedenen Bedeutung, nämlich des *sinnlichen* und des *intelligiblen* Besitzes, fähig wäre, und unter dem einen der *physische*, unter dem andern aber ein *bloßrechtlicher* Besitz ebendesselben Gegenstandes verstanden werden könnte.

Der Ausdruck: ein Gegenstand ist *außer mir*, kann aber entweder so viel bedeuten, als: er ist ein nur von mir (dem Subjekt) *unterschiedener*, oder auch ein in einer *anderen Stelle* (positus), im Raum oder in der Zeit, befindlicher Gegenstand. Nur in der ersteren Bedeutung genommen kann der Besitz als Vernunftbesitz gedacht werden; in der zweiten aber würde er ein empirischer heißen müssen. – Ein *intelligibler* Besitz (wenn ein solcher möglich ist) ist ein Besitz *ohne Inhabung* (detentio).

§ 2. *Rechtliches Postulat der praktischen Vernunft*

Es ist möglich, einen jeden äußern Gegenstand meiner Willkür als das Meine zu haben; d.i.: eine Maxime, nach welcher, wenn sie Gesetz würde, ein Gegenstand der Willkür *an sich* (objektiv) *herrenlos* (res nullius) werden müßte, ist rechtswidrig.

Denn ein Gegenstand meiner Willkür ist etwas, was zu gebrauchen ich *physisch* in meiner Macht habe. Sollte es nun doch *rechtlich* schlechterdings nicht in meiner Macht stehen, d.i. mit der Freiheit von jedermann nach einem allgemeinen Gesetz nicht zusammen bestehen können (unrecht sein), Gebrauch von demselben zu machen: so würde die Freiheit sich selbst des Gebrauchs ihrer Willkür in Ansehung eines Gegenstandes derselben berauben, dadurch, daß sie *brauchbare* Gegenstände außer aller Möglichkeit des *Gebrauchs* setzte: d.i. diese in praktischer Rücksicht vernichtete, und zur res nullius machte; obgleich die Willkür, formaliter, im Gebrauch der Sachen mit jedermanns äußeren Freiheit nach allgemeinen Gesetzen zusammenstimmte. – Da nun die reine praktische Vernunft keine andere als formale Gesetze des Gebrauchs der Willkür zugrunde legt, und also von der Materie der Willkür, d.i. der übrigen Beschaffenheit des Objekts, *wenn es nur ein Gegenstand der Willkür ist*, abstrahiert, so kann sie in Ansehung eines solchen Gegenstandes kein absolutes Verbot seines Gebrauchs enthalten, weil dieses ein Widerspruch der äußeren Freiheit mit sich selbst sein würde. – Ein Gegenstand meiner *Willkür* aber ist das, wovon beliebigen Gebrauch zu machen ich das physische Vermögen habe, dessen Gebrauch in meiner Macht (potentia) steht: wovon noch unterschieden werden muß, denselben Gegenstand in meiner Gewalt (in potestatem meam redactum) zu haben, welches nicht bloß ein *Vermögen*, sondern auch einen Akt der Willkür voraussetzt. Um aber etwas bloß als Gegenstand meiner Willkür zu *denken*, ist hinreichend, mir bewußt zu sein, daß ich ihn in meiner Macht habe. – Also ist es eine Voraussetzung a priori der praktischen Vernunft, einen jeden Gegenstand meiner Willkür als objektiv-mögliches Mein oder Dein anzusehen und zu behandeln.

Man kann dieses Postulat ein Erlaubnisgesetz (lex permissiva) der praktischen Vernunft nennen, was uns die Befugnis gibt, die wir aus bloßen Begriffen vom Rechte überhaupt nicht herausbringen könnten; nämlich allen andern eine Verbindlichkeit aufzulegen, die sie sonst nicht hätten, sich des Gebrauchs gewisser Gegenstände unserer Willkür zu enthalten, weil wir zuerst sie in unsern Besitz genommen haben. Die Vernunft will, daß dieses als Grundsatz gelte, und das zwar als *praktische* Vernunft, die sich durch dieses ihr Postulat a priori erweitert.

§ 3

Im Besitze eines Gegenstandes muß derjenige sein, der eine Sache als das Seine zu haben behaupten will; denn wäre er nicht in demselben, so könnte er nicht durch den Gebrauch, den der andere ohne seine Einwilligung davon macht, lädiert werden; weil, wenn diesen Gegenstand etwas außer ihm, was mit ihm gar nicht rechtlich verbunden ist, affiziert, ihn (Akad.-Ausg.: »es ihn«) selbst (das Subjekt) nicht affizieren und ihm unrecht tun könnte.

§ 4. Exposition des Begriffs vom äußeren Mein und Dein
Der äußeren Gegenstände meiner Willkür können nur drei sein: 1) eine (körperliche) *Sache* außer mir; 2) die *Willkür* eines anderen zu einer bestimmten Tat (praestatio); 3) der *Zustand* eines anderen im Verhältnis auf mich; nach den Kategorien der *Substanz, Kausalität* und *Gemeinschaft* zwischen mir und äußeren Gegenständen nach Freiheitsgesetzen.

a) Ich kann einen Gegenstand im *Raume* (eine körperliche Sache) nicht mein nennen, außer wenn, *obgleich ich nicht im physischen Besitz desselben bin*, ich dennoch in einem anderen wirklichen (also nicht physischen) Besitz desselben zu sein behaupten darf. – So werde ich einen Apfel nicht darum mein nennen, weil ich ihn in meiner Hand habe (physisch besitze), sondern nur, wenn ich sagen kann: ich besitze ihn, ob ich ihn gleich aus meiner Hand, wohin es auch sei, gelegt habe; imgleichen werde ich von dem Boden, auf den ich mich gelagert habe, nicht sagen können, er sei darum mein; sondern nur, wenn ich behaupten darf, er sei immer noch in meinem Besitz, ob ich gleich diesen Platz verlassen habe. Denn der, welcher mir im erstern Falle (des empirischen Besitzes) den Apfel aus der Hand winden oder mich von meiner Lagerstätte wegschleppen wollte, würde mich zwar freilich in Ansehung des *inne-*

ren Meinen (der Freiheit), aber nicht des äußeren Meinen lädieren, wenn ich nicht, auch ohne Inhabung, mich im Besitz des Gegenstandes zu sein behaupten könnte; ich könnte also diese Gegenstände (den Apfel und das Lager) auch nicht mein nennen.

b) Ich kann die *Leistung* von etwas durch die Willkür des andern nicht mein nennen, wenn ich bloß sagen kann, sie sei mit meinem (Akad.-Ausg.: »seinem«.) Versprechen *zugleich* (pactum re initum) in meinen Besitz gekommen, sondern nur, wenn ich behaupten darf, ich bin im Besitz der Willkür des andern (diesen zur Leistung zu bestimmen), obgleich die Zeit der Leistung noch erst kommen soll; das Versprechen des letzteren gehört demnach zur Habe und Gut (obligatio activa) und ich kann sie zu dem Meinen rechnen, aber nicht bloß, wenn ich das *Versprochene* (wie im ersten Falle) schon in meinem Besitz habe, sondern auch, ob ich dieses gleich noch nicht besitze. Also muß ich mich, als von dem auf Zeitbedingung eingeschränkten, mithin vom empirischen Besitze unabhängig, doch im Besitz dieses Gegenstandes zu sein denken können.

c) Ich kann ein *Weib*, ein *Kind*, ein *Gesinde* und überhaupt eine andere Person nicht darum das Meine nennen, weil ich sie jetzt, als zu meinem Hauswesen gehörig, befehlige oder im Zwinger und in meiner Gewalt und Besitz habe, sondern wenn ich, ob sie sich gleich dem Zwange entzogen haben und ich sie also nicht (empirisch) besitze, dennoch sagen kann, ich besitze sie durch meinen bloßen Willen, solange sie irgendwo oder irgendwann existieren, mithin *bloß-rechtlich;* sie gehören also zu meiner Habe nur dann, wenn und sofern ich das letztere behaupten kann.

§ 5. *Definition des Begriffs des äußeren Mein und Dein*
Die *Namenerklärung*, d. i. diejenige, welche bloß zur *Unterscheidung* des Objekts von allen andern zureicht und aus einer vollständigen und bestimmten *Exposition* des Begriffs hervorgeht, würde sein: Das äußere Meine ist dasjenige außer mir, an dessen mir beliebigem Gebrauch mich zu hindern Läsion (Unrecht) (B.: »Abbruch an meiner Freiheit, die mit der Freiheit von jedermann nach einem allgemeinen Gesetze zusammen bestehen kann.«) sein würde. – Die *Sacherklärung* dieses Begriffs aber, d. i. die, welche auch zur *Deduktion* desselben (der Erkenntnis der Möglichkeit des Gegenstandes) zureicht, lautet nun so: Das äußere Meine ist dasjenige, in dessen Gebrauch mich zu stören Läsion sein würde,

ob ich gleich nicht im Besitz desselben (nicht Inhaber des Gegenstandes) *bin*. – In irgendeinem Besitz des äußeren Gegenstandes muß ich sein, wenn der Gegenstand *mein* heißen soll; denn sonst würde der, welcher diesen Gegenstand wider meinen Willen affizierte, mich nicht zugleich affizieren, mithin auch nicht lädieren. Also muß, zufolge des § 4, ein *intelligibler* Besitz (possessio noumenon) als möglich vorausgesetzt werden, wenn es ein äußeres Mein oder Dein geben soll; der empirische Besitz (Inhabung) ist alsdann nur Besitz in der *Erscheinung* (possessio phaenomenon), obgleich der *Gegenstand*, den ich besitze, hier nicht so, wie es in der transzendentalen Analytik geschieht, selbst als Erscheinung, sondern als Sache an sich selbst betrachtet wird; denn dort war es der Vernunft um die theoretische Erkenntnis der Natur der Dinge und, wie weit sie reichen könne, hier aber ist es ihr um praktische Bestimmung der Willkür nach Gesetzen der *Freiheit* zu tun, der Gegenstand mag nun durch Sinne oder auch bloß den reinen Verstand erkennbar sein, und das *Recht* ist ein solcher reiner praktischer *Vernunftbegriff* der Willkür unter Freiheitsgesetzen.

Eben darum sollte man auch billig nicht sagen: ein Recht auf diesen oder jenen Gegenstand, sondern vielmehr ihn *bloß-rechtlich* besitzen; denn das Recht ist schon ein intellektueller Besitz eines Gegenstandes, einen Besitz aber zu besitzen würde ein Ausdruck ohne Sinn sein.

§ 6. Deduktion des Begriffs des bloß-rechtlichen Besitzes eines äußeren Gegenstandes (possessio noumenon)

Die Frage: wie ist ein *äußeres Mein und Dein* möglich?, löst sich nun in diejenige auf: wie ist ein *bloß-rechtlicher* (intelligibler) *Besitz* möglich?, und diese wiederum in die dritte: wie ist ein *synthetischer* Rechtssatz a priori möglich?

Alle Rechtssätze sind Sätze a priori, denn sie sind Vernunftgesetze (dictamina rationis). Der Rechtssatz a priori in Ansehung des *empirischen Besitzes* ist *analytisch* denn er sagt nichts mehr, als was nach dem Satz des Widerspruchs aus dem letzteren folgt, daß nämlich, wenn ich Inhaber einer Sache (mit ihr also physisch verbunden) bin, derjenige, der sie wider meine Einwilligung affiziert (z.B. mir den Apfel aus der Hand reißt), das innere Meine (meine Freiheit) affiziere und schmälere, mithin in seiner Maxime mit dem Axiom des Rechts im geraden Widerspruch stehe. Der Satz von einem empirischen rechtmäßigen Besitz geht also nicht über das

Recht einer Person in Ansehung ihrer selbst hinaus.

Dagegen geht der Satz: von der Möglichkeit des Besitzes einer Sache *außer mir*, nach Absonderung aller Bedingungen des empirischen Besitzes im Raum und Zeit (mithin die Voraussetzung der Möglichkeit einer possessio noumenon), über jene einschränkende Bedingungen hinaus, und, weil er einen Besitz auch ohne Inhabung als notwendig zum Begriffe des äußeren Mein und Dein statuiert, so ist er *synthetisch*, und nun kann es zur Aufgabe für die Vernunft dienen, zu zeigen, wie ein solcher sich über den Begriff des empirischen Besitzes erweiternde Satz a priori möglich sei.

Auf solche Weise ist z. B. die Besitzung eines absonderlichen Bodens ein Akt der Privatwillkür, ohne doch *eigenmächtig* zu sein. Der Besitzer fundiert sich auf dem angebornen *Gemeinbesitze* des Erdbodens und dem diesen a priori entsprechenden allgemeinen Willen eines erlaubten *Privatbesitzes* auf demselben (weil ledige Sachen sonst an sich und nach einem Gesetze zu herrenlosen Dingen gemacht werden würden) und erwirbt durch die erste Besitzung ursprünglich einen bestimmten Boden, indem er jedem andern mit Recht (iure) widersteht, der ihn im Privatgebrauch desselben hindern würde, obzwar als im natürlichen Zustande nicht von rechtswegen (de iure), weil in demselben noch kein öffentliches Gesetz existiert.

Wenn auch gleich ein Boden als *frei*, d. i. zu jedermanns Gebrauch offen angesehen oder dafür erklärt würde, so kann man doch nicht sagen, daß er es von Natur und *ursprünglich*, vor allem rechtlichem Akt, frei sei, denn auch das wäre ein Verhältnis zu Sachen, nämlich dem Boden, der jedermann seinen Besitz verweigerte, sondern, weil diese Freiheit des Bodens ein Verbot für jedermann sein würde, sich desselben zu bedienen; wozu ein gemeinsamer Besitz desselben erfordert wird, der ohne Vertrag nicht stattfinden kann. Ein Boden aber, der nur durch diesen frei sein kann, muß wirklich im Besitze aller derer (zusammen verbundenen) sein, die sich wechselseitig den Gebrauch desselben untersagen oder ihn suspendieren.

Diese *ursprüngliche* Gemeinschaft des Bodens, und hiermit auch die Sachen auf demselben (communio fundi originaria), ist eine Idee, welche objektive (rechtlich-praktische) Realität hat, und ist ganz und gar von der *uranfänglichen* (communio primaeva) unterschieden, welche eine Erdichtung ist; weil diese eine *gestiftete* Gemeinschaft hätte sein und aus einem Vertrage hervorgehen müssen, durch den alle auf den Privatbesitz Verzicht getan und ein jeder, durch die Vereinigung seiner Besitzung mit der jedes andern, jenen in einen Gesamtbesitz verwandelt habe, und davon müßte uns die Geschichte einen Beweis geben. Ein solches Verfahren aber als *ursprüngliche* Besitznehmung anzusehen, und daß darauf jedes Menschen besonderer Besitz habe gegründet werden können und sollen, ist ein Widerspruch.

Von dem Besitz (possessio) ist noch der *Sitz* (sedes) und von der Besitznehmung des Bodens, in der Absicht, ihn dereinst zu erwerben, ist noch die *Niederlassung,* Ansiedlung (incolatus) unterschieden, welche ein fortdauernder Privatbesitz eines Platzes ist, der von der Gegenwart des Subjekts auf demselben abhängt. Von einer Niederlassung als einem zweiten rechtlichen Akt, der auf die Besitznehmung folgen, oder auch ganz unterbleiben kann, ist hier nicht die Rede; weil sie kein ursprünglicher, sondern von der Bestimmung anderer abgeleiteter Besitz sein würde.

Der bloße physische Besitz (die Inhabung) des Bodens ist schon ein Recht in einer Sache, obzwar freilich noch nicht hinreichend, ihn als das Meine anzusehen. Beziehungsweise auf andere ist er, als (soviel man weiß) erster Besitz, mit dem Gesetz der äußern Freiheit einstimmig, und zugleich in dem ursprünglichen Gesamtbesitz enthalten, der a priori den Grund der Möglichkeit eines Privatbesitzes enthält; mithin den ersten Inhaber eines Bodens in seinem Gebrauch desselben zu stören eine Läsion. Die erste Besitznehmung hat also einen Rechtsgrund (titulus possessionis) für sich, welcher der ursprünglich gemeinsame Besitz ist, und der Satz: wohl dem, der im Besitz ist (beati possidentes!), weil niemand verbunden ist, seinen Besitz zu beurkunden, ist ein Grundsatz des natürlichen Rechts, der die erste Besitznehmung als einen rechtlichen Grund zur Erwerbung aufstellt, auf den sich jeder erste Besitzer fußen kann.

Einem (B: »In einem.«) *theoretischen* Grundsatze a priori müßte nämlich (zu Folge der Krit. der r. V.) dem gegebenen Begriff eine Anschauung a priori untergelegt, mithin etwas zu dem Begriffe vom Besitz des Gegenstandes *hinzugetan* werden; allein in diesem praktischen wird umgekehrt verfahren und alle Bedingungen der Anschauung, welche den empirischen Besitz begründen, müssen *weggeschafft* (von ihnen abgesehen) werden, um den Begriff des Besitzes über den empirischen hinaus zu *erweitern* und sagen zu können: ein jeder äußere Gegenstand der Willkür kann zu dem rechtlich-Meinen gezählt werden, den ich (und auch nur sofern ich ihn) in meiner Gewalt habe, ohne im Besitz desselben zu sein.

Die Möglichkeit eines solchen Besitzes, mithin die Deduktion des Begriffs eines nicht-empirischen Besitzes, gründet sich auf dem rechtlichen Postulat der praktischen Vernunft: »daß es Rechtspflicht sei, gegen andere so zu handeln, daß das Äußere (Brauchbare) auch das Seine von irgend jemandem werden könne«, zugleich mit der Exposition des letzteren Begriffs, welcher das äußere Seine nur (Fehlt in B.) auf einen *nicht-physischen* Besitz gründet, verbunden. Die Möglichkeit des letzteren aber kann keineswegs für sich selbst bewiesen oder eingesehen werden (eben weil es ein Vernunftbegriff ist, dem keine Anschauung korrespondierend [Fehlt in B.] gegeben werden kann), sondern ist eine unmittelbare Folge aus dem gedachten Postulat. Denn wenn es notwendig ist, nach jenem Rechtsgrundsatz zu handeln, so muß auch die intelligible Bedingung (eines bloß-rechtlichen Besitzes) möglich sein. – Es darf auch niemanden befremden, daß die *theoretischen* Prinzipien des äußeren Mein und Dein sich im Intelligiblen verlieren und keine erweiterte Erkenntnis vorstellen; weil der Begriff der Freiheit, auf dem sie beruhen, keiner theoretischen Deduktion seiner Möglichkeit fähig ist und nur aus dem praktischen Gesetze der Vernunft (dem kategorischen Imperativ), als einem Faktum derselben, geschlossen werden kann.

§ 7. Anwendung des Prinzips der Möglichkeit des äußeren Mein und Dein auf Gegenstände der Erfahrung

Der Begriff eines bloß-rechtlichen Besitzes ist kein empirischer (von Raum [Akad.-Ausg.: »Raum-«] und Zeitbedingungen abhängiger) Begriff, und gleichwohl hat er praktische Realität, d. i. er muß auf Gegenstände der Erfahrung, deren Erkenntnis von jenen Bedingungen abhängig ist, anwendbar sein. – Das Verfahren mit dem Rechtsbegriffe in Ansehung der letzteren, als des möglichen äußeren Mein und Dein, ist folgendes: Der Rechtsbegriff, der bloß in der Vernunft liegt, kann nicht *unmittelbar* auf Erfahrungsobjekte und auf den Begriff eines empirischen *Besitzes,* sondern muß zunächst auf den reinen Verstandesbegriff eines *Besitzes* überhaupt angewandt werden, so daß, statt der *Inhabung* (detentio), als einer empirischen Vorstellung des Besitzes, der von allen Raumes- und Zeitbedingungen abstrahierende Begriff des *Habens* und nur, daß der Gegenstand als in *meiner Gewalt* (in potestate mea positum esse) sei, gedacht werde; da dann der Ausdruck des *Äußeren* nicht das Dasein in einem *anderen Orte*, als wo ich bin, oder meiner Willensentschließung und Annahme als in einer anderen Zeit, wie der des Angebots, sondern nur einen von mir *unterschiedenen* Gegenstand bedeutet. Nun will die praktische Vernunft durch ihr Rechtsgesetz, daß ich das Mein und Dein in der Anwendung auf Gegenstände nicht nach sinnlichen Bedingungen, sondern abgesehen von denselben, weil es eine Bestimmung der Willkür nach Freiheitsgesetzen betrifft, auch den Besitz desselben denke, indem nur ein *Verstandesbegriff* unter Rechtsbegriffe subsumiert werden kann. Also werde ich sagen: ich besitze einen Akker, ob er zwar ein ganz anderer Platz ist, als worauf ich mich wirklich befinde. Denn die Rede ist hier nur von einem intellektuellen Verhältnis zum Gegenstande, sofern ich ihn in *meiner Gewalt* habe (ein von Raumesbestimmungen unabhängiger Verstandesbegriff des Besitzes), und er ist *mein*, weil mein, zu desselben beliebigem Gebrauch sich bestimmender Wille dem Gesetz der äußeren Freiheit nicht widerstreitet. Gerade darin: daß, *abgesehen* vom Besitz in der Erscheinung (der Inhabung) dieses Gegenstandes meiner Willkür, die praktische Vernunft den Besitz nach Verstandesbegriffen, nicht nach empirischen, sondern solchen, die a priori die Bedingungen desselben enthalten können, gedacht wissen will, liegt der Grund der Gültigkeit eines solchen Begriffs vom Besitze (possessio noumenon) als einer allgemeingeltenden *Gesetzgebung;* denn eine solche ist in dem Ausdrucke enthalten: »dieser äußere Gegenstand ist *mein*«; weil allen andern dadurch eine Verbindlichkeit auferlegt wird, die sie sonst nicht hätten, sich des Gebrauchs desselben zu enthalten.

Die Art also, etwas außer mir als das Meine zu haben, ist die bloß-rechtliche Verbindung des Willens des Subjekts mit jenem Gegenstande, unabhängig von dem Verhältnisse zu demselben im Raum und in der Zeit, nach dem Begriff eines intelligiblen Besitzes. – Ein Platz auf der Erde ist nicht darum ein äußeres Meine, weil ich ihn mit meinem Leibe einnehme (denn es betrifft hier nur meine äußere *Freiheit*, mithin nur den Besitz meiner selbst, kein Ding außer mir, und ist also nur ein inneres Recht); sondern, wenn ich ihn noch besitze, ob ich mich gleich von ihm weg und an einen andern Ort begeben habe, nur alsdann betrifft es mein äußeres Recht, und derjenige, der die fortwährende Besetzung dieses Platzes durch meine Person zur Bedingung machen wollte, ihn als das Meine zu haben, muß entweder behaupten, es sei gar nicht möglich, etwas Äußeres als das Seine zu haben (welches dem Postulat § 2 widerstreitet), oder er verlangt, daß, um dieses zu können, ich an zwei Orten zugleich sei; welches dann aber so viel sagt, als: ich solle an einem Orte sein und auch nicht sein, wodurch er sich selbst widerspricht.

Dieses kann auch auf den Fall angewendet werden, da ich ein Versprechen akzeptiert habe; denn da wird meine Habe und Besitz an dem Versprochenen dadurch nicht aufgehoben, daß der Versprechende zu einer Zeit sagte: diese Sache soll dein sein, eine Zeit hernach aber von ebenderselben Sache sagt: ich will jetzt, die Sache solle nicht dein sein. Denn es hat mit solchen intellektuellen Verhältnissen die Bewandtnis, als ob jener ohne eine Zeit zwischen beiden Deklarationen seines Willens gesagt hätte, sie soll dein sein, und auch, sie soll nicht dein sein, was sich dann selbst widerspricht.

Ebendasselbe gilt auch von dem Begriffe des rechtlichen Besitzes einer Person, als zu der Habe des Subjekts gehörend (sein Weib, Kind, Knecht): daß nämlich diese häusliche Gemeinschaft und der wechselseitige Besitz des Zustandes aller Glieder derselben durch die Befugnis, sich *örtlich* von einander zu trennen, nicht aufgehoben wird; weil es ein *rechtliches* Verhältnis ist, was sie verknüpft, und das äußere Mein und Dein hier, ebenso wie in vorigen Fällen, gänzlich auf der Voraussetzung der Möglichkeit eines reinen Vernunftbesitzes ohne Inhabung beruht.

Zur Kritik der rechtlich-praktischen Vernunft, im Begriffe des äußeren Mein und Dein, wird diese eigentlich durch eine Antinomie der Sätze über die Möglichkeit eines solchen Besitzes genötigt, d.i. nur durch eine unvermeidliche Dialektik, in welcher Thesis und Antithesis beide auf die Gültigkeit zweier einander widerstreitenden Bedingungen gleichen Anspruch machen, wird die Vernunft auch in ihrem praktischen (das Recht betreffenden) Gebrauch genötigt, zwischen dem Besitz als Erscheinung und dem bloß durch den Verstand denkbaren einen Unterschied zu machen.

Der *Satz* heißt: *Es ist möglich,* etwas Äußeres als das Meine zu haben, ob ich gleich nicht im Besitz desselben bin.

Der *Gegensatz: Es ist nicht möglich,* etwas Äußeres als das Meine zu haben, wenn ich nicht im Besitz desselben bin.

Auflösung: Beide Sätze sind wahr: der erstere, wenn ich den empirischen Besitz (possessio phaenomenon), der andere, wenn ich

unter diesem Wort den reinen intelligiblen Besitz (possessio noumenon) verstehe. – Aber die Möglichkeit eines intelligiblen Besitzes, mithin auch des äußeren Mein und Dein, läßt sich nicht einsehen, sondern muß aus dem Postulat der praktischen Vernunft
gefolgert werden, wobei es noch besonders merkwürdig ist: daß
diese, ohne Anschauungen, selbst ohne eines A priori zu bedürfen,
sich durch bloße, vom Gesetz der Freiheit berechtigte, *Weglassung*
empirischer Bedingungen *erweiterte* und so *synthetische* Rechtssätze a priori aufstellen kann, deren Beweis (wie bald gezeigt werden soll) nachher in praktischer Rücksicht auf analytische Art geführt werden kann.

§ *8. Etwas Äußeres als das Seine zu haben, ist nur in einem*
rechtlichen Zustande, unter einer öffentlich gesetzgebenden
Gewalt, d. i. im bürgerlichen Zustande, möglich

Wenn ich (wörtlich oder durch die Tat), erkläre, ich will, daß etwas
Äußeres das Meine sein soll, so erkläre ich jeden anderen für verbindlich, sich des Gegenstandes meiner Willkür zu enthalten: eine
Verbindlichkeit, die niemand ohne diesen meinen rechtlichen Akt
haben würde. In dieser Anmaßung aber liegt zugleich das Bekenntnis: jedem anderen in Ansehung des äußeren Seinen wechselseitig zu einer gleichmäßigen Enthaltung verbunden zu sein; denn
die Verbindlichkeit geht hier aus einer allgemeinen Regel des äußeren rechtlichen Verhältnisses hervor. Ich bin also nicht verbunden,
das äußere Sein des anderen unangetastet zu lassen, wenn mich
nicht jeder andere dagegen auch sicher stellt, er werde in Ansehung
des Meinigen sich nach ebendemselben Prinzip verhalten; welche
Sicherstellung gar nicht eines besonderen rechtlichen Akts bedarf,
sondern schon im Begriffe einer äußeren rechtlichen Verpflichtung, wegen der Allgemeinheit, mithin auch der Reziprozität der
Verbindlichkeit aus einer allgemeinen Regel, enthalten ist. – Nun
kann der einseitige Wille in Ansehung eines äußeren, mithin zufälligen, Besitzes nicht zum Zwangsgesetz für jedermann dienen, weil
das der Freiheit nach allgemeinen Gesetzen Abbruch tun würde.
Also ist nur ein jeden anderen verbindender, mithin kollektiv-all-
gemeiner (gemeinsamer) und machthabender Wille derjenige, welcher jedermann jene Sicherheit leisten kann. – Der Zustand aber
unter einer allgemeinen äußeren (d. i. öffentlichen) mit Macht be-
gleiteten Gesetzgebung ist der bürgerliche. Also kann es nur im
bürgerlichen Zustande ein äußeres Mein und Dein geben.

Folgesatz: Wenn es rechtlich möglich sein muß, einen äußeren Gegenstand als das Seine zu haben, so muß es auch dem Subjekt erlaubt sein, jeden anderen, mit dem es zum Streit des Mein und Dein über ein solches Objekt kommt, zu *nötigen*, mit ihm zusammen in eine bürgerliche Verfassung zu treten.

§ 9. Im Naturzustande kann doch ein wirkliches, aber nur provisorisches äußeres Mein und Dein statt haben

Das *Naturrecht* im Zustande einer bürgerlichen Verfassung (d. i. dasjenige, was für die letztere aus Prinzipien a priori abgeleitet werden kann) kann durch die statutarischen Gesetze der letzteren nicht Abbruch leiden, und so bleibt das rechtliche Prinzip in Kraft: »der, welcher nach einer Maxime verfährt, nach der es unmöglich wird, einen Gegenstand meiner Willkür als das Meine zu haben, lädiert mich«; denn bürgerliche Verfassung ist allein der rechtliche Zustand, durch welchen jedem das Seine nur gesichert, eigentlich aber nicht ausgemacht und bestimmt wird. – Alle Garantie setzt also das Seine von jemanden (dem es gesichert wird) schon voraus. Mithin muß vor der bürgerlichen Verfassung (oder von ihr *abgesehen*) ein äußeres Mein und Dein als möglich angenommen werden, und zugleich ein Recht, jedermann, mit dem wir irgend auf eine Art in Verkehr kommen könnten, zu nötigen, mit uns in eine Verfassung zusammenzutreten, worin jenes gesichert werden kann. – Ein Besitz in Erwartung und Vorbereitung eines solchen Zustandes, der allein auf einem Gesetz des gemeinsamen Willens gegründet werden kann, der also zu der *Möglichkeit* des letzteren zusammenstimmt, ist ein *provisorisch-rechtlicher* Besitz, wogegen derjenige, der in einem solchen *wirklichen* Zustande angetroffen wird, ein *peremtorischer* Besitz sein würde. – Vor dem Eintritt in diesen Zustand, zu dem das Subjekt bereit ist, widersteht er denen mit Recht, die dazu sich nicht bequemen und ihn in seinem einstweiligen Besitz stören wollen; weil der Wille aller anderen, außer ihm selbst, der ihm eine Verbindlichkeit aufzulegen denkt, von einem gewissen Besitz abzusehen, bloß *einseitig* ist, mithin ebensowenig gesetzliche Kraft (als die nur im allgemeinen Willen angetroffen wird) zum Widersprechen hat, als jener zum Behaupten, indessen daß der letztere doch dies voraus hat, zur Einführung und Errichtung eines bürgerlichen Zustandes zusammenzustimmen. – Mit einem Worte: die Art, etwas Äußeres als das Seine *im Naturzustande* zu haben, ist ein physischer Besitz, der die rechtliche

Präsumtion für sich hat, ihn, durch Vereinigung mit dem Willen aller in einer öffentlichen Gesetzgebung, zu einem rechtlichen zu machen, und gilt in der Erwartung *komparativ* für einen rechtlichen.

Dieses Prärogativ des Rechts aus dem empirischen Besitzstande nach der Formel: *wohl dem, der im Besitz ist* (beati possidentes), besteht nicht darin: daß, weil er die Präsumtion eines *rechtlichen Mannes* hat, er nicht nötig habe, den Beweis zu führen, er besitze etwas rechtmäßig (denn das gilt nur im streitigen Rechte), sondern weil, nach dem Postulat der praktischen Vernunft, jedermann das Vermögen zukommt, einen äußeren Gegenstand seiner Willkür als das Seine zu haben, mithin jede Inhabung ein Zustand ist, dessen Rechtmäßigkeit sich auf jenem Postulat durch einen Akt des vorhergehenden Willens gründet, und der, wenn nicht ein älterer Besitz eines anderen von ebendemselben Gegenstande dawider ist, also vorläufig, nach dem Gesetz der äußeren Freiheit, jedermann, der mit mir nicht in den Zustand einer öffentlich gesetzlichen Freiheit treten will, von aller Anmaßung des Gebrauchs eines solchen Gegenstandes abzuhalten berechtigt, um, dem Postulat der Vernunft gemäß, eine Sache, die sonst praktisch vernichtet sein würde, seinem Gebrauch zu unterwerfen.

Zweites Hauptstück
Von der Art, etwas Äußeres zu erwerben

§ 10. Allgemeines Prinzip der äußeren Erwerbung

Ich erwerbe etwas, wenn ich mache (efficio), daß etwas *mein* werde. – Ursprünglich mein ist dasjenige Äußere, was auch ohne einen rechtlichen Akt mein ist. Eine Erwerbung aber ist ursprünglich diejenige, welche nicht von dem Seinen eines andern abgeleitet ist.

Nichts Äußeres ist ursprünglich mein; wohl aber kann es ursprünglich, d. i. ohne es von dem Seinen irgendeines anderen abzuleiten, erworben sein. – Der Zustand der Gemeinschaft des Mein und Dein (communio) kann nie als ursprünglich gedacht, sondern muß (durch einen äußeren rechtlichen Akt) erworben werden; obwohl der Besitz eines äußeren Gegenstandes ursprünglich und gemeinsam (Akad.-Ausg.: »ursprünglich nur gemeinsam«.) sein kann. Auch wenn man sich (problematisch) eine *ursprüngliche* Gemeinschaft (communio mei et tui originaria) denkt, so muß sie doch von der *uranfänglichen* (communio primaeva) unterschieden werden, welche, als in der ersten *Zeit* der Rechtsverhältnisse unter Menschen gestiftet, angenommen wird, und nicht, wie die erstere, auf Prinzipien, sondern nur auf Geschichte gegründet werden kann: wobei die letztere doch immer als erworben und abgeleitet (communio derivativa) gedacht werden müßte.

Das Prinzip der äußeren Erwerbung ist nun: was ich (nach dem Gesetz der äußeren *Freiheit*) in meine *Gewalt* bringe, und wovon, als Objekt meiner Willkür, Gebrauch zu machen ich (nach dem Postulat der praktischen Vernunft) das Vermögen habe, endlich, was ich (gemäß der Idee eines möglichen vereinigten *Willens*) will, es solle mein sein, das ist mein.

Die Momente (attendenda) der *ursprünglichen* Erwerbung sind also: 1) die *Apprehension* eines Gegenstandes, der keinem angehört, widrigenfalls sie der Freiheit anderer nach allgemeinen Gesetzen widerstreiten würde. Diese *Apprehension* ist die Besitznehmung des Gegenstandes der Willkür im Raum und der Zeit; der Besitz also, in den ich mich setze, ist (possessio phaenomenon) (Akad.-Ausg. erwägt: »ist sensibler Besitz [possessio phaenomenon]«). 2) Die *Bezeichnung* (declaratio) des Besitzes dieses Gegenstandes und des Akts meiner Willkür, jeden anderen davon abzuhalten. 3) Die *Zueignung* (appropriatio) als Akt eines äußerlich allgemein gesetzgebenden Willens (in der Idee), durch welchen jedermann zur Einstimmung mit meiner Willkür verbunden wird. – Die Gültigkeit des letzteren Moments der Erwerbung, als worauf der Schlußsatz: der äußere Gegenstand ist *mein*, beruht, d. i. daß der Besitz, als ein *bloß-rechtlicher*, gültig (possessio noumenon) sei, gründet sich darauf: daß, da alle diese Actus *rechtlich* sind, mithin aus der praktischen Vernunft hervorgehen, und also in der Frage, was Rechtens ist, von den empirischen Bedingungen des Besitzes abstrahiert werden kann, der Schlußsatz: der äußere Gegenstand ist mein, vom sensiblen auf den intelligiblen Besitz richtig geführt wird.

Die ursprüngliche Erwerbung eines äußeren Gegenstandes der Willkür heißt *Bemächtigung* (occupatio) und kann nicht anders als an körperlichen Dingen (Substanzen) stattfinden. Wo nun eine solche stattfindet, bedarf sie zur Bedingung des empirischen Besitzes die Priorität der Zeit vor jedem anderen, der sich einer Sache bemächtigen will (qui prior tempore potior iure). Sie ist als ursprünglich auch nur die Folge von *einseitiger* Willkür; denn wäre dazu eine doppelseitige erforderlich, so würde sie von dem Vertrag zweier (oder mehrerer) Personen, folglich von dem Seinen anderer abgeleitet sein. – Wie ein solcher Akt der Willkür, wie jener ist, das Seine für jemanden begründen könnte, ist nicht leicht einzusehen. – Indessen ist die *erste* Erwerbung doch darum sofort nicht die *ursprüngliche*. Denn die Erwerbung eines öffentlichen rechtlichen Zustandes durch Vereinigung des Willens aller zu einer allgemeinen Gesetzgebung wäre eine solche, vor der keine vorhergehen darf, und doch wäre sie von dem besonderen Willen eines jeden abgeleitet und *allseitig*, da eine ursprüngliche Erwerbung nur aus dem einseitigen Willen hervorgehen kann.

Einteilung der Erwerbung des äußeren Mein und Dein

1) Der *Materie* (dem Objekt) nach erwerbe ich entweder eine körperliche *Sache* (Substanz) oder die *Leistung* (Kausalität) eines anderen oder diese andere *Person* selbst, d. i. den Zustand derselben, sofern ich ein Recht erlange, über denselben zu verfügen (das Commercium mit derselben).

2) Der *Form* (Erwerbungsart) nach ist es entweder ein *Sachenrecht* (ius reale) oder *persönliches Recht* (ius personale) oder ein *dinglich-persönliches* Recht (ius realiter personale) des Besitzes (obzwar nicht des Gebrauchs) einer anderen Person als einer Sache.

3) Nach dem *Rechtsgrunde* (titulus) der Erwerbung; welches eigentlich kein besonderes Glied der Einteilung der Rechte, aber doch ein Moment der Art ihrer Ausübung ist: entweder durch den Akt einer *einseitigen* oder *doppelseitigen*, oder *allseitigen* Willkür, wodurch etwas Äußeres (facto, pacto, lege) erworben wird.

Erster Abschnitt
vom Sachenrecht

§ 11. Was ist ein Sachenrecht?

Die gewöhnliche Erklärung des *Rechts in einer Sache* (ius reale, ius in re): »es sei das Recht *gegen jeden Besitzer derselben*«, ist eine richtige Nominaldefinition. – Aber, was ist das, was da macht, daß ich mich wegen eines äußeren Gegenstandes an jeden Inhaber desselben halten, und ihn (per vindicationem) nötigen kann, mich wieder in Besitz desselben zu setzen? Ist dieses äußere rechtliche

Verhältnis meiner Willkür etwa ein *unmittelbares* Verhältnis zu einem körperlichen Dinge? So müßte derjenige, welcher sein Recht nicht unmittelbar auf Personen, sondern auf Sachen bezogen denkt, es sich freilich (obzwar nur auf dunkele Art) vorstellen: nämlich, weil dem Recht auf einer Seite eine Pflicht auf der andern korrespondiert, daß die äußere Sache, ob sie zwar dem ersten Besitzer abhanden gekommen, diesem doch immer *verpflichtet* bleibe, d. i. sich jedem anmaßlichen anderen Besitzer weigere, weil sie jenem schon verbindlich ist, und so mein Recht, gleich einem die Sache begleitenden und vor allem fremden Angriffe bewahrenden *Genius*, den fremden Besitzer immer an mich weise. Es ist also ungereimt, sich Verbindlichkeit einer Person gegen Sachen und umgekehrt zu denken, wenn es gleich allenfalls erlaubt werden mag, das rechtliche Verhältnis durch ein solches Bild zu versinnlichen und sich so auszudrücken.

Die Realdefinition würde daher so lauten müssen: Das *Recht in einer Sache* ist ein Recht des Privatgebrauchs einer Sache, in deren (ursprünglichen, oder gestifteten) Gesamtbesitze ich mit allen andern bin. Denn das letztere ist die einzige Bedingung, unter der es allein möglich ist, daß ich jeden anderen Besitzer vom Privatgebrauch der Sache ausschließe (ius contra quemlibet huius rei possessorem), weil, ohne einen solchen Gesamtbesitz vorauszusetzen, sich gar nicht denken läßt, wie ich, der ich doch nicht im Besitz der Sache bin, von andern, die es sind, und die sie brauchen, lädiert werden könne. – Durch einseitige Willkür kann ich keinen andern verbinden, sich des Gebrauchs einer Sache zu enthalten, wozu er sonst keine Verbindlichkeit haben würde: also nur durch vereinigte Willkür aller in einem Gesamtbesitz. Sonst müßte ich mir ein Recht in einer Sache so denken: als ob die Sache gegen mich eine Verbindlichkeit hätte, und davon allererst das Recht gegen jeden Besitzer derselben ableiten; welches eine ungereimte Vorstellungsart ist.

Unter dem Wort: Sachenrecht (ius reale) wird übrigens nicht bloß das Recht in einer Sache (ius in re) sondern auch der *Inbegriff* aller Gesetze, die das dingliche Mein und Dein betreffen, verstanden. – Es ist aber klar, daß ein Mensch, der auf Erden ganz allein wäre, eigentlich kein äußeres Ding als das Seine haben oder erwerben könnte; weil zwischen ihm, als Person, und allen anderen äußeren Dingen, als Sachen, es gar kein Verhältnis der Verbindlichkeit gibt. Es gibt also, eigentlich und buchstäblich verstanden, auch kein (direktes) Recht in einer Sache, sondern nur dasjenige wird so genannt, was jemandem gegen eine Person zukommt, die mit allen anderen (im bürgerlichen Zustande) im gemeinsamen Besitz ist.

§ 12. Die erste Erwerbung einer Sache kann keine andere als die des Bodens sein

Der Boden (unter welchem alles bewohnbare Land verstanden wird) ist, in Ansehung alles Beweglichen auf demselben, als *Substanz*, die Existenz des letzteren aber nur als *Inhärenz* zu betrachten und so, wie im theoretischen Sinne die Akzidenzen nicht außerhalb der Substanz existieren können, so kann im praktischen das Bewegliche auf dem Boden nicht das Seine von jemandem sein, wenn dieser nicht vorher als im rechtlichen Besitz desselben befindlich (als das Seine desselben) angenommen wird.

Denn setzet, der Boden gehöre niemandem an: so werde ich jede bewegliche Sache, die sich auf ihm befindet, aus ihrem Platze stoßen können, um ihn selbst einzunehmen, bis sie sich gänzlich verliert, ohne daß der Freiheit irgendeines anderen, der jetzt gerade nicht Inhaber desselben ist, dadurch Abbruch geschieht; alles aber, was zerstört werden kann, ein Baum, Haus usw. ist (wenigstens der Materie nach) beweglich, und wenn man die Sache, die ohne Zerstörung ihrer Form nicht bewegt werden kann, ein *Immobile* nennt, so wird das Mein und Dein an jener nicht von der Substanz, sondern dem ihr Anhängenden verstanden, welches nicht die Sache selbst ist.

§ 13. Ein jeder Boden kann ursprünglich erworben werden, und der Grund der Möglichkeit dieser Erwerbung ist die ursprüngliche Gemeinschaft des Bodens überhaupt

Was das erste betrifft, so gründet sich dieser Satz auf dem Postulat der praktischen Vernunft (§ 2); das zweite auf folgenden Beweis.

Alle Menschen sind ursprünglich (d. i. vor allem rechtlichem Akt der Willkür) im rechtmäßigen Besitz des Bodens, d. i. sie haben ein Recht, da zu sein, wohin sie die Natur oder der Zufall (ohne ihren Willen) gesetzt hat. Dieser Besitz (possessio), der vom Sitz (sedes), als einem willkürlichen, mithin erworbenen, *dauernden* Besitz unterschieden ist, ist ein *gemeinsamer* Besitz, wegen der Einheit aller Plätze auf der Erdfläche, als Kugelfläche; weil, wenn sie eine unendliche Ebene wäre, die Menschen sich darauf so zerstreuen könnten, daß sie in gar keine Gemeinschaft miteinander kämen, diese also nicht eine notwendige Folge von ihrem Dasein auf Erden wäre. – Der Besitz aller Menschen auf Erden, der vor allem rechtlichen Akt derselben vorhergeht (von der Natur selbst konstituiert ist), ist ein *ursprünglicher Gesamtbesitz* (communio possessionis originaria), dessen Begriff nicht empirisch und von Zeitbedingungen abhängig ist, wie etwa der gedichtete, aber nie erweisliche eines *uranfänglichen* Gesamtbesitzes (communio primaeva), sondern ein praktischer Vernunftbegriff, der a priori das Prinzip enthält, nach welchem allein die Menschen den Platz auf Erden nach Rechtsgesetzen gebrauchen können.

§ *14. Der rechtliche Akt dieser Erwerbung ist*
Bemächtigung (occupatio)

Die *Besitznehmung* (apprehensio), als der Anfang der Inhabung einer körperlichen Sache im Raume (possessionis physicae), stimmt unter keiner anderen Bedingung mit dem Gesetz der äußeren Freiheit von jedermann (mithin a priori) zusammen, als unter der der Priorität in Ansehung der Zeit, d. i. nur als *erste* Besitznehmung (prior apprehensio), welche ein Akt der Willkür ist. Der Wille aber, die Sache (mithin auch ein bestimmter abgeteilter Platz auf Erden) solle mein sein, d. i. die Zueignung (appropriatio) kann in einer ursprünglichen Erwerbung nicht anders als *einseitig* (voluntas unilateralis s. propria) sein. Die Erwerbung eines äußeren Gegenstandes der Willkür durch einseitigen Willen ist die *Bemächtigung*. Also kann die ursprüngliche Erwerbung desselben, mithin auch eines abgemessenen Bodens, nur durch Bemächtigung (occupatio) geschehen.

Die Möglichkeit, auf solche Art zu erwerben, läßt sich auf keine Weise einsehen noch durch Gründe dartun, sondern ist die unmittelbare Folge aus dem Postulat der praktischen Vernunft. Derselbe Weg aber kann doch eine äußere Erwerbung nicht anders berechtigen, als nur sofern er in einem a priori vereinigten (d. i. durch die Vereinigung der Willkür aller, die in ein praktisches Verhältnis gegeneinander kommen können) absolut gebietenden Willen enthalten ist; denn der einseitige Wille (wozu auch der doppelseitige, aber doch *besondere* Wille gehört) kann nicht jedermann eine Verbindlichkeit auflegen, die an sich zufällig ist, sondern dazu wird ein *allseitiger* nicht zufällig, sondern a priori, mithin notwendig vereinigter und darum allein gesetzgebender Wille erfordert; denn nur nach diesem seinem Prinzip ist Übereinstimmung der freien Willkür eines jeden mit der Freiheit von jedermann, mithin ein Recht überhaupt, und also auch ein äußeres Mein und Dein möglich.

§ 15. *Nur in einer bürgerlichen Verfassung kann etwas peremtorisch, dagegen im Naturzustande zwar auch, aber nur provisorisch, erworben werden*

Die bürgerliche Verfassung, obzwar ihre Wirklichkeit subjektiv zufällig ist, ist gleichwohl objektiv, d.i. als Pflicht, notwendig. Mithin gibt es in Hinsicht auf dieselbe und ihre Stiftung ein wirkliches Rechtsgesetz der Natur, dem alle äußere Erwerbung unterworfen ist.

Der *empirische Titel* der Erwerbung war die auf ursprüngliche Gemeinschaft des Bodens gegründete physische Besitznehmung (apprehensio physica), welchem, weil dem Besitz nach Vernunftbegriffen des Rechts nur ein Besitz in der *Erscheinung* untergelegt werden kann, der einer intellektuellen Besitznehmung (mit Weglassung aller empirischen Bedingungen in Raum und Zeit) korrespondieren muß, und die den Satz gründet: »Was ich nach Gesetzen der äußeren Freiheit in meine Gewalt bringe, und will, es solle mein sein, das wird mein.«

Der *Vernunfttitel* der Erwerbung aber kann nur in der Idee eines a priori vereinigten (notwendig zu vereinigenden) Willens aller liegen, welche hier als unumgängliche Bedingung (conditio sine qua non) stillschweigend vorausgesetzt wird; denn durch einseitigen Willen kann anderen eine Verbindlichkeit, die sie für sich sonst nicht haben würden, nicht auferlegt werden. – Der Zustand aber eines zur Gesetzgebung allgemein wirklich vereinigten Willens ist der bürgerliche Zustand. Also nur in Konformität mit der Idee eines bürgerlichen Zustandes, d.i. in Hinsicht auf ihn und seine Bewirkung, aber vor der Wirklichkeit desselben (denn sonst wäre die Erwerbung abgeleitet), mithin nur *provisorisch* kann etwas Äußeres *ursprünglich* erworben werden. – Die *peremtorische* Erwerbung findet nur im bürgerlichen Zustande statt.

Gleichwohl ist jene provisorische dennoch eine wahre Erwerbung; denn, nach dem Postulat der rechtlich-praktischen Vernunft, ist die Möglichkeit derselben, in welchem Zustande die Menschen nebeneinander sein mögen (also auch im Naturzustande), ein Prinzip des Privatrechts, nach welchem jeder zu demjenigen Zwange berechtigt ist, durch welchen es allein möglich wird, aus jenem Naturzustande heraus zu gehen, und in den bürgerlichen, der allein alle Erwerbung peremtorisch machen kann, zu treten.

Es ist die Frage: Wie weit erstreckt sich die Befugnis der Besitznehmung eines Bodens? So weit, als das Vermögen, ihn in seiner Gewalt zu haben, d. i. als der, so ihn sich zueignen will, ihn verteidigen kann; gleich als ob der Boden spräche: Wenn ihr mich nicht beschützen könnt, so könnt ihr mir auch nicht gebieten. Darnach müßte also auch der Streit über das *freie* oder *verschlossene* Meer entschieden werden; z. B. innerhalb der Weite, wohin die Kanonen reichen, darf niemand an der Küste eines Landes, das schon einem gewissen Staat zugehört, fischen, Bernstein aus dem Grunde der See holen, u. dergl. – Ferner: ist die Bearbeitung des Bodens (Bebauung, Beackerung, Entwässerung u. dergl.) zur Erwerbung desselben notwendig? Nein!, denn, da diese Formen (der Spezifizierung) nur Akzidenzen sind, so machen sie kein Objekt eines unmittelbaren Besitzes aus und können zu dem des Subjekts nur gehören, sofern die Substanz vorher als das Seine desselben anerkannt ist. Die Bearbeitung ist, wenn es auf die Frage von der ersten Erwerbung ankommt, nichts weiter als ein äußeres Zeichen der Besitznehmung, welches man durch viele andere, die weniger Mühe kosten, ersetzen kann. – Ferner: darf man wohl jemanden in dem *Akt* seiner Besitznehmung hindern, so daß keiner von beiden des Rechts der Priorität teilhaftig werde, und so der Boden immer als keinem angehörig frei bleibe? *Gänzlich* kann diese Hinderung nicht stattfinden, weil der andere, um dieses tun zu können, sich doch auch selbst auf irgendeinem benachbarten Boden befinden muß, wo er also selbst behindert werden kann zu sein, mithin eine *absolute* Verhinderung ein Widerspruch wäre; aber *respektiv* auf einen gewissen (zwischenliegenden Boden), diesen, als *neutral*, zur Scheidung zweier Benachbarten unbenutzt liegenzulassen, würde doch mit dem Rechte der Bemächtigung zusammen bestehen; aber alsdann gehört wirklich dieser Boden beiden gemeinschaftlich und ist nicht *herrenlos* (res nullius), eben darum, weil er von beiden dazu *gebraucht* wird, um sie voneinander zu scheiden. – Ferner: Kann man auf einem Boden, davon kein Teil das Seine von jemanden ist, doch eine Sache als die Seine haben? Ja, wie in der Mongolei jeder sein Gepäck, was er hat, liegenlassen oder sein Pferd, was ihm entlaufen ist, als das Seine in seinen Besitz bringen kann, weil der ganze Boden dem Volk, der Gebrauch desselben also jedem einzelnen zusteht; daß aber jemand eine bewegliche Sache auf dem Boden eines anderen als das Seine haben kann, ist zwar möglich, aber nur durch *Vertrag*. – Endlich ist die Frage: Können zwei benachbarte Völker (oder Familien) einander widerstehen, eine gewisse Art des Gebrauchs eines Bodens anzunehmen, z. B. die Jagdvölker dem Hirtenvolk, oder den Ackerleuten, oder diese den Pflanzern, u. dergl.? Allerdings; denn die Art, wie sie sich auf dem Erdboden überhaupt *ansässig* machen wollen, ist, wenn sie sich innerhalb ihrer Grenzen halten, eine Sache des bloßen Beliebens (res merae facultatis).

Zuletzt kann noch gefragt werden: ob, wenn uns weder die Natur noch der Zufall, sondern bloß unser eigener Wille in Nachbarschaft mit einem Volk bringt, welches keine Aussicht zu einer bürgerlichen Verbindung mit ihm verspricht, wir nicht, in der Absicht, diese zu stiften und diese Menschen (Wilde) in einen rechtlichen Zustand zu versetzen (wie etwa die amerikanischen Wilden, die Hottentotten, die Neuholländer), befugt sein sollten, allenfalls mit Gewalt, oder (welches nicht viel besser ist) durch betrügerischen Kauf, Kolonien zu errichten und so Eigentümer ihres Bodens zu werden, und, ohne Rücksicht auf ihren ersten Besitz, Gebrauch von unserer Überlegenheit zu machen; zumal es die Natur selbst (als die das Leere verabscheuet) so zu fordern scheint, und große Landstriche in anderen Weltteilen an gesitteten Einwohnern sonst menschenleer geblieben wären, die jetzt herrlich bevölkert sind, oder gar auf immer bleiben müßten, und so der Zweck der Schöpfung vereitelt werden würde? Allein man sieht durch diesen Schleier der Ungerechtigkeit (Jesuitism), alle Mittel zu guten Zwecken zu billigen, leicht durch; diese Art der Erwerbung des Bodens ist also verwerflich.

Die Unbestimmtheit, in Ansehung der Quantität sowohl als der Qualität des äußeren erwerblichen Objekts, macht diese Aufgabe (der einzigen ursprünglichen äußeren Erwerbung) unter allen zur schwersten sie aufzulösen. Irgendeine ursprüngliche Erwerbung des Äußeren aber muß es indessen doch geben; denn abgeleitet kann nicht alle sein. Daher kann man diese Aufgabe auch nicht als unauflöslich und als an sich unmöglich aufgeben. Aber, wenn sie auch durch den ursprünglichen Vertrag aufgelöst wird, so wird, wenn dieser sich nichts aufs ganze menschliche Geschlecht erstreckt, die Erwerbung doch immer nur provisorisch bleiben.

§ 16. Exposition des Begriffs einer ursprünglichen Erwerbung des Bodens

Alle Menschen sind ursprünglich in einem *Gesamt-Besitz* des Bodens der ganzen Erde (communio fundi originaria), mit dem ihnen von Natur zustehenden *Willen* (eines jeden), denselben zu gebrauchen (lex iusti), der, wegen der natürlich unvermeidlichen Entgegensetzung der Willkür des einen gegen die des anderen, allen Gebrauch desselben aufheben würde, wenn nicht jener zugleich das Gesetz für diese enthielte, nach welchem einem jeden ein *besonderer Besitz* auf dem gemeinsamen Boden bestimmt werden kann (lex iuridica). Aber das austeilende Gesetz des Mein und Dein eines jeden am Boden kann, nach dem Axiom der äußeren Freiheit, nicht anders als aus einem *ursprünglich* und a priori vereinigten Willen (der zu dieser Vereinigung keinen rechtlichen Akt voraussetzt), mithin nur im bürgerlichen Zustande, hervorgehen (lex iustitae distributivae), der allein, was *recht*, was *rechtlich* und was *Rechtens* ist, bestimmt. – In diesem Zustand aber, d.i. vor Gründung und doch in Absicht auf denselben, d.i. *provisorisch*, nach dem Gesetz der äußeren Erwerbung zu verfahren, ist *Pflicht*, folglich auch rechtliches Vermögen des Willens, jedermann zu verbinden, den Akt der Besitznehmung und Zueignung, ob er gleich nur einseitig ist, als gültig anzuerkennen; mithin ist eine provisorische Erwerbung des Bodens, mit allen ihren rechtlichen Folgen, möglich.

Eine solche Erwerbung aber bedarf doch und hat auch eine Gunst des Gesetzes (lex permissiva), in Ansehung der Bestimmung der Grenzen des rechtlich-möglichen Besitzes, für sich, weil sie vor dem rechtlichen Zustande vorhergeht und, als bloß dazu einleitend, noch nicht peremtorisch ist, welche Gunst sich aber nicht weiter erstreckt als bis zur Einwilligung *anderer* (teilnehmender) zur Errichtung des letzteren, bei dem Widerstande derselben aber, in diesen (den bürgerlichen) zu treten, und solange derselbe währt, allen Effekt einer rechtmäßigen Erwerbung bei sich führt, weil dieser Ausgang auf Pflicht gegründet ist.

§ 17. Deduktion des Begriffs der ursprünglichen Erwerbung

Wir haben den *Titel* der Erwerbung in einer ursprünglichen Gemeinschaft des Bodens, mithin unter Raumes-Bedingungen eines äußeren Besitzes, die *Erwerbungsart* aber in den empirischen Bedingungen der Besitznehmung (apprehensio), verbunden mit dem Willen, den äußeren Gegenstand als den seinen zu haben, gefunden. Nun ist noch nötig, die *Erwerbung* selbst, d. i. das äußere Mein und Dein, was aus beiden gegebenen Stücken folgt, nämlich den intelligiblen Besitz (possessio noumenon) des Gegenstandes, nach dem, was sein Begriff enthält, aus den Prinzipien der reinen rechtlich-praktischen Vernunft zu entwickeln.

Der *Rechtsbegriff* vom *äußeren* Mein und Dein, sofern es *Substanz* ist, kann, was das Wort *außer mir* betrifft, nicht einen anderen Ort, als wo ich bin, bedeuten: denn er ist ein Vernunftbegriff; sondern, da unter diesem nur ein reiner Verstandesbegriff subsumiert werden kann, bloß etwas von mir *Unterschiedenes* und den eines nicht empirischen Besitzes (der gleichsam fortdauernden Apprehension), sondern nur den *des in meiner Gewalt-Habens* (die Verknüpfung desselben mit mir als subjektive Bedingung der Möglichkeit des Gebrauchs) des äußeren Gegenstandes, welcher ein reiner Verstandesbegriff ist, bedeuten. Nun ist die Weglassung oder das Absehen (Abstraktion) von diesen sinnlichen Bedingungen des Besitzes, als eines Verhältnisses der Person zu *Gegenständen*, die keine Verbindlichkeit haben, nichts anderes als das Verhältnis einer Person zu *Personen*, diese alle durch den *Willen* der ersteren, sofern er dem Axiom der äußeren Freiheit, dem *Postulat* des Vermögens und der allgemeinen *Gesetzgebung* des a priori als vereinigt gedachten Willens gemäß ist, in Ansehung des Gebrauchs der Sachen zu *verbinden*, welches also der *intelligible Besitz* derselben, d. i. der durchs bloße Recht, ist, obgleich der Gegenstand (die Sache, die ich besitze) ein Sinnenobjekt ist.

Daß die erste Bearbeitung, Begrenzung oder überhaupt *Formgebung* eines Bodens keinen Titel der Erwerbung desselben, d. i. der Besitz des Akzidens nicht ein (Akad.-Ausg.: »einen«) Grund des rechtlichen Besitzes der Substanz abgeben könne, sondern vielmehr umgekehrt das Mein und Dein nach der Regel (accessorium sequitur suum principale) aus dem Eigentum der Substanz gefolgert werden müsse, und daß der, welcher an einen Boden, der nicht schon vorher der seine war, Fleiß verwendet, seine Mühe und Arbeit gegen den ersteren verloren hat, ist für sich selbst so klar, daß man jene so alte und noch weit und breit herrschende Meinung schwerlich einer anderen Ursache zuschreiben kann, als der in geheim obwaltenden Täuschung, Sachen zu personifizieren und, gleich als ob jemand sie sich durch an sie verwandte Arbeit verbindlich machen könne, keinem anderen als ihm zu Diensten zu stehen, *unmittelbar* gegen sie sich ein Recht zu denken; denn wahrscheinlicherweise würde man auch nicht so leichten Fußes über die natürliche Frage (von der oben schon Erwähnung geschehen) weggeglitten sein: »Wie ist ein Recht in einer Sache möglich?« Denn das Recht gegen einen jeden Besitzer einer Sache bedeutet nur die Befugnis der besonderen Willkür zum Gebrauch eines Objekts, sofern sie als im synthetisch-allgemeinen Willen enthalten und mit dem Gesetz desselben zusammenstimmend gedacht werden kann.

Was die Körper auf einem Boden betrifft, der schon der meinige ist, so gehören sie, wenn sie sonst keines anderen sind, mir zu, ohne daß ich zu diesem Zweck eines besonderen rechtlichen Akts bedürfte (nicht facto, sondern lege); nämlich, weil sie als der Substanz inhärierende Akzidenzen betrachtet werden können (iure rei meae), wozu auch alles gehört, was mit meiner Sache so verbunden ist, daß ein anderer sie von dem Meinen nicht trennen kann, ohne dieses selbst zu verändern (z.B. Vergoldung, Mischung eines mir zugehörigen Stoffes mit andern Materien, Anspülung oder auch Veränderung des anstoßenden Strombettes und dadurch geschehende Erweiterung meines Bodens, usw.). Ob aber der erwerbliche Boden sich noch weiter als das Land, nämlich auch auf eine Strecke des Seegrundes hinaus (das Recht, noch an meinen Ufern zu fischen, oder Bernstein herauszubringen, u. dergl.) sich ausdehnen lasse, muß nach ebendenselben Grundsätzen beurteilt werden. Soweit ich aus meinem *Sitze* mechanisches Vermögen habe, meinen Boden gegen den Eingriff anderer zu sichern (z.B. so weit die Kanonen vom Ufer abreichen), gehört (Akad.-Ausg.: »gehört er«) zu meinem Besitz, und das Meer ist bis dahin geschlossen (mare clausum). Da aber auf dem weiten Meere selbst kein Sitz möglich ist, so kann der Besitz auch nicht bis dahin ausgedehnt werden, und offene See ist frei (mare liberum). Das *Stranden* aber, es sei der Menschen oder der ihnen zugehörigen Sachen, kann, als unvorsätzlich, von dem Strandeigentümer nicht zum Erwerbrecht gezählt werden, weil es nicht Läsion (ja überhaupt kein Faktum) ist, und die Sache, die auf einen Boden geraten ist, der doch irgendeinem angehört, nicht als res nullius behandelt werden kann. Ein Fluß dagegen kann, so weit der Besitz seines Ufers reicht, so gut wie ein jeder Landboden, unter obbenannten Einschränkungen ursprünglich von dem erworben werden, der im Besitz beider Ufer ist.

Der äußere Gegenstand, welcher der Substanz nach das Seine von jemanden ist, ist dessen Eigentum (dominium), welchem alle Rechte in dieser Sache (wie Akzidenzen der Substanz) inhärieren, über welche also der Eigentümer (dominus) nach Belieben verfügen kann (ius disponendi de re sua). Aber hieraus folgt von selbst, daß ein solcher Gegenstand nur eine körperliche Sache (gegen die man keine Verbindlichkeit hat) sein könne, daher ein Mensch sein eigener Herr (sui iuris), aber nicht Eigentümer von *sich selbst* (sui dominus) (über sich nach Belieben disponieren zu können), geschweige denn von anderen Menschen sein kann, weil er der Menschheit in seiner eigenen Person verantwortlich ist; wiewohl dieser Punkt, der zum Recht der Menschheit, nicht dem der Menschen gehört, hier nicht seinen eigentlichen Platz hat, sondern nur beiläufig zum besseren Verständnis des kurz vorher Gesagten angeführt wird. – Es kann ferner zwei volle Eigentümer einer und derselben Sache geben, ohne ein gemeinsames Mein und Dein, sondern nur als gemeinsame Besitzer dessen, was nur einem als das *Seine* zugehört, wenn, von den sogenannten Miteigentümern (condomini), einem nur der ganze Besitz ohne Gebrauch, dem anderen aber aller Gebrauch der Sache samt dem Besitz zukommt, jener also (dominus directus) diesen (dominus utilis) nur auf die Bedingung einer beharrlichen Leistung restringiert, ohne dabei seinen Gebrauch zu limitieren.

31
Johann Gottlieb Fichte
Über den Geist des Zivil- oder Eigentumsvertrags

I. Der oben beschriebene erste im Staatsvertrage liegende Vertrag über das Eigentum überhaupt begründet das Rechtsverhältnis jedes Einzelnen gegen alle Einzelnen im Staate, und ist sonach die Grundlage dessen, was man Zivilgesetzgebung, bürgerliches Recht usw. nennt. Wir haben sonach nur diesen Vertrag vollständig zu erörtern; und der Gegenstand unserer Untersuchung im gegenwärtigen Abschnitte, die bürgerliche Gesetzgebung, ist erschöpft.

Der Inbegriff des Urrechts ist nach obigem Erweise eine fortdauernde, lediglich vom Willen der Person abhängige Wechselwirkung derselben mit der Sinnenwelt außer ihr. Im Eigentumsvertrage wird jedem Einzelnen ein bestimmter Teil der Sinnenwelt als Sphäre dieser seiner Wechselwirkung ausschließend zugeeignet; und unter den beiden Bedingungen, daß er die Freiheit aller übrigen in ihren Sphären ungestört lasse und sie, falls sie von einem Dritten angegriffen werden sollten, durch seinen Beitrag schützen helfe garantiert.

Zuvörderst eine Sphäre für seine Freiheit ist ihm zugeeignet, als solche und weiter nichts. Diese Sphäre enthält gewisse Objekte, bestimmt durch die ihm zugestandene Freiheit. *So weit demnach die ihm zugestandene Freiheit sich erstreckt, so weit, und nicht weiter, erstreckt sich sein Eigentumsrecht an die Objekte.* Er erhält sie ausschließend zu einem gewissen Gebrauche; und nur von diesem Gebrauche derselben, und vor allem, was diesem Gebrauche nachteilig ist, hat er das Recht, jedermann auszuschließen. Eine bestimmte Tätigkeit ist das Objekt des Eigentumsvertrags.

(Man erinnere sich an das obige. Daß ich etwas meinen Zwecken unterworfen habe, ist erster Grund alles Eigentums, zufolge des Begriffes vom Urrechte. – Welchen Zwecken denn? Diese Frage ergeht an jeden bei Schließung des Bürgervertrages, welcher ja durchgängig bestimmt und bestimmend sein muß. Nur dieser erklärte und anerkannte Zweck in den Sachen wird garantiert, und weiter nichts; und das Eigentum der Objekte erstreckt sich nur auf die Erreichung dieses Zwecks, wie unmittelbar klar ist.)

II. Diese Zwecke nun können sogar bei Gebrauch desselben Objekts, sie können sonach bei verschiedenartigen Objekten sehr verschieden sein. Es fragt sich, ob nicht alle möglichen Zwecke des Bürgers doch etwa einem einzigen sich unterordnen lassen?

Die Person, so wie sie handelt, setzt immer ihre eigene Fortdauer voraus; der Zweck ihres gegenwärtigen Handelns liegt immer in der Zukunft, und sie ist Ursache in der Sinnenwelt, lediglich inwiefern sie vom gegenwärtigen Momente zu zukünftigen fortfließt. Freiheit und Fortdauer sind wesentlich vereinigt, und wer die erste garantiert, garantiert notwendig auch die letztere. *In der gegenwärtigen Tätigkeit ist die Zukunft enthalten.*

Die Natur hat die Menschen, mit denen allein wir es hier zu tun haben, zur Freiheit bestimmt, d. i. zur Tätigkeit. Die Natur erreicht alle ihre Zwecke, sie muß sonach auch diesen sicher angelegt haben und aller Erwartung nach ihn wirklich erreichen. Welche Veranstaltung konnte sie nun treffen, um die Menschen zur Tätigkeit zu treiben?

Vorausgesetzt, daß jeder Mensch Wünsche für die Zukunft hätte, so würde die Natur ihren Zweck sicher erreichen, wenn sie es so angelegt hätte, daß die Möglichkeit einer Zukunft überhaupt für dieses Wesen – *bedingt wäre durch gegenwärtige Tätigkeit.* nn dem Wunsche der Zukunft wäre umgekehrt enthalten die Notwendigkeit *der gegenwärtigen Tätigkeit.* Die Zukunft wäre bedingt durch gegenwärtige Tätigkeit; in der gegenwärtigen Tätigkeit würde notwendig die Zukunft umfaßt.

Aber, da es sogar Menschen geben könnte, die keinen Wunsch in der Zukunft hätten, auch das Verlangen der Fortdauer noch gar nicht begründet ist, außer durch gegenwärtige Tätigkeit, die selbst wieder nur durch das Verlangen der Zukunft bedingt ist; mithin die Veranstaltung der Natur ein fehlerhafter Zirkel sein würde, so mußte sie beides vereinigen in ein drittes Gegenwärtiges, und dies ist der *Schmerz.* An den gegenwärtigen Schmerz, wenn die Fortdauer gefährdet wird, ist gegenwärtige Tätigkeit und der Wunsch und die Möglichkeit der Fortdauer geknüpft. Dieser Schmerz ist der *Hunger* und der *Durst*; und es findet sich, daß das Bedürfnis der Nahrung allein die ursprüngliche Triebfeder sowohl, als seine Befriedigung der letzte Endzweck des Staates und alles menschlichen Lebens und Triebes ist; es versteht sich, solange der Mensch bloß unter der Leitung der Natur bleibt und nicht durch Freiheit sich zu einer höheren Existenz erhebt: daß dieses Bedürfnis allein die höchste Synthesis ist, welche alle Widersprüche vereinigt. Der höchste und allgemeinste Zweck aller freien Tätigkeit ist sonach der, leben zu können. Diesen Zweck hat jeder; und wie daher die Freiheit überhaupt garantiert wird, wird er garantiert. Ohne seine Erreichung würde die Freiheit, und die Fortdauer der Person, gar nicht möglich sein.

III. Wir bekommen sonach eine nähere Bestimmung des im Eigentumsvertrage jedem einzelnen zugestandenen ausschließenden Freiheitsgebrauchs. Leben zu können ist das absolute unveräußerliche Eigentum aller Menschen. Es ist ihm eine gewisse Sphäre der Objekte zugestanden worden – ausschließend für einen gewissen Gebrauch, haben wir gesehen. Aber der letzte Zweck dieses Gebrauchs ist der, leben zu können. Die Erreichung dieses Zweckes ist garantiert; dies ist der Geist des Eigentumsvertrags. Es ist Grundsatz jeder vernünftigen Staatsverfassung: Jedermann soll von seiner Arbeit leben können.

Alle Einzelnen haben mit allen Einzelnen diesen Vertrag geschlossen. Alle haben sonach allen versprochen, daß ihre Arbeit wirklich das Mittel zur Erreichung dieses Zweckes sein soll: und der Staat muß dafür Anstalten treffen. (In einem Volke von Nakkenden wäre das Recht, das Schneiderhandwerk zu treiben, kein Recht; oder soll es ein Recht sein, so muß das Volk aufhören nakkend zu gehen. Wir gestehen dir das Recht zu, solche Arbeiten zu verfertigen, heißt zugleich; wir machen uns verbindlich, sie dir abzukaufen.) -

Ferner – Alles Eigentumsrecht gründet sich auf den Vertrag Aller mit Allen, der so lautet: wir Alle behalten dies, auf die Bedingung, daß wir dir das Deinige lassen. Sobald also jemand von seiner Arbeit nicht leben kann, ist ihm das, was schlechthin das Seinige ist, nicht gelassen, der Vertrag ist also in Absicht auf ihn völlig aufgehoben, und er ist von diesem Augenblicke an nicht mehr rechtlich verbunden, irgendeines Menschen Eigentum anzuerkennen. Damit nun diese Unsicherheit des Eigentums durch ihn nicht eintrete, müssen Alle von Rechts wegen, und zufolge des Bürgervertrages, abgeben von dem Ihrigen, bis er leben kann. – Von dem Augenblick an, da jemand Not leidet, gehört keinem derjenige Teil seines Eigentums mehr an, der als Beitrag erfordert wird, um einen aus der Not zu reißen, sondern er gehört rechtlich dem Notleidenden an. Es müßten für eine solche Repartition gleich im Bürgervertrage Anstalten getroffen werden; und dieser Beitrag ist so gut Bedingung aller bürgerlichen Gerechtsame, als der Beitrag zum schützenden Körper, indem diese Unterstützung des Notleidenden selbst ein Teil des notwendigen Schutzes ist. Jeder besitzt sein Bürgereigentum nur insofern und auf die Bedingung, daß alle Staatsbürger von dem Ihrigen leben können; und es hört auf, inwiefern sie nicht leben können, und wird das Eigentum jener; es versteht sich immer nach dem bestimmenden Urteil der Staatsgewalt. Die exekutive Macht ist darüber so gut als über alle anderen Zweige der Staatsverwaltung verantwortlich, und der Arme, es versteht sich, derjenige, der den Bürgervertrag mit geschlossen hat, hat ein absolutes Zwangsrecht auf Unterstützung. –

IV. Jeder muß *von seiner Arbeit* leben können, heißt der aufgestellte Grundsatz. Das Lebenkönnen ist sonach durch die Arbeit bedingt, und es gibt kein solches Recht, wo die Bedingung nicht erfüllt worden. Da alle verantwortlich sind, daß jeder von seiner

Arbeit leben könne, und ihm beisteuern müßten, wenn er's nicht könnte, haben sie notwendig auch das Recht der Aufsicht, ob jeder in seiner Sphäre soviel arbeite, als zum Leben nötig ist, und übertragen es der für gemeinschaftliche Rechte und Angelegenheiten verordneten Staatsgewalt. Keiner hat eher rechtlichen Anspruch auf die Hilfe des Staats, bis er nachgewiesen, daß er in seiner Sphäre alles Mögliche getan, um sich zu erhalten, und daß es ihm dennoch nicht möglich gewesen. Weil man aber doch auch in diesem Falle ihn nicht umkommen lassen könnte; auch der Vorwurf, daß er nicht zur Arbeit angehalten worden, auf den Staat selbst zurückfallen würde, so hat der Staat notwendig das Recht der Aufsicht, wie jeder sein Staatsbürgereigentum verwalte. – Wie nach dem obigen Satze kein Armer, so soll nach dem gegenwärtigen, auch kein Müßiggänger in einem vernunftmäßigen Staate sein. – Eine rechtliche Ausnahme von dem letzteren Satze wird tiefer unten sich zeigen.

V. Der Eigentumsvertrag faßt sonach folgende Handlungen in sich. a) Alle zeigen allen, und bei Leistung der Garantie dem *Ganzen*, als einer Gemeinde an, wovon sie zu leben gedenken. Dieser Satz gilt ohne Ausnahme. Wer dies nicht anzugeben weiß, kann kein Bürger des Staats sein, denn er kann nie verbunden werden, das Eigentum der anderen anzuerkennen. b) Alle, und bei der Garantie die Gemeinde, erlauben jedem diese Beschäftigung ausschließend in einer gewissen Rücksicht. – Kein Erwerb im Staate ohne Vergünstigung desselben. Jeder muß seinen Erwerb ausdrücklich angeben, und keiner wird sonach Staatsbürger *überhaupt*, sondern tritt zugleich in eine gewisse Klasse der Bürger, sowie er in den Staat tritt. Nirgends darf eine Unbestimmtheit sein. Das Eigentum der Objekte besitzt jeder nur insoweit, als er dessen für die Ausübung seines Geschäfts bedarf. c) Der Zweck aller dieser Arbeiten ist der, leben zu können. Alle, und bei der Garantie die Gemeinde, sind jedem Bürge dafür, daß seine Arbeit diesen Zweck erreichen wird, und verbinden sich zu allen Mitteln dazu von ihrer Seite. Diese Mittel gehören zu dem vollkommenen Rechte eines jeden, das ihm der Staat schützen muß. Der Vertrag lautet in dieser Rücksicht so: Jeder von allen verspricht, alles ihm mögliche zu tun, um durch die ihm zugestandenen Freiheiten und Gerechtsame leben zu können; dagegen verspricht die Gemeinde, im Namen aller Einzelnen, ihm mehr abzutreten, wenn er dennoch nicht sollte leben können. Alle Einzelnen machen sich für diesen

Behuf zu Beiträgen verbindlich, so wie sie es zum Schutze überhaupt getan haben, und es wird eine Unterstützungsanstalt sogleich im Bürgervertrage mit getroffen, sowie eine schützende Gewalt errichtet wird. Der Beitritt zu der ersteren ist, wie der Beitritt zu der letzteren, Bedingung des Eintritts in den Staat. Die Staatsgewalt hat die Oberaufsicht über diesen Teil des Vertrages sowie über alle Teile desselben; und Zwangsrecht sowohl als Gewalt, jeden zur Erfüllung desselben zu nötigen.

X

Bürgerliche Verfassungsentwürfe

32

Heinrich Würzer: »Konstitution«

Das Wort *Konstitution* bedeutet zweierlei. Wir verstehen hierunter erstlich, die Verfassung eines Staats; und diese besteht in der durch Grundgesetze bestimmten Art, wie die Gewalt, Gesetze zu geben, die Gewalt, die Gesetze zu vollstrecken, die Gewalt, Krieg zu führen und Frieden zu schließen, und die richterliche Gewalt im Staate verteilt sind. Überall, wo diese Gewalten auf eine andere Art verteilt sind, ist auch die Staatsverfassung anders; wo gar keine bestimmte Verteilung dieser Gewalten stattfindet, da ist keine Konstitution. Wo die vollstreckende Gewalt in die gesetzgebende Eingriffe tut; wo die erstere von der letzteren gezügelt wird oder wo der Gesetzgeber Richter ist; wo ein Monarch, wie es wohl vormals in England und Frankreich geschah, in den Gerichtshöfen präsidiert und die Freiheit der Stimmen einschränkt, da ist die Konstitution nicht frei, und die bürgerliche Freiheit ist in Gefahr. Wo die Regierung sich nach keinen Grundgesetzen richtet, da ist Despotismus.

Konstitution nennen wir, zweitens, die Sammlung aller Grundgesetze eines Staates.

Von Staatsverfassungen läßt sich sowenig, als von andern menschlichen Einrichtungen, die höchste Vollkommenheit erwarten. Eine Konstitution kann für ein gewisses Volk, für eine gewisse Zeit sehr gut sein, die für ein anderes Volk und zu einer andern Zeit verderblich sein würde. Für einen großen Staat schickt sich nicht dieselbige Verfassung, die sich für einen kleinen schickt; die Verfassung der helvetischen Republik würde für den Genuesischen Freistaat nicht anwendbar sein, und die asiatischen Völker sind noch sehr weit von dem Grade der Kultur entfernt, der die Einführung unserer europäischen Staatseinrichtungen bei ihnen möglich machen würde.

Um plötzliche, gewaltsame Staatsrevolutionen zu verhindern,

gibt es wohl kein besseres Mittel, als die Konstitutionen allmählich dem Zwecke der bürgerlichen Gesellschaft gemäßer einzurichten. Hierüber ließe sich viel sagen, wozu aber hier der Ort nicht ist.

Wo die Regierung weise genug denkt, um nie zuzugeben, daß die bürgerliche Freiheit verletzt werde, da sind, besonders bei unsern stehenden Heeren, keine Unruhen zu besorgen. Die Früchte ihres Fleißes in Ruhe zu genießen, dies ist der höchste Wunsch der meisten Staatsbürger; und die Menge dieser ruhigen Bürger hält schon bloß durch ihre Anzahl die unruhigen Köpfe im Zaum. Ein guter Regent hat so wenig den Verlust seiner Macht zu befürchten, daß vielmehr das dankbare Volk ihm leicht eine Macht einräumt, die ein schlechter Nachfolger zum Verderben des Staats mißbrauchen kann.

Die Einführung einer neuen Konstitution geht alle Staatsbürger an. Das Recht, dem Staate eine neue Verfassung zu geben, kommt also allen Staatsbürgern gemeinschaftlich zu. In den alten griechischen Staaten pflegte das Volk die Entwerfung und Abfassung der Konstitution demjenigen aufzutragen, den es für den weisesten hielt, und der allgemeine Wille entschied in einer Volksversammlung die Annahme dieser Grundgesetze, um desto eher, wenn ein Orakelspruch sie für gut erkannt hatte. In weitläufigen Staaten, wo das Interesse der verschiednen Klassen von Staatsbürgern und der besondre Nutzen aller einzelnen so sehr verschieden sind, wo eine Konstitution nicht das Werk eines einzigen, und eine allgemeine Volksversammlung unmöglich ist, müssen die Staatsbürger durch selbstgewählte Repräsentanten in einer Nationalversammlung oder einem Nationalkonvent diese große Angelegenheit debattieren und entscheiden lassen.

Über das, was bisher in Frankreich zur Wiedergeburt des Staats geschehen ist, meine eigne Meinung zu sagen, würde wider meine gleich anfangs schon bemerkte Absicht sein.

Eine wichtige, bisher oft aufgeworfene und oft untersuchte Streitfrage kann ich indes nicht umhin, kurz zu berühren: ob nämlich die Nationalversammlung wohlgetan habe, bei der Konstitution von 1791 die *Erklärung der Menschenrechte* zugrunde zu legen. Sollte es wohl jemand leugnen können, daß, wie der zweite Artikel dieser Erklärung sagt und wie wir oben bewiesen haben, der Zweck jeder politischen Vereinigung der ist, die natürlichen und unverjährlichen Rechte der Menschen zu erhalten? Sollte es jemand leugnen können, daß, wie der Eingang eben dieser Erklärung sagt, die öffentlichen Übel und die verdorbenen Regierungen bloß daher kamen, weil die Menschenrechte unbekannt, vergessen oder verachtet waren? Und ist dies alles wahr: was konnte ein Volk, das sich eine neue Konstitution geben wollte, besseres tun, als dieselbe auf Menschenrechte gründen? Ich weiß es wohl, selbst Mitglieder der Nationalversammlung stellten die Beratschlagungen über die Rechte der Menschheit als bloße metaphysische Untersuchungen vor, welche in die Gesetzgebung keinen Einfluß haben können und für eine Versammlung von Gesetzgebern unanständig wären. Es lassen sich nur zwei Ursachen von dem Widerspruche dieser Männer denken. Entweder sie sahen es nicht ein, daß Menschenrechte bei jeder guten Konstitution zugrunde liegen müssen, oder sie suchten jene angemaßten Rechte, welche nach der Anerkennung der Menschenrechte notwendig fallen mußten, zu schützen.

Nur Barbaren konnten eine Konstitution auf Gewalttätigkeiten, auf das Recht der Stärke bauen. Nicht allein ganze Völker haben schon lange ihre Menschenrechte reklamiert; auch gute Regenten haben, von der Vernunft geleitet und durch väterliche Gesinnungen für ihre Untertanen bewogen, der Tyrannei der Großen entgegengearbeitet, Knechtschaft und Leibeigenschaft in ihren Ländern aufgehoben, und wenn sie eine barbarische Konstitution nicht umstürzen konnten, sie doch so unschädlich als immer möglich für die Menschheit zu machen gesucht. Wenn die Regierung eines Landes als despotisch verschrien wird, so bemühen sich ihre Verteidiger zu zeigen, daß unter eben dieser Regierung Menschen- und Bürgerrechte geachtet und geschützt werden. Achtung der Menschenrechte ist seit langem als ein Vorzug der englischen Regierung angesehen worden; die Amerikaner haben die ihrigen wirklich auf Menschenrechte gegründet und sich in mehr als einer Akte ausdrücklich darauf bezogen. Die Franzosen waren die ersten, die ihre Grundgesetze mit der feierlichen Anerkennung dieser geheiligten Rechte anfingen. Und das soll ihnen zum Vorwurfe gereichen?

Ob die Nationalversammlung die von ihr anerkannten Grundsätze über die Rechte der Menschen richtig angewandt habe oder nicht, dies ist eine andre Frage, deren Untersuchung eine weitläufige Abhandlung erfordern würde. Ich bekenne aufrichtig, daß ich sie aller gegenseitigen Gründe ungeachtet, welche andre bisher beigebracht haben, noch immer bejahen würde. Was könnte aber meinen Lesern mit meinem Urteile gedient sein, wenn ich ihnen nicht zugleich meine Gründe zur Prüfung vorlegte?

Wieder eine andre Frage ist es, ob die Konstitution von 1791 unverbesserlich war; eine Frage, die zum Teil schon durch die bisherige Erfahrung entschieden ist. Es sei mir erlaubt, hier nur an einige Sätze zu erinnern, die bei dieser Untersuchung nie vergessen werden dürfen. Von keinem menschlichen Werke ist die höchste Vollkommenheit zu erwarten. Diejenige Gesetzgebung ist die beste, durch welche der Zweck der bürgerlichen Gesellschaft am sichersten erreicht wird. Es ist äußerst gefährlich, die ganze bisherige Verfassung eines großen Staates von Grund aus umzustürzen, und ist eine so gewaltsame Veränderung notwendig geworden, so ist es das erhabenste Werk der menschlichen Klugheit, an die Stelle der alten Verfassung eine neue zu setzen, die jedem Staatsbürger seine gegründeten Rechte ungekränkt erhält und auf immer sichert; die dem Charakter und der Lage des Volks angemessen, teils die Meinungen desselben zu Hilfe nimmt, teils ihnen eine andre Richtung gibt, teils sich auf die eingeführten Sitten und Gebräuche gründet, teils dieselben dem Zwecke der Gesellschaft unterordnet und unmerklich verändert. Bei der Beurteilung einer neuen Konstitution darf der bloße Besitz eines Rechts nicht in Anschlag kommen; ein Volk, das sich eine andre Verfassung geben will, fragt nicht: in wessen Händen ist die Gewalt?, sondern: woher hat er das Recht, sie zu besitzen? Hat er sie bisher zum Besten des Ganzen gebraucht? Können wir sie ihm ganz oder zum Teil noch ferner anvertrauen, ohne unsre und unserer Nachkommen Wohlfahrt und Freiheit den größten Gefahren auszusetzen? – Es fragt nicht, in welchen Händen sind die Reichtümer der Nation?, sondern, was ist der Rechtstitel zu dem Besitze derselben? Was brachte die bisherige Verwendung derselben dem Staate für Vorteil oder für Nachteil? – Es fragt nicht, wie soll der Staat dem alten Herkommen gemäß regiert werden, sondern, worin hat dieses alte Herkommen selber seinen Grund? Kommt es auch mit den ewigen Gesetzen der Vernunft und des Rechts überein? Sollten wir unter andern Einrichtungen nicht freier und glücklicher sein können? Und was für Einrichtungen sind es, die uns die gewünschte Freiheit und Glückseligkeit gewähren und sichern würden? Diese Fragen müssen konstituierende Gesetzgeber bei allen ihren Debatten vor Augen haben, wenn sie sich des von der Nation erhaltenen Auftrages gewissenhaft entledigen wollen. Es würde also sehr sonderbar sein, die Güte einer Konstitution nach den vormaligen Einrichtungen des ungebildeten Staates oder wohl gar nach denen, die noch bei uns stattfinden, zu beurteilen. Ob das Volk gerecht handelte, indem es die ganze vorige Ordnung der Dinge zerstörte und die Rechte, die einige Klassen von Staatsbürgern oder einzelne Personen genossen, gewaltsam vernichtete, diese Untersuchung kann nur nach dem in den vorhergehenden Kapiteln gegebnen Begriffen und Grundsätzen angestellt und entschieden werden.

Die konstituierende Versammlung in Frankreich hat, wie die letzten Artikel der Konstitution beweisen, ihre Arbeiten nicht für vollkommen ausgegeben, und Franzosen sowohl als Ausländer, selbst gewesene Mitglieder jener Versammlung, haben an denselben Verschiednes auszusetzen gefunden, indes andre sie mit Enthusiasmus verteidigt haben. Ohne mich in diesen Streit zu mischen, will ich nur einen der Hauptpunkte berühren, aus dem man hat beweisen wollen, daß Menschenrechte keinen Grund zu einer Staatsverfassung abgeben können. Nach dem sechsten Artikel der Erklärung der Menschen- und Bürgerrechte sind alle Bürger, da sie in den Augen des Gesetzes gleich sind, nach ihrer Fähigkeit und ohne andern Vorzug, als den ihre Tugenden und ihre Talente ihnen geben, zu allen Würden und öffentlichen Stellen und Ämtern zuzulassen. Eben dieses wird in den durch die Konstitution verbürgten Grunddispositionen No. I. allen Staatsbürgern zugesichert. Und dennoch ist nach Kap. I. Sekt. II. Art. II. keiner zu den Aktivbürgern zu rechnen, der nicht an irgendeinem Orte des Reichs eine direkte Steuer bezahlt, welche wenigstens den Wert von drei Tagearbeiten ausmacht. Ein Aktivbürger muß, nach Art. VII, um von seinen Mitbürgern zum Wähler ernannt zu werden, ein gewisses bestimmtes Vermögen besitzen. »Hier«, sagen einige, »ist ein Widerspruch. Erst sollen bloß Tugenden und Talente zu Ämtern empfehlen; und dann werden die Kandidaten nach dem Maßstabe des Geldes geschätzt.« Bei diesem Urteile liegen doch offenbar unrichtige Ideen zugrunde. In den angeführten Verordnungen, welche jener Verbürgung eines Bürgerrechtes entgegenstehen sollen, ist gar von keinen Ämtern und Würden, sondern von der Wahl der Volksrepräsentanten die Rede. Sie waren notwendig, diese Verordnungen, wenn die Wahl der Gesetzgeber nicht in die Hände des unwissenden, ausschweifenden Pöbels geraten und die Nationalversammlung selbst nicht teils aus Menschen von dem gemeinsten Volke, teils aus Reichen bestehen sollte, die ihren Platz der Bestechung der Armen zu danken hätten. Die Wähler sowohl, als die zu wählenden Repräsentanten sollen in solchen Glücksumständen sein, welche gewissermaßen ihre Unbestechlichkeit verbürgen. Das erforderliche Maß von Glücksgütern ist aber so gering angenommen, daß vielleicht noch nie ein Staat ein größeres Zutrauen in die Tugend seiner Bürger zeigte. Die Stellvertreter des Volks in der gesetzgebenden Versammlung üben eine von der Nation ihnen anvertraute Gewalt, ohne selbst etwas auszuführen oder zu vollstrecken. Sie haben also keine Bedienungen, keine Ämter, keine Würden, und dürfen dergleichen weder annehmen noch vergeben. Die Wahl der Repräsentanten ist ebensowenig ein Amt; sie ist eine Äußerung der Souveränität.

Wichtiger scheint beim ersten Anblick der Einwurf zu sein, daß diese Dispositionen mit dem französischen Grundsatze von der Souveränität der Nation (einige Schriftsteller reden von diesem Grundsatze, der schon im sechzehnten Jahrhundert von Gelehrten behauptet worden, als von einer ganz neuen Erfindung der Franzosen. Über den Satz, daß der Monarch nur die persönliche Majestät besitze und die reelle Majestät immer bei dem Volke bleibe, ist auch unter uns Deutschen schon lange gestritten worden. Den Ursprung der Souveränität haben auch die römischen Rechtsgelehrten bei dem Volke gesucht, welches den Kaisern durch das sogenannte königliche Gesetz seine ganze Oberherrschaft und Macht soll übertragen haben. § 6. Inst. de J.N.G. et C. und L. 1 DD. de Constitut. principum.) im Widerspruche stehen. Vielleicht aber ist dieser Widerspruch nur scheinbar, vielleicht sind nur die Ausdrücke nicht sorgfältig genug gewählt. Wenn in dem Art. I. des Titels von den öffentlichen Gewalten der *Nation* die Souveränität zugeschrieben wird, so kann, nach dem Zusammenhange der ganzen Urkunde, unter der *Nation* nichts anders als der politische Körper oder die Summe aller derjenigen Bewohner Frankreichs, die wirklich in die Verbindung des französischen Staates aufgenommen sind, verstanden werden. So hat es freilich der Pariser Pöbel nicht verstanden, wenn er sich für einen Teil der souveränen Nation gehalten und zum Beweise seiner souveränen Macht Henkersdienste an denen verrichtet hat, die ihm als Feinde der Konstitution verdächtig gemacht haben. Eben hierdurch aber hat er auch bewiesen, wie unvernünftig, wie gefährlich für die Freiheit es sein würde, wenn Gesetzgeber solche Menschen unter die Zahl der wirklichen Bürger aufnehmen wollten. Menschen, die nichts zu verlieren haben, die durch kein Eigentum, es bestehe nun in Geld oder in liegenden Gründen, an das Interesse ihres Vaterlandes geknüpft sind, Menschen, die bloß mit der Sorge für ihren notdürftigen Unterhalt beschäftigt, ohne Kenntnis der Gesetze, welche zu studieren sie weder Zeit noch Fähigkeit haben, durch die gröbsten Täuschungen so leicht hinzureißen, dem ersten besten Ehrsüchtigen oder Bösewichte verkäuflich sind, solche Menschen können keine Bürger sein. Menschenrechte müssen sie mit den übrigen Bewohnern des Landes genießen, Gelegenheiten müssen ihnen gegeben werden, sich, wenn sie es selbst nur wollen, zu nützlichen Bürgern zu bilden oder ihren Kindern diesen Vorteil zu verschaffen; aber an den öffentlichen Angelegenheiten dürfen sie keinen Anteil nehmen, solange sie dem Staate wegen ihrer Treue und ihres Gehorsams gegen die Gesetze keine Gewähr leisten können. Durch ihre Teilnahme würden sie sich selbst und ihren Mitbürgern schaden, und die guten Bürger würden zuletzt gezwungen sein, sie wie reißende Tiere auszurotten.

33
Adolph Freiherr von Knigge
Entwurf der neuen Staatsverfassung

Der Mensch in dieser Welt sucht Glückseligkeit, sucht sie vorzüglich, wenn er mit andern Menschen in Verbindung tritt; allein fühlt er sich hilflos und unbehaglich; um die Summe seiner Glückseligkeit zu vermehren, schließt er sich an seinesgleichen an.

Glückseligkeit ist Lebens-Genuß, und um des Lebens genießen zu können, muß man frei sein. Lebt man aber in Verbindung mit andern Menschen, so kann nicht jeder einzelne verlangen, alles zu genießen; er muß auch den übrigen erlauben, ihren Anteil Genuß von den allgemeinen Lebens-Gütern und Vorteilen zu schmecken; er muß also seiner Freiheit gewisse Grenzen setzen; doch nur solche Grenzen, in welchen er, mit der allgemeinen Glückseligkeit, seine eigene durch einzelne Aufopferungen befördert; denn sind die Grenzen der Freiheit zu eng gezogen, die Aufopferungen zu groß, so fühlt sich der Mensch in Verbindung unglücklicher als im isolierten Zustande; und so fällt also die Ursache weg, weswegen er sich an andre angeschlossen hat. Jedermann wünscht daher, auch als Staatsbürger, noch immer so viel von der natürlichen Freiheit zu behalten, als mit der Wohlfahrt des Ganzen bestehen kann. Es kommt deshalb darauf an, *richtige Begriffe von der bürgerlichen Freiheit* festzusetzen, damit wir, die wir das Joch der Tyrannei abgeschüttelt haben, um freie Bürger zu werden, uns untereinander verstehen und wissen mögen, was wir suchen und was wir erlangen können.

Die Systeme des Natur- und Völkerrechts, die bei den europäischen Nationen im Gange sind und die ich studiert habe, finde ich voll verdrehter, konventioneller Ideen, die nichts weniger als aus der Natur entlehnt, nicht von der nüchternen, vorurteilsfreien Vernunft eingegeben sind; ich finde künstliche, ja sogar religiöse Begriffe mit eingemischt, die gar nicht dahin gehören, wovon der Mensch im Stande der Natur nichts wissen kann.

Die Freiheit des Menschen im natürlichen, rohen, wilden Zustande besteht darin, daß jeder einzelne alle seine Handlungen willkürlich einrichten, tun darf, was ihm beliebt und wozu er Kräfte hat, und nehmen, was ihn gelüstet und was er bekommen kann.

Der Mensch im geselligen Zustande unterläßt manche willkürliche Handlung, versagt sich manchen Besitz und Genuß, um andern dergleichen zu überlassen, in der Absicht, daß diese ein Gleiches in Rücksicht seiner tun werden, oder er gibt etwas hin, um wieder zu erhalten und desto sicherer das Übrige zu besitzen; allein diese Aufopferungen sind willkürlich, sind das Werk wohlwollender Empfindungen oder Spekulation des Eigennutzes.

Die Menschen im bürgerlichen Leben bringen diese Regeln der Geselligkeit und gegenseitigen Aufopferung in gewisse Systeme, setzen, mit Übereinstimmung aller, Vorschriften darüber fest, die man Gesetze nennt, nach welchen dann jeder handeln muß, zu deren Befolgung man jeden zwingen kann, der im Staate geduldet sein will. Nun fallen alle willkürlichen Handlungen weg, weil keine Handlung erdacht werden mag, die nicht Einfluß auf die Wohlfahrt des Ganzen haben könnte. Wollte man, wie es von vielen geschieht, gewisse Handlungen davon ausnehmen und diese der freien Willkür der einzelnen überlassen, so würden sich bald Ursachen und Vorwände für jede Handlung finden. Dies nun, nämlich daß jede Handlung des Bürgers vom Staate eingeschränkt werden darf, ein Gegenstand der Gesetzgebung werden kann, klingt sehr despotisch; doch wird das wegfallen, wenn ich mich deutlicher erkläre. Despotismus besteht in der Befugnis, die einem oder mehrern verstattet, von einem oder mehrern genommen wird, andern willkürlich vorzuschreiben, was sie in einzelnen Fällen tun oder unterlassen sollen; die Gewalt einer vernünftigen Staats-Verfassung hingegen beruht auf der Befugnis des ganzen Korps der Bürger, unter sich, durch Mehrheit der Stimmen, Regeln festzusetzen, nach welchen jeder einzelne Bürger seine Handlungen einrichten soll, solange er im Lande leben will, und in der Befugnis der Vorsteher des Staats, mit aller Strenge auf Befolgung dieser Regeln oder Gesetze zu dringen und zu halten.

Nach diesen allgemeinen Begriffen bestimme ich folgende besonderen Sätze:

1) Alle Handlungen eines Bürgers im Staate *können* ein Gegenstand der Gesetzgebung sein, weil sie alle Einfluß auf das Ganze haben können; eine andre Frage aber ist, ob es *gut sei*, über *alle* Handlungen Vorschriften zu geben? Es ist also keinem Zweifel unterworfen, daß der Staat sich zum Beispiel in das Erziehungswesen mischen und darüber Gesetze geben *dürfe*, weil es ihm nicht einerlei sein kann, was für Bürger ihm die folgende Generation liefert; allein es ist noch nicht ausgemacht, ob es zweckmäßig und vorteilhaft sei, oder nicht, sich in das Geschäft der Privat-Erziehung zu mischen. Ganz gleichgültige Handlungen einzuschränken wäre nun vollends Torheit.

2) Neue Gesetze aber, welche die Freiheit gewisser Handlungen einschränken, können nur mit Wissen und Willen *aller* erwachsenen Bürger im Staate gegeben werden.

3) Da nicht zu erwarten steht, daß Tausende leicht einerlei Meinung sein werden, so muß bei einer solchen Gesetzgebung die Mehrheit der Stimmen entscheiden. Die weiseste Meinung ist nun aber freilich nicht immer die Meinung des größern Haufens; allein jeder kann sich für den Weisesten halten; und wer darf dann entscheiden? Es bleibt daher kein anderes Mittel übrig, als die Meinung der mehrsten für die beste Meinung zu halten; und am Ende muß es ja auch von dem größten Haufen abhängen, unweise Gesetze zu geben, wenn er nun einmal keine andren haben will, weil der größere Haufen der stärkste Teil ist und das Recht der Stärkern in der ganzen Natur die Oberhand hat.

4) Es muß jedermann erlaubt sein, wenn ihm diese Gesetze nicht gefallen, das Land zu verlassen, in welchem man gezwungen wird,

nach denselben zu handeln. Ein Gesetz also, welches den Bürgern im Staate das Auswandern verbietet, ist ein tyrannisches Gesetz; denn die bürgerliche Einrichtung soll eine Wohltat für einzelne Menschen sein, und man darf niemand zwingen, wider seinen Willen Wohltaten anzunehmen.

5) Durch das Recht des Stärkern, folglich auch durch Vereinigung der größern Anzahl gegen die kleinere, folglich auch durch Entscheidung der Mehrheit der Stimmen, könnten ungerechte Befehle gegeben werden; die bloße Freiheit aber, sich diesen Ungerechtigkeiten durch Auswanderung aus dem Lande zu entziehen, scheint manchen guten und nützlichen Bürger in die Verlegenheit stürzen zu können, des Eigensinns vieler schiefer Köpfe wegen, mit seinem gradern Kopfe das Land zu verlassen und die Früchte seines Fleißes darin mit dem Rücken anzusehen, ein Land, in welchem er manche andre Gemächlichkeit fand und auf vielfache Weise Gutes stiften konnte. Um auch diesen Nachteil vom Staate abzuwälzen, muß man jedem erlauben, die Gemüter der größern Anzahl zum Vorteile seiner Meinung zu lenken. Da doch am Ende alles auf dem Recht des Stärkern beruht, so darf man auch niemand die Mittel benehmen, durch Stärke des Geistes, durch die Übermacht, welche höhere Verstandeskräfte gewähren, der andern Macht das Gleichgewicht zu halten. Es muß daher jedem unverwehrt bleiben, frei über zu machende und zu verändernde Gesetze seine Meinung zu sagen und zu schreiben und alle Künste der Überredung und jedes andre Mittel anzuwenden, um den großen Haufen, welcher entscheidet, auf seine Seite zu bringen. Wendete er unedle Mittel an, und ließen seine Mitbürger sich durch unedle oder sophistische Gründe lenken, so wäre das ein Zeichen, daß die mehrsten dieser Leute schlechte, unvernünftige Menschen wären; und da würde dann erfolgen, was sie verdienten und der Ordnung der Dinge angemessen ist – sie würden eine schlechte Staats-Verfassung bekommen. Dies wird aber schwerlich je der Fall sein, und wenn man nur zwanglos der Ordnung der Natur den freien Lauf läßt, so wird auf die Länge immer die Sache der gesunden Vernunft die Oberhand behalten.

6) Ist ein Gesetz einmal gegründet, so muß freilich die heranwachsende Generation sich demselben unterwerfen, obgleich sie nicht ihre Stimme dazu gegeben hat; denn sie hat ja keinen neuen Staat zu errichten, sondern der Staat ist schon gegründet, in welchem zu leben die Neuhinzukommenden entweder die Freiheit

behalten und sich dann den Vorschriften unterwerfen müssen, oder aber auswandern mögen. Allein auch dies könnte zu einer Art von Ungerechtigkeit werden; nach Verlauf eines Jahrhunderts lebt ja keiner von den Gesetzgebern mehr; auch verändern sich die Zeiten und Umstände; da ist es dann unbillig, daß Menschen ihren freien Willen nach Vorschriften einschränken sollen, die in alten Zeiten Personen gegeben haben, welche gar keine Gewalt über die Handlungen solcher Menschen haben konnten, die damals noch nicht existierten. Um auch diesen abzuhelfen, muß jedem Bürger im Staate freistehen, nicht nur über zu gebende Verordnungen ungestört seine Meinungen zu sagen und sie auf alle Art gelten zu machen, sondern diese Freiheit muß sich auch auf sein Urteil über schon existierende Gesetze und Einrichtungen erstrecken, die er abgeschafft zu sehen wünscht. – Frei und ungehindert muß also jeder Bürger über Regierung und Staatsverwaltung reden und schreiben dürfen.

7) Da der Ton des Zeitalters, da Lebensart und Sitten, Verhältnisse der Einwohner gegeneinander und gegen Fremde, das Land selbst, kurz!, alles, in einem Zeitraume von einem Menschenleben sich verändert, so werden manche heute gegebenen Gesetze nach fünfzig Jahren unnütz und zwecklos sein. Es ist daher der Klugheit gemäß, daß die Volks-Versammlung, nach Ablauf einer gewissen, zu bestimmenden Zeit, die sämtlichen Landesverordnungen aufs neue durchgehe, untersuche, Einwendungen dagegen und nützliche Vorschläge zu Abänderungen und Neuerungen von jedem Bürger im Staate sich vorlegen lasse und darnach ein neues Gesetzbuch verfertige.

8) So gewiß jede Handlung eines Bürgers durch Gesetze bestimmt oder eingeschränkt werden darf, wie ich das schon bewiesen habe, so sehr befördert es die allgemeine und die Privat-Glückseligkeit, daß man bei der Gesetzgebung darauf Rücksicht nehme, so wenig wie möglich die natürliche Freiheit einzuschränken, sich untereinander keinen unnützen oder gar schädlich werdenden Zwang aufzulegen. Es werden daher bei unsrer Legislation eine Menge kleinerer Verordnungen wegfallen, die bei andern Völkern ganze Bände füllen.

9) Da die Gewalt der Gesetzgebung sich nur auf Handlungen erstreckt, so können Gedanken und Meinungen gar nicht, offenbare Absichten sehr selten ein Gegenstand derselben sein.

10) Was der Mensch besaß, ehe er in die bürgerliche Verbindung

trat, was er ohne sie besitzen kann, was er ihr nicht zu verdanken, von ihr nicht zu erwarten hat, wovon sie ihm den Besitz nicht zuzusichern vermag, endlich was er ihr nicht aufopfern kann, weil er selbst nicht Herr darüber ist; das darf ebensowenig ein Gegenstand der Gesetzgebung werden.

11) Weil es jedermann erlaubt sein muß, auch über die wichtigsten Dinge frei und offenherzig seine Meinung zu sagen, und nur Handlungen der Gegenstand der Gesetzgebung sind, so dürfen also gesprochene und geschriebne Worte, von welcher Art sie auch sein mögen, nie durch Gesetze eingeschränkt werden.

12) Da auf diese Weise der Staat den Bürgern Gelegenheit gibt, öffentlich alles Gute zu tun und zu reden, zum Besten des Ganzen und zu ihrer eignen Wohlfahrt alle redlichen Mittel anzuwenden, sie auch gegen Beeinträchtigung dieser Freiheit kräftig schützt; so darf er dagegen desto strenger jede geheime Machination, jede versteckte Meuterei, jede im Finstern schleichende Wirksamkeit einzelner und verbundner Menschen, jede anonyme Verunglimpfung, Schmähung und Anklage, verdächtig finden und ahnden; denn da, wo man der Vernunft der Ausbreitung nützlicher Kenntnisse und der Ausführung nützlicher Zwecke keinen Zwang auflegt, da kann es keine erlaubten geheimen Künste und keine redlichen geheimen Pläne geben. – Soviel von der bürgerlichen Freiheit und den Grenzen der gesetzgebenden Macht im allgemeinen!

34
Johann Adam Bergk
Die Konstitution der demokratischen Republik

Die Leidenschaften der Menschen sollen nicht unterdrückt, sondern nur unter den Aussprüchen des Rechts gehalten werden. Keine physische Gewalt kann sie ausrotten, aber eine moralische kann sie veredeln und zu hohen Taten gebrauchen. Leidenschaften sind die Hebel der menschlichen Natur: ohne sie geschieht nichts, das durch seine Stärke und Erhabenheit die Menschen begeisterte und sie zur Nachfolge im Guten fortrisse.

Moralischer Enthusiasmus ist das Salz der Erde, das die Menschen vor Fäulnis bewahrt. Aus ihm saugt unser Ich stärkende Nahrung und belebt und entflammt sich durch seine beseelende Kraft zu Unternehmungen, die alle Augenblicke dem Leben Vernichtung drohen. Eine Tat, die aus heiliger Scheu und aus feuriger Liebe gegen das Moralgesetz vollbracht wird, steckt die Zuschauer an, macht sie mit den gefahrvollen, aber reizenden Freuden der Tugend bekannt, flößt ihnen Ehrfurcht und Anhänglichkeit am Rechttun ein und streut ein Samenkorn aus, das tausendfältige Früchte trägt. Alle Zeitalter, wo eine sittliche Begeisterung der herrschende Charakter einiger Männer war, sind voll von heroischen Taten und staunenswürdigen Aufopferungen. Ihr Anblick ermüdet nicht, man fühlt sich durch ihre Bewunderung erhaben, und der Geist ringt, ein Beispiel, das den Beifall der Gottheit und der Menschen hat, zu geben.

Der Mensch soll in diesem Erdenleben nicht ruhen, sondern kämpfen. Glück, das jedem Geschöpfe mit offenen Sinnen zufließt und das den Tieren nachläuft, ist nicht sein Los, sondern Ausbildung durch Unglück, Mühe und Sorgen, die in seinem Innern eine Zufriedenheit erzeugen, die kein Sturm zerstört, kein Frost tötet und kein irdisches Ungemach zertritt. Diese stille geistige Seligkeit ist der Funke des Himmels, der uns mit der Gottheit verschwistert und mit den Freuden des Unendlichen bekannt macht. Nie erreicht ihre Wohnung die Außenwelt, und all ihr Anstürmen prallt von ihr zurück. Der Tyrann kann den Tugendhaften töten, aber ihm nicht die himmlische Ruhe rauben, die in seinem Herzen wohnt und ihm alles Unrecht verächtlich macht.

Jede schreckliche Naturbegebenheit und jeder Ausbruch der zerstörenden Selbstsucht reißt den Menschen aus dem Schlafe auf, in den ihn irdische Ruhe einlullte und ihn seine Bestimmung vergessen machte. Je mehr den Menschen Unglück verfolgt, ein desto größerer und edler Mann wird er, und je öfter er sich in Streit mit den Übeln der Welt und mit den Lastern der Menschen wagt, desto mehr Energie, Verachtung des Lebens, Wertschätzung der Vernunft und heilige Scheu gegen die Tugend erzeugt er in sich.

Der Mensch, der noch nie den Neid, die Bosheit, Verleumdung und den Haß anderer empfunden hat, ist noch ein Sklave des Instinktes, der sich noch nicht von der blinden Notwendigkeit losgerissen hat, daran ihn das vernunftlose Schicksal schmiedete. Durch Krieg mit sich und andern tritt der Mensch in das Reich der Freiheit ein und fängt erst sein eigenes Leben an. Anfälle von innen und außen stürmen auf sein Ich los, um es zu betäuben und das Erwachen zum Menschen zu verhindern, aber Mut und Beharrlichkeit führen glücklich durch die Übel, die sie uns zufügen, hindurch, und das Bewußtsein unserer Größe und Allmacht steht lebendig und immer gegenwärtig in uns da und trägt uns: Kultur ist die Ausbeute, die wir aus den Ungewittern dieser Welt mit hinausnehmen. Tauglichkeit unserer Anlagen zu allerlei Naturzwecken ist das Gut, das uns allein das Erdenleben gewähren konnte. Der Zweck ist errungen, wir haben nicht umsonst gelebt, die Tierheit ist der Menschheit gewichen, und die Notwendigkeit der Freiheit.

Da der Mensch eine Bestimmung auf dieser Erde hat, die er durch Selbsttätigkeit erreichen soll, so müssen auch alle Einrichtungen, die Menschen treffen, dahin abzielen. Jede Regierungsform muß daher auf den irdischen Zweck des Menschen berechnet sein, und kann sie ihn auch nicht bewirken, so darf sie seine Realisierung doch auch nicht hindern. In ihrer Organisierung muß man die Form antreffen, die dem Erdenleben am angemessensten und zuträglichsten ist. Ein großer Wirkungskreis der menschlichen Kräfte, anlockende Reize zur Tätigkeit, eine gerechte Vergeltung der Arbeiten und eine durchgängige Herrschaft des Rechts sind die Forderungen, die eine Staatsform, die die Prüfung der Vernunft aushalten will, aufweisen muß.

Eine menschliche Regierungsform muß ein Werk der Weisheit und der Klugheit zugleich sein. Bloße Klugheit wirft uns unter die Tiere, die der Instinkt sicher zu ihrem Zwecke leitet, die uns aber nach tausend Schiffbrüchen in aussichtsloser Verirrung läßt: bloße Weisheit macht uns zur Gottheit. Beides sollen wird nicht sein: denn zum einen fehlen uns die Kräfte, denen die Endlichkeit Schranken, die die Verwandlung im Tode tief in unser Gedächtnis grub, setzte, und bei dem andern verdirbt uns die Freiheit, die uns in der Irre herumwirft und eigenen Wert erkämpfen und selbstiges Glück erwerben heißt, das Spiel.

Wir sind Wesen, die den Gesetzen zweier Welten gehorchen sollen, und die unsere Geschicklichkeit in ihren Wirken in Harmonie bringen soll. Uns strahlt in der Ferne ein Ideal vollendeter Menschheit entgegen, dem uns zu nähern durch Pflicht geboten ist. Wie müssen wir es nun anfangen, das Ziel nicht zu verfehlen und unsern Zwecken auf dem kürzesten Wege entgegenzugehen.

Alle Annäherung zu diesem Zwecke geschieht nur durch freie Selbsttätigkeit: denn niemand kann uns Ausbildung und Tugend geben, die wir uns nicht durch hartnäckige Verfolgung im Streite mit uns und andern zu eigen gemacht haben. Nur durch unser eigen Bemühen können wir Erlösung von unserer Unvernunft und unserm Unwerte hoffen. Wir sollen selbständige Wesen werden und uns alles, was wir sind, zu verdanken haben. Mit allen Einrichtungen zur Beförderung unserer Tugend und unserer Vollkommenheit ist uns nichts geholfen, wenn wir nicht selbst Hand an das Werk unserer Bildung legen, um uns aus dem Staube, in den uns die Endlichkeit niederdrückte, zu heben und uns aus dem Schlummer, in dem das Tierleben vegetiert, aufzuwecken. Diese eigene Bearbeitung unsrer Natur adelt unsere Bestimmung. Wir sind alles durch uns selbst.

Der Zweck des bürgerlichen Vereins ist Verhinderung des Unrechts und Gelegenheit zu unserer Erziehung. Wodurch kann nun jede Beleidigung und jeder Eingriff in die Rechte anderer unmöglich gemacht werden?

Durch eine Verfassung, die klug und weislich organisiert ist, wird eine strenge Ausübung des Rechts eingeführt und die Absicht, den Menschen zum Rechttun zu erziehen, befördert. Hier ist ihm die Möglichkeit, mündig zu werden, nicht geraubt, obgleich der Staat dadurch, daß er das Recht streng handhabt, seine Pflichten noch nicht alle erfüllt: denn er muß auch Anstalten, die den Menschen einsichtsvoller und weiser machen können, und die die menschliche Anlage zu entwickeln und zu bilden bestrebt sind, einführen.

Da aber die beste Staatsform der Menschheit nichts nützt, solange man nicht in den Menschen, die sie zu vollziehen bestimmt sind, den besten Willen erzeugt, dieselbe auch mit dem Verluste ihres Lebens aufrechtzuhalten und zu handhaben, so muß man Mittel aufsuchen, die den Eigennutz der Herrscher stets und unwandelbar an die Ausführung des Rechts fesseln.

In jeder Verfassung müssen die vier konstituierenden Gewalten voneinander getrennt sein; denn diese Teilung ist das Kennzeichen des Rechts, das jedem rechtlichen Gegenstande durch die Formen des Urteils aufgedrückt wird. Die Formen der Gerechtigkeit sind verschieden, also muß auch die Vollziehung derselben unter mehrere Personen, deren Zusammenwirken das Recht in der Erscheinung verwirklicht, geteilt sein.

Die Art und Weise, eine Verfassung zu handhaben, heißt die Regierungsform. Welche Regierungsform ist nun gerecht? Da jede Verfassung durch und für das Volk eingeführt ist oder doch sein soll, so ist es Pflicht, daß das Volk durch die Regierung das Recht selbst ausführe. Die Wählbarkeit aller Beamten durch das Volk ist daher moralisch notwendig. Alle Bürger sind berechtigt, an der Regierung Anteil zu nehmen: jeder lange Genuß eines Amtes ist daher ungerecht. Das Recht erfordert, daß alle Beamten oft gewechselt werden, damit nicht durch Ausschließung anderer Rechte beleidigt werden. Die Möglichkeit, ein Staatsamt zu erhalten, muß jedem offenstehen; denn sie ist in der Pflicht aller enthalten, zur Ausübung des äußern Rechts beizutragen. Der Mensch soll seine Angelegenheit selbst besorgen und sie nicht der Sorge anderer überlassen, und er macht sich, wenn er ein Amt erblich werden läßt, der Übertretung des Sittengesetzes durch Feigheit und Niederträchtigkeit schuldig.

Die demokratische Republik, die eine Konstitution, die die Weisheit und die Klugheit organisiert haben, aufzuweisen hat, ist die Regierungsform, die der Freiheit des Volkes alles, was zur strengen Handlung des Rechts gehört, überläßt. Sie hat daher allein die rechtliche Form, die die Vernunft von allem, was Menschen zu ihrer Sicherheit und zu ihrer Erhaltung tun, fordert: jede andere Regierungsform entehrt Erblichkeit der Ämter, die ein Produkt der Unwissenheit, Menschenverachtung und der Bosheit ist.

Die Weisheit ist die Schöpferin der demokratischen Republik: denn alle Mittel, die sie zu ihrer Organisierung nötig hat, sind durch das Sittengesetz geheiligt, das alles, was Menschen angeht und was ihre Rechte sichert und ihre Bestimmung befördert, der Selbsttätigkeit jedes Menschen aufträgt. Die Gerechtigkeit wird in ihr versinnlicht und den Menschen zur steten Nachahmung als Muster vorgehalten. Die Freiheit durch das Recht beschränkt verbannt den Zufall, der allenthalben sein menschenentehrendes Spiel treibt. Einsicht, Kenntnisse, Redlichkeit und Patriotismus können sich in ihr allein geltend machen, weil sie die Grundlagen sind, darauf sie erbaut sein muß, wenn sie sich nicht das Mißfallen der Vernunft und die Vorwürfe des Gewissens zuziehen will.

Die Forderung des Rechts erfüllt die demokratische Republik; es fragt sich nun auch, inwiefern sie der Klugheit angemessen ist? Zweckmäßig ist die Regierungsform, die die Bestimmung des Menschen in dieser Welt am meisten begünstigt, indem sie ihre Kräfte stets zum Wirken reizt und ihnen einen großen Spielraum gewährt.

In der demokratischen Republik werden alle Beamten durch das Volk gewählt. Da nun zu jeder Verwaltung Einsicht und Tugend erfordert wird, so übt das Aussuchen der Geschicktesten und Würdigsten die intellektuelle und moralische Urteilskraft. Das Volk fängt an, die Redlichkeit zu achten und die Wissenschaften und Kenntnisse zu ehren. Die Vorzüge, die man ihnen gewährt, fesseln mit unwiderstehlicher Gewalt den Zuschauer und Teilnehmer und werben ganz unvermerkt zum Dienste der Vernunft und des Rechts an.

Durch die Erwählung der einsichtsvollsten und redlichsten Männer wird die Achtung gegen Tugend befördert und durch die Ähnlichkeit mit dem Ausspruche der göttlichen Gerechtigkeit, die das Glück mit der Sittlichkeit in Harmonie bringt, Zufriedenheit und Beruhigung bewirkt. Die Gottheit beurteilt zwar die Reinheit der Maximen und die Moralität der Gesinnungen, der Mensch nur die Legalität der Handlungen, aber dieses Urteil gewöhnt ihn doch an die notwendige Übereinstimmung der sinnlichen Welt mit der moralischen, lehrt ihn seine Bestimmung und sein Wirken achten und macht ihm die Tugend lieb und wert.

Das Auge des Menschen beleidigt nicht die größte Disharmonie der Tugend im Staube und des Lasters auf dem Throne und der Wissenschaft in Vergessenheit und die Unvernunft im Glanze. Sein Herz kränkt nicht die Beleidigung und das Zurücksetzen des Gerechten, und seinen Verstand empört nicht die Herrschaft der Dummheit und der Unwissenheit. Dem Menschen wird durch den Vorzug des Verdienstes der Mensch kein verächtliches, sondern ein hehres und wertes Geschöpf. Menschenfeindschaft erstickt im Keime, und Unzufriedenheit mit dem Regenten der Welt schlägt in keines Herz eine feste Wohnung auf.

»Wer wollt auch stets des Schicksals Streiche dulden?
Des Unterdrückers Hand, des stolzen Mannes Hohn,
Den Neid, der dem Verdienst Nichtswürdigkeit bereitet?«

Da der Mensch der Tugend und den Kenntnissen Achtung und Vorzüge gewähren sieht, so strengt er alle Kräfte an, den ewigen Gesetzen des Rechts stets zu gehorchen und die Wahrheit, die nur durch Versuche und durch den selbsttätigen Gebrauch der menschlichen Anlagen und nach tausend Irrtümern gefunden wird, aufzusuchen. Freudig tritt er jede Schwierigkeit an, und mutig übernimmt er jede Gefahr, wenn sie ihm nur eine Aussicht, die Bedürfnisse seines Geistes zu befriedigen, in dunkler Ferne zeigen.

Der Mensch, der in einem Freistaate lebt, erblickt mancherlei Erscheinungen der menschlichen Natur, die man nirgends gewahr wird, und sieht Kräfte wirken, die allenthalben schlafen. Er lernt daher durch aufmerksames Beobachten seiner selbst und anderer den Menschen und seine Verhältnisse genauer kennen, er sieht, welcher Anstrengungen und Gewalttätigkeiten er fähig ist, und macht sich mit den Abwegen und Verirrungen vertraut, in die der Mensch aus Mangel an Freiheit, sich aller seiner Kräfte unumschränkt zu bedienen, oft gerät. Die Fehler andrer machen uns klug und vorsichtig und bereichern unsere Erfahrungen mit Kenntnissen, die wir uns erst auf eigene, oft schmerzliche Kosten hätten erwerben müssen.

Bekanntschaft mit den Mitteln, die am tätigsten und unfehlbarsten auf das menschliche Gemüt wirken, erwirbt der Mensch durch öftere und sonderbare Ausbrüche der Neigung, Begierde und Leidenschaften seinesgleichen, die sich in Freistaaten ohne Scheu äußern, und er wird dadurch geschickter, sich und andere zu regieren.

Obgleich der Mensch die Pflicht hat, seine Anlagen auszubilden, um durch Kultur einen immer größern Wirkungskreis zu erlangen, und um immer willfähriger zu werden, dem Sittengesetz treu und gewissenhaft zu folgen, so ist doch der innere Antrieb und die Forderung des Sollens nicht immer imstande, ihn in eine tätige und geschäftige Welt zu stoßen. Es sind daher noch äußere Triebfedern nötig, die ihn zur Geschäftigkeit fortreißen und die seinen Ehrgeiz, seine Liebe zum Ruhme und seinen Eigennutz reizen, um sich im Getümmel der Welt durch Tatentun Vollkommenheiten zu erkämpfen. Äußerer Glanz fesselt den Eiteln und weckt Kräfte in ihm, die ohne solche Anforderungen von außen nicht würden tätig geworden sein. Kann auch keine Regierungsform dem Menschen Tugend und Kultur geben, so kann sie ihm doch Gelegenheit verschaffen, sich auf eigene Kosten zu versuchen und zum Zwecke in dieser Welt auszubilden. Der Staat ist in Beziehung auf die Bestimmung des Menschen nur ein Mittel zur Vernichtung der Hindernisse, die den Menschen nicht frei und ungehindert in die Sinnenwelt wirken lassen.

Der Zweifel, ob auch eine demokratische Republik in die Welt eingeführt werden könne, darf ihrer Realisierung kein Hindernis in den Weg legen, weil sie moralisch notwendig ist und weil das, was gerecht ist, auch mit Aufopferung muß getan werden. Die Weisheit hat ihr Geschäft vollendet, wenn sie die Form des Rechts in der Verfassung geltend gemacht hat. Da aber jede Regierungsform ein Produkt der Einsicht und der Willkür ist, so muß die Klugheit auf die Aufklärung und Vorstellungsart bei der Formierung einer Verfassung Rücksicht nehmen, nicht gegen den Geist der Zeit anstoßen und ihm dadurch Festigkeit rauben. Sie muß die Modifikationen der menschlichen Natur in der Erscheinung kennenlernen, um die zweckmäßigsten Mittel zur genauen und strengen Beobachtung der Gesetze zu ergreifen.

Man überhäuft die demokratische Republik, die man doch nicht kennt und von der die Welt noch kein Muster aufzuweisen hat, mit Vorwürfen, die man aus der Erfahrung, von der Schwäche der menschlichen Natur, von der Unbändigkeit der Leidenschaften und von der Verdorbenheit seiner Zeitgenossen hernimmt. Unter der Regierungsform einer demokratischen Republik verstehe ich die Regierung durch das Volk oder seine Stellvertreter nach einer Konstitution, die weislich und klug organisiert ist. Selbst die nordamerikanischen Freistaaten sind keine vollkommenen Demokratien, weil man dem Grund- und Geldeigentümer Vorzüge vor andern Einwohnern zugestanden hat, und also ihre Verfassung in Rücksicht auf das Recht keine strenge und unparteiische Kritik aushält. Die Menschen dürfen sich nicht in Staaten verbinden, um bloß ihr Grundeigentum zu schützen, sondern um vollendete Menschen in der Erscheinung zu sein. Jede Regierungsform muß daher über alles die Menschen achten, und jeder, er sei, wer er wolle, und habe, was er wolle, ist zur Ausübung aller Bürgerrechte befugt. Jede Regierungsform, die sich auf etwas außer uns gründet, nimmt nur einen Teil des Menschen, z.B. seinen sinnlichen Charakter, in Anspruch und untergräbt so ihre Stütze durch Ungerechtigkeit, und nicht der ganze Mensch, sondern nur ein Teil seiner Natur wird geachtet und zur Wirksamkeit aufgefordert.

Welche Beschuldigung macht man nun der demokratischen Republik? Sie ruft, sagt man, alle Leidenschaften auf den Kampfplatz, erweckt die Herrschbegierde, die Ehrsucht, den Eigennutz und alle verderblichen Laster in der Brust des Menschen, um sie in den Stürmen der Demokratie zu befriedigen. Unterdrücken denn aber andere Regierungsformen die bösartigen Begierden der Menschen? Schwelgen nicht in der Aristokratie und Monarchie Heuchelei, List und heimlicher Betrug auf Kosten der Menschheit? Und sind diese heimtückischen und entehrenden Laster der menschlichen Natur nicht weit gefährlicher als die Ausbrüche der Leidenschaften in der Demokratie, die ihnen die Preßfreiheit und die Vaterlandsliebe entgegenstellt, und da sie frei und offen geschehen, so braucht sie niemand zu fürchten. Klugheit weicht ihnen aus und Uneigennützigkeit achtet ihr Schaden nicht.

Aber warum will man denn die Leidenschaft gänzlich unterdrückt und ausgerottet haben? Ohne sie kann und darf der Mensch nicht sein. Durch ihren Antrieb gezwungen und durch ihre Forderung genötigt wagt er sich in Gefahren, die seinen Kopf und sein Herz wohltätig nähren und bilden. Der Mensch ist nicht zur Ruhe, sondern zur Tätigkeit geschaffen: seine Ausbildung und seine Würde soll sein eigen Werk sein. Auch sind die Leidenschaften nicht unmoralisch, solange ihre Befriedigung nicht auf Kosten des Sittengesetzes geschieht. Ist denn feurige Liebe für Freiheit, Recht und Wahrheit und das immer rege Bestreben, sie zu erringen und in der Welt allgemein geltend zu machen, durch das Moralgesetz verboten? Verdient der Ehrgeiz, die Ruhmbegierde, der Haß gegen Tyrannei Tadel, solange ihre Wirkungen keines Rechte beleidigen? Die Demokratie ist die beste Erziehungsanstalt für den Menschen auf dieser Erde, und das Fegefeuer für seine Leidenschaften. Das Unedle und Unreine fällt durch das öftere Zusammenstoßen mit freien und uneigennützigen Personen weg und heilt das Gemüt von allen niederträchtigen Begierden und schändlichen Unternehmungen.

Die Faktionen, die sie hegen und nähren soll, sind bloß eine Frucht der Roheit früherer Jahrhunderte, ein Erzeugnis aristokratischer Republiken. Die Kultur, die jetzt einen festen und erhabenen Standpunkt erreicht hat, weil ein Teil des Menschengeschlechts in der Ausbildung der Anlage zur Personalität begriffen ist, und also seine ganze Natur in Wirksamkeit zu setzen strebt, ist das Gegengift aller Faktionen. Jetzt fangen die Menschen an einzusehen, daß das Recht der Grundsatz und der Richter aller ihrer Handlungen sein soll.

Wären aber auch die Vorwürfe gegen die Demokratie, daß sie ein Herd aller Leidenschaften und Unruhen sei, gegründet, so dürfte sie doch nicht aus der Welt verbannt werden, weil sie ihrer Form nach die gerechteste Staatseinrichtung ist, und weil sie die Ausbildung des Menschen am sorgfältigsten nährt und am besten begünstigt. Das Recht und nicht die Hoffnung oder Furcht, die das Prinzipium aller andern Regierungsformen sind, soll herrschen. Friede und Ruhe unter dem Schutze der Gerechtigkeit und nicht Grabesstille, auf Kosten der Menschheit erkauft, soll der Beweger der

Welt und Menschen sein.

Vergleicht man nun die demokratische Republik mit der eingeschränkten Monarchie, wie unterscheiden sie sich voneinander? Die Beamten der Republik werden alle durch das Volk gewählt, und diese Wahl geschieht oft: in der Monarchie übt zwar das Volk seine Souveränität in der Wahl einiger Beamten aus, die vollziehende Gewalt aber ist entweder erblich oder auf Lebenszeit verliehen. Ist sie das letzte, so ist sie schon deswegen ungerecht, weil man sich und die Gesetze unbedingt einer Person unterwirft, die zum Unrechttun geneigt und durch ihre Allgewalt dazu aufgefordert wird, die oft schwach an Verstand und Willen und die dem Alter unterworfen ist. Das Unrecht leuchtet aber noch mehr dadurch ein, daß man eine Handlung der Freiheit aufopfert, die nicht aufgegeben werden darf, weil die Einsichten und die Willkür der Menschen steten Veränderungen unterworfen sind. Man handelt daher nicht allein ungerecht, sondern auch unklug: man gibt einem einzigen mehr Gewalt, als je ein Mensch ertragen kann, man erlaubt seiner Herrschsucht einen schrankenlosen Spielraum und unterdrückt in ihm durch den Schimmer und die Allmacht der vollziehenden Gewalt, die Verderbtheit und Bösartigkeit nur zu oft umringen, die Achtung gegen die menschliche Natur. Menschen, die lange regiert haben, verachten gemeiniglich den Menschen, weil sie sein Laster und seine Niederträchtigkeit nur zu oft haben kennen lernen. Sie waren eine Beute der Falschheit und nahmen dafür an ihren Untertanen blutige Rache.

Macht man die vollziehende Gewalt erblich, so handelt man ebenso ungerecht wie unklug. Die Erblichkeit raubt der Nation die Ausübung des allgemeinen Willens und erniedrigt moralische Personen, die durch Vernunft und Freiheit wirksam sein wollen, zur bloßen Sache. Man entzieht ihrer Willkür, was sie ein Recht zu behaupten hat und was jeder andere aus Pflicht heilighalten soll: unklug verfährt man, daß man das Schicksal allein bestimmen läßt, ob ein Dummkopf oder ein Bösewicht oder ein einsichtsvoller und gerechter Mann auf dem Throne sitzen soll. Jede Monarchie ist daher ein Spiel in den Händen des Ungefährs, das über Menschenleben und Freiheit nach Laune schaltet.

Das größte Übel aber, das einer erblichen Monarchie auf dem Fuße nachfolgt, ist ein Hof. Hier handelt man nicht gut und gerecht, weil man soll, sondern weil man durch den Schein betrügen und überlisten will. Höfe sind Treibhäuser des Sklavensinns, der

Schmeichelei, des Betrugs, der Unterdrückung, der Falschheit und aller Ungeheuer, die die menschliche Natur gänzlich entstellen. Alle Laster kleidet man in ein einschmeichelndes Gewand und stößt allem, was sich naht, das süße Gift, das die Menschheit tötet, ein. Der Mensch ist hier eine Pflanze auf fremdem Boden. Die Freiheit ist verbannt, das Sittengesetz wird verspottet, die Forderungen der menschlichen Natur werden verachtet, die Religion wird verlacht und die Gottheit unter die Gespenster, die man bald fürchtet, und über die man sich bald lustig macht, gezählt. Heuchelt man auch je zuweilen Frömmigkeit, so hat man Lust, auf Kosten der frommen Einfalt zu schwelgen.

Höfe verursachen eine gänzliche Verwirrung in den Begriffen der Menschen. Gut nennt man, was Vorteil gewährt. Gerechtigkeit, was Eigennutz und selbstsüchtige Laune gebietet, wahr, was mit der Mode und der positiven Religion übereinstimmt, schön und erhaben, was durch unmittelbaren Eindruck den Sinnen schmeichelt und ihnen Wollust gewährt. Welchen Verlust leidet die Menschheit durch solche Verkehrtheit und wie sehr wird die Ausbildung des Menschengeschlechts durch solche Unnatur aufgehalten! Die Natur bestraft jede mutwillige Abweichung von ihrem Wege, und weder das moralische Gefühl noch das lebendige Bewußtsein der Wirkungen des Verstandes erinnern den Menschen, daß Recht und Wahrheit ganz unabhängig von außen und daß sie reine Produkte unsers Ichs sind.

Eine eingeschränkte Monarchie kann daher auch nicht lange bestehen, weil sie den Keim des Verderbens schon mit auf die Welt bringt und weil sie sich auf Kosten der Wahrheit und des Rechts zu erhalten sucht. Aus ihren Trümmern steigt entweder eine demokratische Republik oder eine uneingeschränkte Monarchie empor. Diese Verwandlung ist unvermeidlich, weil ihre Errichtung ungerecht und unklug ist. Sie raubt dem Volke das Recht, alle Beamten selbst und oft zu wählen, und ihr Hof zieht entweder die Nation in Unsittlichkeit und Ausschweifungen hinein, oder er macht sich bei ihm verächtlich: daher werden die Bürger entweder moralisch schlimmer oder besser.

An einer uneingeschränkten Monarchie trifft man keine Spur eines ordnenden Geistes an, die ihm etwa Anspruch auf menschlichen Beifall geben könnte. Alle Gewalten sind in einer Person angehäuft, die moralische Wesen als Produkte des Bodens, den sie als ihr Eigentum ansieht, behandelt, verkauft, verarbeitet und in allerlei beliebige und menschenentehrende Formen gießt. Der unumschränkte Monarch ist ein feindseliger Dämon in Menschengestalt, der taub gegen die Stimme seines Gewissens die menschliche Natur zur Befriedigung seiner Begierden, Leidenschaften, Verbrechen und Laster braucht.

Jede uneingeschränkte Monarchie ist eine Despotie, die ebenso unzweckmäßig wie ungerecht ist. Jede Regierungsform soll das Recht handhaben, und deshalb muß ihre Einrichtung auf rechtlichen Formen beruhen, damit sich nie ein Verdacht der Ungerechtigkeit in ihren Urteilen und Aussprüchen in äußeren Rechtssachen einschleiche. Die Arten, das Recht zu denken, geben die verschiednen Operationen an, durch welche dasselbe in die Wirklichkeit eingeführt wird. In der uneingeschränkten Monarchie aber spottet man aller rechtlichen Formen und setzt an die Stelle der Weisheit die blinde und zügellose Willkür eines einzigen.

Das Volk darf seine Souveränität nicht rechtswidrig, sondern nach den Formen des Rechts ausüben lassen, ohne sich an dem Sittengesetze zu versündigen. Da nun die Souveränität in dem allgemeinen Willen besteht, und da dieser von der Einsicht und Aufklärung des Volks abhängt, so hat kein Volk das Recht, die Ausübung derselben zu veräußern, weil die Souveränität stetigen Veränderungen unterworfen ist. Eine uneingeschränkte Monarchie ist stets in Gefahr, gegen die allgemeine Denkungsart zu handeln und den Geist der Zeit zu beleidigen.

Die uneingeschränkte Monarchie ist unzweckmäßig, weil sie die Kultur des Menschen verhindert. Sie hat sich durch die Unterdrükkung der Menschheit eingenistet und erhält ihre Fortdauer nur auf Kosten aller menschlichen Äußerungen. Alle ihre Wirkungen sind auf die Tierheit, aber nicht auf den übersinnlichen Charakter des Menschen berechnet. Der Eigennutz allein hat freien Spielraum; die moralische Natur kann nicht erwachen und wirken, weil keine äußere rechtliche Erscheinung ihren Trieb auffordert. Alles Recht, das sich nicht unter dem Schutze des Eigennutzes geltend macht, ist verbannt. In den Handlungen des Regenten wird man keine Rechtsform gewahr; sein Beispiel vernichtet die Achtung vor der Gerechtigkeit. Die Tierheit entwickelt und nährt sich auf Kosten aller übrigen Anlagen des Menschen, sie reißt die Tätigkeiten des Geistes an sich, und der Mensch vergißt, daß er nicht allein Befriedigungen der Sinnlichkeit, sondern auch Forderungen der Vernunft zu erfüllen hat. Der Mensch muß bei seinem Hange zu bösen

Maximen und bei der Herrschaft der sinnlichen Triebe durch äußere Formen an das Recht gefesselt und auf seine höhere Natur aufmerksam gemacht werden. Der Staat, der rechtlich organisiert ist, erzieht den Menschen ohne Zwang, denn er hat in seiner Einrichtung Wirkungen von allen Kräften des Menschen aufzuweisen. Diese ziehen den Menschen an und machen ihm die Regierungsform wert und teuer. Die Rechtsverwaltung, die für alle gleich ist, verbrüdert die Menschen, erweckt in ihnen Hochachtung gegeneinander und gegen die heiligen Gebote des Gewissens. Eine uneingeschränkte Monarchie gestattet den menschlichen Kräften keinen Wirkungskreis, der ihrer Ausbildung günstig wäre und der die noch schlummernden Anlagen durch äußere Reize zur Tätigkeit riefe. Der träge Mensch, der bloß als Tier zu existieren gewohnt ist, fühlt kein Bestreben, sich zu äußern, sich zu vervollkommnen und eine weitere Reise zu seiner Erziehung und Bildung anzutreten. Nichts verscheucht seinen tierischen Schlaf; denn nirgends erblickt er eine Erscheinung, die aus einer höhern Welt entsprungen und aus seinem eigensten Dasein ausgeflossen wäre, die ihn stets an den Gedanken, daß er nicht immer am Boden kleben und daß er durch Selbsttätigkeit wirken soll, erinnerte, und die in ihm eine Revolution zur Losreißung von den Fesseln des Instinktes und ein Erwachen zur Freiheit bewirken könnte. Kein Wetteifer, sich Verdienste durch Arbeiten des Körpers und durch Erfindungen des Geistes zu erwerben, herrscht in uneingeschränkten Monarchien, weil Willkür und Eigennutz alle Ämter besetzen und alle Belohnungen austeilen und allen bürgerlichen Wert bestimmen. Kein Patriotismus kann in ihr gedeihen: denn nichts hält die Bürger zusammen, das alle anginge und das durch Teilnahme aller eine moralische Vereinigung in der Gesinnung erzeugte. Das äußere Recht allein ist der Urheber des Patriotismus: denn was ist für die Menschen interessanter als die rechtliche Gleichheit, und was befördert mehr ihre Einstimmigkeit als eine rechtlich organisierte Konstitution? Alles, was man an ihre Stelle setzt, erregt Streit und Zwietracht und verbannt Einmütigkeit und Liebe. Vergeblich sieht man sich nach andern Mitteln um, patriotische Bürger zu erziehen. Man muß eine rechtliche Verfassung einführen, denn das Recht ist das Fesselndste, Allgemeinste und Begeisterndste, was unter Menschen wohnen und sie zum Guten und Erhabenen auffordern kann. Welche Regierungsform nun den größten Wirkungskreis unter gerechten Gesetzen aufzuweisen hat, ist dem Zwecke des

Menschen am vorteilhaftesten; jede andere ist ebenso nachteilig für Menschenbildung wie ungerecht. Sie ist ein Verderben und eine Schande des Menschengeschlechts. Daher kann eine uneingeschränkte Monarchie nicht bestehen, weil sie nur die sinnliche Natur des Menschen in Wirksamkeit setzt und die Äußerungen der übersinnlichen unterdrückt. Fangen die Bürger an, die Stärke und Erhabenheit ihrer moralischen Natur zu fühlen und sich ihrer zu bedienen, so stürzt die Monarchie zusammen, weil sie in ihrer Form gar nicht auf die moralische Natur der Menschen gerechnet hat. Unsre jetzt bestehenden Monarchien können gar nicht als Widerlegung dieser Behauptung dienen. Unser Zeitalter ist erst in der Bearbeitung zur Moralität und in der Ausbildung der Persönlichkeit begriffen und beurteilte noch kürzlich alle Weltbegebenheiten nach den Grundsätzen des Nützlichen und Schädlichen. Man lese unsere Geschichtsschreiber, und frage sich: welches Interesse an einer Gattung wird durch diese Darstellung geweckt, und welche Verwandtheit mit den spielenden Personen leuchtet aus dieser Charakteristik hervor? Unsere Geschichtsschreiber verrieten am meisten, daß wir noch keine moralische Kultur besäßen, weil sie über alle Begebenheiten und Taten der Menschen nach Nutzen und Schaden, aber nicht nach Recht und Unrecht unterscheiden. Tritt nun der Zeitpunkt des Erwachens der moralischen Natur ein, so wird alles nach ihrem Gesetze geprüft und alle Einrichtung der Menschen an ihre Aussprüche gehalten. Nur von der Einführung und der Lebendigkeit des Rechts hat das Menschengeschlecht die Erlösung von allen Banden, die es zum Tier erniedrigen, zu hoffen.

Die aristokratische Regierungsform begünstigt ausschließend einige Familien, die das Volk für ihr Erbteil ansehen und als solches behandeln. Dieses ist daher ein nützliches Tier, das Gewinn- und Herrschsucht zu allerlei selbstbeliebigen Absichten brauchen. Der Mensch ist kein moralisches Wesen: denn die Aristokraten halten sich berufen, für ihn zu handeln und zu denken, den Gebrauch seiner Rechte willkürlich zu unterdrücken und alle seine Kräfte und Arbeiten nach Laune zu ihrem Nutzen in Beschlag zu nehmen, und glauben niemand, als der Gottheit, wegen ihrer Menschenbedrückung Rechenschaft schuldig zu sein.

Da man das Volk von der Gesetzgebung und ihrer Ausführung ausschließt, so ist die Aristokratie ungerecht. Sie entzieht ihm das Recht, sich selbst willkürlich zu bestimmen und in einen Zustand zu versetzen, der seiner Einsicht und Vorstellungsart angemessen.

Sie usurpiert die Formen der Rechtsausübung, weil sie alle Gewalten in wenigen Familien erblich macht. Für die Kultur des Menschengeschlechts ist die Aristokratie noch weit verderblicher als die uneingeschränkte Monarchie. Die Furcht und der Eigennutz unterdrücken alle Äußerungen der Rechte der Menschheit. Alle Freiheit der Presse und des Gewissens und aller uneingeschränkte Gebrauch der menschlichen Anlagen ist verbannt; denn jeder freie Gedanke droht den Aristokraten Verderben und Untergang, und jede Vereinigung, die durch ungehinderte Mitteilung zuwege gebracht wird, verjagt sie aus dem ungerechten, aber einträglichen Besitze ihrer Ämter. Verschwiegenheit und Dunkel umhüllen ihre Regierung, und jede Neugierde, die in ihr Verfahren und in die Verwendung der öffentlichen Gelder einzudringen sucht, wird blutig bestraft. Auf den Ruinen der ganzen menschlichen Natur steigen sie empor und zerstören alles, was den Menschen in seiner natürlichen Hoheit darstellt.

Die Wunden, die die Aristokratie einem Volke schlägt, sind unheilbar. Ewige Trägheit und leichtgläubige Unwissenheit der Bürger, und immer reges Mißtrauen und unersättliche Habsucht der Regenten sind ihre Früchte. Die Aristokraten haben die Maxime, geschwind zu regieren, d. h. alle Rechte in die Acht zu erklären, das Volk zu peinigen, seine Güter zu plündern und alle guten Säfte aus ihnen auszusaugen.

In einer Aristokratie erstickt kalter, seelenloser Egoismus jede großmütige Äußerung des Menschen, und stete Anhänglichkeit am Boden und Beschäftigung mit niedrigen Leidenschaften erdrücken jede Uneigennützigkeit und kühne Freiheit des Geistes. Stumpfsinn und Aberglauben nehmen überhand und vernichten jedes Gefühl einer höhern Bestimmung. Die Aristokratien sind der Tod aller Übungen und Äußerungen des Menschen, die einen freien Spielraum und Furchtlosigkeit erfordern.

Man muß daher den Menschen für ein zweckloses Geschöpf erklären, wenn man behauptet, es sei einerlei, unter welcher Regierungsform er lebe. Das Recht verdammt die meisten, und die Klugheit zählt sie unter die Mißgeburten. Jede Regierungsform muß mit dem Zwecke des Menschen in dieser Welt zusammengehalten werden und von diesem Richter das Urteil ihrer Zweckmäßigkeit erwarten. Je tätiger und wirksamer der Mensch in ihr sein kann, desto mehr entspricht sie dieser Absicht, und je mehr Anreize den menschlichen Geist zur Tätigkeit auffordern, desto vollkommener ist sie. Der Mensch kann nicht gedeihen und unverrückt auf seine Bestimmung losarbeiten, solange man noch nicht über die beste Regierungsform einig und sie in die Welt einzuführen bemüht ist.

35
Friedrich Cotta
Von der Staatsverfassung in Frankreich

Zum Unterrichte
für die Bürger und Bewohner im Erzbistum Mainz
und den Bistümern Worms und Speyer

Liebe Leute!
Ihr habt zeither so viel von der Staatsverfassung oder von der Konstitution in Frankreich gehört; ein Teil hat sie verachtet, der größere aber hat sie gelobt. Ihr müßt doch einmal wissen, worin sie besteht; Ihr mögt dann selbst urteilen, ob sie gut, ob sie nicht besser sei als Eure zeitherige.

Überhaupt heißt man die Konstitution von Frankreich diejenige Einrichtung, wonach man in diesem gesegneten Lande lebt und einander behandelt. Sie ist himmelweit verschieden von der Einrichtung anderer Länder. Denn hört! In andern Landen sagt man den Leuten nur: *Das sollst du tun; jenes darfst du nicht tun*. Aber in Frankreich hat man ihnen auch gesagt: *Das darfst du verlangen, daß dir der Beamte dagegen tue; jenes kann dir der Beamte nicht zumuten*. Diese gerechte Einrichtung ist in einem Buche, welches die Konstitutionsakte genannt wird, im vorigen Jahre beschrieben worden. Sie wird aber noch vorteilhafter für die Einwohner gemacht werden, und sobald man damit fertig ist, druckt man das Buch wieder neu. Unterdessen will ich aus dem vorjährigen Buche einen Auszug zum Berichte geben, damit besonders Ihr, liebe Handwerker und Landbauern, wisset, worin die Einrichtung von Frankreich besser ist als die von Mainz, Worms, Speyer und von allen andern Ländern und Städten.

In Frankreich sind alle Menschen frei. Also gibt es da keine Leibeigenen. Auch ist kein Mensch Herr des andern, und sogar der

Dienstherr hat vom Bedienten oder Knecht nur in Dienstsachen zu verlangen, was im Dienstkontrakte ausgemacht worden ist.

In Frankreich sind alle Menschen gleich an Rechten. Der Sohn eines Landbauern kann also, wenn er geschickt dazu ist, ebensogut Minister oder Erzbischof werden als wie der Sohn eines Königs, da man hingegen in manchen andern Ländern eine solche Stelle nicht bekommen kann, wenn man nicht aus alt-hochadeligem, gräflichem oder fürstlichem Geblüte, wie sie es nennen, ist. Auch hat in Frankreich ein sogenannter Edelmann oder Graf gar keinen Vorzug wegen seiner Geburt vor dem Handwerker; der arme Bürger findet vor dem Richter ebensoviel Recht wie der reichste, und dieser wird, wenn er Strafe verdient, ebenso gestraft wie der arme. Eben darum, weil alle Menschen gleich sind, ist in Frankreich der Adel mit allen seinen Vorzügen auf ewig abgeschafft worden.

Die Freiheit ist das Recht, alles das zu tun, was nicht verboten ist. In Frankreich ist aber nur das verboten, was jeder vernünftige Mensch sich selbst verbietet, nämlich das, was dem andern schadet. Solche Dinge, welche andern Menschen schaden, sind durch Gesetz verboten; in Frankreich macht aber nicht ein König oder Kurfürst oder ein Magistrat die Gesetze, sondern das Volk selbst macht sie; es erwählt nämlich Männer aus allen Provinzen oder Departementen zu einer Nationalkonvention oder Zusammenkunft, welche untersuchen müssen, was für Gesetze nötig seien, um das allgemeine Wohl zu befördern. Diese Gesetze werden dann aufgeschrieben und sind der Ausdruck vom allgemeinen Willen des Volkes.

Die Gleichheit ist das Recht, von andern zu verlangen, daß sie das tun, was man selbst tun muß, und das nicht tun, was man selbst nicht tun darf. Daher darf in Frankreich jeder reden, schreiben, drucken lassen, was er will, wenn er nur niemand dadurch beleidigt. Auch muß wegen der Gleichheit jeder Mensch in Frankreich nach seiner Einnahme Abgaben geben, jeder dem Gesetze sich unterwerfen, er heiße sonst geistlich oder weltlich, er sei reich oder arm.

Außer den Abgaben an das Volk selbst zahlt man keine anderen an einen Edelmann oder ein Domkapitel, keinen Zehnten und dergleichen. In Frankreich erzieht man verlassene Kinder auf Kosten der Republik.

Gebrechliche Arme werden da unterstützt, und arbeitslosen Armen hilft man da zur Erwerbung eines hinlänglichen Verdienstes.

In Frankreich errichtet man jetzt auch Schulen, wohin jeder Bürger seine Kinder unentgeltlich schicken kann und worin sie alles das lernen können, was jedem Menschen zu wissen nötig ist.

Mit einem Worte: In Frankreich ist alles abgeschafft, was wider die Freiheit und wider Gleichheit der Rechte noch in andern Ländern und Städten gilt; dagegen sind in Frankreich alle Anstalten dazu gemacht, daß die Leute alle immer zufrieden und glücklich leben können.

Dahin zielen auch noch folgende besondere Einrichtungen, wodurch sich die Konstitution von Frankreich auszeichnet.

Ganz Frankreich ist in gewisse Bezirke, Departemente genannt, und diese sind wieder in Distrikte so abgeteilt, daß jeder Bürger in den Hauptort seines Distrikts (Amts) in einem Tage und in den Hauptort des Departements (Landes) in längstens zwei Tagen zu Fuß kommen kann. Im Hauptorte des Departements wohnen die, welche das Beste des ganzen Departements besorgen und auf die Beamten der darin gelegenen Distrikte achtgeben müssen, damit diese ihre Schuldigkeit tun; sie heißen Departementsverwalter. Im Hauptorte des Distrikts sind ebenso die Distriktsverwalter, welche den Munizipalitäten vorgesetzt sind. In jeder Gemeinde nämlich sind einige Beamte, welche das Beste der Gemeinde besorgen; diese nennt man die Munizipalität, den ersten unter ihnen aber den Maire der Gemeinde; jedoch in Sachen, woran der ganzen Gemeinde besonders gelegen ist, darf auch die Munizipalität nicht für sich handeln, sondern sie muß einen Ausschuß der Bürger, Notables genannt, darum fragen. Alle diese Departementsverwalter, Distriktsverwalter, Maires, Munizipalitätsglieder, Notables, auch die Richter, Postverwalter und überhaupt alle Beamten werden von den Bürgern, für welche sie da sind, selbst gewählt; tun sie ihre Schuldigkeit nicht, so werden sie von ihren Vorstehern abgesetzt, und die Bürger wählen sich hernach andere.

Alle Beamten müssen ihr Amt öffentlich versehen, so, daß jeder, wer Lust hat, zuhören kann, wenn sie amtieren, ihre Rechnungen ablegen und so weiter.

Die Gerechtigkeit wird in Frankreich unentgeltlich verwaltet, und weil Prozesse immer große Unlust erregen, so sind eigene Friedensgerichte und so weiter angestellt, wo man erst versucht, die Händel in Güte abzumachen, ehe man es zu einem Prozesse kommen läßt. Kein Mensch kann in Frankreich anders als nach Urteil und Recht gerichtet werden.

Die Minister müssen Sorge tragen, daß die Gesetze im ganzen Reiche vollzogen werden, daß überall Friede, Ruhe und Ordnung herrscht, daß Handel und Wandel nicht gestört wird, besonders, daß die Lebensmittel überall frei können hingeführt werden, auch daß die Beamten alle ihre Schuldigkeit tun, und so weiter. Auch die Minister werden in Frankreich von den Bürgern aus sich selbst gewählt, und auch die Minister werden in Frankreich gestraft, wenn sie ihr Amt nicht recht versehen. Sonst war aber den Ministern in Frankreich noch ein König, aber auch der wurde abgesetzt, weil er seinen Dienst nur zum Schaden des Volkes versah, und das Volk schaffte ein so überflüssiges, teures und für die Freiheit gefährliches Amt, wie es das Amt eines Königs oder Fürsten ist, ganz ab. Daher heißt Frankreich jetzt eine Republik, weil zu allen Ämtern nur Bürger auf eine Zeitlang gewählt werden, um das Beste ihrer Mitbürger zu besorgen, und im Falle, daß sie das nicht tun, ohne Unterschied abgesetzt und gestraft werden können.

Das Militär ist in Frankreich nur zur Verteidigung gegen die Feinde und zur Erhaltung der öffentlichen Ruhe da; es darf sich in keine Zivilsachen mischen. Die Anwerbungen zum Soldatenstande geschehen freiwillig, und der Soldat muß, wenn seine Kapitulationszeit aus ist, unentgeltlich entlassen werden. Soldaten müssen von ihren Offizieren brüderlich behandelt werden, bekommen keine Stockschläge, aber guten Sold, gesundes Brot und Fleisch, Kleidung und so weiter und, wenn sie brav dienen oder im Dienste alt werden, eine Pension. Aus den Soldaten wählt man die Unteroffiziere, aus diesen die Leutenants, und so geht's hinauf bis zum General.

So ist in Frankreich alles dahin eingerichtet, daß jeder Einwohner sicher, von andern unabhängig und in seinem Gewerbe ungestört zufrieden und glücklich leben kann.

Ebenso leben die Franken auch mit ihren Nachbarn in Frieden, begehren nicht, Eroberungen zu machen. Werden sie aber von Königen oder Fürsten angegriffen, so züchtigen sie dafür nur diese, zu deren Völkern aber kommen sie als Brüder, lehren sie die Freiheit und Gleichheit, laden sie ein, sich mit ihnen zu vereinigen, und beschützen sie dann wie sich selbst mit all der Tapferkeit und Großmut, deren nur freie Männer fähig sind und welche diesen den Sieg über sklavische Soldaten und den rühmlichsten Frieden zusichert. Diese Erwartung wird durch die erstaunlichen Fortschritte bestärkt, welche die Waffen der Franken in Deutschland machen, seitdem sie von Königen, Fürsten und Edelleuten zu einem Kriege sind genötigt worden, welcher bei längerer Fortdauer alle Throne einstürzen, jedem Volk Freiheit bringen und besonders Euch, liebe Handwerker und Landbauern am Rhein, langen Frieden und den größten Wohlstand versichern wird. Trauet auf Gott, welcher die Franken in allen ihren Unternehmungen so sichtbar unterstützt! Denn umsonst arbeiten diejenigen, welche ein Haus bauen, wenn es Gott nicht schützt. Lange schon hätten die Franken zugrunde gehen müssen bei ihrer jetzigen Verfassung, wenn sie Gott nicht gefällig gewesen wäre. Der Kaiser, der König von Preußen, das Reich und so viele Feinde in Frankreich selbst hatten sich vereinigt, dieselben zugrunde zu richten; aber die Vorsehung hat sie alle zuschanden gemacht.

Es lebe das fränkische Volk! Es lebe die Freiheit und Gleichheit!

XI

Reform oder Revolution?

36

Christoph Martin Wieland
Über die Revolution

Indessen sei mir doch erlaubt, das Erheblichste, was ich bei den Behauptungen meines respektabeln Freundes sowohl in Rücksicht auf die französische Revolutions- und Konstitutions-Sache, als in Betreff anderer beiläufig vorkommender Materien anzumerken habe, in möglichster Kürze beizufügen.

I. Ungeachtet Herr E. zum Beweise seiner Meinung – »daß es sehr nötig scheine, alsdann, wenn Revolutionen erfolgen, den Punkt des Rechts darüber soviel nur immer möglich aufs Reine zu bringen« – viel Scheinbares vorgetragen hat, so möchte ich doch auch hier, wie bei so mancher anderen Gelegenheit, mit Sankt Paul, dem Heiden-Apostel, sagen: »Ich habe es alles Macht, aber es frommet nicht alles.« Denn gesetzt auch, ein philosophischer Staatskunstverständiger könnte, nach vorgängiger genauester Bestimmung aller Begriffe und Sätze, die in diese Materie einschlagen, die Linie mit mathematischer Schärfe angeben, über welche eine Regierung oder Staatsverwaltung hinausgekommen sein müßte, um das Volk zu einem allgemeinen Aufstande zu berechtigen: so würde doch seine Entdeckung entweder eine bloß abstrakte und nur mit unendlicher Schwierigkeit anwendbare Spekulation bleiben müssen; oder, wenn sie populär gemacht würde, unter Völkern, die noch so weit in der moralischen Kultur und Aufklärung zurück sind, wie man es von allen dermaligen Völkern auf dem ganzen Erdboden zu gestehen genötigt ist, fast unvermeidlicherweise nichts als Unheil stiften. Lieber wollte ich noch mit vorbelobtem Sankt Paul von den Dächern herabpredigen hören: »Jedermann sei untertan der Obrigkeit, welche Gewalt über ihn hat«, d.i., die ihn zur Untertänigkeit zwingen kann, als das Volk, wie es dermalen beschaffen ist und wohl noch lange bleiben wird, mit einer so gefährlichen Frage wie diese: »Wann und unter welchen Umständen ist es dem Volk erlaubt, die bisherige Staatsverfassung und Regierung mit Gewalt umzuwerfen?«, vertraut machen und es auf die Beurteilung, Unparteilichkeit und Rechtschaffenheit des großen Haufens oder einiger Demagogen ankommen lassen, ob sie sich nicht vielleicht in ihrer Meinung über das Warum? Wann? und Wie? einer so fürchterlichen und mit so unübersehbar vielen und großen Partikular-Übeln notwendig verbundenen Operation irren könnten. Gerade die in Frankreich erfolgte Revolution ist es, die mich täglich mehr überzeugt, daß man in einer Sache von dieser Wichtigkeit nicht zu behutsam sein könne. Alle unparteiischen Kenner des innern, besonders des sittlichen Zustandes des französischen Volkes, die ich noch hierüber gehört habe, stimmen darin überein, daß die Revolution durch einen Schwarm republikanischer Brauseköpfe, der einen oder etliche Catilinas an der Spitze hatte, übereilt und vor dem Zeitpunkt ihrer Reife zum Ausbruch gebracht worden sei; und die Sache selbst, mit ihrem ganzen schlechten Erfolg, spricht laut genug für die Wahrscheinlichkeit dieser Behauptung. Ganz gewiß gibt es nur eine Art von wünschenswürdiger Reformation des gegenwärtigen politischen Zustandes der Völker, nämlich diejenige, die eine natürliche Folge der stillen und wohltätigen Revolution der Begriffe, Meinungen und Gesinnungen ist, welche durch die stufenweise Fortschritte der Vernunft in den Köpfen und Gemütern der Menschen bewirkt wird. Wehe dem Volke, bei welchem (wie bei den Frankreichern) die alte Verfassung unter dem hartnäckigen Kampf zwischen einer Partei, die alles hat und nichts verlieren will, und einer ungleich zahlreicheren, die nichts hat und alles gewinnen will, endlich über beider Teile Köpfen zusammenstürzt!

II. Die neue französische Konstitution möchte, als ein Werk des Verstandes, wie Platons Republik, oder Morus Utopia, betrachtet, in sich ein noch so vortreffliches Meisterwerk sein – wovon ich meines Orts noch nicht ganz überzeugt bin –, so ist es, um sie ohne alles Bedenken für etwas, das nicht so bleiben darf, wie es ist, und das von Anfang an etwas anderes hätte sein sollen, zu erklären, meiner Überzeugung nach genug, daß sie weder der dermaligen moralischen Empfänglichkeit des Volkes angemessen war, noch ohne einen gänzlichen gewaltsamen Umsturz der bisherigen Verfassung, d.i. ohne sich gegen einen großen Teil der Nation der offenbarsten Ungerechtigkeiten schuldig zu machen, auf einmal zustande gebracht werden konnte. Behaupten, das Volk in Frankreich sei berechtigt gewesen, um sich selbst eine desto glücklichere Existenz zu verschaffen, den König seiner Autorität, den Adel seiner Gerechtsamen und Einkünfte, die Klerisei ihrer Güter zu berauben – mit welchen Farben man auch eine so offenbare Ungerechtigkeit anstreichen mag –, heißt, das Volk in allen übrigen Staaten von Europa berechtigen, ein Gleiches zu tun, sobald es sich entweder gedrückt genug fühlt oder sonst Lust und Belieben dazu trägt. Denn der Besitzstand, worin sich alle Fürsten, aller Adel und alle Klerisei in Europa in diesem Augenblick befinden, gründet sich auf keine bessern Titel, als der König, der Adel und die Klerisei in Frankreich vor sich hatten; und wenn Freiheit und Gleichheit in dem Sinne (wohl zu merken!), worin die neuen Gesetzgeber Frankreichs diese Worte nehmen, unverlierbare Menschheitsrechte sind, so hat jedes Volk in Europa, unter welcher Regierungsform es leben mag, die Briten selbst nicht ausgenommen, das unleugbare Recht, dem Beispiel der Frankreicher zu folgen, seine bisherige Verfassung mit Gewalt umzuwerfen und sich eine Konstitution zu geben, die auf jene demokratischen Begriffe von Freiheit und Gleichheit gegründet ist. Sind jene Begriffe richtig, so sind, vermöge einer unstreitigen Folgerung, nicht nur alle konventionellen Vorrechte, die irgendein einzelner Mensch oder irgendeine Klasse von Staatsbürgern vor den andern voraus hat, auf welche bisher gültige Rechtstitel sie sich auch gründen mögen, wie uralt ihr Besitzstand auch sein mag, wie viele Jahrhunderte auch die Majorität des Volks die Gültigkeit dieses Besitzes und dieser Titel stillschweigend anerkannt haben mag, bloße Usurpationen, denen das Volk, sobald es will und kann, ein Ende machen darf; sondern auch alles Land- und Geld-Eigentum, was ein Staatsbürger mehr besitzt als der andre, ist bloße Usurpation, offenbare Verletzung der großen Brissotschen Gleichheit der Rechte, vermöge deren jeder Mensch gerade so viel Recht an den Erdboden und alle seine Güter hat als der andere. Kurz, hat es seine Richtigkeit mit diesen vorgeblichen Menschenrechten, welche der ganzen Neufränkischen Konstitution zugrunde gelegt sind, so gelten keine Rechte mehr, die sich auf Verträge gründen; und so ist dann auf einmal im ganzen Europa denen, die dermalen, vermöge der Verfassung und der Gesetze ihres Vaterlandes ein Eigentum haben, von allen, die nichts haben, d. i. von einer ungeheuern Mehrheit, der Krieg angekündigt.

Dies ist der große Gordische Knoten, den, meines Wissens, noch kein Bewunderer der neuen französischen Konstitution aufgelöst hat. Daß die erste National-Versammlung die Einführung der Gleichheit nicht bis zu einer neuen, gleichen Verteilung des ganzen französischen Bodens (Etwa nach dem Muster der neuen Konstitution, die ein ebenso kühner als plausibler Tadler der europäischen Gesetze und Verfassungen neulich in Abessinien einzuführen versucht hat.) getrieben hat, war eine bloß willkürliche Einschränkung ihres ersten Grundsatzes, eine offenbare Inkonsequenz, und in Rücksicht auf diejnigen, die man ihrer auf Verträge und gesetzmäßige Titel aller Arten gegründeten Rechte und Besitzungen beraubt hat, noch obendrein eine grobe Ungerechtigkeit; denn wirklich besitzt kein Mensch in der ganzen Welt sein Erbgut, wie klein oder groß es sein mag, mit besserm Rechte, als das Recht ist, Kraft dessen der Adel und die Klerisei in Frankreich im Besitz ihrer Güter waren. Man konnte sie, falls sie sich nicht gutwillig dazu bequemen wollten, nötigen, ihren unstreitig mit den allgemeinen Grundgesetzen einer jeden bürgerlichen Gesellschaft unverträglichen Privilegien zu entsagen; sie konnten von Rechts wegen genötigt werden, verhältnismäßig zu den Lasten des Staats beizutragen und überhaupt allen bürgerlichen und peinlichen Gesetzen, ohne Ausnahme ebenso wie der geringste Einwohner, unterworfen zu sein: aber ihr Eigentum und alle die Rechte, welche sie als einen Teil ihres angeerbten oder gekauften Eigentums besaßen, durften unter keinem Vorwand angetastet werden. Die Mißbräuche dieser Rechte konnten und mußten abgestellt werden, aber die Rechte mußten bleiben; mußten wenigstens so lange bleiben, bis ihre Besitzer selbst – nicht in einem vorübergehenden Rausche, wie in der famosen Nacht vom 4ten August 1789, sondern, zu Folge der ruhigsten Überlegung, freiwillig und gegen eine genau abgewogene Entschädigung – sich derjenigen begeben hätten, die von einer weisen, durch keine Privatleidenschaften getriebenen, von keiner Faktion beherrschten, von keinen Laternenpfählen geschreckten National-Repräsentation, einhellig oder doch mit einer stark überwiegenden Mehrheit, als unverträglich mit den Grundgesetzen und dem Wohlstande der bürgerlichen Gesellschaft erkannt worden wären.

So gerecht, so billig dachten aber freilich die damaligen französischen Demagogen nicht; und daher haben sie auch der Nation eine

Konstitution teils aufgeschwatzt, teils aufgedrungen, die (wie gut sie auch in vielen Stücken sein mag) schon von deswegen allein nicht rechtsbeständig sein kann, weil sie (gegen den von meinem Freunde E. selbst aufgestellten Grundsatz, »daß eine Menge nie das Recht über andere zu herrschen, d. i. andern Gesetze vorzuschreiben, haben könne, als vermittelst eines von jedem einzelnen mit ausgehenden und von jedem einzelnen in der Folge zu genehmigenden Vertrags«) bloß von der demokratischen Partei, ohne freie Mitwirkung des Königs und trotz des Widerspruchs des aristokratischen Teils der Nation, durchgesetzt worden ist. Indessen ist es bereits dahin gekommen, daß die republikanische Faktion – deren Einfluß schon die erste National-Versammlung gar bald von dem Wege einer weisen Mäßigung abgeführt und der Konstitution ihre gegenwärtige centaurische Gestalt (vermutlich in der Hoffnung, daß sie nicht lange dauern könne) gegeben hat – es ist, sage ich, bereits dahin gekommen, daß diese republikanische Faktion, welche die durch ganz Frankreich verbreiteten sogenannten Gesellschaften der Konstitutionsfreunde, oder Jakobiner, und durch sie die gesetzgebende Versammlung und das ganze Reich beherrscht, ihre Unzufriedenheit mit dieser Konstitution schon lange laut genug an den Tag gibt, um dem Verdacht, daß sie mit einer Umschaffung derselben schwanger gehe, die größte Wahrscheinlichkeit zu geben.

Und in der Tat, umgeschaffen muß sie werden, wenn Frankreich eine rechtsgültige und festgegründete Verfassung erhalten soll; aber freilich weder von demokratischen noch aristokratischen Faktionsmännern. – Von wem also? – Das mag der Himmel wissen! Denn nun ist freilich der ganze Handel so weit hinein verdorben, der Übermut der herrschenden, und die Verbitterung der gemißhandelten Partei so groß, jeder Weg, auf welchem vielleicht zwischen beiden noch ein billiger und (was das vornehmste ist) ein sicherer Vergleich versucht werden könnte, so verhauen und verrammelt, und wofern auch ein solcher Weg noch zu eröffnen wäre, jede Partei von dem Geist der Mäßigung, der bei einem billigen Vergleich präsidieren müßte, so weit entfernt, jede so ungeneigt, etwas von ihren überspannten Forderungen nachzugeben, daß selbst erfahrne Weltleute und Staatskundige keinen Begriff davon haben, wie der Nation, in den verzweifelten Umständen, worein sie *per star meglio* gestürzt worden ist, anders zu helfen sei, als durch Mittel, wovon zu besorgen ist, daß sie entweder keine Statt finden, oder das Übel noch ärger machen werden. – Doch hievon vielleicht ein andermal.

III. Diogenes bewies einst, sagt man, gegen einen Philosophen, der die Möglichkeit der Bewegung leugnete, das Gegenteil dadurch, daß er mit großen Schritten davon ging. Die Frankreicher beweisen gegen alles, was man für die Vortrefflichkeit ihrer Konstitution Schönes sagen kann, dadurch, daß diese schon so oft beschworne Konstitution noch immer nicht in den rechten Gang hat gebracht werden können. – Das kommt eben daher, sagt man, weil sie so vortrefflich ist. – Desto schlimmer!, würde Solon sagen, wenn er wiederkommen und ein Augenzeuge dieses gewagten legislatorischen Experiments sein könnte. Hätten Euch Eure Legislatoren keine bessern Gesetze geben wollen, als Ihr dermalen zu ertragen fähig seid, und dafür ihr Hauptaugenmerk darauf gerichtet, Eure Kinder durch eine vernünftig eingerichtete National-Erziehung zu bessern Menschen zu machen als Ihr seid; es ihnen überlassend, alsdann alles, was sie an euerer Gesetzgebung noch Mangelhaftes und der Verbesserung Bedürftiges finden würden, selbst zu reformieren: so würdet ihr Euch vermutlich besser dabei stehen, als bei diesem so hochgepriesnen Meisterstück des menschlichen Verstandes, das sogleich, als man es realisieren wollte, verunglückte; das gegen Eure Erwartung lauter falsche Resultate gab, und sie geben mußte, weil es weder zu Eurem National-Charakter noch zu Euerer sittlichen Verdorbenheit, noch zu Euern übrigen Umständen paßt. – Was würdet Ihr von einem Nomotheten gesagt haben, der Euch eine Verfassung (wie vortrefflich ausgedacht und ausgearbeitet sie auch immer sein möchte) hätte geben wollen, wobei er vorausgesetzt hätte, daß Ihr fliegen könntet? – War es aber etwa weiser, Euch eine Konstitution zu geben, welche, bloß durch die wahnsinnige Voraussetzung, daß die große Majorität von Euch aus immer verständigen, soliden, mäßigen, uneigennützigen und von der reinsten Vaterlandsliebe glühenden Menschen bestehe, eingeführt werden und Bestand haben könnte?

Nichts ist augenscheinlicher, als wie sehr beinahe alles, was wir unter der gegenwärtigen National-Versammlung vorgehen sehen, das Gegenteil von dem ist, was, nach der Rechnung unsrer gutmütigen deutschen Konstitutionsfreunde, geschehen sollte. Die National-Versammlung herrscht über keinen Menschen, sagt mein Freund E. – sie setzt nur die Gesetze fest, nach welchen der König und seine Agenten herrschen sollen. Ich könnte fragen, ob es wohl eine höhere Herrschaft gebe, als die Macht, allen andern Gesetze vorzuschreiben? Aber davon ist jetzt die Rede nicht: ich frage nur, ob die jetzige N.V. nicht *de facto* willkürlicher und despotischer herrsche, als kaum irgendein König zu herrschen gewagt haben würde? Hat sie sich nicht unzähligemal erlaubt, konstitutionswidrige Dekrete abzufassen? Hat sie sich nicht immer mit den Munizipalitäten, Distrikten und Departements des Reichs in eine konstitutionswidrige unmittelbare Konnexion gesetzt? Hat sie nicht, sobald es die Faktion, von welcher sie selbst beherrscht wird, ihrem Interesse gemäß fand, sich sogar Eingriffe in die richterliche Gewalt erlaubt? Hat sie sich eher zufriedengegeben, bis der König alle Minister, die dem Reich wahre und große Dienste zu leisten fähig waren und (was gewiß dereinst noch anerkannt werden wird) wirklich leisteten, seinen und ihren Feinden preisgegeben, und ihre Stellen mit Jakobinern besetzen müssen, die, so wie sie selbst, unter dem Einfluß einer Partei stehen, deren Häupter laut genug sagen, daß der Nation nur durch völlige Abschaffung der Monarchie geholfen werden könne? – Wenn dies nicht herrschen heißt, so weiß ich nicht, was man so nennen soll. – Und dennoch, möchten die Herren immer herrschen, so lange sie könnten (und wer soll denn auch in einer Monarchie, worin man den König zu einer gänzlichen Null gemacht hat, herrschen, als der Gesetzgebende Körper?), wenn sie ihre Sachen nur gut machten! Aber beinahe alles, was wir seit 6 Monaten von ihren Taten sehen, hören und lesen, beweist die Wahrheit der Homerischen Maxime, Vielherrscherei taugt nichts! –

Noch ein Beispiel. Herr E. hält die Art, wie Deputierte zur National-Versammlung gewählt werden sollen, für unverbesserlich, und unterstützt seine Meinung (wie immer) mit scheinbaren und stattlichen Gründen. Alles, was ich dagegen einzuwenden habe, ist – der Augenschein. – Was für einen stärkern Beweis, wie schlecht das Interesse der Nation durch die dermalige Art, ihre Repräsentanten zu wählen, gesichert sei, kann man fordern, als die Mehrheit der gegenwärtigen National-Versammlung? Ihre Vorgänger waren, (wie niemand leugnen kann) überhaupt zu reden, ein Auszug der vorzüglichsten Männer und besten Köpfe Frankreichs; die dermaligen Repräsentanten hingegen (ich rede von der großen Majorität) scheinen es, von Anfang an, recht darauf angelegt zu haben, sich als die Antipoden ihrer Vorgänger zu zeigen; und man kann, wenn man auch nichts Schlimmeres von ihnen gelesen hat, als was die Journale ihrer eignen Partei von ihren Reden und Taten erzählen, sich des Gedankens nicht erwehren, daß die französische Nation ihr Heil keinen übel organisiertern Köpfen, keinen verächtlichern Sophisten und Sykophanten, keinen unwissendern, ungezognern, schlechter denkenden, brutalern und in jeder Rücksicht zu dem erhabnen Beruf der Gesetzgebung untauglichern Menschen hätte anvertrauen können, als gerade diejenigen sind, von welchen sich der kleinere und gesundere Teil (der aber, zum Unglück Frankreichs, fast immer die Tribünen gegen sich hat, und durch Murmeln, Schreien, Lärmen und Brutalitäten von der herrschenden Partei übertäubt wird) bisher hat tyrannisieren lassen müssen. Diese Meinung wenigstens scheint man in ganz Europa von diesen Menschen gefaßt zu haben. Alle Freunde der guten Sache beklagen das Unglück, sie in den Händen einer Kabale von Sophisten, Schwärmern und Taugenichtsen zu sehen, in deren Munde die Wahrheit selbst zur Lüge wird; und ich, für meinen Teil, gestehe gern, daß ihre Grundsätze, Reden, Relationen, Denunziationen, Demanden, und überhaupt die ganze Art, wie diese Rotte die wichtigsten Gegenstände zu debattieren und zu entscheiden gewohnt ist, Schuld daran sind, wenn ich mich seit geraumer Zeit mit Schmerzen genötigt sehe, die Hoffnung, daß etwas für Frankreich und ganz Europa überhaupt Ersprießliches aus der Revolution hervorgehen werde, wo nicht gänzlich aufzugeben, doch wenigstens allein auf eine vielleicht noch mögliche Gegenrevolution zu stellen. Freilich nicht auf die, woran das sogenannte auswärtige Frankreich diesseits des Rheins arbeitet, und wozu (wie man glaubt) die deutschen Kriesheere, die seit kurzem in Bewegung gesetzt worden sind, den Emigrierten behilflich sein sollen, sondern auf eine Gegenrevolution, die – wie ich kaum zweifeln kann – alsdann unfehlbar erfolgen wird, wenn in Frankreich selbst der gesundere (an Kopf und Herz gesundere) Teil der Patrioten den Häuptern der republikanischen Partei, den Brissot, Merlin, Saladin, Bazire, Chabot, Manuel, Robespierre, Petion, Dumourier und ihrer ganzen Rotte endlich die Masken abgezogen, und jene von allen Redlichen so eifrig gewünschte Scheidung der echten Volksfreunde – die das allgemeine Interesse ernstlich wollen, – von den unechten – die es nur zum Vorwand und Deckmantel ihrer eigennützigen und herrschsüchtigen Plane machen –, bewirkt haben wird; eine Scheidung, ohne welche es unmöglich scheint, daß die Nation dem gänzlichen Verderben entgehe, welchem sie sich, durch die zusammengesetzten Bemühungen ihrer erklärten Feinde von außen und ihrer falschen Freunde von innen, mit so fürchterlich schnellen Schritten nähert.

Doch genug für diesmal von den Frankreichern, um noch ein Wort vom Herzen wegzusagen, das uns selbst näher angeht.

Mich dünkt wahrgenommen zu haben – oder scheint es mir nur so? –, als ob die Mängel und Gebrechen unsrer allgemeinern und besondern germanischen Verfassungen und Staatsverwaltungen manchen unsrer bessern und an dem gemeinen Wohl des Menschengeschlechts wärmer teilnehmenden Schriftsteller seit dem 14ten Juli 1789 viel stärker in die Augen leuchten als sonst; und als ob man in manchen Schriften, wo von Menschenrechten, Volksrechten, Grundgesetzen der bürgerlichen Gesellschaft, von Regierung und Regierungsformen, von Fürstenrechten und Fürstenpflichten usw. die Rede ist, eine viel freiere und stärkere Sprache gesprochen und ein gewisser schneidender Ton angenommen werde, den man sich vor dem 14ten Juli 1789 (wenigstens bei den Gelegenheiten, wo er jetzt nicht selten gehört wird) nicht erlaubt haben würde. Man macht den Unterschied zwischen der reellen und repräsentierenden Majestät, den man sonst kaum in lateinischen Lehrbüchern leicht berührt fand, jetzt sogar in populären und für alle Arten von Lesern bestimmten Schriften geltend; man spricht von Pflicht des Regenten, dem Volk Rechenschaft von Verwaltung seines Amtes zu geben; von einer Pflicht, sein Volk glücklich zu machen; von einem zwischen dem Regenten und dem Volke bestehenden Vertrag, an dessen Erfüllung das Volk nur insofern gebunden ist, als jener die Bedingungen dieses Vertrags erfüllt; kurz, man bringt Begriffe und Behauptungen in Umlauf, die – in Verbindung mit dem, was in Frankreich seit drei Jahren geschehen ist und was man in französischen Zeitungen und jakobinischen Journalen täglich zu lesen bekommt (in welchen seit geraumer Zeit von den ersten Monarchen in Europa, ohne alle Scheu, in dem ungezogensten Tone, und mit einer Frechheit und Brutalität, die kein Privatmann geduldig ertragen würde, gesprochen wird) – auf manche Köpfe, die zu dieser Art zu philosophieren nicht gehörig vorbereitet sind und nicht allemal verstehen, was sie lesen, eine gar seltsame Wirkung tun müssen.

Der Himmel bewahre mich vor dem bloßen Gedanken, der Vernunft andere Grenzen setzen zu wollen, als die ihr die Natur selbst gesetzt hat; oder zu behaupten, daß es irgendeinen Gegenstand gebe, den man ihrer Beleuchtung entziehen dürfe! Aber, so gewiß es in ihrer Natur ist, bloß ihren eigenen Gesetzen und keinem Zwang von außen untertan zu sein, so gewiß erkennt sie die engeren oder weiteren Schranken, innerhalb welcher sie ihre Wirksamkeit außer sich, nach Maßgabe der Zeit, des Orts und der übrigen Umstände, ihrem eigenen Gesetz zu Folge, halten muß. In einer Zeit wie der unsrigen, in einem Reich wie dem germanischen, müssen nicht nur bei Untersuchung problematischer Fragen, sondern selbst beim populären Vortrag ausgemachter Wahrheiten, welche die bürgerlichen Verfassungen und Regierungen unmittelbar betreffen, vielerlei Rücksichten genommen werden, ohne welche man Gefahr läuft, aus Übel ärger zu machen oder Unheil anzurichten, wo man Gutes stiften wollte. Ich hätte von dieser Seite, aus Veranlassung mancher Stellen des vorstehenden Sendschreibens (die dem Leser von selbst aufgefallen sein werden), vieles anzumerken, will mich aber, aus Mangel an Raum und Zeit, vorerst nur auf folgendes einschränken.

Die kosmopolitischen Schriststeller sollten, meiner Überzeugung nach, so gut ihr Geheimnis haben, wie die Regierungen und Staats-Kabinette von jeher das ihrige hatten. Ich muß daher gestehen, daß ich mich ungern von meinem ehrwürdigen Freunde gewissermaßen genötigt sehe, öffentlich über Dinge zu sprechen, worüber man, wie ich glaube, sich nur gegen Eingeweihte ohne Gleichnis erklären sollte. Indessen, da es nun einmal nicht anders ist, muß ich mich schon entschließen, etwas – wenigstens aus dem Vorhofe des Tempels, der das Palladium der Menschheit verwahrt – auszuschwatzen.

Was also vor allen Dingen den Despotismus betrifft, so ist wohl nicht zu leugnen, daß der Hang zum Despotisieren der schwarze Punkt in aller Menschen Herzen ist; und daß es daher im Notfall ohne alles Bedenken laut gesagt werden darf, daß alle Regierungen, von Sr. Großtürkischen und Marokkanischen Hoheit an, bis zum Magistrat der Reichsstadt Buchau, in diesem Punkt Menschen sind, so gut wie wir alle, und also ebenso gewiß und unfehlbar nach willkürlicher und, soviel möglich, uneingeschränkter Ausdehnung ihrer Gewalt tendieren wie ein irdischer Körper nach dem Mittelpunkt der Erde. Da dies nun einmal, und (was ich nie zu vergessen bitte) in jeder Regierungsform, der Fall derjenigen ist, die sich mit

Gewalt – also um so viel mehr aller und jeder, die sich mit einer sehr großen Gewalt – bekleidet sehen, so kann es zu gar nichts helfen, sich über etwas, das überall ist, immer war, und immer sein wird, zu formalisieren, und den Regenten (man schelte sie nun böse oder gute) ein Verbrechen aus dieser Erbsünde, womit die Guten ebensowohl wie die Bösen behaftet sind, zu machen; und es wäre, dächte ich, endlich einmal Zeit, sie mit Vorwürfen über diesen Punkt zu verschonen.

»Also, weil es leider! de facto so und nicht anders ist, sollten wir uns etwa mit leidendem Sklavensinn und Sklavengehorsam gefallen lassen, wenn ein Despot für gut fände, uns das Fell über die Ohren zu ziehen?« – Keineswegs. Aber so arg steht es auch wahrlich nicht im letzten Jahrzehnt des achtzehnten Jahrhunderts in Europa – wenigstens nicht im christlichen. Trotz der besagten Erbsünde, womit alle Gewalthaber ohne Ausnahme, so gut wie jeder Privatmann in seinem kleinen Zirkelchen, mehr oder weniger angesteckt sind, geht es, aus mancherlei bekannten Ursachen, noch immer in den meisten europäischen Staaten, und besonders in unserm deutschen Vaterlande, von den großen Monarchien an bis zu vorbesagter Reichsstadt Buchau, verhältnismäßig ganz leidlich zu; und mehr als eine leidliche Existenz von außen her ist niemand berechtigt von diesem Leben zu fordern; denn glücklich kann kein König, ja kein Gott uns machen, wenn wir es selbst nicht können.

Gesetzt aber – was nun ebenfalls mehr oder weniger allenthalben auf dem Erdboden der Fall ist –, das Volk, zumal der ärmere Teil desselben, habe über seine hohe Obrigkeit, die Diener und Beamten derselben, die Justizpflege, die Abgaben und Dienste und tausend andere Dinge, mancherlei mehr oder weniger gerechte Klagelieder anzustimmen; – gesetzt (wovon man auch Exempel hat), ein Monarch gebe seiner Gewalt eine größere Ausdehnung als Recht ist; er halte sich z. B. ermächtigt, die Strafe, die das Gesetz einem Verbrecher diktiert, willkürlich zu schärfen; oder er maße sich eine, mit den Rechten der Vernunft nicht vereinbare Autorität über das Gewissen und die Religion seiner Untertanen an, schränke die Freiheit der Presse ein, suche dem natürlichen Gang des menschlichen Geistes, der auf keiner erstiegnen Stufe stehenbleibt, gewaltsam Einhalt zu tun, und dergl. – Sollen wir in solchen Fällen sogleich über Unterdrückung und Tyrannei schreien? Sollen wir einen solchen Regenten von allen Seiten mit ängstlichen, zudringlichen und emphatischen Vorstellungen bestürmen? Die Rechte der Menschheit, den gesellschaftlichen Vertrag, die Bedingungen, unter welchen ein Volk der Pflicht zu gehorchen entbunden ist, in einem bedenklichen und selbst durch das, was wir zurückhalten, sehr deutlich sprechenden Tone gegen ihn geltend machen? Ihm zu verstehen geben, daß der Gehorsam und die Geduld des Volks Grenzen habe? Ihn die Möglichkeit eines allgemeinen Aufstands in einer vielleicht nicht sehr weiten Entfernung sehen lassen? – Es wäre doch sonderbar, wenn die Behutsamkeit, die Schonung, die Delikatesse, welche uns Verstand und gute Lebensart in den gemeinen Verhältnissen des Privatlebens gegeneinander beobachten lehren, und von welchen wir uns selten anders als zu unserm eignen Nachteil dispensieren, nur von den Schriftstellern, die sich zu Wortführern und Sachwaltern der Menschheit aufwerfen, und nur gegen die Könige und Fürsten nicht beobachtet werden dürften! Das Wort Despot und Despotismus ist nun einmal ein ebenso allgemein verhaßtes Schimpf-Wort als Ketzer, Pfaff, Deist, und als es die nur erst seit dem 14ten Juli 1789 in Schwang gekommenen garstigen Wörter Demokrat und Aristokrat bereits sind oder doch in kurzem sein werden. Werde ich wohl darum für einen Verräter an der guten Sache und bestochnen Schmeichler der Großen anzusehen sein, wenn ich wünsche, daß man nicht den Königen und Fürsten, die, zum Glück, nicht viel Deutsches lesen, sondern dem lesenden Teile der Nation jedes odiöse Wort nicht mehr so oft um die Ohren sausen ließe? Ein Monarch kann manches tun, das Nero auch getan hat, ohne darum ein Nero zu sein. Er kann, indem er z. B. strenger als die gesunde Philosophie es gestattet, über alten Glaubens-Formeln und Lehrpunkten hält, und der Freiheit der öffentlichen Lehrstühle und der Presse so enge Schranken setzt, als er für nötig hält, um vermeinte größere Übel zu verhüten, – er kann, sage ich, indem er dies tut, glauben, Gott und dem Staat einen großen Dienst daran zu tun; und er ist darum noch kein böser Fürst, weil er aus guter, wiewohl irriger Meinung Böses tut. Überhaupt sehe ich nicht recht, was man sich davon versprechen könne, wenn man, wo von jetztlebenden deutschen und andern Regenten die Rede ist, auf die Distinktion zwischen guten und bösen Fürsten so viel Gewicht legt. Denn fürs erste gibt es doch wohl schwerlich einen Fürsten, der böse ist, weil er böse sein will, oder weil er, wie Miltons Satan, beschlossen hat, daß das Böse sein Gut sein soll; und dann dünkt mich dies allein schon eine hinlängliche Einwendung gegen den öffentlichen Gebrauch dieser Distinktion zu sein, daß es *de facto* gar keinen lebenden bösen Fürsten gibt; oder ein solcher müßte nur gar keinen politischen Schriftsteller in seinem Lande haben. Denn man kann sicher darauf rechnen, daß jeder Schriftsteller, der über das Tun und Lassen der Regenten seiner Zeit richtet, unfehlbar seinen eignen gnädigsten Fürsten und Herrn ausnehmen und wenigstens diesem allein die Oberstelle unter den Trajanen und Antoninen anweisen wird. – Man halte dies nicht für Persiflage! Klugheit ist ganz gewiß auch für die Apostel des politischen Evangeliums eine große Pflicht. Nicht nur in Rücksicht auf die Gewalthaber selbst – (und man vergesse ja nicht, daß es dermalen in der ganzen Christenheit, den Jakobiner-Klub in Paris und den Kopfabschneider Jourdan mit allen seinen Kollegen ausgenommen, keinen einzigen Gewalthaber gibt, der es nicht Kraft der Gesetze ist) – also, nicht nur in Rücksicht auf die Regenten, die durch die Ehrerbietung und das Zutrauen, so man ihnen zeigt, ganz gewiß eher als durch Mißtrauen und Geringschätzung zurückgehalten werden, böse zu sein; sondern hauptsächlich um des Volks, um des Staats selbst willen, – dessen Ruhe und Wohlstand so wesentlich davon abhängt, daß die drei theologischen Tugenden, Liebe, Glaube und Hoffnung, immer lebendig bei den Untertanen zu ihren Regenten erhalten werden – sollte jeder Regent, von Sr. zukünftigen Kaiserlichen Majestät an, bis zu Herren Bürgermeister und Rat der mehrbesagten Reichsstadt Buchau (Die hier bloß darum so oft genannt wird, weil sie meines Wissens der kleinste aller europäischen Staaten ist.) so lange für gut gehalten werden, bis das Gegenteil gerichtlich erwiesen ist. Und dies wäre, deucht mich, in Rücksicht auf die größern Gewalthaber, um so ratsamer, weil alles, was unsre demokratischen Schriftsteller – deren Köpfe teils durch die Reden und Schriften französischer und englischer Freiheitsschwärmer, teils durch das unausgesetzte dreijährige Brüten über der französischen Revolutionssache ein wenig mehr erhitzt und exaltiert worden sind als nötig ist – mit ihren allzu eifrigen Bemühungen das Reich der Nemesis zu beschleunigen, ausrichten werden, wahrscheinlich darin bestehen wird, daß die großen Gewalthaber endlich Notiz davon nehmen, und gar leicht, *ut homines sumus,* verleitet werden könnten zu glauben, es sei Regentenpflicht für sie, den demokratischen Dämon, der in Frankreich so viel Unfug und Unheil angerichtet hat, durch Mittel zu beschwören, die dem Fortgang der wahren Aufklärung selbst sehr nachteilig sein und schlimmere Folgen haben würden, als mancher gutherzige Schriftsteller voraussehen mag.

Wie verdächtig diese Äußerung auch meinen bekannten und unbekannten demokratischen Freunden vielleicht klingen wird, so bin ich mir doch innigst bewußt, daß ich keine andere Bewegursache habe, diese Sprache zu reden, als die Überzeugung, daß die gute Sache der Menschheit, die uns allen so sehr am Herzen liegt, auf dem Wege, den ich vorschlage, besser, sichrer und gewisser gefördert werde, als durch das unruhige Treiben und Stürmen. Die Sachen sind dahin gekommen, daß – wenigstens meiner Überzeugung nach – kein gesunddenkender und rechtschaffner Mann in Deutschland länger weder Aristokrat noch Demokrat sein soll noch kann. Am allerwenigsten soll sich zu einer dieser Parteien ein Schriftsteller bekennen, der einigen Einfluß auf das lesende Publikum und, natürlicherweise, durch dieses einen zwar nur mittelbaren, aber nicht zu berechnenden, wohl- oder übeltätigen Einfluß auf den unendlich größern nicht lesenden Teil der Nation hat. Das Nötigste von allem, was in der jetzigen Lage der Sachen not ist, scheint mir zu sein, daß alle Gemüter wieder in Ruhe kommen, kein Parteiname im gemeinen Leben mehr gehört werde und alle politischen Clubs und geheimen Gesellschaften (sie seien nun der französischen affiliiert oder nicht) je bälder, je lieber auseinandergehen. Nichts ist leichter und beinahe unvermeidlicher, als daß der Parteigeist (der vielleicht anfangs unschädlich war, ja wohl eine Zeitlang manches Gute hervorbrachte), unvermerkt in einen gemeinschädlichen Faktionsgeist ausarte, der, unter gewissen Umständen, leicht eine solche Stärke und Tendenz; erhalten kann, daß es nicht mehr in der Macht selbst der bestgesinnten Anführer einer Partei ist, ihn zu leiten und in Schranken zu halten.

Meine Meinung ist darum keineswegs, daß dem selbstdenkenden Teil der Gelehrten oder den Schriftstellern, welche sich auf die eine oder andere Art berufen fühlen, durch Schriften zum Besten der bürgerlichen Gesellschaft wirksam zu sein, unrechtmäßige oder allzu enge Schranken gesetzt werden sollen; ich wünsche und rate einem jeden nur soviel Mäßigung, Klugheit und Unparteilichkeit, als um der guten Sache selbst willen nötig ist. – Und was ist diese gute Sache? Wahrlich keine andere, als – daß alle Menschen in allen Ständen und Klassen immer vernünftiger und besser denken und handeln lernen. – Dies kann, wenn ich nicht sehr irre, von den Schriftstellern nur durch eine ruhige und unvermerkt zunehmende

Verbreitung des Lichts, das die Köpfe aufhellt und die Herzen mit warmer, aber aus Einsicht und Überzeugung entspringender Liebe des allgemein Wahren und Guten erfüllt, bewirkt werden. Man mute den Schicksalsgöttinnen nicht, wie dort der mantuanische Dichter (Talia secla suis dixerunt currite fusis.) zu, schneller an dem Gewebe der goldnen Zeit zu spinnen! Man hüte sich, durch voreilige und übertriebene Mittel beschleunigen zu wollen, was nach dem natürlichen Gang der menschlichen Dinge, sobald die Zeit erfüllt sein wird, nicht ausbleiben kann.

Es gibt nur *eine* unbezweifelt rechtmäßige und wohltätige Art von Insurrektion, und diese ist derjenige allgemeine Aufstand gegen schädliche Irrtümer, Vorurteile und Mißbräuche, den die Vernunft in den Köpfen einer durch alle Stände und Klassen aufgeklärten und dadurch zur richtigen Erkenntnis ihrer Pflichten, Rechte und Vorteile gekommenen Nation hervorbringt; und dieser Aufstand, sobald er sich durch einen deutlich und männlich ausgesprochnen allgemeinen Willen zutage legt, wird unfehlbar weder Laternenpfähle noch National-Piken nötig haben, um zu seinem gemeinnützlichen Zweck zu gelangen. Ganz gewiß treffe ich hierin mit meinem würdigen Freunde E. völlig zusammen; und möchten wir so glücklich sein, durch unsre fortgesetzten Bemühungen auf jenem ruhigen und sichern Wege etwas zur Beförderung dieser wünschenswürdigen Revolution beizutragen, sollte sie auch erst mit dem Jahr 2000 oder 2400 zur Wirklichkeit kommen können!

37
Johann Heinrich Tieftrunk
Evolution von »oben«

Sehen wir auf den Ursprung der Staaten in der Zeit, so ist es vergeblich, der Geschichtskunde ihres Mechanismus nachzuspüren, denn wir können zu dem Zeitpunkte des Anfangs der bürgerlichen Gesellschaft nicht hinaufsteigen; er verliert sich vielmehr in der Dunkelheit des Altertums und der Roheit, wo man keine Instrumente errichtete, folglich auch keine Urkunde der Unterwerfung unter das Gesetz abgefaßt wurde. Es ist im Gegenteil aus der Natur roher Menschen abzunehmen, daß sie die Vereinigung unter den Zwang nicht mit Verträgen nach Rechtsgründen, sondern mit Gewalt angefangen haben. – Wollte man aber eine solche Nachforschung in der Absicht anstellen, um die jetzt bestehende Verfassung mit Gewalt abzuändern, so würde dies sträflich sein; denn diese Umänderung würde durch das Volk, das sich rottierte, also nicht durch die Gesetzgebung, geschehen: Meuterei aber in einer schon bestehenden Verfassung ist ein Umsturz aller bürgerlich-rechtlichen Verhältnisse, mithin alles Rechts; denn es würde dieses nicht eine Veränderung der bürgerlichen Verfassung, sondern Auflösung derselben, und dann der Übergang in die bessere nicht Metamorphose (Umgestaltung), sondern Palingenesie (Wiedergeburt) sein, diese erfordert aber einen neuen Vertrag, auf welchen der vorige, nun aufgehobene, keinen Einfluß hat.

Mit dem innern Rechte eines bestehenden Staats ist daher keine Umwälzung der Verfassung, sondern nur eine Umänderung, und diese nicht durch das Volk als Untertan, sondern bloß durch den Souverän verträglich. Von dieser rechtlichen Möglichkeit ist also hier nur die Rede.

Dem Souverän muß es aber auch möglich sein, die bestehende Verfassung zu ändern, wenn sie mit der Idee des ursprünglichen Vertrags nicht wohl vereinbar ist; welches so geschehen kann, daß dabei doch diejenige Form besteht, welche dazu, daß das Volk einen Staat ausmache, wesentlich gehört.

Die Reform aber, welche vom Souverän ausgeht, kann zunächst und zuoberst nicht darin bestehen, daß der Staat sich von einer der drei Formen zu einer der beiden übrigen selbst konstituiert, z.B. daß die Aristokraten einig werden, sich einer Autokratie zu unterwerfen oder sich in eine Demokratie zu verschmelzen, oder so umgekehrt; gleich als wenn es auf der freien Wahl und dem Belieben des Souveräns beruhte, welcher Staatsform er das Volk unterwerfen wolle. Denn selbst dann, wenn er beschlösse, sich zu einer Demokratie umzuändern, würde er dem Volke Unrecht tun können, weil das Volk selbst eine solche Verfassung verabscheuen und eine der beiden übrigen für sich zuträglicher finden könnte. – Denn die Staatsformen (Autokratie, Aristokratie und Demokratie) sind nur der Buchstabe, nur die Art, die ursprüngliche Gesetzgebung im bürgerlichen Zustande physisch zu personifizieren. Daß man in dieser Art der Personifikation eine Änderung macht, sich von einer Art, das Personale zu konstituieren, auf die andere wirft, beweist noch nicht eine wahre Verbesserung des Innern; denn alle drei Arten können im vollen Sinne despotisch sein. Die Formen mögen also bleiben, solange sie, als zum bloßen Maschinenwesen der Staatsverfassung gehörend, durch alte und lange Gewohnheit (also nur subjektiv) für notwendig gehalten werden.

Aber der Geist jenes ursprünglichen Vertrags ist es, worauf die konstituierende Gewalt zuoberst ihre ganze Aufmerksamkeit zu richten und zu sorgen hat, daß die Regierungsart jener Idee angemessen gemacht werde. Die Regierungsart aber, nach dem Prinzip des Republikanismus eingeteilt, zerfällt nicht in die autokratische, aristokratische und demokratische, sondern in die republikanische und despotische. Da ist nun die republikanische Regierungsart diejenige, welche die ausführende Gewalt von der gesetzgebenden trennt, jene dieser unterwirft und sie für die Vollziehung der Gesetze als solcher verantwortlich macht; die despotische Regierungsart aber wirft beide Gewalten in eins und macht es dem Regenten möglich, den öffentlichen Willen als seinen Privatwillen zu handhaben.

Es ist folglich dem Volke an der Regierungsart, ohne alle Vergleichung, mehr gelegen als an der Staatsform; denn auf jener beruht das Leben oder der Tod der Gerechtigkeit. Jedoch ist die Staatsform auch nichts ganz Gleichgültiges, weil sie, je mehr sie dem repräsentativen angemessen ist, auch dem letzten Zwecke alles öffentlichen Rechts, der Selbstherrschung des Gesetzes, behilflich wird.

Die oberste Angelegenheit des Souveräns in bestehenden Staaten ist also diese: daß er die Regierungsart dem Staats-Prinzip des Republikanismus angemessen mache, und wenn es nicht auf einmal geschehen kann, sie allmählich und kontinuierlich dahin verändere, daß sie mit der einzig-rechtmäßigen Verfassung, nämlich mit der einer Republik, wenngleich nicht dem Buchstaben und der physischen Personifizierung nach, so doch dem Geiste und der Wirkung nach zusammenstimme. Der Souverän also (als ein Einiger oder als die vereinigten Vornehmen, der Monarch oder die Aristokraten), wirke dahin, daß die Gesetze nichts als mögliche Beschlüsse des allgemeinen Volkswillens seien, welche allein die Freiheit zum Prinzip haben und sie zur Bedingung aller Untertänigkeit und alles Zwanges machen.

Belebt dieser Geist die Gesetze, binden solche Gesetze die exekutive Gewalt, wird das Recht nur nach Gesetzen gesprochen, so herrscht eine republikanische Regierungsart, die Staatsform (der Buchstabe) sei monarchisch oder aristokratisch, und wo ein solcher Geist herrscht, da wird er auch mit der Zeit bewirken, daß sich die alten empirischen und statutarischen Formen in die ursprüngliche rationale und vor dem Rechte ohne allen Actus gültige Verfassung allmählich auflösen und sich selbst dahin führen. Das System der Autokratie überhaupt, wo alle Gewalt in einem (einzelnen oder vermischten) Personale residiert, wird in das System der Repräsentation, wo die Gewalten getrennt sind und jede in einer eignen Persönlichkeit handelt, übergehen, es wird eine bleibende Staatsverfassung, wo nur das Gesetz selbstherrschend (autokratisch) ist und an keiner besondern Person hängt, emporkommen; und so wird der Zweck alles öffentlichen Rechts, nämlich ein Zustand, gedeihen, in welchem allein jedem das Seine peremtorisch (mit Sicherheit, unter einer öffentlichen Garantie) zugeteilt werden kann. Denn wie lange jene Staatsformen dem Buchstaben nach ebensoviel verschiedene mit der obersten Gewalt bekleidete moralische Personen, denen auch eine physische korrespondierend gegeben wird, vorstellen sollen; also ein einziger, oder viele, oder alle, alle Gewalt haben und selbstherrschend sind (welches nur das Gesetz sein kann) mithin keine Repräsentation und Trennung der Gewalten stattfindet; so lange kann der bürgerlichen Gesellschaft auch kein absolut-rechtlicher Zustand, sondern nur ein provisorisches inneres Recht zugestanden werden, denn alle empirischen und statutarischen Formen, welche von dem repräsentativen Systeme abweichen, können nur als einleitende und einstweilige Veranstaltungen zum absolut-rechtlichen, bleibenden und völlige Sicherheit gewährenden Zustande betrachtet werden.

Sehen wir nun auf die wirklichen Staaten, so ist es in Monarchien und Aristokratien doch möglich, daß sie eine dem Geiste des repräsentativen Systems gemäße Regierungsart annehmen, weil die Verwalter der Gesetze es sich doch zur Regel machen können, nur dem Gesetze Effekt zu verschaffen. In der Demokratie ist dieses aber unmöglich, weil da alles Herr sein will. – Auch ist es in Monarchien und Aristokratien möglich, sich durch allmähliche Reform zum Republikanismus zu erheben, ob es gleich in einer Aristokratie schon schwerer hält als in einer Monarchie, weil in jener die Anzahl der Herrscher (das Personale der Staatsgewalt) größer ist als in dieser. Je kleiner aber das Personale der Staatsgewalt ist (in Monarchien ist es aber am kleinsten), und je größer dagegen die

Repräsentation derselben, desto mehr stimmt die Staatsverfassung zur Möglichkeit des Republikanismus und kann hoffen, auf eine rechtliche und gesetzliche Art (von oben her, nämlich durch den Souverän selbst) zur einzig-vollkommen-rechtlichen Verfassung zu gelangen; allein in der Demokratie ist dieses nicht anders möglich als durch gewaltsame Revolution, mithin durch Vernichtung alles öffentlichen Rechts selbst. – Denn zu einer dem Rechtsbegriffe gemäßen Regierungsart gehört das repräsentative System; in einer Monarchie oder Aristokratie können sich die Personen, welche die Staatsgewalt haben, doch wenigstens so betragen, als wenn sie das ganze Volk repräsentieren und aus der Macht seines allgemeinen, vereinigten Willens handeln; allein in Demokratien ist diese Vorstellung widersinnig, weil in ihnen jeder einzelne und alle insgesamt unmittelbare Gesetzgeber und Vollstrecker der Gesetze sein, mithin sich nicht durch irgendeinen vorstellen lassen wollen. Soll daher eine Demokratie zur Republik übergehen, so ist dieser Übergang nur durch gänzliche Zession des vorigen Systems, mithin durch Auflösung desselben, nicht also durch Metamorphose, sondern durch Palingenesie allein möglich.

Keine der alten sogenannten Republiken war eine eigentliche Republik, denn in keiner fand eine rechtliche Repräsentation statt: sie waren alle minder oder mehr Aristokratien oder Demokratien, und das repräsentative System war ihnen gänzlich unbekannt; denn das wenige von Freiheit, welches in der einen mehr, in der andern weniger hervorblickte, beruhte nur auf günstigen Umständen und momentanen Stimmungen, ohne sicheres Fundament und System; daher mußten sie sich auch alle notwendigerweise in Despotismus auflösen, der unter der Obergewalt eines einzigen noch der erträglichste unter allen ist.

38
Franz Josias von Hendrich
Vergleichung der Reformation mit der Französischen Revolution

Man hielt die Reformation bei ihrer Entstehung für ein Feuer, welches unvermutet plötzlich ausbrach und mit unglaublicher Geschwindigkeit sich verbreitete. Aber man irrte sich. Schon seit vielen Jahren glimmte es unter der Asche und sprühte von Zeit zu Zeit seine Funken. Diese wurden durch Gewalt nicht sowohl ausgelöscht als vielmehr bloß zurückgehalten, bis die Zeit erschien, wo sie überall mehr entzündbare Materie fanden. So war es ganz natürlich, daß Luther und Melanchthon siegten, als daß Huß und Wicleff vorher unterlagen.

Die Grundsätze der Reformation waren nun einmal vorhanden, sie konnten nicht wieder vertilgt werden, und wurden vielmehr von den besten Köpfen aufgefaßt und weiter ausgebildet. Wenn diese gleichsam eine unsichtbare Kirche ausmachten, so war dies die Ursache, daß die neuen Meinungen nicht nur unvermerkt sich unter den großen Haufen einschlichen, sondern auch nachher, als sie gewaltsam ausbrachen, bis in die entferntesten Gegenden widertönten. Schon ihrer Natur nach hatten sie für das Ganze der Menschheit nicht wenig Empfehlung und Interesse, und durch das erweckte Nachdenken mußten sie eher gewinnen als verlieren.

Ebenso ging es mit der Französischen Revolution. Sie brach zwar gleichfalls schnell und plötzlich aus und schlug sogleich in lichten Flammen auf, aber die Materialien dieses Feuers hatten sich seit mehreren Jahren gehäuft: eine große Umänderung der Ideen war bereits erfolgt; von Zeit zu Zeit entstanden Empörungen, die durch Gewalt zwar gedämpft wurden, deren Ursache aber immer fortwirkte.

Der Druck des Geistes, die Not des Volks, über alles aber die Ausbildung neuer Grundsätze wirkten unaufhörlich auf den Wunsch einer Staatsveränderung. Die Nation war also völlig vorbereitet, als die Kühnheit einiger weniger das Eis brach und dem glimmenden Feuer Luft schaffte, welches nun unaufhaltsam das ganze Reich ergriff.

Auch haben die Grundsätze dieser Revolution für den großen Haufen, der bei Veränderungen zu gewinnen, immer aber sich auf den Ruinen der höhern Stände zu erheben glaubt, vielleicht ein noch größeres Interesse als die der Reformation, weil diese bloß auf Glaubens-Freiheit, jene aber außer dieser auf die politische ging, in welcher das Volk nur zu leicht Ungebundenheit und Zügellosigkeit zu finden geneigt ist.

Die Grundsätze dieser beiden großen Explosionen des menschlichen Geistes hätten vielleicht im verborgenen noch lange bloß geglimmt, wenn sie nicht durch gewaltsame Stürme zur lodernden Flamme befördert wären. Dies war die Folge des immer steigenden

Drucks, welcher im sechzehnten Jahrhunderte und jetzt den erweckten Geist empörte und gleich einem Kinde sich mit Gewalt nicht mehr einschläfern lassen wollte.

Man sah anfänglich die ersten Äußerungen der Reformatoren in Deutschland für unbedeutend an, denn man kannte weder die Natur noch die Kraft des menschlichen Geistes, noch weniger aber die Stimmung des Zeitalters. Man hielt es daher nicht für die Sache der Menschheit, sondern nur einiger Schreier oder allenfalls einer kleinen und schon deswegen unmächtigen Faktion, weil die Großen dieser Erde ihr entgegen waren.

Ebenso dachte man am französischen Hofe. Mirabeau und die übrigen talentvollen Köpfe der Nation schienen viel zu unbedeutend gegen die Masse der französischen Großen und den imposanten Glanz eines Hofes: aber man bedachte auch hier nicht, daß die Stimmung des Zeitalters diesen Nimbus verwischt hatte, und daß der Geist eines lebhaften Volks der größten Kraft-Äußerung fähig sei.

In Deutschland und in Frankreich waren die ersten Forderungen des nach Freiheit strebenden Geistes wenig und klein; man wollte oder konnte nicht berechnen, wie weit er künftig gehen würde. Ein kluges Nachgeben in gegründeten Beschwerden, mit einem entschlossenen Widerstande verbunden, hätte vermutlich die allgemeine Stimme zum Schweigen gebracht; aber man wollte nichts verlieren und verlor darum alles.

So begann man gegen die Anhänger der Reformation und gegen Frankreich einen unnatürlichen und unglücklichen Krieg: denn man bekriegte Meinungen durch Machtsprüche, und Ideen mit Feuer und Schwert. Dieser Krieg hatte keine andern Folgen, als daß der Geist immer mehr erhitzt und gestärkt, die neuen Begriffe immer mehr entschleiert und verbreitet und die Zahl ihrer Anhänger und Verteidiger nur immer größer wurde. Beständig hielt der Geist mit seinem Widerstande gleichen Schritt und bekam bald einen starken Vorsprung. Durch Ungerechtigkeit erbittert, durch Grausamkeit empört ward er unüberwindlich, so wie man anfangs seinen Sieg für unmöglich hielt. Man schien es zu fühlen, und dennoch blieb man bei den unnatürlichsten Maßregeln.

Der Papst wollte völligen Widerruf der lutherischen Dogmen und die Koalition die Wiederherstellung der Monarchie in Frankreich. Die Welt hatte aber ihre Denkungsart und ihren Ton so ganz verändert; und dennoch blieb man bei den alten unanwendbaren

Maßregeln der Politik und wiederholte und verstärkte unaufhörlich die Mittel, ob sie gleich immer das Gegenteil wirkten.

Da die Feinde der Reformation sowohl als ihre Freunde mit nicht wenig Ungestüm und Leidenschaft handelten, so fielen sie nicht selten auf Extreme oder erlaubten sich in der Hitze manche Schritte, welche die kalte zurückkehrende Vernunft nicht billigen konnte. Selbst Luther war von diesen Fehlern nicht frei; allein um den Schlag zu tun, wurde gerade ein Mann wie er von ungestümen Leidenschaften erfordert. Der, welcher den ersten Schritt tat, mußte mit einem beträchtlichen Vorrate von Kenntnissen eine große Kühnheit und einen gewissen Starrsinn verbinden: Eigenschaften, die von Menschen gefordert werden, welche sich zu Parteihäuptern aufwerfen. Er mußte zugleich ein Mann für das Volk, kurz er mußte Luther sein.

Ebenso ging es in Frankreich. Im Anfange der Revolution zeigte sowenig die Hof- als die Volks-Partei jene Mäßigung, welche die gewaltsamen Wirkungen der Leidenschaften allerdings vermindern kann. Beide handelten mit Hitze und Leidenschaften, die mehr einer Privat-Rache ähnlich sahen als dem abgemessenen Plane eines ruhigen Verhaltens. Die Volks-Partei wagte Schritte, die nur der allgemeine Taumel, worin sich alles versetzt sah, übersehen konnte, und der Hof fiel in eben die Fehler, nur mit dem Unterschiede, daß sie auf die Gegenpartei den widrigsten Eindruck machten.

Mirabeau und die ersten Anstifter der Revolution waren Feuerköpfe; aber gerade deshalb die Leute, welche alles unternehmen konnten, weil ihnen nichts unmöglich schien. Mirabeaus brausende, alles verzehrende Hitze und hinreißende Beredsamkeit, sein unerschütterlicher Mut, seine Kühnheit, machten ihm zum gefährlichsten Demagogen, kurz er war der Luther der französischen politischen Reformation.

Sosehr nun in Deutschland wie in Frankreich nicht nur die Gegner, sondern auch die Reformatoren selbst auffallende Fehler zeigten, so hielten sie doch den Gang ihrer Reformationen so wenig auf, daß sie vielmehr denselben beschleunigten und beförderten. Man könnte sagen, daß ihre Feinde es allein waren, welche, ohne es zu wissen und zu wollen, beide hervorbrachten und ausführten.

In Deutschland verteidigte die katholische Partei alle Mißbräuche der römischen Religion und das ärgerliche Leben ihrer Priester; in Frankreich, die Hofpartei alle Mißbräuche und Übel des Feudalsystems, einer verderbten Regierung und den Druck einer übermütigen Aristokratie.

Da große Revolutionen den Leidenschaften freien Spielraum geben, so war es nicht zu vermuten, daß alle diejenigen, die das Joch des Papsttums abwarfen, vernünftige und gemäßigte Köpfe sein sollten. Viele verließen einen Irrweg, um einen andern zu betreten. Beschränkte oder parteiische Beurteiler der Reformation unterließen nicht, die Schrecklichkeiten des Bauernkriegs und der Wiedertäufer als Wirkungen derselben zu beschreiben, und diese Wiederherstellerin einer bessern Religion, die Stütze der Aufklärung, darüber anzuklagen. Sie bedenken nicht, daß jede Veränderung einige böse Folgen mit sich führe, und daß, je wichtiger und allgemeiner die Veränderung ist, desto größer und auffallender auch ihre Folgen sein müssen. Wollten wir eine jede Veränderung verwerfen, bei der wir böse Folgen bemerken oder voraussehen, so müßten wir auch die Einführung der christlichen Religion verwerfen, die mehr als eine böse Folge gehabt hat.

Die so lange unterdrückte Schwungkraft des Geistes brach bei der ersten Gärung der Unabhängigkeit, vormals in Deutschland und jetzt in Frankreich, unaufhaltsam hervor und erzeugte jene schrecklichen Phänomene in der menschlichen Moralität: die Greuel des Bauernkrieges und der Wiedertäufer in Deutschland und die blutigen Schreckens-Szenen in Frankreich.

Der Reiz der Neuheit, die Idee und der Wunsch eines entfernten Glücks, das Bedürfnis einer veränderten Lage, die Hoffnung einer bessern; ein gewisser Instinkt, den die Phantasie zu großen, aber auch zu schrecklichen Dingen treibt; Haß und Rache, die bei der Umwälzung der Dinge so leicht befriedigt werden können; die Macht des Beispiels, kurz jene Gärung, die zuweilen den Menschen ergreift, wirkte jene Begebenheiten und jene Greuel, die wir verabscheuen, aber auch jene Taten, die wir bewundern.

Es lag also in der Natur des Menschen und der Sache selbst, daß beide Revolutionen von einigen mißverstanden, von vielen übertrieben und von andern gelästert und beschimpft wurden, so wie man auch ihre Urheber in dem gehässigen Lichte verwerflicher Leidenschaften darstellte. Ihren Wert zu entscheiden, dies war das Werk der Nachwelt; im Leben hießen sie Atheisten und Rebellen. Sie hat ihn für Luther und seine Gehilfen entschieden, sie hat die Carlstadt und andere mit dem verdienten Tadel belegt, so wie sie die Robespierre und Gehilfen dem Abscheu der kommenden Jahrhunderte überliefern wird, ohne die Verdienste der wirklich verdienten Männer unter den Neufranken zu verkennen.

Aber die Unerfahrenen hingen in beiden Reichen nur immer an der Gegenwart, ohne in das Vergangene oder in die Zukunft hinauszusehen. So sahen sie nichts als Unordnung der Dinge und den Umsturz des Staats und der Religion. Aber man hütete sich zu untersuchen, ob nicht die wahre Unordnung der Dinge unkenntlich und geheiligt durch die Zeit vorherging? Man beurteilte die Dinge, wie sie gegenwärtig waren, nicht was oder wie sie künftig erst werden könnten und müßten, und verkannte die Natur, welche heitere und frohe Tage durch trübe und stürmische vorbereitet.

Beide Revolutionen wurden mit einer beispiellosen Hitze und Hartnäckigkeit verfochten, denn sie betrafen Meinungen und Rechte. Man hätte sie unbemerkt und ungeahndet sich selbst überlassen sollen: denn wären sie alsdann auch nicht ganz wieder untergegangen, so hätten ihre Grundsätze weniger Schärfe angenommen und sich nicht so schnell und unwiderruflich von dem Punkte ihrer ersten Entstehung fast über ganz Europa verbreitet.

Aber eben deshalb, weil man sie bekriegte, wurden sie der Gegenstand der allgemeinen Aufmerksamkeit und das Gespräch der Welt. Wer außerdem sie nie gehört, wenigstens über sie nie gedacht haben würde, der tat es seit dieser Zeit. Nicht nur sie, sondern auch diejenigen, welche die Grundsätze beider Revolutionen so standhaft behaupteten, bekamen nicht wenig Wichtigkeit und Ansehen. Noch mehr war dies der Fall, als man einen so ungleichen Kampf mit ganz widernatürlichen Waffen führte und Ideen durch Drohungen, und den Geist durchs Schwert zu besiegen dachte.

Luthers Grundsätze erhielten endlich den schönsten Sieg über den Katholizismus. Die blinde Wut des letztern konnte gegen den reinern Enthusiasmus der erstern nicht standhalten. Wer sie als wahr erkannte, war auch entschlossen, sie zu behaupten. War es ein Wunder, daß nun der menschliche Geist zu jener ungewohnten Kraft erhöht wurde; oder daß diese Grundsätze immer allgemeiner siegten, je sichtbarer sie mit dem Glücke der Menschheit in Verbindung standen? Daß Jünglinge, Männer und Greise ihr Leben für einen geringen Preis hielten, sich und ihren Nachkommen ein Glück zu sichern, welches vielleicht nie wieder zurückkehrte, wenn sie diesen glücklichen Zeitpunkt nicht benutzten? War es ein Wunder, daß bei der längern Dauer des Kampfs ihre Partei nicht nur an der Zahl, sondern auch an Energie wuchs, indes die Partei der Gegner nach gleichem Maße abnahm?

Ebenso in Frankreich. Die neuen Grundsätze der Franzosen siegten mit einer entscheidenden Allgewalt: wer sie annahm, verteidigte sie mit Gut und Blute. Jeder glaubte ebenfalls, das Glück nicht nur einzelner, sondern aller sei mit ihnen verbunden: so wurden die Leidenschaften schärfer und wilder, so ward es von Tage zu Tage schwerer, die Franzosen zu zwingen, und frei leben oder sterben, ward ihr schrecklicher Wahlspruch.

Ihre Gegner konnten diese Energie nicht erhalten, und je länger sie kämpften, desto mehr wuchs jene bei den Franzosen, desto mehr fühlten die Mächte sich geschwächt, traten nach und nach zurück, und manche wurden sogar aus Feinden Freunde; so wie auch vormals die Protestanten sie unter ihren alten Feinden bekamen, als größere Interessen den Leidenschaften Platz machten.

Es war der Fehler der Katholiken zur Zeit der Reformation, und der verbundenen Mächte bei der französischen Revolution, auf ihre physische Übermacht zu sehr zu rechnen und an die moralische Kraft und Energie empörter Leidenschaften nicht im mindesten zu denken. Dies schien freilich um so weniger nötig, da selbst Religion und Staat, nach einem so langwierigen Entgegenstreben, und Kaiser und Papst sich vertraulich gegen die Reformation vereinigten und freundschaftlich an der Spitze der vereinigten Fürsten standen. Was hätte man nicht erwarten sollen, wenn der Kaiser für die Bischofsmütze und der Papst für die Kaiserkrone stritt! Und dennoch siegte die Reformation über ihre Feinde.

So auch jetzt. Die beiden größten Mächte in Deutschland legen ihren eingewurzelten alten Groll und ihre Eifersucht beiseite und vereinigen sich beide mit Königen und Fürsten: Katholiken und Protestanten, uneingedenk der alten Fehde, die sie trennte, verbinden sich für *eine* Sache, für die Herstellung der Hierarchie in einem fremden Lande, für eine Sache, die einst unter ihnen jene Fehde auf Tod und Leben erzeugte! Protestantische Fürsten nehmen sich der Sache des Papstes und der Bischöfe an und opfern Gut und Blut für diese Sache auf, gegen welche sie es vormals hingaben!

Sonderbare Bündnisse, sonderbare Verkettungen! Desto begreiflicher wird uns ihr vereitelter Erfolg. Den Protestanten war nichts unerträglicher, als daß man einst bestimmen wollte, was sie glauben und wie sie ihren Gott verehren sollten: ebenso war den Franzosen nichts mehr zuwider, als daß sich die verbundenen Mächte in ihre Verfassung mischten.

Je mehr der französische Hof in Zuversicht auf die einbrechenden Armeen der Mächte und im Vertrauen auf seine Anhänger im Innern in Sprache und Betragen sich in die Zeiten seiner vorigen Allmacht wiederum zurücksetzte, desto derber und trotziger zeigte sich die National-Versammlung: und alles endigte mit dem Umsturze der Konstitution von 1791, mit der Entthronung, dem gewaltsamen Tode Ludwigs XVI. und mit der Errichtung der Republik.

Wenn unter den Reformatoren in Deutschland Uneinigkeiten unvermeidlich waren, wenn sogar ein verderblicher Sektenhaß entstand, so gab es doch, wenn es aufs Ganze ankam, mehrenteils nur eine Stimme und nur einen Wunsch.

So war es auch in Frankreich. Die verschiedenen Parteien der Demokraten hatten ihre verschiedenen Systeme, sie haßten, verfolgten und mordeten sich untereinander: aber die allgemeine Stimme war gegen die Aristokratie gerichtet, und alle ihre Arme bewaffneten sich wider den gemeinschaftlichen Feind.

Der Gang der Aufklärung war zur Zeit der Reformation ebenso beschaffen wie jetzt. Teils vor, teils während dieser beiden großen Revolutionen in den Begriffen und Meinungen hatte die Aufklärung nicht geringe Fortschritte gemacht: zur Zeit der Reformation vorzüglich in religiösen Gegenständen, jetzt aber hauptsächlich in politischen.

Die Beherrscher hatten es anfangs nicht verhindert, weil sie teils nicht darauf merkten, teils aber es nicht für schädlich, sondern sogar für nützlich hielten. Als aber der Geist anfing, von seinen hellern Einsichten Gebrauch zu machen und Mißbräuche und Anmaßungen von Rechten zu unterscheiden, da fing man, wiewohl zu spät, an, sich wider die Aufklärung aufzulehnen, sie als schädlich zu verwerfen und als strafbar, teils insgeheim, teils öffentlich, teils durch List, teils durch Gewalt zu unterdrücken. Die Folge war, daß sie nun schneller und stürmisch ihre Schritte verdoppelte.

Weil man mehr aus Gewohnheit als Überzeugung die Lehren der römischen Kirche annahm, und ihnen oft so wenig aus vernünftigen Gründen als aus Parteigeist geneigt war, so fanden sich diejenigen, die das meiste Interesse hatten, diese Lehren aufrechtzuerhalten, außerstande, sie gründlich und mit Überzeugung zu verteidigen, als sie mit einem Mute und einer Entschlossenheit angegriffen wurden, wodurch die allgemeine Aufmerksamkeit überall gespannt werden mußte.

Nichts beförderte daher die Fortschritte der Reformation und der Französischen Revolution so sehr als die Freiheit, welche jedem gegeben wurde, über religiöse und politische Gegenstände ohne Schonung und Nachteil zu urteilen. War gleich der große Volkshaufen unfähig, sich diesem Urteile gründlich zu unterziehen, so fühlte er doch den Stolz und die Wichtigkeit, so große und so wichtige Interessen ohne Richter abwägen zu dürfen.

Die Erschütterung ward wirklich so allgemein, daß man annehmen darf, die neuen Meinungen würden über die alten fast überall gesiegt haben, wenn die Regenten nicht zweckmäßige Mittel gebraucht hätten, den Strom, der es noch erlaubte, in seinem Laufe aufzuhalten. Sie hatten wirklich ebensogut wie die römische Hierarchie jenes blinden Gehorsams nötig, auf welchem ihre Autorität vorzüglich gegründet ist; und sie fürchteten im sechzehnten und in dem jetzigen Jahrhunderte mit allem Rechte, daß nach dem Umsturze der alten und tiefgelegten Fundamente der römischen Hierarchie und der französischen Monarchie auch ihre eigenen Befugnisse einer schädlichen Untersuchung unterworfen werden möchten.

Der republikanische Geist, der sich in einigen protestantischen Kirchen einschlich, und die Gärungen und Ausgelassenheiten, welche die Revolution auch außer Frankreich hie und da erzeugte, mußten dieses Mißtrauen um so mehr vergrößern, weil ein wirklicher Ausbruch alles von einem Beginnen fürchten ließ, wobei es unmöglich war, auf halbem Wege stehenzubleiben.

Sowenig es aber annoch Zeit war, die Grundsätze des Protestantismus unterdrücken zu wollen, als sie bereits tiefe Wurzeln gewonnen hatten, so unmöglich würde es jetzt sein, die politischen Meinungen der Menschen zu vertilgen. Es bleibt weiter nichts übrig, als sie mit weiser und fester Hand zu leiten und dadurch unschädlich zu machen, der allgemeinen Stimmung des Zeitalters nachzugeben und durch einige nötige Aufopferungen den Verlust des Ganzen abzukaufen.

Der Revolutionsstoff liegt gärend in der Mitte der Völker. Der

39

Johannes Weitzel
Die Revolution

Der Revolutionsstoff liegt gärend in der Mitte der Völker. Der Bürger, empört durch den Übermut der willkürlichen Regierungen, setzt den Ansprüchen angeerbter Herrscherrechte die älteren, mit seiner Menschennatur unzertrennlich verbundenen Rechte entgegen. Das still erwärmende Licht einer fortschreitenden Kultur verdrängt die Nacht, welche die Pflichten und Rechte des Regenten und Untertans deckte, und der Glaube an den göttlichen Ursprung der königlichen Gewalt und den leidenden Gehorsam entfliehen als Kinder der Nacht mit der Mutter, welche sie geboren. Allenthalben rüstet sich die Vernunft gegen tausendjährige Vorurteile, und die Freiheit gegen den Despotismus. Die Wolke löst sich auf, in welche der Thron und der Altar sich geheimnisvoll verbargen, durch die der gedemütigte Mensch nur mit bangem Schaudern einen prüfenden Blick wagte. Die Philosophie hat den rechtlichen Ursprung der Staaten enthüllt und dem Menschen seine unverjährlichen Rechte zurückgegeben. Wir kennen jetzt die Gebrechen unsrer Regierungen; die Zeit wird es lehren, ob wir nichts mehr dabei gewinnen als die schreckliche Überzeugung, daß sie unheilbar sind.

Mit dem geistlichen Despotismus mußte der weltliche untergehen; denn ihre Stütze ist dieselbe, wie ihr Interesse dasselbe ist. Ihre Freundschaft ist der schöne Zwillingsbund des Krieges und der Pest, eine Welt voll Leben in einen Kirchhof zu verwandeln.

Einheit ist ihr Prinzip, und die vollkommenste Einheit ist – der Tod. Die Geschichte des Lahmen und des Blinden in der Fabel ist die Geschichte des Szepters und des Rauchfasses.

Die abergläubische Andächtelei konnte den Bürger nicht mehr überreden, daß ein Nero, Christiern II., Ludwig IX. und Karl XI. als Gesalbte des Himmels mit dem nämlichen Rechte wüteten, mit welchem ein Titus, Gustav Adolph und Heinrich IV. Wohltäter und Retter von Nationen waren.

Dem feigen Sophisten fehlt es freilich auch jetzt nicht an Gründen, wenn es ihm Ernst ist, das Verbrechen und die Torheit in seinen käuflichen Schutz zu nehmen. Hatte doch derselbe Gott, welcher das Lamm und die Taube schuf, den Tiger und Geier, wie einen Borgias und Busiris geschaffen! Aber die Stimme jener eigennützigen Betrüger, welche Sklaverei zur Pflicht und Dummheit zur Tugend lügen, wird selten gehört. Die scheinheilige Teilnahme derer, welche uns zu unserm Besten bereden wollen, das Joch der willkürlichen Gewalthaber geduldig zu tragen; welche uns den gerechten Unwillen gegen die Usurpation der Tyrannen als Hochverrat ankündigen, ist zu verdächtig, denn es sind gerade jene, welche den Schweiß und das Blut mit den Götzen teilen, die sie predigen. Die Völker fassen endlich die große Wahrheit, daß der Staat, welcher durch den Willen freier Wesen sein Dasein erhält, auch nur durch denselben bestehen kann; daß der Wille des Volkes der höchste Gesetzgeber ist.

Der Eigensinn und die Verschwendung der Höfe vollenden, was die Aufklärung begonnen. Ihre grenzenlosen Bedürfnisse, welche der steigende Luxus und verheerende Kriege endlos vermehren, vermögen in allen schrecklichen Erpressungen sich nicht zu sättigen. Dem Bürger ist in seiner Verzweiflung jedes verzweifelte Mittel willkommen, welches ihm auch nur ein ungewisses Gut gegen gewisses Elend verspricht. Wenn die physische Natur auch keinen Sprung wagt, so gatten sich in der moralischen Extremitäten nicht selten am innigsten. So zeugte der Despotismus, wo er ein aufgeklärtes Volk niederdrückte, die Freiheit. Er rief die große Revolution hervor, welche ihre Trophäen auf die Trümmer des Gebäudes der Willkür in Frankreich pflanzte, da er, auf der andern Hemisphäre, ein friedliches Volk gezwungen hatte, sich von seinem geldgierigen Mutterlande loszureißen. Die Eigenmacht schwelgender Herrscher muß den gedemütigten, ausgesaugten Bürger zum Aufstande nötigen, wenn dieser nur weiß, daß ihn weder eine feindliche Gottheit noch seine Schwäche zur Sklaverei verdammte. Darum muß der Despotismus der Regierung ein aufgeklärtes Volk finden, wenn er eine Revolution in der Staatsverfassung hervorbringen soll. Ist es abergläubisch, dann weiß es keine Mittel, sich von seinem Elende zu befreien, welches es nicht selten für eine gerechte Strafe des erzürnten Himmels ansieht. So macht es oft sein Elend zu seinem Verbrechen und fürchtet in seinem übermütigen Unterdrücker den begünstigten Liebling der Gottheit. Ohne das eiserne Szepter des sinnlosen Tyrannen zu fühlen, würde aber auch eine gebildete Nation gegen verjährte Mißbräuche keinen Aufstand wagen, bei dem es zweifelhaft wäre, ob der Zweck die Mittel wert sei. Nur die Verzweiflung versucht den Kampf auf Leben und Tod mit der Tyrannei. Der gegenwärtige Zustand muß keine Hoffnung mehr erlauben, keine tröstliche Aussicht mehr geben. Eine Veränderung muß für den größten Teil des Volks einen Gewinn hoffen, aber keinen Verlust fürchten lassen.

Die meisten Völker Europas sind diesem Zustande nahe oder befinden sich wirklich in ihm.

Der Mensch fühlt endlich, daß er mehr ist als das, wofür ihn der Hof und unsre Statistik ausgab. Dieser wie jenem war er nur ein hervorbringendes oder verzehrendes Tier, und sein ganzer Wert schwankte zwischen dem Mehr oder Weniger seiner Konsumtion und Produktion. Aber in ihm wohnt eine Kraft, für welche es kein Maß und Gewicht gibt. Der gewöhnliche Staatsmann übersieht sie, weil sie sich in keinem Geldwerte anschlagen läßt. Bei Thermopylä, Salamis und Marathon siegte sie für die Freiheit. Sie riß die Vereinigten Niederlande von dem mächtigsten Reiche der Welt los und sicherte ihnen ihre Unabhängigkeit; sie rief eine Republik ins Dasein, da, wo nicht lange zuvor auch nur der leiseste Zweifel an der rechtlichen Allmacht des Königs ein Verbrechen war, und trat den schrecklichen Bund der mächtigsten Herrscher Europas in Staub. Sie heißt Genie und Tugend in despotischen Staaten eine exotische, in Monarchien eine Parasitenpflanze.

Das menschliche Geschlecht rückt seiner Vollendung immer näher – einer allgemeinen Verbrüderung, die keine Religion, keine Regierungsform, kein Klima feindselig auflöst. Die vernichtenden Erschütterungen kündigen, wie der zermalmende Donner, eine fruchtbare Ruhe und ein regeres Leben an. Die alternden politischen Verfassungen modern einem nahen Tode entgegen, weil der Geist, der sie beseelt, Unwissenheit und kriechende Mutlosigkeit, entflieht; und wo der Würgengel des Despotismus sich gegen den Genius der Freiheit waffnet, drückt dieser ihn mit schrecklichen Siegen zu Boden. Die Staaten gehen durch eine blutige Wiedergeburt ihrer Bestimmung entgegen und werden, was sie sein sollen, Wehre zur Beschützung der Rechte jedes einzelnen unter der Herrschaft des äußern Gesetzes.

Die meisten Nationen berühren sich durch Handlung, Publizität, politische und gesellschaftliche Verhältnisse. Die Umwälzung der Begriffe und Staatsverfassungen ist nicht mehr in den Grenzen eines Landes eingeschlossen. Die Revolutionen werden sich in den Staaten mitteilen, wie der elektrische Funken sich einer umschlungenen Menschenmasse mitteilt. Sie waren seit mehreren Jahrhunderten schon durch Begebenheiten und Zufälle vorbereitet, deren endliche Wirkungen damals das blöde Menschenauge nicht erreichen konnte.

In den ausgedehnten Staaten, wo der Bürger den Bürger nur selten oder nie berührte, wo die Untertanen desselben Herrschers in keinem Verhältnisse miteinander standen als in dem, daß sie Diener eines Regenten waren, wo sich alle Glieder des Staates fremd blieben, wenn sie kein unmittelbarer Verkehr miteinander verband, in einem solchen Staate war an keine Umwälzung der Verfassung zu denken, weil es zwischen den Bürgern desselben an einem Mittel der Einigung fehlte.

Die Buchdruckerkunst ward erfunden, und in ihr das leichteste Werkzeug der schnellsten Mitteilung in die weiteste Entfernung. Jetzt konnte sich eine öffentliche Meinung bilden, und da die Presse die Tagsgeschichte eines Volkes der allgemeinen Wißbegierde preisgab, gewann der Bürger eine Kenntnis seiner politischen Verfassung und der Staatskräfte. Es konnte sich ein Nationalgeist entwickeln, indem es dem Bürger möglich ward, einigen Anteil an seinem Vaterlande zu nehmen, dessen Geschichte ihm leicht mitzuteilen war. Das Volk konnte nun ein Ganzes bilden, weil es sich in der größten Entfernung nicht mehr fremd war, ob es sich gleich nicht unmittelbar berührte.

Die Hand eines schlauen Tyrannen vermochte nun das Schicksal von Nationen nicht mehr in dunkler Verborgenheit zu leiten. Die Neugierde belauschte seine geheimsten Handlungen und wußte das Mittel, sie mitzuteilen. Was die Liebe zum Vaterlande, zur Menschheit und zur Tugend überhaupt dem getäuschten und unterdrückten Volke nicht kundtat, um den feigen lasterhaften Tyrannen der allgemeinen Verachtung preiszugeben, das streuten der gekränkte Stolz, der getäuschte Ehrgeiz und die nie befriedigte Tadelsucht unter die Menge. Entdeckungen folgten bald Entdeckungen, welche einer großen und tiefgreifenden Revolution dienten.

Der unbezwingbare Mut suchte sich einen Weg über die Wogen des Meeres nach den Reichtümern Ostindiens, welches schon über ein Jahrtausend die Schätze Europas verschlungen hatte, und fand ihn um das Vorgebirge der Guten Hoffnung. Das göttliche Genie eines Kolumbus bereicherte unsre alte Welt mit einer neuen, und diese Entdeckung des vierten Weltteils sollte insbesondere den politischen Revolutionen zur Grundlage dienen. Die Ausbreitung des

Handels beseelte die Betriebsamkeit und vermehrte die Güter des Lebensgenusses. Der Umgang mit fernen Völkern bereicherte unsre Kenntnisse und vertilgte tief eingewurzelte Vorurteile. Der neue große Markt, welchen unsre Produkte dort fanden, mußte unsern Fleiß wie unsre Reichtümer vermehren.

Das fleißigste und aufgeklärteste Volk ist jetzt das mächtigste; denn nicht die physische Stärke siegt mehr, sondern die Übermacht an geistiger Kraft.

Die Kriegskunst, welche nichts weniger als Kunst war, da körperliche Stärke gegen körperliche Stärke rang, ward seit der Erfindung des Schießpulvers eine Kunst, welche alle anderen Künste an Ausdehnung und Tiefe übertrifft. Das sichert die Existenz kultivierter Nationen gegen die ungestüme Übermacht barbarischer Völker; das schützt die Kultur selbst, da sie nun Base der Stärke ist. Wie die Kunst den Krieg führt, bedarf er beinahe unerschöpflicher Hilfsquellen, das macht die reichste Nation zur mächtigsten. Und so stehen unsre Kultur, unsre Industrie und Stärke in einem ewigen Wechselbunde.

Nebst den bedeutenden Vorteilen, welche der Handel dem menschlichen Geschlechte leistet, indem er die Scheidewand niederwirft, welche Nationen feindlich trennt, und indem er ein friedliches Band zwischen ihnen knüpft, da sie durch ihn die Bedürfnisse des Lebens gegeneinander umtauschen, hatte die Entdeckung von Amerika noch eigne wichtige Folgen.

In Amerika wurden wir noch einmal an die Wiege der Menschheit zurückgeführt. Dort sahen wir Menschen, unabhängig vom Priester- und Regentenjoche, in einem bürgerlichen Zustande leben, und fanden sie frei und besser als uns. Die Philosophie sah sich mit unerwarteten Tatsachen bereichert, welche die spekulative Vernunft in ihren kühnen Schlüssen über die Rechte des Menschen unterstützten. Man dachte an ein Naturrecht, und die Publizisten begriffen, wie aus unabhängigen Familien ein Staat werden konnte, in welchem der Mensch als Mensch galt, und wo, wenn er mehr gelten sollte, er es nur durch die Zustimmung der andren galt; er begriff, wie der allgemeine Willen Gesetze gab. So bestätigte die Erfahrung die Forderungen der Vernunft und erweiterte sie, weil doch alle Philosophie sich auf Erfahrung bezieht.

Ein Staat hatte sich in Europa zur fürchterlichen Größe erhoben. Spanien, in das sich der geistliche und weltliche Despotismus mehr und mehr einwohnte, konnte vielleicht der Unabhängigkeit benachbarter Völker gefährlich werden, konnte die glücklichen Wirkungen der sich verbreitenden Reformation mit dem Übergewichte seiner Kräfte unterdrücken. Spanien sandte seine Menschen über Meere und geizte um totes Gold. Spanien ließ seine Fluren veröden und die innere Betriebsamkeit erstarren um totes Gold. Spanien entschöpfte sich in einem fremden Weltteile, und die Reformation gedieh mit fruchtbarem Erfolge. Der Münsterische Friede besiegelte den kargen Rest von deutscher Freiheit, und die Vereinigten Niederlande erhoben sich, ihre erschlaffte Tyrannin demütigend, in stolzer Unabhängigkeit und bereicherten sich durch ihren Fleiß, dessen Früchte kein Despot mehr unersättlich aufschwelgte.

Wie hier eine Landmacht den schwächern Völkern gefährlich zu werden drohte, so arbeitete sich eine unternehmende Nation, vorzüglich seit dem Protektorate Cromwells, zur Seedespotie hinauf. Die Meere zu beherrschen ist Englands Stolz, und alle Völker, die Sklaven der Bedürfnisse sind, welche es ihnen dann allein um einen beliebigen Preis abgeben könnte, zu seinen Sklaven zu machen war schon lange seine hoffnungsvolle Aussicht. Die Menschen leicht zu beherrschen, indem es über ihre Bedürfnisse gebieten könnte; ihre Schätze bei sich zu sammeln, indem es das Monopolium aller Waren von drei Weltteilen besäße – denn nach den britischen Menschenrechten sind doch wohl die Bewohner der westlichen Küste von Afrika nichts mehr, als Ware –, blieb immer der Zweck, dem es entgegenrang.

Gefährlicher als jede andere Despotie wäre gewiß die des Dreizacks, weil man ihr nur durch Entbehren entgehen könnte; weil der Krieg, den es dann gegen alle Völker durch seinen Alleinhandel führte, nicht wie der gewöhnliche Krieg den Sieger mit dem Besiegten schwächte, sondern jenen in dem Maße stärkte, als er den von seiner Willkür abhängigen Käufer entkräftete. Aber von einem fremden Weltteile her mußte die Regierung des sieggewöhnten Englands den ersten fürchterlichen Stoß auf das Herz seiner Schätze und seiner Macht erhalten. Eine schmerzliche Wunde, welche die mündige Pflegetochter der stolzen unmenschlichen Stiefmutter schlug; Britannien steuerte sie, da sie das mütterliche Haus verließ, mit aufgeopferten Handelsvorteilen, mit dem hingewürgten Rufe seiner Waffen aus und belastete sich mit einer Nationalschuld, welche bald in ihrer fürchterlichen Schwere die Regierung zu Boden drücken muß.

Ein Freistaat bildete sich nun in diesem fernen Weltteile, der andere, auf unserer Hemisphäre, an Weisheit und Gerechtigkeit seiner Verfassung übertraf. Unsre Staatsverfassungslehre und Politik ward vollkommner, bei der Entwicklung eines vollkommeneren Staates.

Die Freiheit und Kultur in Europa hatten jetzt einen sichern Zufluchtsort, wenn der Despotismus sie hier je mit ihrer Vernichtung hätte bedrohen sollen.

Welchen Anteil die Revolution in Amerika an der in Frankreich hat, haben mehrere Schriftsteller zu entwickeln gesucht.

Vorbereitet waren also die Erschütterungen, welche den Abend unsres Jahrhunderts auszeichnen, und so unbestimmt der Zeitpunkt ihres Erfolges auch sein mochte, so notwendig war ihr Erfolg selbst. Der menschliche Geist dringt in allen Zweigen unsrer Wissenschaften auf unerschütterliche Prinzipien. Die Vernunft setzt mit kühnem Mute ihre Ansprüche durch, und der angeerbte Glaube und die Willkür verlieren ihre Herrschaft über sie. Das ganze Gebäude unsres Wissens hat eine günstige Reform erlitten, und sollte es auch nicht sehr an Schönheit gewonnen haben, so gewann es doch an architektonischer Festigkeit. Die Arzneilehre und Chemie haben eine beinahe wissenschaftliche Vollkommenheit erlangt. Die kritische Philosophie ergriff alle Teile unsrer Kenntnisse zerstörend, um ihnen, in einer neuen Schöpfung, systematische Haltbarkeit zu geben. So stößt alles gegen die politische Mißbräuche und die Willkür der Regierungen verheerend an, und die Vernunft will auch hier ein vollkommnes Ganzes, sie will einen Staat, der sich auf Gerechtigkeit und nicht auf Übermacht gründet. Die Vernunft will die Herrschaft des Gesetzes, und das dringende Bedürfnis vereinigt sich mit ihr, um das schreckliche Gebäude des Despotismus und des Aberglaubens in seinem eignen Schutte zu vergraben.

Es ist ein Rechtsstreit, den der gedemütigte Sklave gegen die Willkür, gegen seine Unterdrücker bei einem Gerichtshofe anhängig machen könnte; denn die Übermacht weiß von keinem Gesetze als dem, das ihr eine noch stärkere gibt. Es ist der Kampf des lange Betrogenen, des gewalttätig Erniedrigten gegen die Tyrannei. Gewalt stieß den Schwächern von der Würde seiner Menschheit herunter, Gewalt kann sie ihm wiedererringen, wo er der Stärkere wird. Zwischen einem Volke und seinem Würger ist kein Richter möglich. Der Prozeß ist geendigt, wenn der Bürger eines Staates ist, was er sein soll – frei; indem er nur dem Gesetze gehorcht, dem er seine Stimme gab.

Leider sind Polster von Leichen das Bett der Freiheit. Aber wen klagt das Blut der tausend und tausend Hingewürgten an? Gegen wen rufen die Tränen der kinderlosen Väter, der verlassenen Waisen und Witwen Rache? Wer gab zahllose unschuldige Schlachtopfer dem Hungertode oder einem endlosen Mangel hin und rief das bleiche Elend in öde Hütten? Die, welche durch die unsinnige Verschwendung und grenzenlose Räubereien empört ihre ewigen Rechte von der Despotie zurückforderten, welche sie usurpierte? Oder die, welche in einer Mahlzeit die zehnjährige Arbeit eines Taglöhners aufschwelgten, welche in ihren taumelnden Orgien den Fleiß von Provinzen verschlangen, bei ihren Wollustmahlen des elenden Dürftigen spotteten, den sie mit Hohn von der Schwelle stießen, wenn er um Gerechtigkeit flehte? Ein Volk, welches seine unverjährlichen Rechte gegen seine Tyrannen, welche es unter das Tier herabwürdigten, geltend machen will; ein Volk, welches seine Freiheit von seinen Unterdrückern fordert, die es mit Gewalt an dem Joche der Sklaverei festzuhalten sich bemühen; ein solches Volk tritt gegen seine gesetzlosen Herrscher in den Naturstand zurück: denn da zwischen ihnen kein Richter möglich ist als Gewalt, so ist der Zustand, in dem sie leben, ein Zustand des Krieges.

Es gilt nicht nur die Sache eines Volkes, sondern die unsres Geschlechtes. Die Aufforderung war an alle großen Seelen unsrer Zeit, sich dem Besten ihrer Brüder zu weihen. Die Minderjährigkeit der meisten Nationen übergibt dem Genie und der Tugend die Vormundschaft über sie. Retten oder untergehen, dazu muß die Großmut sich kühn entschließen, wenn der Eigennutz zwischen Parteien wankt und, Verlust und Gewinn ängstlich berechnend, unentschieden des Ausgangs harrt. Wer sein Vaterland liebt, wer die Menschheit mehr lieben kann als sich, dem genügt es, den Samen bescheiden gestreut zu haben, welcher vielleicht der späten Nachwelt erst zur reifen Ernte aufschießt. Das alte Gebäude liegt bis in seine Grundfesten zertrümmert im Schutte. Aber die Zeit der Aussaat kann die der Ernte nicht sein. Wir wollen den ewigen Gesetzen der Natur nicht vorgreifen; was am schnellsten reift, eilt seinem Tode am schnellsten entgegen. Die Zukunft gibt oft das zehnfach willig, was man der Gegenwart mit allem Aufwande seiner Kräfte kaum einfach abzukämpfen fähig ist.

Die Eitelkeit, sich durch sein Werk zu verewigen, auch vielleicht oft eine edle Ungeduld, welche mit dem feierlichen ernsten Gange der Natur nicht gleichen Schritt hält, eine gutmütige, aber nicht weise Ungeduld, das Gute mit dem gegenwärtigen Augenblicke verbinden zu wollen, hat während der Revolution schon manche kranke Frucht gezogen, welche saftlos zu Boden fällt.

Die Erscheinung einer solchen Staatsumwälzung wie die fränkische ist in diesen Verhältnissen, in dieser Totalität einzig. Vielleicht vermag kein menschlicher Scharfsinn nur sie zu deuten, viel weniger, daß er ihr Ziel und Ende bestimmte. Aber sie mußte werden, diese Revolution, so fürchterlich in ihren Mitteln, welche sie gegen ihre Feinde aufbot, sie mußte endlich auch werden, bei welchem Volke sie auch immer entstehen mochte. Laßt uns darum nicht untätig Tränen vergießen bei den zahllosen Schlachtopfern, welche sie gefordert. Alle diese schrecklichen Greueltaten, welche sich in das glänzende Gefolge ihrer Heroentugenden mischten, die sie gebar, können den Zweck nicht schänden, welchen der Freund der Gerechtigkeit und Wahrheit in ihr zu erreichen strebt. Laßt uns tätig sein, um ihre glückliche Vollendung zu beschleunigen. Der Gerechtigkeit, der Wahrheit sich hingeben ist Pflicht. Der Feige nur entzieht sich ihr, besorgt um den Erfolg der Handlungen, die sie gebietet. Nur handelnd ist der Mann an seiner Stelle, und Müßigkeit, auch müßiges Denken ist das Grab der Tugend und jeder edlen Kraft.

40
Georg Forster
Brief an Heyne über die Revolution vom 5. Juni 1792

An Heyne

Mainz, den 5. Juni 1792

Ein Wort von Politik, sowenig es auch jetzt möglich scheint, sich aus einer solchen Ferne zu verständigen, wo immer zu vielerlei bis auf den Grund diskutiert werden müßte, ehe man mit einem Punkt wirklich aufs reine käme. Ich kann gern zugeben, daß keine Partei in Frankreich, sie heiße wie sie wolle, fehlerfrei handelt – denn es sind *Parteien*, und sie müssen heftig aneinandergeraten, alles ist ein gespannter, leidenschaftlicher Zustand. Einer Partei mehr Schuld geben als der andern heißt also, gegen sie Partei ergreifen. Wenn das nun so ist und nicht anders sein kann, so bekenne ich gern, daß ich allemal lieber *für* als *wider* die Jakobiner bin, man mag gegen sie toben, wie man will. Ohne sie wäre offenbar die Gegenrevolution in Paris schon ausgebrochen und mit dieser die unbedingte Zurückbringung des Zustandes von 1789. Nicht sie, sondern die Königin spielt Österreich und Preußen alles in die Hände. Soll nicht alles verlorengehen, was man bisher errungen glaubte, so müssen sie durchaus so handeln, wie sie tun. Die Kollision zwischen dem geheimen Kabinett, den Emigrierten und den auswärtigen Höfen kann nur durch Mittel entkräftet werden, welche den zerrütteten Zustand aller moralischen Kräfte in Frankreich zu erkennen geben; alle Bande sind gelöst, müssen gelöst sein, wenn man nicht die alten Fesseln wieder tragen soll. Dem Hofe ist es schlechterdings nur um seinen ehemaligen Glanz und seinen Despotismus zu tun; alles mag zugrunde gehen, nur der soll auf den Trümmern stehenbleiben. Die fremden Mächte möchten Frankreich zerstückeln, wenn nur das Stück, das dem Hofe bleibt, wieder unter das Joch gebeugt wird. Allein, das geschieht nicht, und wenn auch für den ersten Augenblick alles gelingen sollte, was die *Ligue* gegen Frankreich unternimmt. Die Emigrierten selbst wissen das zu gut und tragen nicht das geringste Bedenken mehr, sich laut von Preußen und Österreich für betrogen zu erklären. Unter den drei großen Mächten ist alles wieder verabredet. Die Kaiserin teilt Polen, statt ihre Truppen nach Frankreich zu schicken; Preußen wird sicherlich seinen Teil bekommen. Österreich und Preußen suchen Französisch-Flandern, Elsaß und Lothringen wegzunehmen. Viel weiter werden sie nicht gehen. Triebe man auch die Republikaner wie eine Herde Schafe vor sich her, irgendwo müssen sie doch zuletzt sich zusammendrängen und den Kampf der Verzweiflung kämpfen, wovon man lieber die Emigrierten das Feuer wird ertragen lassen; diese werden eher nicht zum Agieren kommen, bis die auswärtigen Mächte im Besitz der Provinzen sind, worauf sie ein Auge geworfen haben. – Das Ärgste bei dem allen ist die Verachtung gegen alle Beibehaltung auch nur eines Scheins von Billigkeit oder von Grundsatz. In Schweden ist die Kaiserin aristokratisch, in Polen demokratisch, in Frankreich monarchisch. Welcher Widerspruch, oder vielmehr, welche unverschämte politische Konvenienz, die alles, was Grundsatz heißt, mit Füßen tritt! Preußen hat den rheinischen Kreisen sagen lassen: es würde für die Lieferungen mit Proviantscheinen zahlen, wobei man sich des aus dem Siebenjährigen Kriege (durch die schlechte Zahlung der vormaligen französischen) verhaßt gewordenen Wortes bordereaux bedient hat; nicht genug, es hat angekündigt, die Truppen würden Fouragierungen halten auf den Fuß der Exekutionstruppen. Die Kreise sind ohnmächtig und müssen alles über sich ergehen lassen, was den Mächtigen gefällt, denen an ihrer Schwäche gelegen ist; sie haben sich's auch durch ihre unbesonnene Protektion der französischen Emigrierten zugezogen, ohne welche Österreich und Preußen nie einen Vorwand gefunden hätten, Frankreich anzugreifen.

Es ist leicht gesagt, daß die Jakobiner zu weit gehen, aber wer kann leugnen, daß, sowie sie das Heft aus den Händen geben, die Gegenrevolution gemacht sei? Freilich wird diese von allen gewünscht, die gegen die Jakobiner sprechen. In einem Augenblick, wo ein solch schweres Gewicht in diese Schale geworfen wird, haben sie Anstrengung, Überspannung, wenn man will, nötig, um die andere zu senken. – Und von einem solchen gewaltsamen Zustande, wo jeder, der nicht Freund sein will, Feind ist, fordert man bloße kalte Vernunftschlüsse! Übereilung, wo nur Handeln gilt, wo man seit vier Jahren vergebens die Macht der Vernunft aufgeboten hat und wo immerfort mit gänzlicher Verwerfung alles dessen, was Vernunft und Billigung forderten, offenbar und heimlich gegen die Sache der Revolution gehandelt worden ist! Nein!, das heißt mehr als christliche Resignation fordern, mehr als das Darbieten des zweiten Backens nach empfangenem Backenstreich. Wer wird das Übel, was aus dem Bürgerkrieg entstehen kann, nicht beklagen, wer wird leugnen, daß es schändliche Menschen zu vielen Tausenden gibt, die sich des Vorwands der Freiheit bedienen, um Abscheulichkeiten zu begehen? Aber er ist nun da, und der Hof, der Adel, die Priester und die auswärtigen Höfe haben ihn ganz allein auf dem Gewissen.

In vierzehn Tagen dürften fürchterliche Explosionen in Paris vorgehen; alles, die verdoppelten Wachen, die beständigen Sitzungen der Nationalversammlung, die Orgien der königlichen Garde, verkündigen es. Wenn der Hof es aufs Äußerste treibt, wer mag für die Folgen stehen? Das Volk kann man nicht zügeln, wenn es einmal in Bewegung ist – und doch hat die Freiheit keine andere Stütze in diesem Augenblick. Wie sehr wird man sich irren! Aus dem zerstückelten Frankreich wird eine *Republik*, aber niemals eine Monarchie! – Die Jakobiner, sagt man, hätten mehr tun sollen, sie sind aber erst sechs oder acht Wochen am Ruder. – »Sie sollten längst losgebrochen sein.« – Aber sie wollen erst alles versuchen, ehe es zum letzten Mittel kommt, sie wollen auch die öffentliche Meinung für sich haben; sie wollen, daß nicht ihr Wille, sondern die Notwendigkeit der Umstände die Maßregeln befehle, welche, wenn dazu gegriffen werden muß, alle die Fesseln zersprengen, welche sie die Nationalversammlungen zugunsten des Königs noch haben anlegen lassen. Die Blindheit und Tollheit ist auf seiten der Partei, die nicht sehen will, daß der König noch mehr Gewalt hat, als er haben sollte, mehr als freie Menschen ihm eigentlich einräumen sollten, und daß es höchste Politik des Hofs wäre, damit zufrieden zu sein und ihn die Rolle des patriotischen Königs spielen zu lassen. Nun folgt gewiß Abschaffung der Königswürde, wenn es zu einer zweiten Revolution kommen muß.

Dies ist die Ansicht der Sachen, die wir hier nach Maßgabe dessen, was wir täglich hören und sehen, von Frankreichs künftigem Schicksal haben können. Andere haben andere Gesichtspunkte; welcher der richtigste sei, muß der Ausgang entscheiden. Aber gewiß ist's, daß man keine einzelne Handlung irgendeiner Partei richten und ihre Tendenz darnach abmessen darf. Alles, was geschieht, hat seine Bestimmung vom Vorhergehenden und Beziehung aufs Zukünftige. Nimmt man hinzu, wie anders alles in französischen Köpfen sich zusammenstellt, gärt und sprudelt als in deutschen, so hat man, glaube ich, alle Ursache, von allen Seiten Übertriebenes, Schiefes und Hartes zu erwarten. Alsdann kommt es immer doch darauf an, wo die bessere Sache (in thesi) und wo *mehr* Rechtschaffenheit und Tugend (in praxi) angetroffen wird, ehe man ein Verdammungsurteil spricht; und da sehe ich in beiden Fällen keine entfernte Möglichkeit, daß die Teilhaber des Halsbanddiebstahls sich mit den Jakobinern, die Freiheit mit dem Despotismus messen dürfte! – Jacta est alea! Wir wollen nun aufhören, von Prinzipien zu sprechen. Die Appellation an das Recht des Stärkern ist geschehen. Wir wollen sehen, wer der sein wird.

41

Andreas Riedel
Aufruf an alle Deutsche zu einem antiaristokratischen Gleichheitsbund

Die Menschenfreunde deutscher Nation, allen ihren Brüdern, welche die Wahrheit lieben und die Glückseligkeit ihrer Nebengeschöpfe wollen, den Kuß der Freundschaft und ihre brüderliche Liebe.

Nachdem nichts gewisser ist, als daß ohne die gesetzliche Gleichheit die Ursachen, welche die Menschen haben, böse zu sein, niemals aus dem Grunde können weggeschafft werden, daß folglich ohne die politische Gleichheit unter den Menschen keine Redlichkeit, keine Offenherzigkeit und Freundschaft, keine Vaterlandsliebe, keine Tugend, kurz keinen von allen den sanften Gemütsstimmungen möglich ist, ohne welche die Glückseligkeit der Menschen nicht bestehen kann; in Erwägung, daß die Könige weiter nichts sind als der Vorwand, unter welchem die Aristokraten (das ist jene Menschen, die aus dem Grunde der Geburt und der Ahnen verschiedene Vorzüglichkeiten an sich gerissen haben) und diejenigen, die sich der Aristokraten bemächtiget haben, um von ihnen zu leben, mit der Menschheit ihr Spiel treiben, die Nationen unterdrücken, in der Dürftigkeit und in der Verwilderung halten und sich ihrer wie der Maschinen zu ihren Lüsten bedienen.

In Erwägung, daß es schändlich ist, untätig zuzusehen, wie barbarische Aristokraten, nämlich die Russen, der guten Sache, wo sie nur immer aufkeimen will, entgegenarbeiten, und wie sie die kurzsichtigen, obschon etwas minder barbarischen Aristokraten den österreichischen Kabinetts und anderer nach ihrem Willen lenken, mit den feinsten Ränken sowohl als mit den unerhörtesten Grausamkeiten ihr Unterdrückungssystem unterstützen und verbreiten.

In Erwägung, daß es billig ist, die Last einmal von sich zu wälzen, welche die Aristokraten seit den Zeiten der Eroberungen und des Faustrechtes auf die unterjochten Nationen geladen haben, wodurch selbe alles Ungemach, Not, Elend, harte Arbeit und Verachtung, Abwürdigungen, Ungerechtigkeiten und Erpressungen unaufhörlich allein tragen müssen, damit einige Aristokraten in Schwelgerei und Wollust zum Überdruß leben, allen ersinnlichen

Übermut auslassen, und den Nationen die ihnen die Mittel dazu hervorbringen, mit der äußersten Härte mitfahren mögen.

In Erwägung, daß die Greuel und der Jammer der unbesonnensten Kriege nie ein Ende nehmen werden, solange Aristokraten sind, welche Menschen finden, die für sie, für ihre Sache, damit es ihnen allein wohlergehe und damit sie nach den Kriegen eben diese Menschen desto gewaltsamer unterdrücken mögen, zu Felde ziehen, auf der einen Seite Hitze und Kälte, Hunger und Durst, Krankheiten, Beschwerlichkeiten, Verstümmelungen und den Tod, auf der anderen Seite die grausamsten willkürlichen Behandlungen, die rauhesten Begegnungen, Undank, das elendste Leben und unter dem Namen des Ehrenstandes die schmählichste Knechtschaft erdulden, ohne daß daraus jemals wem andern als den Aristokraten Gutes und Vergnügliches zuwachse.

In Erwägung, daß viele Hunderttausende solcher unglücklicher verwilderter und unterdrückter Menschen, ohne zu wissen warum, unter dem kühlen Vorwande der Sache der Könige oder des Vaterlandes, im Grunde aber eigentlich für die Sache der Aristokraten, ihrer Unterdrücker, in solchen törichten Kriegen den grausamsten Tod finden, und wiederum in ihrer wilden Dummheit, worin sie von den Aristokraten sorgfältig erhalten werden, mit Feuer und Schwert den Tod und die Verheerung geben, ohne daß man auf Millionen solcher unglücklicher Schlachtopfer so viel achte, als auf wenige Tausend Aristokraten oder feile und niederträchtige Aristokratenknechte, die man nach der reifsten Überlegung und mit dem besten Geiste der guten Sache nachsetzt.

In der Erwägung, daß es keine andere gute Sache gebe als die Erzielung der Gleichheit und der Freiheit, und daß dieser Gegenstand einzig und allein die Vergießung aller Ströme von Blut zusammen wert sei, die seit dem Ursprunge der Unterdrückung jemals in den unvernünftigen und heillosen Kriegen für nichts anderes als für die Aristokraten geflossen sind. In Erwägung, daß ohne alle Ausnahme kein Mittel ungebraucht bleiben soll, um diese Gleichheit und Freiheit herzustellen und dann durch weise Gesetze für ewige Zeiten zu befestigen.

In fernerer Erwägung, daß zur ersten Herstellung der wahren Ordnung, die in der Gleichheit und in der Freiheit besteht, Anstrengung, Gewalt, Mut, Einigkeit, Entschlossenheit, Selbstverleugnung und Aufopferungen erfordert werden, und daß zur Gewalt und Macht die Menge und die Verbindungen nötig sind, wegen der Einigkeit im Wirken aber irgendeine allgemeine Vorschrift den Anfang machen muß.

In Erwägung endlich, daß eine aufgeklärte Nation, die ein Beispiel vor sich sieht, die Nachahmung des Guten eines einfältigen Nationalstolzes wegen nicht scheuen kann, weil mit einer solchen Denkart gar kein Fortschritt gegen die allgemeine Glückseligkeit kann gedacht werden; – beschließen die Menschenfreunde deutscher Nation, und empfehlen allen, denen daran gelegen ist, die genaue Ausführung folgender Artikel:

I. Den ersten November dieses 1792. Jahres, des Morgens früh um sieben Uhr, sollen in allen Städten Deutschlands wer immer das Joch der aristokratischen Unterdrückung abschütteln und die Gleichheit und Freiheit unter dem Schutze weiser Gesetze eingeführt wissen will, mit einer Masche von den drei Farben rot, blau und weiß auf dem Hute, sie sei von Papier, von Seide, von Leinwand, wenn sie nur groß und sichtbar ist, sich auf einem dazu bestimmten großen Platze inner oder außer dem Umfange seiner Stadt einfinden.

II. Jeder Bündner, der die Masche aufsteckt, soll mit irgendeiner Gattung von Waffen versehen erscheinen, wenn es auch nur ein oder mehrere Messer wären, indem der Zenturionenrat oder ein anderer, von selbem ernannter Befehlshaber immer an der Zeit sind, im nötigen Falle die ähnlich bewaffneten Bündner zusammenzuordnen. In seinem Herzen soll jeder Bündner den Vorsatz mitbringen, bis zum letzten Lebenshauch mit Würde und Standhaftigkeit denjenigen zu widerstehen, die sich beigehen ließen, dieser allerhöchsten Versammlung der Nation gewaltsame Hindernisse in den Weg zu legen.

III. Das Volk jeder Stadt soll den eigentlichen Ort seiner Versammlung durch mehrere und oft wiederholte Anschlagzettel an den Gassenecken vorhinein bestimmen. Auf diesen Anschlagzetteln soll man nichts anderes lesen als: »Auf dem Platze N. den 1. November 1792 um sieben Uhr früh, alle guten Menschen und Brüder Bündner.«

IV. Nach Maß, als die Bündner auf dem bestimmten Platze in ihrer Stadt ankommen, sollen sie sich untereinander den Kuß der Freundschaft geben, dann in lauter abgesonderte Haufen von Hunderten rotten; wo schon hundert stehen, sollen sie niemanden mehr zulassen, und wo nicht hundert beisammen sind, sollen sie andere herbeirufen. Diejenigen, so unter hundert an der Zahl übrigbleiben, sollen sich beisammenhalten, bis der nachmalige Präsident des provisorischen Zent. Rts. sie nach seinem Gutbefinden zu andern Rotten zuteilen wird.

V. Wie eine Rotte von Hunderten formiert ist, soll sie ohne auf andere zu warten, alsogleich aus ihrem Mittel einen Zenturion wählen. Dieses geschieht, indem diejenigen, die ihre Stimmen jemandem geben, ihn in ihre Mitte nehmen und sich um ihn herum stellen. Wer die meisten Stimmen oder den größten Haufen um sich hat, ist Zenturion. Hätten aber zwei Bündner der nämlichen Rotte 49 Freunde für sich, so ist derjenige von beiden Zenturion, der an Jahren älter ist. Bei gleichen Jahren soll das Los den Ausschlag geben. Durch das Los verstehen wir hier allezeit die Geschlechtsnamen nach der Ordnung gereiht, wie sie in einem gewöhnlichen Wörterbuche stehen würden, so daß der, dessen Name mit einem A. anfinge, dem vorginge, der sich mit einem B. schriebe.

VI. Die Wahl der Zenturionen soll mit der möglichsten Geschwindigkeit vorgenommen werden, und sobald einer gemacht ist, soll er sich augenblicklich durch einen runden Hut auszeichnen, um welchen nebst der gewöhnlichen Masche, die vorne sitzen soll, ringsherum ein dreifarbiges Band gewunden ist, das in Eile auch aus Papier sein kann.

VII. Jeder Zt. regiert seine Rotte, hält sie beisammen in Ordnung, ernennt sich auch selber zwei Gehilfen für die geschwindesten Fälle und tritt dann an einem besonderen Orte mit allen andern Zenturionen zusammen. Wenn es möglich ist, muß man diesen Ort so wählen, daß das versammelte Volk alle Zent. vereinigt sehen könne.

VIII. Sobald der Zent. genug beisammen sind, formieren sie sich alsogleich vor den Augen der Nation in einen Präsidenten, zwei oder mehrere Sekretäre, und die Räte. Der älteste Zent. an Jahren ist Präsident; im Verweigerungsfalle oder bei andern Untunlichkeiten, wer im Alter nach ihm ist. Die jüngsten Zent. an Jahren sind Sekr., die übrigen Räte, und diese nehmen den Rang nach dem Lose oder alphab. Ord. ihrer Geschlechtsnamen; wo diese gleich sind, sieht man auf das Alter an Jahren. Sind sie organisiert, so ersetzen die Räte nach dem Range, den sie vom Lose haben, den Präsidenten und die Sekretäre sooft es nötig ist. Die Zent. müssen sich organisieren, wenn auch einige wenige noch nicht eingetroffen sind und diejenigen die nach der Organisierung eintreten, nehmen die Stelle unter den Räten ein, die ihnen nach dem Lose zukommt.

IX. Die Organisierung des Z. Rts. muß ebenfalls mit der möglich-sten Geschwindigkeit vor sich gehen. Der Präsident soll nebst der Masche, die jeder Zent. vorne auf dem Hute trägt, noch zwei an-dere zu beiden Seiten aufstecken; die Sekr. sollen nur eine Masche mehr auf der rechten Seite tragen.

X. Der Präsident ist nur der erste unter seinesgleichen und be-fiehlt nur in Sachen, die innere Ordnung des Z. Rts. betreffend; in öffentlichen Angelegenheiten aber und in allen Geschäften befiehlt der Rat durch die absolute Mehrheit der Stimmen, wobei jeder Zent. ebensogut als der Präsident und die Sekr. seine Stimme gibt.

XI. Kein Rat soll aus weniger als acht Zent. und keiner aus mehr als hunderten bestehen. Wo deren welche fehlen, organisieren sie sich erst, dann bestimmt der Präsid. eine Rotte, die noch einen Zent. wählen soll; nach dem Präs. bestimmen die Räte nach ihrem Range des Loses jeder noch eine Rotte, bis die Zahl der Zent. voll ist. Sind der Räte zu viele, so organisieren sie sich erst, dann treten von den Räten nach der alphab. Ordnung ihrer Geschlechtsnamen so viele aus, daß in allem nur hundert übrigbleiben. Die ausgetrete-nen Zent. sind Suppleanten und können auch vorzüglich als An-führer bei den ersten und wichtigsten Geschäften als Bündner ge-braucht werden.

XII. Sobald der Z. Rt. organisiert ist, bemächtigt er sich mittelst bewaffneter Rotten unter der Anführung der Zent. oder der Zent. Gehilfen aller öffentlichen Zeughäuser, Waffenbehältnisse, Pul-vermagazine u. dgl., besetzt mit Bündnern alle Posten und Wachen der Stadt, wo vormals Soldaten waren, und stellt, wo es nötig ist, neue Wachen von Bündnern aus.

XIII. Diejenigen Stadtsoldaten oder andere Truppen, die selbsten Bündner werden und die Masche aufstecken, sollen unter den obersten Befehlen des Z. Rts. mit allen ihren Offizieren und Un-teroffizieren fortfahren, ihre Dienste zur Aufrechterhaltung der guten Ordnung nach wie vor zu tun, und dabei gelassen werden. Ein gleiches versteht sich von allen den angestellten Leuten bei den Zeughäusern, Pulvermühlen, Magazinen von Lebensmitteln u. dgl., welche alle als gute und nützliche Leute bei ihren Ämtern zu lassen sind, wenn sie dem Bündnisse beitreten.

XIV. Mit gleicher Geschwindigkeit wird der Z. R. sorgen, alle öf-fentlichen Gelder in Sicherheit zu bringen und sorgfältig verwah-ren zu lassen. Das auf was immer für eine Art bei öffentlichen Kassen angestellte Personal soll ebenfalls unter der Oberaufsicht des Z. Rts. ruhig bei seiner Amtierung gelassen werden.

XV. Überhaupt sollen die öffentl. Beamten unter den obersten Befehlen des provisorischen Z. Rts. in ihren Stellen verbleiben und fortfahren, ihre Dienste wie zuvor zu versehen; diejenigen allein ausgenommen, die dem Gleichheitsbündnis nicht beitreten wollen.

XVI. Die Geschäfte dieser letzern soll der Z. R. indessen durch Bündner, die er eigens dazu benennt, versehen lassen, welche vom Tage ihres Antrittes der öffentl. Dienste die Hälfte des Gehaltes der ausgetretenen Beamten einziehen.

XVII. Hält sich ein solcher ruhig, so fährt er fort, bis zur Entscheidung des Gesetzes die Hälfte seines Gehalts zu genießen und ist dafür schuldig, den amtierenden Bündnern in allen nötigen Fällen Hilfe zu leisten und Unterricht zu geben. Unruhige Aufwiegler und Aufrührer wird der Z. R. durch alle tunlichen Mittel ohne Ausnahme und Rücksicht in Zaume halten und in die Unmöglichkeit versetzen, schädlich zu sein.

XVIII. Die versammelten Rotten dürfen vor den ausdrücklichen Befehlen des Z. Rts. sich nicht wieder auseinanderbegeben, worauf die Gehilfen der Zent. sehen müssen, welche nur wenigen zugleich erlauben sollen, sich zu entfernen, unter der Bedingung, sich bald wieder bei ihren Rotten einzufinden.

XIX. Nachdem der Z. R. alle Anstalten zur öffentl. Ruhe und Sicherheit getroffen, die Übermacht in seinen Händen hat, und die versammelten Bündner kann ruhig auseinander- und nach Hause gehen lassen, möge er 24 Stunden ruhen oder sich mit ferneren nötigen Anstalten beschäftigen.

XX. Nicht später als den vierten November soll sich der ganze Z. R. in einem großen Saale, in einer Kirche oder in einem andern öffentl. Gebäude versammeln, und nachdem er um 8 Uhr morgens seine Sitze in Ordnung eingenommen, soll das gesamte Volk zur Eidesleistung zugelassen werden. Der Präsident hält dieserwegen eine kurze Rede, nach deren Ende er mit bedecktem Haupte stehend ausruft: »Brüder wir sind gleich und frei, laßt uns schwören, so zu leben und zu sterben.« Dieser Ausruf des Präsidenten soll von Schüssen und Kanonen oder Böllern etc., der Läutung aller Glocken oder von was immer für feierlichen Freudenzeichen begleitet sein, wodurch die Nachricht auf das geschwindeste an die umliegenden Ortschaften gelange. Hierauf ergreift der Präsident mit seiner Rechten die Rechte des rechts neben ihm sitzenden Rates, der bei dieser Gelegenheit aufsteht, und sagt mit lauter Stimme, indem er die linke Hand auf die Brust legt: »Ich, N. N., verpfände euch Brüdern meine Ehre, mein Leben, mein Hab und Gut dafür, daß ich Gleichheit und Freiheit handhaben und den Gesetzen der Nation gehorchen will.« Nach den Präsidenten leisten alle Räte in der Ordnung ebendiesen Eid in die Hände des Präsidenten, das ist, jeder Rat tritt mit bedecktem Haupte zu ihm hin, der ihn stehend und ebenfalls mit bedecktem Haupte empfängt, faßt ihn bei der rechten Hand, hält die linke Hand auf die Brust und sagt: »Ich, N. N., verpfände euch Brüdern...«, etc. etc. Die Sekr., die aus allen Räten am letzten schwören, tragen die Namen aller derjenigen, die den Eid geleistet haben, in ein Protokoll ein, welches das Bündnerbuch genannt wird. Nach den Räten kommt die Reihe zu schwören an die Bündner alle; ein jeglicher tritt mit bedecktem Haupte, die linke Hand auf der Brust haltend, und mit seiner Rechten die Rechte des Präsidenten fassend, hinzu und spricht in dieser Stellung nur seinen Namen aus, damit er von den Sekr. beschrieben werde; welches anstatt des Schwörens gilt.

XXI. Der ganze Z. R. soll solange beisammen bleiben, bis der Präsident auf solche Art hundert Bündner aufgenommen hat, dann soll er abtreten, um seinen übrigen Geschäften nachzugehen; bei den Eidesleistungen der Bündner aber sollen zwei Räte und ein Sekretär zugegen bleiben. Einer der ersteren empfängt den Schwur oder den Handschlag, indes der andere neben dem Sekretär sitzt, um Zeuge der genauen Verfertigung des Bündnerbuches zu sein. Diese Eidesleistungen sollen täglich zu gewissen Stunden solange fortgesetzt werden, als es der Z. R. für gut befindet und Leute aus der Stadt und umliegenden Gegenden dazu herbeikommen.

XXII. Der Z. R. muß sich indessen vom vierten an damit beschäftigen, den Bündnern Vorschriften hinauszugeben, wie von ihnen den zehnten November freie Wahlen sollen gehalten werden. Es wäre gut, hierüber und über mehrere Gegenstände der Gesetzgebung und der freien Staatskunst unter geschickten Männern ordentliche Aufklärungsschulen aufzurichten. Den Vorschriften gemäß werden sich die Bündner wirklich den zehnten November an dem angewiesenen Orte versammeln, um daselbst nach dem Muster der französischen Primarversammlungen freie Wahlen zu halten.

XXIII. In diesen Versammlungen soll ein neuer Z. R. gewählt werden, der aus ebenso vielen Gliedern bestehen muß, als deren in provisorischen waren. Nebst dieser Anzahl Zent. wählt man noch halb so viele Supplenten, die nur in den Rat kommen, wenn einer von der vollen Zahl fehlt.

XXIV. Es können auch die Glieder des provisorischen Z. Rts. neuerdings gewählt werden; diejenigen aber, die nicht sind durch eine neue Wahl bestätigt worden, legen alle unterscheidende Zeichen ab und übergeben ihre Geschäfte dem neugewählten Rate.

XXV. Nachdem sich der neue Z. R. organisiert hat, schwört er öffentlich, die linke Hand auf die Brust und die rechte auf das Bündnerbuch haltend: »Ich, Bündner N. N., verspreche meinen Brüdern, im Zent.-Rate, wohin sie mich berufen haben, treu und redlich zu dienen und zu beraten, so lange, bis das Gesetz unser Heil fest gründet.«

XXVI. Nicht später als den 15. November muß der neugewählte Z. R. die Deputierten zur Nationalversammlung oder den Volksrat wählen, nach der Mehrheit der Stimmen, wie man in den französischen Munizipalitäten den maire wählt. Für eine Anzahl von einem bis auf 2000 Bündner soll ein Deputierter gewählt werden. Enthielte z. B. ein Bündnerbuch 8640 Namen, so müßte der Z. R. fünf Deputierte wählen.

XXVII. Jedes Bündnerbuch wird seine Deputierten aus seinen öffentlichen Geldern mit Reisekosten und Subsistenz versorgen, jedoch allen Überfluß oder Verschwendung sorgfältig vermeiden.

XXVIII. Die Deputierten sollen sich alle unverzüglich nach Nürnberg begeben, und diese Stadt soll zum Empfang derselben und wegen eines geschickten Versammlungsortes die nötigen Anstalten treffen. Sobald sie sich organisiert haben, welches in Aufstellung eines Präsidenten, zweier Vizepräsidenten und sechs Sekretären besteht, sollen sie nicht mehr als tausend an der Zahl sein; die mehreren, welche nach und nach ankommen, nehmen zwar nach anerkannten Kreditiven oder Sendungsscheinen ihre Sitze in der alphab. Ordnung ein; allein drei Tage längstens nach der Ankunft eines überzähligen Deputierten muß für ihn ein anderer entweder freiwillig oder nach dem Lose austreten, das ist jener, dessen Geschlechtsname der erste unter denjenigen ist, die mit A. anfangen. Ein solcher kehrt nach seinen Gegenden zurück und wird als Supplent betrachtet.

XXIX. Wenn 400 Deputierte beisammen sind, möge sich die Nationalversammlung oder der Volksrat organisieren und die Gesetzgebung vornehmen; auch alsogleich Kommissäre an die französische Nationalversammlung abschicken, um durch brüderliche Verbindung mit selbiger sich gegenseitig zu verstärken. Ihr ist es nunmehr überlassen, alle Gesetze und Einrichtungen zu machen, die sie für die Glückseligkeit der Menschen zuträglich glauben wird; und bis sie nichts Neues verordnet, sollen in Deutschland alle Dinge ihren bisherigen Gang gehen. Vom Tage der Organisierung des Volksrates sollen die Deputierten zwei Jahre unabgeändert bleiben.

XXX. Wer immer den Menschen aus ihrem Elende und aus der Unterdrückung zu helfen wünscht, sich selbst und seinen Mitgeschöpfen die Glückseligkeit verschaffen will, soll sich angelegen sein lassen, durch alle möglichen Wege der Abschriften und des Abdruckes den gegenwärtigen Aufruf auf das schleunigste durch ganz Deutschland zu verbreiten.

42
Souveränitätserklärung des Volkes zwischen Maas, Rhein und Mosel

Seufzend unter dem Joche unserer Tyrannen, niedergebeugt durch den Despotismus der Monarchie küßten wir die Hand, die uns schlug, und wagten nicht einmal den Gedanken an eine Umwälzung, die all' jene Übel beendigen könnte. Unsere Bedrücker sahen, daß ihre Verbrechen ungeahndet blieben; verblendet dadurch, sannen sie auf Mittel, den grenzenlosen Despotismus noch zu vermehren, verbanden sich mit den Verschwörern, die das wiedergeborene Frankreich aus seinem Schoße ausgespien, als auf einmal das französische Volk die Könige auf ihren wankenden Thronen erschütterte, die Völker Zeugen der Siege der großen Nationen wurden, welche die unveräußerlichen Rechte des Menschen proklamierte. In unsern natürlichen Zustand wiederhergestellt, sagten wir: Die Tyrannen sind nur groß, weil die Völker vor ihnen knien. Stehet auf, Völker! und die Tyrannen liegen zu euren Füßen. Innigst überzeugt, daß ohne Ausübung demokratischer Grundsätze kein Gemeinwohl denkbar ist; durch Erfahrung belehrt, daß die Völker, welche davon abweichen, nie den Zweck erreichen können, den sie bei der Bildung in Gesellschaften sich vorsetzten, haben wir beschlossen, die Bande der Knechtschaft zu zerreißen, die uns bisher gefesselt hielten.

Aus diesen Gründen erwägend, daß Fürsten, Adel und Pfaffen zwischen Maas, Rhein und Mosel die Vorurteile, die Unwissenheit, den Aberglauben und alle Laster begünstigen, die aus der Vernachlässigung des öffentlichen Unterrichts, aus der Tyrannei und dem daraus entstehenden Elend entstehen;

erwägend, daß die willkürliche Gewalt, welche die Fürsten ausübten, die Lehnherrschaft, von dem Adel unterstützt, und die durch Pfaffen geheiligte Dummheit den gesunden Menschenverstand beleidigen, die unverjährbaren Rechte der Natur und das allgemeine Menschenwohl beeinträchtigen;

erwägend, daß man in diesen für den Handel so vorteilhaft gelegenen Gegenden kaum hier und dort einige schwache Spuren desselben antrifft; daß man in einem Lande, ganz für den Ackerbau geschaffen, doch nur elende Strohhütten sieht, hingeworfen neben prächtigen Palästen und an dem Fuße reicher Klöster, jener Sitze des privilegierten Müßigganges und der Ausschweifung, jener Fabriken des öffentlichen Elends, des Hasses, der Bürger von Bürgern trennt, der Dummheit und des Aberglaubens, der die Menschen so weit verblendet, daß sie sich wechselweise verfolgen; wo der Pfaff, der Fürst und der Adlige dann Öl ins Feuer gießen, um desto bequemer herrschen und auf Kosten aller eine so auffallende Pracht, ein so lasterhaftes Leben fortzuführen, daß die Gottheit, ermüdet, so viel Verbrechen und Bosheit länger anzusehen, in den Revolutionen eine vorübergehende Geißel schuf, um diejenigen zu bestrafen und von ihren Thronen herabzustürzen, die seit Jahrhunderten nicht aufgehört hatten, die Blutsauger und Würger des Volks zu sein;

erwägend, daß die Fürsten sich die höchste Gewalt unter dem erlogenen Vorwande angemaßt haben, als hätten sie dieselbe vom Himmel;

erwägend, daß diese Beschimpfung der Gottheit, welche noch fortdauernd von Adel und Pfaffen behauptet wird, sie öffentlich vor der Welt als Betrüger anklagt;

erwägend, daß die höchste Gewalt wesentlich bei dem Volke ruht, welches, indem es das Wohl aller und jedes einzelnen bezweckt, den Sieg der unwandelbaren Grundsätze will und wollen muß;

erwägend, daß der Adel die einträglichsten und angesehensten

Stellen im Staate ausschließlich im Besitz hatte und nur diejenigen zu Helfershelfern dabei annahm, die sich zum Mittel, um ihre Laster und ehrgeizigen Zwecke zu befördern, an sie hingaben; daß die Lehnherrschaft den Landmann zugrunde richtet und den Fortschritten des Ackerbaues unübersteigliche Hindernisse in den Weg legt; daß die erblichen Vorzüge und Ehren notwendig jenes edle Streben aufhalten mußten, welches die allgemeine Achtung durch patriotisches Betragen, Zufriedenheit und Reichtum durch nützliche Arbeiten, durch ein tätiges und tugendhaftes Leben zu erreichen sucht;

in Erwägung, daß die Pfaffen, wiewohl sie dem Volke von nichts als Wohltätigkeit, Menschlichkeit, Verachtung der Reichtümer, Arbeitsamkeit, Mäßigkeit usw. vorschwatzen, dennoch von jeher von alledem das Gegenteil waren; daß sie die habsüchtigsten waren, die bei den geringen Almosen, die sie bisweilen hergaben, nur die Anzahl der Bettler zu vermehren suchten; die unmenschlichsten, deren Fanatismus die Erde mit Blut gedüngt, deren Habsucht Witwen und Waisen geplündert, Länder verwüstet und Weltteile entvölkert hat; die reichsten, die durch Verbrechen aller Art ungeheure Güter an sich gerissen, denen sie den Namen Kirchengüter beigelegt; die untätigsten, deren Leben nichts ist als Müßiggang und Weichlichkeit; die übermütigsten, die sich den Titel Souverän beilegten, die durch frechen und empörenden Luxus des öffentlichen Elends spotten, deren Stolz mit ihren Gesetzen ganz sonderbar kontrastiert, die den geheiligten Vaterpflichten abgeschworen haben, wodurch allein der Mensch mit der Gesellschaft eins wird, deren Unzucht im Widerspruche mit ihren Gelübden Familienglück zerstört und die ärgerlichste Immoralität verbreitet;

in Erwägung weiter, daß Fürsten, Adel und Pfaffen die französischen Armeen genötigt haben, in diese Länder einzudringen, daß sie unter dem Vorwande, Religion und Gesetze zu handhaben, mit dem Auswurfe der Franzosen eine Koalition bildeten, um ihre tyrannischen Vorzüge, ihre gestohlenen Reichtümer und ihren Despotismus zu verteidigen und so aus der ungerechten Sache eines Königs jene aller Tyrannen der Erde gemacht; daß unsägliches Unheil aus dieser so unsinnigen wie ungerechten Herausforderung entstanden; daß die Urheber derselben, Fürsten, Adel und Pfaffen, nachdem sie alles in Feuer und Flammen gesetzt, aus ihrem Vaterlande entflohen, die öffentlichen Kassen und die Schätze des Landes mit sich fortschleppten und das Volk seinem Schicksale und der

Ungewißheit des Zufalls überließen; daß sie durch diese strafbare Flucht selbst jene Bande zerrissen, die sie dem Volke in den Jahren der Unwissenheit und der Barbarei anlegten, daß demzufolge das Volk in seine natürlichen und unverjährbaren Rechte wiedereintritt und den Gesellschaftsvertrag erneuern muß;

in Erwägung, daß nicht der große Haufe, der durch Despoten gegen sein wahres Interesse blind gemacht, verdorben, unwissend, schwach und durch Elend niedergebeugt ist, sondern die wenigen Männer von Aufklärung, Kraft und Mut es sind, denen in Revolutionszeiten das Wohl der Gesellschaft anvertraut ist, und daß der große Haufe, wenn er erst über sein Interesse besser aufgeklärt ist, den uneigennützigen Absichten der entschlossenen Männer wird Gerechtigkeit widerfahren lassen, die sich für das Wohl ihrer Mitbürger opferten und sie dem Despotismus ihrer Unterdrücker entrissen;

in Erwägung, daß die Stellvertreter der französischen Nation, ihr Gouvernement und ihre tapfern Verteidiger durch die Bekanntmachung republikanischer Grundsätze Gefühle geweckt und Begriffe entwickelt haben, die mit der alten Ordnung der Dinge und der Rückkunft der Tyrannen nicht bestehen können;

in Erwägung, daß die Franzosen, nachdem sie die Freunde der Freiheit im Kampfe gegen den Despotismus ermuntert, ihre getreuen Freunde unmöglich dem Dolch des gemeinsamen Feindes preisgeben können, indem dies ein Verrat sein würde, dessen Möglichkeit sich nicht einmal denken läßt; daß die fortdauernde Verletzung der Urrechte der Völker von seiten der Fürsten es außer Zweifel setzt, daß jede Amnestie, die von denselben zu Gunsten der Völker, die man dem Joche ihrer Tyrannen wieder überlieferte, stipuliert werden könnte, lächerlich, wo nicht für Spott und Beschimpfung anzusehen sei;

in Erwägung, daß die von der Nationalrepräsentation sanktionierten Vereinigungsdekrete der Stadt Mainz und anderer Gegenden auf dem linken Rheinufer die Vereinigung der übrigen Länder auf besagtem Ufer nötig machen;

in Erwägung, daß diese Vereinigung jene Länder von den periodischen Kriegen retten kann, wovon sie bisher immerhin das Opfer waren; daß diese Vereinigung den Nationalhaß ersticken wird, den die Despoten zur Begünstigung ihres unersättlichen Ehrgeizes und Befestigung ihrer Tyrannei anzufachen wußten, indem sie die französische Nation und die Deutschen gegeneinanderhetzten;

daß diese Vereinigung beiden Völkern, vorzüglich aber diesen Ländern, unermeßliche Vorteile bringt, indem selbe durch ihre Verbindung mit der Französischen Republik an deren zahlreichen Handlungsetablissementen, an ihren öffentlichen Anstalten, an ihrer republikanischen Verfassung und an dem Ruhme teilnehmen, den ihre vielfachen Siege ihr erworben, indem unsere Länder so ihren glänzenden Bestimmungen entgegeneilen, die Sklavenvölker, unterjocht durch Priestertum, Adel und Fürsten, nie kennenlernen;

  in Erwägung ferner, daß die Territorialeinteilung dieser Länder, so wie sie bisher war, dem Interesse des Volkes im Wege steht, indem sie die Einheit und Allgemeinheit der gesetzgebenden, administrativen und Justizeinrichtungen unmöglich macht, mithin alle Ordnung in der öffentlichen Verwaltung zerstört und sich jener bürgerlichen Verbindung der Bewohner widersetzt, ohne welche diese Länder nie aus dem Zustand ihrer gänzlichen Unmündigkeit hervortreten könnten, worin sie die unendlich vervielfachte Jurisdiktion der souveränen Priester, des Adels, der Fürsten usw. zurückhalten, die bisher allein ihre Ernten verzehrten und dem Volke nichts übrigließen als den Aberglauben, Beschimpfung, Arbeit und Elend;

  in Erwägung, daß die deutsche Verfassung für diese Länder gar nicht mehr ist, daß selbst Deutschland seit Polens Vernichtung auch nicht vor jenem Eroberungsgeiste sicher ist, der die Kabinette der mitpartagierenden Mächte leitet, und mit jedem Augenblicke Gefahr läuft, einem Haufen wilder Soldaten zur Beute zu werden; daß es Pflicht ist, für das Volk zwischen Maas und Rhein und zwischen Rhein und Mosel, ihr Vaterland vor jenem Ungemach zu bewahren, das dem übrigen Deutschland bevorsteht; daß der gegenwärtige Krieg wider das Interesse des Deutschen Reichs, dessen Glückseligkeit notwendig Frieden erheischt, den Beweis von der Nichtigkeit der deutschen Reichsverfassung liefert, die ganz den ehrsüchtigen Absichten und der Willkür der größeren Reichsmächte untergeordnet ist;

  in Erwägung endlich, daß die gegenwärtige Lage der Länder auf dem linken Rheinufer nichts als eine Anarchie darstellt, die dem Glück und der Ehre ihrer Bewohner zuwider ist:

  Die Patrioten, welche das Volk zwischen Maas, Rhein und Mosel durch die Wiedereroberung der unveräußerlichen Naturrechte repräsentieren, erwägend dieses alles, proklamieren im Angesichte des Höchsten Wesens die Volkssouveränität und erklären wie folgt:

1) Die ehemaligen Prinzen oder sog. Souveräne dieser Länder sind Feinde der Nation und auf immer aus diesen Gegenden verbannt;

2) die Bewohner besagter Länder sind frei und unabhängig;

3) das Volk nimmt zur Garantie seiner Freiheit die Französische Konstitution an, die auf die Rechte des Menschen und der Gleichheit gegründet ist;

4) das Volk zwischen Maas, Rhein und Mosel verbindet sich, um seine politische Independenz zu sichern, mit dem Französischen Volke und inkorporiert sein Gebiet mit jenem der Republik, die, nachdem sie die Könige gebändigt, auch ihren Beschlüssen bei denselben Achtung zu verschaffen weiß;

5) die Verbindung mit dem Deutschen Reiche ist für immer aufgehoben;

6) das Volk dieser Länder wird nie gegen das Deutsche Volk, wiewohl es sich von demselben trennt, die Gefühle der aufrichtigsten Bruderliebe verleugnen, und mit Sorgfalt seine Verhältnisse, die zwischen Deutschland und der Französischen Republik bestehen, zu unterhalten suchen;

7) alle Militär-, Administrativ- und richterliche Gewalten, unter was für einer Benennung sie bestehen mögen, die von den ehemaligen Fürsten oder der alten Ordnung der Dinge herrühren, sind vernichtet;

8) die Titel von Adel, Unterscheidungsorden, allgemeine und besondere Privilegien, Exemtionen, Feudalrechte, herrschaftliche Zinsen, Zehnten jeder Art usw. sowie alle Einrichtungen, welche die Ungleichheit unter den Ständen hervorbringen, sind und bleiben aufgehoben;

9) die ehemaligen Fürstendomänen sowie die angeblichen Kirchengüter sind Eigentum des Volkes geworden;

10) es sind Maßregeln zur Tilgung der Staatsschulden zu treffen;

11) Gewissensfreiheit und Ausübung der Gottesdienste ist in der ganzen Ausdehnung des Wortes angenommen, aber der Staat besoldet keine Diener für dieselben.

Wenn wider alle Erwartung der Erfolg dieses blutigen Krieges die Bewohner dieser Länder unter den Despotismus ihrer Unterdrücker zurückschleuderte, so schwören wir, stark durch die Grundsätze jenes untrüglichen Rechtes, welches die französische Nation proklamiert und, ohne ihr Ehrenwort zu verletzen, nie vergessen kann, daß wir in solch einem Falle auf nichts als die Wut der Verzweiflung hören und uns eher unter den Ruinen unsers Vaterlandes begraben werden, als Zeugen sein wollen von einem Triumphe des Despotismus.

Gegenwärtige Erklärung soll gedruckt und im ganzen Lande zwischen Maas, Rhein und Mosel bekanntgemacht werden. Sie soll an die Nationalrepräsentanten des Französischen Volkes, an das Vollziehende Direktorium, an die Nationalrepräsentation der Batavischen und Cisalpinischen Republik, an das Vollziehende Direktorium der letzern, an den Obergeneral der Armee von Deutschland, an den Präsidenten des Nationalinstituts zu Paris, an den Präsidenten der Intermediärkommission zu Bonn und auf den Kongreß zu Rastatt geschickt werden.

Geschehen Bonn, den 23. Brumaire 6. Jahres der ein- und unteilbaren Französischen Republik. Aus Auftrag des hiezu von allen Zentralausschüssen der Föderation der Patrioten des linken Rheinufers bevollmächtigten Generalausschusses.

Nachweis der Erstdrucke*

1. Christian Wolff: Einleitung in das Natur- und Völkerrecht. Aus: ders.: Grundsätze des Natur- und Völkerrechts, worin alle Verbindlichkeiten und alle Rechte aus der Natur des Menschen in einem beständigen Zusammenhange hergeleitet werden. Auf Verlangen aus dem Lateinischen ins Teutsche übersetzt. Halle 1754. Vorrede (unpaginiert).
2. Karl Anton von Martini: »Von der Gesellschaft überhaupt«. Aus: ders.: Lehrbegriff des Naturrechts. 2., in vielen Stücken verbesserte Übersetzung. Wien 1787. S. 275-287.
3. Johann Heinrich Gottlob von Justi: »Abhandlung von der Anordnung und dem Gleichgewichte der Hauptzweige der obersten Gewalt, worauf die Glückseligkeit und Freiheit des Staats hauptsächlich ankommt«.
   Aus: ders.: Politische und Finanzschriften über wichtige Gegenstände der Staatskunst, der Kriegswissenschaften und des Kameral- und Finanzwesens. Bd. 2. Kopenhagen und Leipzig 1761. S. 3-29.
4. Justus Möser: »Der Staat mit einer Pyramide verglichen. Eine erbauliche Betrachtung«.
   Aus: ders.: Sämtliche Werke. 2. Abteilung: Patriotische Phantasien und Zugehöriges. Bearbeitet von Ludwig Schirmeyer, unter Mitwirkung von Werner Kohlschmidt. Oldenburg und Berlin 1945. (= Justus Mösers Sämtliche Werke Bd. 5). S. 214 bis 217.
5. Johann Jakob Moser: Die deutschen Reichsstände.
   Aus: ders.: Compendium juris publici moderni regni germanici oder Grundriß der heutigen Staatsverfassung des Teutschen Reichs. 2. Auflage. Tübingen 1742. S. 249-265.
6. Johann Stephan Pütter: Die Stände.
   Aus: ders.: Über den Unterschied der Stände, besonders des hohen und niedern Adels in Teutschland zur Grundlage einer Abhandlung von Mißheiraten teutscher Fürsten und Grafen. Göttingen 1795. S. 2-21.
7. Johann Georg Schlosser: Die Staats-, Geburts- und Berufsstände.

* In Anführungszeichen gesetzte Titel sind Autorentitel.

Aus: ders.: Politische Fragmente. In: Deutsches Museum. Bd. 1, 2. Stück. Leipzig 1777. S. 97-120.

8. Christian Wilhelm Dohm: Die drei produktiven Stände.
Aus: ders.: Über die bürgerliche Verbesserung der Juden. Berlin und Stettin 1781. S. 97-106.

9. Carl Friedrich Bahrdt: Der Bürger.
Aus: ders.: Handbuch der Moral für den Bürgerstand. Tübingen 1789. S. 198-218.

10. Joachim Heinrich Campe: »Der Bürger«.
Aus: ders.: Wörterbuch der Deutschen Sprache. 1. Teil. Braunschweig 1807. S. 651.

11. Karl Leonhard Reinhold: »Die drei Stände. Ein Dialog«.
Aus: Der neue Teutsche Merkur. Jg. 1792. 2. Stück. Weimar und Leipzig 1792. S. 217-241.

12. Isaac Iselin: »Über die bürgerliche Ordnung«.
Aus: ders.: Versuch über die gesellige Ordnung. Basel 1772. S. 101-128.

13. Johann August Schlettwein: »Von dem unzertrennlichen Zusammenhange der Freiheit mit der Gerechtigkeit.«
Aus: ders.: Grundfeste der Staaten oder die politische Ökonomie. Gießen 1779. S. 112-122.

14. August Hennings: Die Freiheit der Produktion und Distribution.
Aus: ders.: Über die wahren Quellen des Nationalwohlstandes, Freiheit, Volksmenge, Fleiß, im Zusammenhange mit der moralischen Bestimmung der Menschen und der Natur der Sachen. Kopenhagen und Leipzig 1785. S. 295-304.

15. Carl Gottlieb Svarez: Grundsätze des allgemeinen Staatsrechts.
Aus: ders.: Vorträge über Staat und Recht. Herausgegeben von Hermann Conrad und Gerd Kleinheyer. Köln und Opladen 1960 (= Wissenschaftliche Abhandlungen der Arbeitsgemeinschaft für Forschung des Landes Nordrhein-Westfalen Bd. 10). S. 63-70.

16. Ernst Ferdinand Klein: »Über die Natur der bürgerlichen Gesellschaft«.
Aus: ders.: Kurze Aufsätze über verschiedene Gegenstände. Halle 1797. S. 55-80.

17. Saul Ascher: Der Naturzustand.
Aus: ders.: Ideen zur natürlichen Geschichte der politischen

Revolutionen, o. O. 1802. S. 11-27.

18. (anonym): »Über den gesellschaftlichen Vertrag«.
    Aus: (anonym): Der Freistaat unter jedem Himmelsstrich oder die Konstitution des Menschengeschlechts. Berlin 1795. S. 19-35.

19. August Wilhelm Rehberg: Kritik des naturrechtlichen Gesellschaftsbegriffs.
    Aus: ders.: Untersuchungen über die Französische Revolution nebst kritischen Nachrichten von den merkwürdigsten Schriften, welche darüber in Frankreich erschienen sind. 1. Teil. Hannover und Osnabrück 1793. S. 12-29.

20. Johann Stuve: »Über die Rechte der Menschheit«.
    Aus: Ernst Christian Trapp (Hrsg.): Braunschweigisches Journal. Jg. 1791. Braunschweig 1791. S. 402-421.

21. Johann August Eberhard: »Über die Rechte der Menschheit in der bürgerlichen Gesellschaft. In Beziehung auf das bekannte Dekret der französischen Nationalversammlung«.
    Aus: ders. (Hrsg.): Philosophisches Magazin Bd. 3. Halle 1791. S. 377-396.

22. Georg Friedrich Rebmann: Mein System.
    Aus: ders.: Vollständige Geschichte meiner Verfolgungen und meiner Leiden. Ein Beitrag zur Geschichte des deutschen Aristokratism. Nebst Tatsachen zur Regierung des jetzigen Kurfürsten von Mainz und politischen Wahrheiten. Amsterdam 1796. S. 161-174.

23. Friedrich Karl von Moser: Der deutsche Nationalgeist.
    Aus: ders.: Patriotische Briefe, o. O. 1767. S. 20-45.

24. Josef von Sonnenfels: »Über die Liebe des Vaterlandes«.
    Aus: ders.: Über die Liebe des Vaterlandes. Wien 1771. S. 73 bis 95.

25. Drost von Müller: »Gedanken über Kosmopolitismus und Patriotismus«.
    Aus: Christian Daniel Voss (Hrsg.): Der Kosmopolit, eine Monatsschrift zur Beförderung wahrer und allgemeiner Humanität. Jg. 1797, 5. Stück. Halle 1797. S. 387-397.

26. Peter Villaume: Patriotismus und Konstitutionalismus.
    Aus: ders.: Welches sind die Mittel, die Vaterlandsliebe bei dem Volke zu erwecken?
    Aus: ders.: Abhandlungen, das Interesse der Menschheit und der Staaten betreffend. Altona 1794. S. 45-57.

27. Ludwig Wilhelm Wekhrlin: Preßfreiheit.
Aus: ders. (Hrsg.): Hyperboreische Briefe. Bd. 11, o. O. 1788.
S. 17-22.

28. Christian Garve: »Clubs«.
Aus: ders.: Versuche über verschiedene Gegenstände aus der
Moral, der Literatur und dem gesellschaftlichen Leben. Teil 4.
Breslau 1802. S. 70-86.

29. Heinrich Christoph Albrecht: »Gedanken über die Preßfreiheit in Deutschland«.
Aus: ders.: Versuch über den Patriotismus. Hamburg 1793.
Nachdruck erfolgt nach Walter Grab (Hrsg.): Leben und
Werke norddeutscher Jakobiner. Stuttgart 1973. S. 110-114.

30. Immanuel Kant: Eigentumsrecht.
Aus: ders.: Die Metaphysik der Sitten. Königsberg 1797.
Nachdruck erfolgt nach: Immanuel Kant: Werke in zehn Bänden. Hrsg. von Wilhelm Weischedel. Bd. 7. Darmstadt 1968.
S. 353-382.

31. Johann Gottlieb Fichte: »Über den Geist des Zivil- oder Eigentumsvertrags«.
Aus: ders.: Grundlage des Naturrechts nach Principien der
Wissenschaftslehre. Jena und Leipzig 1796. Der Nachdruck
erfolgt nach der Ausgabe: Hamburg (Meiner) 1979 (= Philosophische Bibliothek Bd. 256). S. 204-209.

32. Heinrich Würzer: »Konstitution«.
Aus: ders.: Revolutionskatechismus. Berlin 1793. S. 169-192.

33. Adolph Freiherr von Knigge: »Entwurf der neuen Staatsverfassung«.
Aus: ders.: Benjamin Noldmanns Geschichte der Aufklärung
in Abyssinien, oder Nachricht von seinem und seines Herrn
Vetters Aufenthalte an dem Hofe des großen Negus oder Priesters Johannes. Teil 2. Göttingen 1791. S. 171-181.

34. Johann Adam Bergk: Die Konstitution der demokratischen
Republik.
Aus: ders.: Untersuchungen aus dem Natur-, Staats- und Völkerrechte mit einer Kritik der neuesten Konstitution der französischen Republik, o. O. 1796. S. 87-115.

35. Friedrich Cotta: »Von der Staatsverfassung in Frankreich«.
Aus: ders.: Von der Staatsverfassung in Frankreich. Zum
Unterrichte für die Bürger und Bewohner im Erzbistume
Mainz und den Bistümern Worms und Speyer. Mainz 1792.

Der Nachdruck erfolgt nach: Claus Träger (Hrsg.): Mainz zwischen rot und schwarz. Die Mainzer Revolution 1792 bis 1793 in Schriften, Reden und Briefen. Berlin 1963. S. 243 bis 248.

36. Christoph Martin Wieland: Über die Revolution.
Aus: ders.: Zusatz des Herausgebers zu dem vorstehenden Sendschreiben. In: ders. (Hrsg.): Neuer Teutscher Merkur. Jg. 1792, 2. Stück. Weimar und Leipzig 1792. S. 279-305.

37. Johann Heinrich Tieftrunk: Evolution von oben.
Aus: ders.: Philosophische Untersuchungen über das Privat- und öffentliche Recht zur Erläuterung und Beurteilung der metaphysischen Anfangsgründe der Rechtslehre vom Herrn Prof. Imm. Kant. Halle 1798. S. 502-509.

38. Franz Josias von Hendrich: »Vergleichung der Reformation mit der französischen Revolution«.
Aus: ders.: Über den Geist des Zeitalters und die Gewalt der öffentlichen Meinung, o. O. 1797. S. 125-141.

39. Johannes Weitzel: Die Revolution.
Aus: ders.: Über Bestimmung des Menschen und des Bürgers. Mainz 1798. S. 17-38.

40. Georg Forster: Brief an Heyne über die Revolution vom 5. Juni 1792.
Aus: ders.: Werke in vier Bänden. Bd. 4. Leipzig o. J., S. 718 bis 721.

41. Andreas Riedel: »Aufruf an alle Deutsche zu einem antiaristokratischen Gleichheitsbund«.
Nachdruck erfolgt nach: Fritz Valjavec: Die Entstehung der politischen Strömungen in Deutschland. 2. Auflage. Mit einem Nachwort von Jörn Garber. Kronberg/Ts. und Düsseldorf 1978. S. 505-515.

42. »Souveränitätserklärung des Volkes zwischen Maas, Rhein und Mosel«.
Aus: Joseph Hansen (Hrsg.): Quellen zur Geschichte des Rheinlandes im Zeitalter der französischen Revolution 1780 bis 1801. Bd. 4. Bonn 1938. S. 321-326.

Barrington Moore
Soziale Ursprünge von Diktatur und Demokratie

Die Rolle der Grundbesitzer und Bauern bei der Entstehung der modernen Welt
stw 54. 630 Seiten

Moores Buch knüpft an die Tradition soziologischer Analysen von geschichtlichen Zusammenhängen und Entwicklungen an, in welcher die Soziologie von Marx bis Max Weber stand. Er versucht, die politische Rolle zu erklären, die landbesitzende Oberschicht und Bauernschaft bei der Umwandlung der Agrargesellschaften zu modernen Industriegesellschaften gespielt haben. Moore zeigt die historischen Bedingungen, unter denen diese Gruppen zu wichtigen Faktoren für die Entstehung der parlamentarischen Demokratie westlichen Typs, faschistischer Diktaturen oder auch kommunistischer Systeme geworden sind.
Barrington Moore, geboren 1913 in Washington, lehrt Soziologie an der Harvard University.

Gerhard Lenski
Macht und Privileg

Eine Theorie der sozialen Schichtung
Übersetzt von Hanne Herkommer
stw 183. 650 Seiten

Lenski definiert soziale Schichtung als den Prozeß, durch den in menschlichen Gesellschaften knappe Güter und Werte verteilt werden. Von anderen neueren Untersuchungen über soziale Schichtung unterscheidet sich die von Lenski besonders dadurch, daß sie sich weniger auf die Folgen als auf die Ursachen jenes Prozesses konzentriert, die, weil den heute gängigen Methoden der Umfrageforschung kaum zugänglich, von den Sozialwissenschaften nicht nur vernachlässigt, sondern oft genug auch ausgeblendet werden: man nimmt die jeweils bestehenden Strukturen und Systeme der Verteilung von Macht und Besitz als (natur)gegeben hin. Lenski dagegen fragt nach den Bedingungen ihrer Entstehung, der Dynamik ihrer Entwicklung in fünf Grundtypen von Gesellschaft (von primitiven Jäger- und Sammlergesellschaften über Hortikultur- und Agrargesellschaften bis zu den heutigen Industriegesellschaften).

Karl Polanyi
The Great Transformation

Politische und ökonomische Ursprünge von
Gesellschaften und Wirtschaftssystemen
Übersetzt von Heinrich Jelinek
stw 260. 400 Seiten

Das Werk des 1964 gestorbenen Wirtschaftshistorikers und
Wirtschaftsanthropologen Karl Polanyi gehört zu denen,
deren Einfluß auf die Forschung zwar bedeutend, deren
Bekanntheitsgrad aber im Verhältnis dazu gering ist. Das
gilt zumindest für die Bundesrepublik, während man in
Amerika inzwischen das Anregungspotential Polanyis für
sozial- und wirtschaftsgeschichtliche wie soziologische und
anthropologische Diskussionen erkannt hat. Dort wird
Polanyi in einem Atem und im Zusammenhang mit Namen
wie Max Weber, Ferdinand Tönnies, Werner Sombart,
Bronislaw Malinowski und Talcott Parsons genannt.

The Great Transformation, 1944 erschienen, geht von der
These aus, daß erst die Herausbildung einer liberalen
Marktwirtschaft mit ihrem »freien Spiel der Kräfte« zu
jener charakteristischen »Herauslösung« und Verselbständigung der Ökonomie gegenüber der Gesellschaft geführt hat,
die historisch ein Novum darstellt und die bürgerliche Gesellschaft von allen anderen Gesellschaftsformationen unterscheidet. *The Great Transformation* – das bezeichnet den
Übergang von »integrierten« Gesellschaften, in denen die
wirtschaftlichen Aktivitäten der Individuen in einen übergreifenden kulturellen Zusammenhang eingebettet waren,
zur nicht integrierten Gesellschaft vom Typ der freien
Marktwirtschaft. Während in nicht-marktwirtschaftlichen
Gesellschaften »die Wirtschaftsordnung bloß eine Funktion
der Gesellschaftsordnung«, jene also von dieser abhängig ist,
kehrt der Kapitalismus dieses Verhältnis um. Seine Ökonomik ist in einem spezifischen Sinne »autonom« gegenüber allen übrigen sozialen Bereichen und Bedürfnissen.

Es ist Polanyis Überzeugung, daß eine Wirtschaftsordnung
wie die des selbstregulierenden Markts, die sich in der ersten Hälfte des 19. Jahrhunderts ungehemmt entfaltet hat,
ihre eigenen gesellschaftlichen Voraussetzungen, ja ihre
physische Basis zerstört. Deshalb setzt sie, um ihrer Selbst-
zerstörung entgegenzuwirken, Kräfte aus sich heraus, die
dieser zerstörerischen Tendenz Einhalt gebieten. Für

Polanyi gehören interessanterweise nicht nur der intervenierende Staat und die organisierte Arbeiterbewegung zu jenen »Gegenkräften«, die eine Lösung der Krise des Wirtschaftsliberalismus anstreben, sondern auch die faschistischen »Revolutionen« der zwanziger und dreißiger Jahre unseres Jahrhunderts – wobei für Polanyi aber klar ist, daß die faschistische Antwort auf die Krise von eben jener destruktiven Potenz ist, für deren Gegenmittel sie sich hält.

Polanyi begnügt sich nicht mit der Analyse und Kritik des Laisser-faire-Kapitalismus; im Anschluß an die Arbeiten etwa von Marcel Mauss, Malinowski und Radcliffe-Brown befaßt er sich eindringlich mit solchen Gesellschaften, in denen die ökonomischen Transaktionen Teil der »faits sociaux totaux« (Mauss) sind. Diese Gesellschaften beruhen auf Prinzipien, z. B. dem der Reziprozität und der eigenbedarflichen Haushaltung, die einen Lebenszusammenhang garantieren, der auf Erhaltung und Schutz des sozialen und ökologischen Gleichgewichts basiert. Es sind nicht zuletzt Polanyis Untersuchungen »primitiver« Wirtschafts- und Gesellschaftsformen, die bedeutenden Einfluß auf spätere anthropologische und ethnologische Forschungen ausgeübt haben.

Karl Polanyi wurde 1886 in Wien geboren. Nach einem Jura- und Philosophiestudium in Budapest wurde er Redakteur in Wien, wo er sich intensiv mit volkswirtschaftlichen und wirtschaftshistorischen Themen beschäftigte. 1933 emigrierte Polanyi nach Großbritannien; dort betätigte er sich vor allem in der Arbeiterbildung. 1947 erfolgte seine Berufung als Gastprofessor an die New Yorker Columbia University. Er starb 1964 in Toronto/Kanada.
Werke: *Trade and Market in the Early Empires* (1957); *The Livelihood of Man* (1977).

Reinhart Koselleck
Kritik und Krise

Eine Studie zur Pathogenese der bürgerlichen Welt
stw 36. 252 Seiten

Es gab manche Mißverständnisse im Hinblick darauf, was mit dieser Arbeit eigentlich intendiert sei. Ihr die Gegenwartsbezogenheit vorzuwerfen, ist vordergründig, da es sich grundsätzlich gleichbleibt, an welchem Punkt man in den hermeneutischen Zirkel einer historischen Untersuchung einsteigt. Die methodisch entscheidende Frage ist, ob sich die eingebrachten Prämissen durch den historischen Quellenbefund verifizieren lassen. Ist das der Fall, kann die Aktualität einer geschichtlichen Frage dem Ergebnis nur zugute kommen. Damit ist nicht gesagt, daß die folgenden Analysen einer naiven Beispielhaftigkeit der Historie, wie sie bis in das achtzehnte Jahrhundert hinein üblich war, erneut zum Leben verhelfen wollen. Geschichtliche Lehren lassen sich heute nicht mehr unmittelbar aus der Historie ableiten, sondern nur über eine Theorie möglicher Geschichten vermitteln. So bewegt sich die Arbeit auf einem bestimmten Niveau der Abstraktion; sie beabsichtigt, langfristige Vorgänge der »Frühen Neuzeit« herauszuarbeiten.
Sobald es gelungen ist, Strukturen einer geschichtlichen Epoche in ihrer anthropologischen Verfaßtheit aufzuzeigen, die sich aus den konkreten Einzelfällen ableiten läßt, können die Ergebnisse exemplarische Befunde sichtbar machen, die auch auf unsere Gegenwart beziehbar sind. Denn unerachtet ihrer Einmaligkeit kann eine vergangene Epoche – auf ihre Struktur hin befragt – Momente der Dauer enthalten, die noch in unsere Gegenwart hineinreichen.
Die folgende Untersuchung richtet sich auf solche Strukturen, besonders auf den ihnen immanenten zeitlichen Ablauf, der von den Religionskriegen bis zur Französischen Revolution verfolgt wird.
Vor allem wird gefragt nach der Problematik der modernen Aufklärung und der aus ihr folgenden Emanzipation. Deren Problematik besteht darin, an eine Grenze zu kommen, die als politische Grenze erkannt sein will, wenn sie sinnvoll überschritten werden soll. Wo die Grenze als politische verkannt wird, gerinnt die Aufklärung zu einer Utopie, die, indem sie scheinbar beflügelt, Gegenbewegungen provoziert, welche sich der Verfügung der Aufklärung entziehen,

sobald sie sich der Einsicht in die Heterogonie der Zwecke begeben hat. Die Heterogonie der Zwecke ist nämlich eine zeitliche Bestimmung des Politischen, die von keiner Utopie überholt werden kann. Vielmehr werden die Zielsetzungen einer Aufklärung gerade dann verfehlt, wenn sie die Dialektik eines politischen Prozesses nicht prognostisch einfangen kann. Die Dialektik der Aufklärung entspringt – mit anderen Worten – nicht nur ihr selbst, sondern mehr noch der geschichtlichen Situation, in der sie sich entfaltet. Jede Aufklärung gerät früher oder später in Konfliktlagen, die rational aufzuschlüsseln eine Umsetzung der bloßen Kritik in politische Verhaltensweisen erfordert.

Die außenpolitische Lage auf unserem Globus hat sich durch den Aufstieg Chinas und die Emanzipation der dritten Welt im letzten Jahrzehnt verschoben. Dadurch hat sich die Ausgangsfrage der vorliegenden Untersuchung insofern nicht verändert, als sie von vornherein hinter die antithetischen Zwänge zurückfragen wollte. Freilich hat sich die Einmaligkeit unserer Lage immer mehr verdeutlicht. Während zur Zeit der absolutistischen und nationalstaatlichen Politik der Krieg immer noch als Entlastungsvorgang für drohende Bürgerkriege verstanden und auch bemüht werden mochte, stehen wir heute vor einer fatalen Umkehr dieses Vorgangs. Unter der Drohung gegenseitiger atomarer Vernichtung haben die Weltmächte Randzonen ihrer Interessengebiete herausgeschnitten, innerhalb deren die Bürgerkriege – mit dem Schein gegenseitiger Entlastung – umgrenzt werden und so legitimiert werden sollen. Ein ständig sich verschiebender Ring von Elend, Blut und Schrecken hat sich um den Globus gelegt. Nicht mehr der alte Staat ist die Gegenposition zu diesem Bürgerkrieg, sondern zunächst der ganze Globus, dessen neue Geschichten sich erst in der Zukunft abzeichnen.

Daß der Untertitel einer Pathogenese unserer Moderne seine Evidenz nicht aus der biologischen Metaphorik bezieht, sondern aus dem Leiden, das zu diagnostizieren neue Kategorien fordert, bedarf keiner weiteren Erläuterung. (Aus dem Vorwort zur Taschenbuchausgabe.)

Wolf Lepenies
Das Ende der Naturgeschichte

Wandel kultureller Selbstverständlichkeiten in den
Wissenschaften des 18. und 19. Jahrhunderts
stw 227. 288 Seiten

Thema des Buches von Wolf Lepenies ist der Übergang
vom naturhistorischen zum entwicklungsgeschichtlichen Denken: an der Wende zum 19. Jahrhundert gelangen die
Wissenschaften unter einen Erfahrungsdruck, der zur Aufgabe der alten, räumlich orientierten Klassifikationsver-
fahren führt und jene Phase der Verzeitlichung ankündigt,
die mit der Darwinschen Evolutionstheorie ihren Höhe-
punkt erreicht. Das entwicklungsgeschichtliche Denken setzt
sich dabei in den einzelnen Disziplinen in unterschiedlicher
Weise durch – doch zeigen sich genügend Ähnlichkeiten in
Botanik und Zoologie, Medizin, Chemie und Geologie,
Astronomie, Rechts- und Kunstgeschichte, um der Epoche
von 1775 bis 1825 ein unverwechselbares Gepräge zu
geben. Die »Emanzipation« von der Naturgeschichte gelingt aber nur unvollkommen, insbesondere in der Historie
selbst lassen sich von Michelet bis Jakob Burckhardt Spuren
naturgeschichtlichen Denkens ausmachen, die mehr sind als
bloß Überreste. Es gehört zu den Eigentümlichkeiten ihres
Nachruhms, daß die so geschmähte Naturgeschichte in der
Literatur überlebt. Der Entwicklungsgang der Naturgeschichte kehrt sich von Balzac bis Proust um: gegenüber
der Menagerie der *Comédie humaine* erscheint Prousts Ro-
manwerk als Herbarium. Kennzeichnend ist auch der Be-
deutungswechsel, den der Normalitätsbegriff vom 18. zum
19. Jahrhundert durchmacht, sowie die Veralltäglichung des
Außerordentlichen. Während im 18. Jahrhundert das Wun-
derbare und das Außerordentliche Bestandteil des Wissen-
schaftsprozesses selbst sind, ist die moderne Wissenschaft
durch sensationsfreies Alltagshandeln gekennzeichnet.

Alphabetisches Verzeichnis der suhrkamp taschenbücher wissenschaft